Raika von Lentz

Der Sex-Pirat

© 2015 tao.de in J. Kamphausen Mediengruppe GmbH, Bielefeld

Autorin: Raika von Lentz
Coverbilder: fotolia | @Adrian Niederhäuser, iStock | © Diane Labombarbe
Gestaltung Innenteil: tao.de
Gestaltung Umschlag: Kerstin Fiebig

Printed in Germany

Verlag: J. Kamphausen Mediengruppe GmbH, Bielefeld, www.tao.de,
info@tao.de

Bibliographische Information der Deutschen Nationalbibliothek: Die
Deutsche Nationalbibliothek verzeichnet diese Publikation in der
Deutschen Nationalbibliogrphie; detaillierte bibliographische Daten
sind im Internet über http://dnd.d-nb.de abrufbar.

ISBN
Paperback: 978-3-95802-495-3
Hardcover: 978-3-95802-496-0
e-Book: 978-3-95802-497-7

Inhalt

1. Kapitel

10. Juli Berlin/ IBIZA

Um 3:50 klingelte der Wecker. Sie hatte geträumt wie all die Nächte zuvor. Von ihr und Mario, wie er plötzlich vor ihr stehen würde und sie hätten sich- endlich- nach 4 Wochen täglichem Verzehren, nachdem beide ein Leben lang aufeinander gewartet hatten, auf ihren „ soulpartner", wie er immer sagte, auf den Seelenpartner, endlich in den Armen vereint.

Aber er war nicht da. Und sie wusste, er würde nicht kommen. Alles nur eine „ soap bubble", eine Seifenblase. Der Mann ihres Lebens, ihr vorhergesagter Traummann, ihr Ire, ihr Pirat, alles nur Schall und Rauch.

Es war der 10. Juli, ein verregneter Sommertag in einem verregneten Juli. Erst die Nacht zuvor hatte es geschüttet, als ob es kein Morgen gäbe. Und auch ihr ging es genauso: als ob es kein Morgen gäbe! Sie lag in dieser dunklen kleinen Zwei –Zimmer-Ferienwohnung, in der sie nun seit 3 Monaten mit ihren beiden Kindern Isa und Leif seit ihrem Auszug aus der Architektenvilla vorübergehend lebte, und stand auf: Sie musste zum Flughafen. In zwei Stunden ging ihr Flieger nach Ibiza. Zwei Tage vorher hatte sie kurzentschlossen einen Flug gebucht, nur Hinflug. Alles war offen, keine Ahnung, wie es weiterging. Flug zu ihrer Freundin Arielle, die auch Urlaub machte bei ihrer Cousine Sasa auf Ibiza .

Lila hatte es nicht ausgehalten. Eigentlich sollte Mario nun schon seit zwei Tagen endlich hier in Berlin sein.Oh Gott, wenn sie nur daran dachte, wurde ihr fast übel. Was wollte ihr das Universum bloß damit sagen? Was? Sie verstand es nicht. „Was habe ich vergessen?" Egal, sie wollte nicht darüber nachdenken, sie wollte jetzt einfach nur aufstehen, sich fertig machen und los fahren. Doch ihre Gedanken schweiften erneut ab: Sie hatte eine Suite über den Dächern Berlins gebucht gehabt, auf den Stornokosten blieb sie nun auch sitzen. Auch weit über 1200 € für nicht gelebten Sex, für nichts. Tja, und er war nicht gekommen. Sie war reingefallen. War sie das? Nein, es waren mit die schönsten Stunden ihres Lebens gewesen. Egal, sie konnte es auf jeden Fall nicht aushalten da, wo sie gerade war. Beide Kinder waren gerade unterwegs mit Wolf auf Segeltörn auf ihrer ehemaligen gemeinsamen Yacht, alle Freundinnen von ihr eingeweiht. Keine Termine. Sie hatte alles abgesagt, um ihren „one and only" zu treffen, sie wollte 7 Tage lang „one and only" Sex mit ihm. Und nun war es schon zwei Tage später, kein Mario weit und breit, dafür ein Pickel am linken Kinn und eine unendliche Traurigkeit.

Ibiza, Rückzug, schreiben: Ja. Danach war ihr zumute: Ja, sie war auf dem Weg dorthin, um alles zu verarbeiten und ein Buch darüber zu schreiben.

Über ihre noch nie dagewesenen Gefühle, über den „sweet und den bitter" taste ihrer vergangenen vier Wochen.

Lila war 48 Jahre alt, gerade mal 30 Tage geschieden von ihrem Ex-Mann Wolf. Ein Vollweib, immer noch ein paar Pfunde zu viel, aber in den letzten 4 Wochen hatte sie von ganz alleine nur dadurch, dass er- Mario- in ihr Leben getreten war, schon 6 Kilo abgenommen. Ihre volle, wilde schwarze Lockenmähne fiel über ihre Schultern. Sie sah in den Spiegel: Ja, zwei Kinder, eine kaputte Ehe und ein Ex- Mann, der all die 30 Jahre ihres Zusammenlebens immer etwas an ihrer Figur zu mäkeln gehabt hatte, all das hatte seine Spuren hinterlassen. Lila hatte nie einen großen Busen gehabt, Körbchengröße B, knackig und immer noch wohl geformt, sie hatte schon immer einen „Hintern„ gehabt, ja, aber der war in den letzten Jahren einfach immer nur noch größer und größer und dabei nicht wirklich schöner geworden. Obwohl... wenn sie daran dachte, was sie nur vor wenigen Tagen mit Peter erlebt hatte. Der war hin und weg gewesen gerade von ihrem Hintern. Aber das war wieder eine andere Geschichte.

Die letzten 3 Jahre nach ihrer Trennung hatte sie eigentlich vorgehabt abzunehmen. Gabi Decker, die Comedy-Frau, hatte mal gesagt, sie habe 100 Kilo abgenommen: 10 selbst und dann habe sie auch noch ihren Mann rausgeschmissen. So hatte Lila es auch machen wollen. Aber das hatte bei ihr nicht geklappt.Sie hatte nach der Trennung sogar 8 Kilo zugenommen.

Lila war wie ihre Mutter. Die war im Laufe ihres Lebens von einer absolut zarten und ranken schlanken Audrey-Hepburn-Schönheit zu einer 100 Kilo-Frau rangewachsen. Kummerspeck. Jedes Pfund zuviel ist ein Pfund Schmerz. Lila wusste, wovon sie sprach.Sie wusste, dass die traurige Seele immer der Anlass für jegliche Art von Krankheiten und Ungleichgewichten im Leben eines jeden ist. Und das war auch bei ihr in den letzten Jahren zu sehen. Viel zu viele Sorgen, viel zu wenig Abenteuer, viel zu viele Verpflichtungen, viel zu wenig Sinnlichkeit, Sex und Spaß. Sie war zwar von 100 Kilo noch weit entfernt, aber es hatte Zeiten in den vergangenen Jahren gegeben, da hatte sie das Gefühl

9

gehabt, sie würde den gleichen Weg wie ihre Mama gehen: Das Leben nicht gelebt, die Wünsche vergessen und einfach immer dicker und dicker geworden. Dabei hatte man sie in ihrer Studienzeit „femme fatale des Studienganges" genannt, so sinnlich und weiblich war ihre Ausstrahlung gewesen. Lila war – noch immer- attraktiv, wenn sie wollte und wenn sie es selber von sich dachte. Ihre Attraktivität stieg und fiel mit ihrer Ausstrahlung. Das hatte sie gerade in den letzten Wochen hautnah zu spüren bekommen: Sie hatte wirklich wilde, dunkle Locken, eine regelrechte Mähne, die sie immer noch offen trug. Rote Lippen, Ausschnitte, große Ketten, hohe Stiefel. Lila war schon immer gerne Frau und in der letzten Zeit auch Weib gewesen. Ein Vollweib eben, dass ihrem Ex- Mann irgendwann endgültig zu viel geworden war. Ja, Lila war wild, sie sprach und lachte und wenn sie feierte, trank sie viel, sie hatte das Herz am richtigen Fleck, liebte ihre Kinder und Kochen und Malen und Schreiben und jegliche Art von Abenteuer und Spaß. „ Ich kann halt einfach nicht in Würde altern", scherzte Lila immer über ihre fast naive und ungestüme Art.

Lila schaute auf die Uhr: 4:00 Uhr früh.

Sie sah sich im Spiegel an:

„ Nein, ich liebe und achte Dich", sagte sie laut. Sie hatte gelernt, dass gerade Frauen sich viel zu wenig mochten. Und sie hatte gelernt, dass man sich selber- gerne auch laut- mal Komplimente machen sollte und darauf achten sollte, dass man sich wertschätzt. Und das hatte sie fest zu einem festen Ritual gemacht in ihrem Leben. Wenn sie in den Spiegel schaute, zwang sie sich dazu zu sehen, was an ihr hübsch war und das „ Hässliche" auszublenden. Lila sah sich an, nackend vor dem

Spiegel: Sie streichelte kurz über ihren runden Bauch, über ihre Narbe unten im Schamhaarbereich, die sie durch die Entfernung ihrer Myome bekommen hatte, über ihre Brüste, die immer noch standen und ganz ansehnlich aussahen, über ihren Hals und ihre lockigen Haare: Sie sah einen Körper , der die Zeichnungen des Lebens aufgeschrieben und skizziert hatte, aber in einer immer noch sehr ästhetischen Form. „ Leben ist Zeichnen ohne Radiergummi" hatte sie mal irgendwo gelesen. Ja, das stimmte. Sie sah in ihr Gesicht: Diesmal auf der linken Seite war schon wieder rot und deutlich der Ansatz eines Pickels zu sehen. „ Ach Mensch, das kann doch nicht sein".Lila war genervt. Immer, wenn ihr Ex-Mann auf dem Weg zu ihr gewesen war oder andeutete zu kommen, war in den letzten Jahren ein Monster-Riesen-Pickel am unteren rechten Kinn hervorgesprossen. Teilweise so stark, dass sie fast nicht aus dem Haus gehen konnte, so unansehnlich und unappetitlich groß war dieser Pickel gewesen. Ja, sie wusste, dass Pickel bedeuteten, dass man einfach nicht aus seiner Haut konnte. Das hatte ihr mal ein befreundeter Heilpraktiker und Kinesiologe gesagt. Und sie wusste, da war was dran. Wenn Wolf mal wieder im Anmarsch war und sie fertig machen wollte wegen keiner Ahnung was, kamen halt Pickel. Und immer dieser eine fette unten rechts am Kinn, der Wolfspickel, der Wolf im Lilapelz. Ach, egal.

Jetzt kam er links. „ Links bedeutet Vergangenheit, das weißt Du", hatte ihr Ippy,ihre Ex-Nachbarin und Freundin gesagt.

Während sie mitten in der Nacht auf diesen Monsterpickel schaute, dachte sie an ihre Freundin Ippy:

„Das ist gut, Lila, Wolf liegt in Deiner Vergangenheit, aber aus Deiner Haut kannst Du wohl immer noch nicht heraus, was?", hatte Ippy gesagt und ihr dabei auf den Pickel geschaut, der jetzt auf der linken Seite ausufernde Maße annahm.

Ihre Vergangenheit und Wolf waren ihr gerade in diesem Moment mal scheißegal.

Die letzten 4 Wochen ihres Lebens, die hatten sie verändert, für immer, das wusste sie, bloß warum nicht mit diesem Mann? Warum nicht mit Mario? IHREM Mario? Warum nicht das Leben, was er und sie beide hätten leben können? Alles eine Seifenblase. „ Das ist so kackescheißeblödefickkackwitzendreck traurig". Lila musste sich zusammenreißen, ihr war zum Heulen zumute, aber das brachte sie auch nicht weiter. „In Annahme sein mit dem, was passiert, das Außen spiegelt das Innen wieder. Akzeptieren, dass wir im Hier und jetzt leben und entscheiden und kontrollieren,was wir an Gedanken zulassen".

Sie zog sich schnell an, ihr schwarzes enges Kleid mit dem Riesen-Ausschnitt, was sie sich auch erst vor 4 Wochen gekauft hatte, ihre schwarze Leggings, ihre hohen Holz-Römer-Sandaletten, zog ihren Lidstrich nach, bisschen roter Lippenstift, 3 Tropfen Hermes Voyage auf die Haut, packte ihren feuerroten Koffer, den sie sich erst einen Tag vorher gekauft hatte, schmiss alles in ihren Defender und fuhr zum Flughafen.

12:45 Uhr: Ibiza Stadt

Die Insel Ibiza begrüßte sie mit ihrem bezauberndsten Lächeln. Diese Insel hatte was, diese weiß getünchten Häuser, dieses helle blau, die Farben insgesamt. Lila war die letzten Jahre immer auf Mallorca gewesen. Schließlich wollte sie dort leben mit ihren beiden Kindern, ein Haus in Colonia Sant Pere hatte sie in diesem supercharmanten Fischerdorf oben im Nordosten von Mallorca schon zur Anmietung bereit. Außerdem lebte dort Runa, ihre Schwester. Und Puppa und Lenny, ihre andere Schwester und deren Freund, hatten dort oben eine Ferienfinca. Ein neues Leben auf Mallorca. Auch das bislang noch eine Seifenblase: Jetzt lag alles im Möbellager, eingemottet über einer Gärtnerei. Ihr altes Leben eingemottet, ihr Neues noch nicht da. So sah es aus!

Vielleicht war das der Grund, warum es Lila diesmal nach Ibiza gezogen hatte, der Insel, von der man sagt, dass wenn man sich hier in einen Mann verliebt, es für ewig sei, und wenn man hier mit einem Mann ankäme, die Beziehung auseinandergehen würde.

Tja, und da stand Lila nun, mit ihrem Pickel auf der linken Seite, mit ihrer Liebesseife, die sie mit ihren „Hexen" in Berlin gemacht hatte, und ihrem gebrochenen Herzen, bereit alles aufzuschreiben, bereit alles zu empfangen, was ihr das Leben zu bieten hatte.

Arielle, ihre Freundin aus Berlin, die gerade auf Ibiza ihre Cousine besuchte und wegen der Lila jetzt hier war, sah wie immer umwerfend

aus: Mit ihren Mitte 50 hatte sie immer noch eine Figur wie ein Mädchen: gertenschlank, zart wie eine kleine Elfe, nur mit einem recht großen Busen (der war bestimmt nicht echt, sah aber trotzdem sehr
hübsch aus) immer formvollendet gekleidet, und heute natürlich im
Ibiza-Look: Freakig, Flower-Power, Sonnenbrille, Leopardenkleidchen
und zwei Riesen-Blumenspangen im brünetten Haar. Und natürlich war
sie- wie immer- am Telefonieren.

Ihre 14 jährige Tochter Ava saß offensichtlich gelangweilt hinten im feuerroten Fiat cinquecento. Und vorne am Steuer eine schlanke Blondine.

„ Hola, meine Hübschen, mui guapa ", begrüßte Lila die drei. Sie hatte
zumindest ein wenig die letzten Monate spanisch gelernt (in den vergangenen 4 wochen- o.k., da hatte sie englisch gelernt. „ Wenn Du
eine Sprache schnell und mit Spaß lernen willst, verliebe Dich, denn im
Bett lernst Du sie am Schnellsten". Ja, es war rasend schnell gegangen
mit dem Englisch.Sie war ja auch rasend verliebt gewesen) .Sasa,
gleiches Alter wie Arielle, auch eine absolut attraktive Mittfünfzigerin,
war ihr auf Anhieb sympathisch: Tolle Frau mit Riesen-Ausstrahlung,
immer bereit, das Leben mit all seinen Facetten aufzuatmen. Sie saß
am Steuer, Miniröckchen, top, ein breites Strahlen auf ihrem attraktiven
Gesicht, : „Hüpf rein, Lila, schon viel von Dir gehört. Schön, dass Du da
bist." Sasa war eine von diesen Frauentypen, die irgendwie immer gut
aussahen: Blonde, glatte Haare, 1.77 cm groß, gertenschlank und echt
cool, wie sie da hockte mit ihrer Jackie-Ohhh-Sonnenbrille und der
Zigarette im Mund.

Sie waren sofort an einen echt hippen Strand, den Las Salinas gefahren, und hatten dort in einem coolen Lounge-Restaurant mit mega-

cooler Musik einen megacoolen frischen Thunfisch-Tarte gegessen und geredet, geredet, geredet, geredet. Schon nach zwei Minuten waren die oberflächlichen Themen gar nicht mehr da. Es ging um Seelenwanderung, um Astrologie, um Sinn und um ein erfülltes Leben. „Ich glaube ja, dass diese ewige Suche nach dem Seelenpartner übertrieben ist", sagte Sasa." Ich glaube, manche Seelen müssen sich einfach nur begegnen. Manchmal ist das gar nicht lange, schon gar nicht ein ganzes Leben, aber ab dieser Begegnung ist die Suche vorbei, es ist ausgeheilt, was auch immer vorher geheilt werden wollte". Lila hatte darüber nachgedacht. War das vielleicht der Grund , warum sie Mario getroffen beziehungsweise gechattet hatte? Sollten sich ihre Seelen einfach nur treffen, für einen kurzen Moment von 4 Wochen vereinen, und dann konnte jeder machen, was er wollte?" „ Es ist auch immer wichtig, wie man so etwas in seinem Gedankenkonstrukt integriert", sagte Arielle. „ Das Gesetz der Anziehung: was soll Dir das sagen? Was steckt hinter dem, was Du erlebt hast?" Es war fast magisch.Lila saß da an so einem wundervollen Ort mit zwei so wundervollen Frauen, von Anfang an diese Gespräche. Und genau das schien eingetreten zu sein, wovon sie gesprochen hatten: Das Gesetz der Anziehung wirkte. Lila hatte sich einen magischen Platz gewünscht, einen Ort des Rückzuges, wo sie anfangen konnte, ihre Geschichte- vor allem die letzten 4 Wochen- aufzuschreiben und wo sie in den Fluss geriet. Und wo sie endlich damit beginnen konnte, ihre Träume in die Realität umzusetzen. WOW. Die Vorstellung, dass das hier der Anfang von gelebtem Leben sein konnte, machte sie sprachlos vor Vorfreude. Lila glaubte nicht an Zufälle. Alles hatte seinen Sinn. Es ist wie es ist." Es como es", wie es im Spanischen hieß. Und seit 4 Wochen das erste Mal konnte sie ein- und genauso tief wieder ausatmen, ohne dass es weh tat. Ja, es war gut hier zu sein. Ippy, ihre Seelenfreundin und Ex-Nachbarin, hatte ihr schon gesagt, dass Mario vermutlich ein Tor zu einer höheren Ebene bei ihr geöffnet habe. Und sie solle darüber schreiben. „Schreiben, das hast Du doch immer gewollt, und das kannst Du vor allen Dingen richtig gut, Lila. Fang endlich an", hatte Ippy ihr nach dem Super-Mario-Gau geraten. Ja, schreiben konnte sie. Und was hatte sie gerade vor ein paar Tagen gelesen? „ If you wanna be a writer... write!" Das stimmte. Es war dringend dran, dass Lila endlich anfing zu schreiben. Einen Roman. Und nicht, wie sie immer gedacht hatte, ein Sachbuch.

Lila war in diesem Moment, eine Stunde nach Ankunft auf Ibiza, schon in einem völlig anderen Zustand. „Alles hat seinen Sinn, und manchmal sogar „ soap bubbles"- Seifenblasen- dachte sie. Und wie hieß dieses Spirchwort noch. „ Wenn Dir das Leben eine Zitrone schenkt, mach Limonade draus."

Genau, dachte Lila.

16:00

Sie fuhren vom Strand direkt nach Santa Eularia, wo Sasa und jetzt auch sie für die nächsten Wochen wohnen würde. Das Appartment war ein Traum. Der Blick auf diese wunderschöne kleine Bucht, der weiße Strand, das türkisblaue Meer und dieses unglaublich schöne Geräusch von Meeresrauschen: Hier konnte sie ein paar Tage verweilen und Ihr Leben und ihr Lieben Resumee passieren lassen. Amanda, Yogalehererin und eine Freundin von Sasa, die direkt über Sasa lebte, hatte für

Lila das Schlafzimmer geräumt und war zu ihrem Freund gezogen für die Tage, die Lila da sein wollte. Das Appartment war schlicht, aber schön eingerichtet, ein paar indische Tücher, ein Kamin, der phänomenale Blick auf diese traumhafte Bucht, eine kleine Kitchenette, ein Bad und zwei Terrassen und alles in weiß gefliest. Weiß, La Isla blanca, die weiße Insel: so wurde Ibiza ja auch genannt. Das hier war der Ort, wo sie gerade sein wollte. Dieses Plätschern Sekunde um Sekunde, diese Ruhe, dieser Hauch von Magie, dieser Frieden, dieser Blick auf die türkisfarbene Wasserfarbe. Ein magischer, sehr schöner Ort und vor allem direkt am Wasser. Lila hatte eine so starke Sehnsucht nach dem Meer, dass es sie fast zerriss. Sie glaubte an Astrologie, war selber Waage Aszendent Schütze und hatte für ein halbes Jahr eine kleine Ausbildung in Astrologie genossen. Ihre wunderbare Lehrerin und Astrologin Maya hatte ihr schon angekündigt, dass sie das kommende Jahr eine sehr starke Sehnsucht nach dem Meer verspüren würde. Daher das Haus auf Mallorca am Meer. Und jetzt dieses Rauschen, dieses Plätschern der sanften Wellen auf den Sandstrand, dieser Geruch, dieser Blick. Ja, es war eine tiefe Sehnsucht da. Auch eine Schamanin hatte ihr vor noch gar nicht so langer Zeit gesagt, dass die Balearen-Inseln auf ihrem göttlichen Weg liegen würden und dass beide Kinder ihr einmal danken würden, da sie beide eine Aufgabe dort zu erledigen hätten. Lila glaubte an so was. Schon immer. Jetzt war sie auf Ibiza.Und verliebte sich in dem Moment in diese Insel, wo ihre Füße sie betraten: Lila wusste, es war eine gute Entscheidung gewesen.Sie wusste, hier an diesem Platz würde sie zum Schreiben kommen. Und vielleicht den Grund erfahren, warum sie das erleben musste, was sie erlebt hatte, warum sich alles, wirklich alles, was ihr je vorausgesagt worden war- und das war viel- eingetreten war, bloß ganz anders, als sie sich das jemals hätte vorstellen können. Eine soap-bubble, eine Seifenblase.

11.Juli Sasa-Strand, Ibiza

Klarer Himmel, 28 Grad im Schatten, Windstärke 3-4 mit einer ange-nehmen Brise in der Sonne, Blick auf diesen kargen Felsen, der die-sem magischen Felsen Es Vedra, um den die Hexen herum tanzen sollen bei Vollmond, so gar nicht ähnlich sieht,

aber das war der Start für Lila, in ihr Leben zu blicken.

Nachdem sie aufgestanden war und mit Freude gesehen hatte, dass sich der Pickel auf der linken Seite wohl doch nicht zu einem Mutanten entwickeln würde, hatte sie sich einen Kaffee gekocht und in den ers-ten Stunden auf dieser magischen Insel den atemberaubenden Blick aus dem Fenster genossen. Sasa, die ihr Appartment an Arielle ver-mietet hatte und im Nebenzimmer ihres Appartment auf dem Sofa schlief, war auch schon wach. „ Guten Morgen, wie hast Du geschla-fen?" fragte sie. Sasa war schon um diese Uhrzeit ein Sonnenschein. Alles an dieser Frau sprach Freiheit aus, alles gelebtes Leben, aber ein Leben, was ist und nicht, was sein könnte. Das mochte daran liegen, dass Sasa keine Kinder hatte und sich ihr Leben lang einfach immer nur um sich selbst hatte kümmern müssen. Das mochte vielleicht auch daran liegen, dass Sasa aus „ hohem Hause" kam und sich um Geld und Überleben hatte nie wirklich ernsthaft hatte Gedanken machen müssen. Aber das mochte auch einfach daran liegen, dass Sasa mit ihrem Leben, so wie es war, zufrieden war.

„ Danke, mir geht's gut. Ich habe prima geschlafen und das Meeresrauschen genossen", antwortete Lila. Sie machte sich und Sasa einen Kaffee, und sie setzten sich auf die Terrasse und schauten aufs Meer. Lustig: Hier war sie total frei. Hier musste gar nichts entschieden werden. Irgendwie war in ihr drin alles ruhig. Hier war alles so easy going. So leicht. Sie lebte hier ab dem ersten Moment so richtig in den Tag hinein. Genau das, so hatten schon so oft Ibiza-Kritiker ins Rennen geworfen, das war Ibiza: Eine Insel für Hänger, für Tagträumer, eine Insel, die zum Nichtstun animiert oder eine Insel, die das volle kreative Potenzial in einem entfachte und zum Erblühen brachte. „ Was für ein geniales Gefühl. Was für eine sanfte und trotzdem starke Energie", dachte Lila. Lila war glücklich. Sie verstand: „Den Moment zu lieben bedeutet leben, und nicht nur zu überlegen, wie das Leben sein könnte". Ja, sie war inmitten drin in ihrem Leben. Und dazu gehörte offensichtlich die Geschichte mit Mario. Sonst wäre sie jetzt nicht hier. Sonst hätte sie Sasa nie kennengelernt, sonst hätte Arielle nicht binnen 30 Minuten ein perfektes Zimmer für sie organisiert.

Nachdem Sasa mit ihrem Hund ihre Runde machte, öffnete Lila ihren kleinen weißen apple, den sie mit genommen hatte, und den sie noch nie geputzt hatte, da ihr eine innere Stimme immer gesagt hatte, dass scharfe Putzmittel nichts seien für ihr Notebook. So war der apple- wie sie auch- schon ein wenig in die Jahre gekommen, ein wenig Abnutzungs-und Gebrauchsspuren, hier und da grau, aber immer noch schnell und zu allem zu gebrauchen. „ yeah baby, lets go". Oh weiah,

Lila merkte, dass das ganze Englischsprechen die vergangenen vier Wochen sie ganz schön geprägt hatten. Selbst die deutsche Satzbauweise waren ihr- der Tochter eines Deutschlehrers, Journalistin, der deutschen Sprache mehr als mächtig, in den letzten Tagen teilweise abhanden gekommen. Egal. Sie war hier.

Lila konnte schreiben wie der Blitz. Schließlich war sie Journalistin, hatte 13 Jahre bei einem großen privaten Fernsehsender gearbeitet. Schreiben war lange Jahre ihr Business gewesen. Es war für sie eher eine angenehme Beiläufigkeit auf dem Computer und nicht mit der Hand schreiben zu müssen. Obwohl sie auch darin gut war. Seit über 3 Jahren schrieb sie nun Morgenseiten, was nichts anderes hieß als, bevor der Tag begann, ihre ersten Gedanken runter zu schreiben, ohne auf Stil, Ausdrucksweise oder Inhalt zu achten. Lila wusste, dass es wichtig und der Gesundheit überaus förderlich ist, wenn man versucht, sein volles kreatives Potenzial zu leben, wenn man seine Wünsche ernst nimmt und sie auch versucht, in diesem Leben umzusetzen. Und zwar in der Gegenwart. Und wenn man das aufschreibt: täglich auf 3 Seiten am besten morgens, bevor der Tag beginnt, auf den Morgenseiten eben. Aber jetzt wollte sie ihren Roman beginnen, ihre ganze Geschichte aufschreiben, ohne das Ende zu kennen. Und dann fing sie an zu schreiben:

„Mein Name ist Lila, ich habe mein Herz verloren, ich habe noch nie so tief gefühlt wie jetzt, es ist meine absolut größte Liebe meines Lebens. Ich habe mein Herz verloren an einen Mann, den ich nicht kenne, jedenfalls nicht live und in Farbe.

Ich bin die älteste Tochter eines Realschullehrers mit den Fächern Deutsch und Sport und einer Hausfrau: vier Mädchen, der Vater wollte eigentlich immer Förster werden, bekam aber keinen Studienplatz, wurde deshalb Lehrer und war in der Freizeit seiner Berufung gefolgt, hatte sich eine Jagd gepachtet und immer weg. Mama wurde eins ums andere Mal, wenn er da war, geschwängert. Und so kam in regelmäßigen Abständen von 14 Monaten vier Kinder zur Welt. Ich war die Älteste und- wie alle fanden- dem Papa am Ähnlichsten: Dieser tiefe Wunsch nach Freiheit, nach nicht reglementiertem Leben, nach Abenteuer und die Welt erkunden, das hatte ich von ihm. Mama hatte sich nichts sehnlicher gewünscht als den gut gepflegten Vorgarten mit dem hübschen Klinkerhaus dahinter, sie wäre leidenschaftlich gerne auch einfach mal nur in einen Hotelurlaub gefahren. Aber das war mit meinem Vater nicht zu machen. Eigentlich war Mama gar keine Spießerin, aber der Vater war so derartig ausgeprägt Trapper, dass nur eine Trapperin bei ihm hätte glücklich sein können. Das war und ist meine Mutter nicht. Sie ist Försterstochter und hat deshalb das Herz meines Vaters im Sturm erobert. Wir zogen nach Eppenwrusten- Moor , und es war genauso wie es sich anhört: Wunderschön, aber schöner Arsch der Welt. Dort gab es nur Bauernhöfe drumherum , Kuhweiden, wo das Auge hinsah und das ehemalige Bürgerhaus von Eppenwrusten, was 10 Jahre mal als Freudenhaus fungierte, wurde jetzt unseres. Ganze vier Häuser in Eppenwrusten- Moor, davon zwei Bauernhöfe, ein riesiges Grundstück ohne den gepflegten Vorgarten, dafür 3000 Quadratmeter Rasen. Darin wohnten wir nun, die Springes, mit ihren vier Mädels, dem Trapper, der abends glücklich von der Jagd nach Hause kam und das Wild direkt an der weißen Hauswand aufbrach und ausnahm.

Wie oft hat meine Mutter geweint, wie oft sich einen Mann gewünscht, der sich zumindest mal die blutigen Finger wusch und sich duschte und nach aftershave roch, bevor er sich an den Abendbrottisch setzte. Das wurde ihr leider nicht oft erfüllt. Sie gab auf, der Weg des ewigen Zunehmens war geebnet. So wars."

Lila schrieb und schrieb und war plötzlich in ihrem eigenen Roman.

Sie schrieb alles runter:

„Mit jungen 18 Jahren lernte ich dann Wolf kennen: Den hübschesten Kerl, den ich je gesehen hatte. Er war zwei Jahre älter als ich, hatte annähernd so viel Korkenzieherlocken wie ich, sah im Sommer aus wie ein Südspanier, nur größer, er hatte die weißesten Zähne, das hübscheste Lächeln, was ich je gesehen habe. Er hatte eine tolle lange Nase (ich stehe auf Nasen und markante Männer, auf richtige Kerle), er hatte eine tiefe und unglaublich erotische Stimme, er sah aus wie ein Playboy. Und das Herz war nach wenigen Minuten weg. Wir verliebten uns unsterblich ineinander, dass schnell klar war: Das war für beide die große Liebe. Wir zogen zusammen durch die Welt, waren 10 Monate in Asien, verreisten oft und gerne, aber wir zogen nie zusammen in den ersten 13 Jahren unserer Beziehung. Er studierte in Kiel, ich ging zum Studieren nach München. Und mit 24 Jahren hatte ich dann einen Einbruch. Ich vermisste meine Freiheit, ich dachte, das könne nicht alles gewesen sein, ich wollte mehr erleben als die langsam beginnende Langeweile einzuatmen, die sich in unsere Beziehung schlich. So gab es Cut 1. Ich verliebte mich in Heino, der das genaue Gegenteil von Wolf war: Typ Howard Carpendale, lange bonde Locken, ein Dampfplauderer, Arzt, frech. Wir wurden ein Paar.Und obwohl er mir jeden Freitag eine rote Rose schenkte, und das über 3 Jahre Bezie-hung , was Wolf nie getan hatte (Wolf hatte es nicht so mit der Roman-tik), hatte ich Wolf nie ganz vergessen können. Aber ich genoss die Münchner Zeit. München, das war süß, die Studentenzeit wild, Mün-chen, das war Flirten, Spaß und jede Menge Möglichkeiten. Und so nutzte ich die Zeit für intensive Erfahrungen auch mit dem anderen Geschlecht. Drei Jahre war Pause. Dann kehrte Wolf wieder in mein Leben zurück. Ich überführte für ihn seinen Alpha Spider, und als er ihn nach einem Skiurlaub in München von mir abholte, blieb er auch gleich die Nacht da und dann für weitere 14 Jahre in meinem Leben. Das Studium war zu Ende, ich ging nach Berlin, seinetwegen, bekam aber sofort den Job beim Fernsehen. Alles war sonnig, uns beiden „ schien die Sonne aus dem Hintern", wie ein Freund es immer bezeichnete. Und auch wenn ich ab und an die Zärtlichkeiten, die Romantik, die totale Hingabe in dieser Beziehung vermisste: Wolf und ich hatten den gleichen Humor, kauften uns ein Segelboot und hatten selbst nach Jahren unserer Liebe noch Spaß und Freude miteinander", schrieb sie.

„Und dann kam nach 13 Jahren endlich der Heiratsantrag: Endlich für Wolf, ich wollte eigentlich nicht. Denn vielleicht ahnte ich schon, dass ab dem Tag der Eheschließung die Pflichten zunehmen würden und der Spaß ab.

Und so war es. Es wurde geheiratet, gearbeitet, und schließlich kam Kind 1: Isa, absolutes Wunschkind. Ich fing schon 11 Monate später wieder an zu arbeiten, hatte jetzt 5 Kilo mehr drauf als vorher, und war am hin- und hergaloppieren. Keine Zeit mehr für all das Wilde, all das Freie. Es waren so viele Pflichten. 5 Jahre Arbeiten und Haushalt. Wolf wickelte nur im äußersten Notfall und eigentlich nicht mal dann, brachte den Müll nicht raus . Alles sehr typisch und auch noch in einer Beziehung der heutigen Zeit sehr normal. In einer amerikanischen Studie haben sie mal getestet, warum 80 Prozent aller Ehen nach dem 1. Kind auseinandergehen und wollten wissen, was bei den 20 Prozent der glücklich weiter bestehenden Ehen denn nun anders gemacht würde als bei den gescheiterten Ehen:

Von den glücklichen Ehen waren es wiederum 80 Prozent, deren Ehen ganz wunderbar weiterliefen auch nach dem 1. Kind, weil beide die traditionellen Rollen als selbstverständlich und gegeben akzeptierten: Der Mann war der Ernährer, war weg und brachte das Geld nach Haus, die Frau kümmerte sich um die 3 K´S: Kinder, Küche, Kirche, sorgte für ein sauberes Zuhause, für soziale Kontakte und war einverstanden, in finanzielle und andere Abhängigkeiten einzutreten. Die Frau im Hintergrund halt, die Frau, die ihm abends den Rücken kraulert und ihm die Füße massiert.

Und nur, um die anderen 20 Prozent auch noch zu erwähnen: Da waren es die Männer, die sich massiv umstellten, die nachts aufstanden, um zu wickeln, die den Müll rausbrachten und sich eventuell sogar ein Kindererziehungsjahr nahmen.

Es ist nicht schwer zu erahnen, zu welchem Typ unsere Ehe gehörte: Diese Fragen wie „ Wie siehts hier denn aus?" und das, obwohl wir nach 13 Jahren nur zusammengezogen waren unter der Bedingung, dass wir uns eine gemeinsame Putzfrau leisten konnten, da ich putzen scheußlich und vertane Lebenszeit fand, machten was kaputt, was kaputt in mir, was kaputt in unserer Liebe.

Dann kam 5 Jahre später auch noch Leif, der Sonnenschein, der süße Fratz. Und nun blieben nicht nur die alltäglichen Aufgaben für 3, sondern für 4 an mir hängen. Alles nahm zu in meinem Leben bis auf die Freude: meine Pfunde, die Pflichten, das Geld, das Architektenhaus wurde gebaut. Aber die vielen, vielen Pflichten, das Ersticken in Alltäglichkeiten nahmen mir die Luft.

Ich bin Waage Aszendent Schütze. Und Waagen sind luftig, wollen fliegen und mit dem Wind flattern. Und Schützen haben einen wahnsinnigen Drang, sich und die Welt besser kennenzulernen und wollen weiter. Ich wollte weiter.Leider musste ich alleine gehen. Und damit begannen die Schwierigkeiten.Wenn einer eine Reise tut und ein anderer kommt nicht mit, dann passiert es halt, dass man sich am Ziel nicht mehr trifft. Alle Weiterbildungen, alles Wissen... Er kam nicht mit. Er sprach bei meiner NLP-Ausbildung von einer „Sekte" und „ alles nur Phrasen", die „ leck mich am Arsch"-Beschimpfungen nahmen zu, er ging schließlich nach München und nahm ein großes architektonisches Projekt an. Aber auch das half nichts. Ich konnte und wollte nicht mehr. Und dann kam, was kommen musste: die Trennung."

9:00 Ibiza:

Strich...Strich... Strich... Lila strich alles durch. Das war doch doof. Das interessierte doch überhaupt keinen, wie sie als Kind war und was sie sonst noch so in ihrem Leben hatte.

Sie zerknüllte ihre Vergangenheit und machte eine Pause: Ibiza strahlte so herrlich an diesem Tag. Sasa war zurück und wollte jetzt mit Arielle an den Strand. Der war um diese Uhrzeit am Morgen noch menschenleer. Es war ohnehin ein ganz wundervoller Platz: Eine hübsche kleine Bucht, Pinien drumherum, türkisblaues Meer, und nicht so wahnsinnig überfüllt auch während der Hauptsaison. Sie zog ihren Badeanzug an, ging an den Strand und schwamm eine Stunde lang. Ja, sie war schon wieder auf dem Weg der Genesung. Und ja, es würde alles gut werden.

Nach dem kurzen Schwimmstopp setzte sie sich wieder an den Computer und schrieb weiter:

Wie hatte das passieren können? Wie hatte sie ihr Herz an einen Mann vergeben können, den sie noch nicht einmal kannte und noch nie gesehen hatte? Wann war es los gegangen?

Lila war schon immer an Kartenlegern, Wahrsagern, am Channeln und vielem mehr interessiert. Seitdem sie 20 Jahre alt war, war sie immer mal wieder in anfänglich großen und dann immer kleiner werdenden Abständen zu Wahrsagern gegangen. Und vieles war eingetreten. Und so hatte sie selbst damit begonnen, sich spirituell zu „schulen".

Ihre spirituelle Weiterbildung hatte sie zu der Überzeugung gebracht, dass jeder hier auf dieser Erde eine Aufgabe hat. Deswegen waren wir alle hier. Sonst wären wir Engel oder auf anderen Ebenen unterwegs. Es gab keine Zufälle. Jede Begegnung, jedes Ereignis hatte einen Sinn. Sie wollte mehr darüber wissen, selbst einmal die Karten lesen können.

Und so hatte sie vor einem Jahr bei der Wahrsagerin und Kartenlegerin Riana eine spirituelle Weiterbildung begonnen, Sie wurde zur Schülerin im so genannten Hexenclub. Mit ihren wilden, nicht zu bändigenden brünetten Haaren war Lila sowieso davon überzeugt, dass sie zumindest in einem ihrer Vorleben mal eine Hexe gewesen sei." Krause Haare, krauser Sinn, steckt ein kleiner Teufel drin". Wie oft hatte sie diesen Satz schon gehört. Aber er stimmte: In ihr steckte ein kleiner Teufel oder richtiger eine kleine Hexe, die auch mit magischen Dingen vertraut werden wollte.Vom ersten Treffen an wusste Lila, das mit dem Hexenclub würde wichtig für sie in ihrem Leben werden. 18 Frauen, alle zwischen 25 und 55, alle voll im Leben, gründeten zusammen die Gruppe, um an sich zu arbeiten und zu erkennen, wie sie mit spirituellen Übungen und Ritualen ihre Blockaden würden lösen können und ihre Wünsche in Erfüllung gehen zu lassen.

„ Alles ist möglich. Es liegt immer daran, was ihr selber glaubt, welchen Gedanken ihr die Macht gebt und welchen nicht", hatte Riana am Einführungsabend gesagt. Da gab es Jeannette, die Psychotherapeutin, die Frührungskräfte in Kernkraftwerken psychologisch beriet und Kurse gab, was es in Ernstfällen zu tun gab. Da gab es Agneta, die lesbische Heilpraktikerin, die gerade ihre eigene Praxis aufgemacht hatte. Da gab es Allessandra, die TV-Moderatorin und DJ-Queen, Nadja, die Journalistin, die Reiseführer schrieb, Lysandra, das Model für Übergrößen, Annett, die PR-Radio-Frau, Susanne, die Vorstadtehefrau mit dem wilden Swingerleben, und und und: alle ihre eigene Geschichte, alles tolle Frauen. Und alle hatten sie die selben Themen. „ Es hat immer einen Grund, warum man zusammen kommt. Als Gruppenkörper sind wir eins, jeder von uns spiegelt dem anderen eine andere Seite von sich selbst wieder" hatte Riana gesagt. Die Themen dieser Gruppe waren von Anfang an klar: Selbstliebe, die volle Weiblichkeit leben, die ganz große Liebe finden und sich trauen erfolgreich zu sein. Das waren alles eindeutig auch Lilas Themen. Ja, davon konnte Lila in der Tat ein

Lied singen. Seit Jahren hatte sie sich weitergebildet, viele, viele tausend Euro für Weiterbildungen ausgegeben, sie war ein wandelndes Lexikon und hatte zu fast allen Themen Wissen und eine Meinung. Und was war daraus geworden? Andere preschten nach der 1. Weiterbildung an ihr vorbei, schrieben Bücher, wurden Trainer und waren sofort dabei, Führungskräften zu erzählen, wie es funktionierte. Und verdienten damit gutes Geld. Und sie? Sie hatte immer und immer das Gefühl, sie sei noch nicht gut genug, sie müsse noch weiter lernen, ehe sie für ihr weitergegebenes Wissen Geld nehmen konnte. Das Wissen gab sie weiter, das schon, nur eben Geld dafür nehmen und das auch ausstrahlen, dieses „ ich kann das, ich will das, ich bin das", das hakte noch gewaltig. Es war jetzt einfach dran, Erfolg zu leben und auch in der Liebe eine wirklich ECHTE Partnerschaft zu leben. Einglück hatte sie nach der Trennung von Wolf wieder angefangen zu malen. All ihre nicht gelebte Leidenschaft, all ihre Sinnlichkeit malte sie auf riesige Leinwände. Kunsttherapie im engeren Sinne,denn sie malte all das, was sie gerade nicht hatte: Sinnliche Momente zwischen Mann und Frau, der nackte weibliche Körper, die volle Weiblichkeit. Lila therapierte sich selber. Sie war wohl ein Naturtalent. Mit staunenden Blicken, ehrwürdigen Kommentaren wurden ihre Bilder bewundert, aber kein einziges Bild verkauft. So ging das nun seit Jahren. Saturn, der große Überprüfer unter den Planeten, lief auch noch als Transit durch ihr Sonnenzeichen Waage. „Alles, was faul ist, wird abgetrennt, alles, was nicht mehr funktioniert, teils mit Brachialgewalt auseinandergerissen", hatte ihre Astrologin eine Saturnüberprüfungsphase beschrieben. Und bei Ihr? Das war Saturn in Höchstform. Saturn war bei ihr am Wüten. Das hatte sie wohl mitbekommen. Schon kurz nach ihrer Trennung war sie bei einer Astrologin gewesen, und die hatte ihr klipp und klar gesagt, dass die kommenden drei Jahre eine Überprüfungsphase sein würde, wo es richtig zur Sache ginge. Ja, da hatte die Astrologin Recht gehabt. Ehe kaputt, Haus verkauft, Fernsehkarriere aufgegeben, um sich aufzumachen auf den eigenen Weg. Die letzten zwei Jahre war es ihr mehr um die Suche nach sich selbst gegangen. Wer bin ich und was will ich, was ist der Sinn meines Lebens, warum bin ich hier? Wie oft hatte sie sich diese Fragen gestellt. Und nun wurden die Puzzlestücke Stück für Stück zusammengefügt und ergaben so gaaaaaaanz langsam ein Bild. Und dann, nach etwas über zwei Jahren nach der Trennung mit Wolf, fing Lila an, sich um die Liebe Gedanken zu machen. Da war zwar nur 3 Monate nach der Trennung von ihrem Mann ein Künstler, 57 Jahre alt, Vater eines Fußballkumpels von Leif, für einige Wochen in ihr Leben getreten. Sie hatte seine Muse sein wollen, er ihre. Aber er wollte sie kontrollieren und sie nicht flattern lassen. Und so flatterte Lila schon nach 3 Wochen von dannen. Das wars. Drei Wochen Sex mit einem alternden Künstler, der auch mit seiner Libido in die Jahre gekommen war. Dann drei Jahre Pause. Asketentum. Klösterliches Verhalten. Und trotzdem: Lila war der felsenfesten Überzeugung, dass es ihn gab da draußen, irgendwo. Ihren Seelenpartner. So einen richtigen Kerl, markant, kernig und dennoch zärtlich und wertschätzend. So'n richtig wilden Typen, der das Leben genoss und Spaß hatte. So einen Piraten. Sie wusste, was er mitbringen musste, da ließ sie künftig keine Kompromisse mehr zu: Er sollte männlich sein, wertschätzend und spirituell. Und dann noch sexy, total verliebt in sie, kinderlieb, anziehend, aufmerksam, wohlhabend, erfolgreich. Am besten ein Segler oder einer, der das Meer und das Wasser genauso liebte wie sie. Einer, mit dem sie über alles reden konnte, der intellektuellen wie körperlichen Funkenflug wollte, einer, der sie genauso liebte, wie sie war und nicht, obwohl sie so war. So ein Dirk Struan , den irischen Seebären aus Tai Pan.Einen großen Mann mit toller tiefer Stimme und Ausstrahlung, ein erfolgreicher Mann, der genügend Geld hatte, um sich alles zu erfüllen, was er sich im Leben wünschte. Sie wusste, irgendwo da draußen gab es die ganz große Liebe. Ihre Freundinnen hatten ihr das ein oder andere Mal gesagt, dass ihr unverbesserlicher Optimismus, ihr Glaube an das Gute im Menschen, die Überzeugung, dass wir alle hier auf Erden sind, um zu leuchten und zu glänzen mit unseren Brillianzen und nicht, um zu funktionieren, dass es sie NICHT weiter bringen würde. „ Das Leben ist kein Wunschkonzert, Das Leben ist kein Ponyhof". Wie oft hatte sie das gehört. Und wie oft hatte sie geantwortet, dass es sehr wohl ein Wunschkonzert sei und dass jeder hier bestimmen könne, welche Musik in seinem eigenen Leben gespielt werden solle. Ja, sie war so. Wolf hatte zum Schluss nur noch die Augen verdreht. „ Bleib auf dem Boden. Früher war das ja noch ganz niedlich, aber jetzt drehst Du völlig durch. Du hast sie ja nicht mehr alle." Wie oft hatte er sie mit Verachtung angesehen und sich abgewendet von ihr, wenn sie wieder davon anfing, wie wichtig es sei, seine Träume zu leben.

Die letzten Jahre hatten ihr nicht Recht gegeben. Weder beruflich noch optisch noch liebestechnisch lief es so, wie sie sich das erwünscht hatte.Diese vielen Abende zuhause, wenn die Kinder oben schliefen. Meist allein, zu viel Wein, zu wenig Abwechslung, zu weit draußen dort, wo sie einst mit Wolf ihr Haus gebaut hatten. Sie hatte gelesen, alles über das Gesetz der Anziehung, sie hatte ihren Wunsch bereits formuliert und ans Universum abgeschickt. Sie hatte so, so viel gearbeitet an sich und sich mit Gleichgesinnten auf der Suche nach sich selber ausgetauscht. Aber vielleicht hatte sie einfach noch nicht das richtige Werkzeug, vielleicht wusste sie einfach noch nicht genau, wie es ging. Vielleicht war die Zeit der Selbst-und Sinnsuche einfach auch wichtig, damit sie später vielleicht Frauen in genau ihrer Situation weiterhelfen konnte. Vielleicht.Vielleicht. Vielleicht.

Lila wusste es nicht. Sie wusste nicht, was und wann das Universum etwas mit ihr vorhatte und warum sie all diese elendig langwierigen Prozesse immer und immer wieder durchlaufen musste. Sie hatte sich oft schon beschwert direkt oben beim Universum, dass das alles so schrecklich lange dauern würde und dass sie nun endlich dran wäre. Aber irgendwas klappte noch nicht. Doch sie machte weiter: Sie beschäftigte sich intensiv damit, sie besuchte Aufstellungskurse, spirituelle Weiterbildungen. Jedes Jahr zum Jahresende erstellte sie ein „Visionboard", die Visualisierung, wie das kommende Jahr sein sollte und was in Erfüllung gehen sollte. All das machte sie, immer und immer wieder, auch wenn nur sehr wenig eintrat.Und dann natürlich ihr Hexenclub, die Frauen und die tolle Lehrerin, Das war ihr immer wichtiger geworden.

Und da hatte sie den ersten Kontakt mit ihrem Seelenpartner aufgenommen, von dem sie später dachte, es sei Mario. Lila erinnerte sich: Sie war wohl etwa schon acht Monate dabei gewesen, da trafen sie sich, wie alle 14 Tage an einem Montagabend an einem dunklen, kalten Abend im November. Es war immer alles so schön dekoriert. Die hundert Kerzen, die brannten, der große Tisch mit den üppigen Tischdecken mal in leuchtendem lila und Goldbrokat, mal in samtigem Rot, über und über dekoriert mit Buddhas und Schivas und Ganeshas, mit Engeln, Trollen, Waldwesen und mit Terrinen voller Schokolade. „ Die Wesenheiten und Engel lieben Schokolade und Schnaps," hatte Riana ganz ernst geantwortet, als ob es das normalste auf der Welt sei, auch die unsichtbaren Schutzgeister und Wesenheiten um uns herum bei Laune zu halten und sie zu füttern. Mit Schokolade. Immer die teuersten Sorten, immer eine Riesen-Auswahl. Leider liebten die Frauen sie auch, und so waren es mental und real immer sehr süße Stunden im Hexenclub. An diesem einem Abend vor etwa acht Monaten ging es darum, die eigenen telepathischen Fähigkeiten kennenzulernen und zu erproben. „Jeder von uns hat diese Fähigkeiten in sich, wir haben sie bloß meistens vergessen", sagte Riana. Sie sprach von den Naturvölkern, die teilweise auf über 200 Kilometer Entfernung telepathischen Kontakt miteinander aufnehmen könnten und sich so verabreden konnten. „ Das funktioniert. Und es ist gut, mit jemandem in Kontakt zu treten, der wichtig für Dein Leben ist. Mit wem möchtest Du in Kontakt treten, wer ist wichtig für Dich? Wen möchtest Du in Dein Leben einladen dabei zu sein? Mit wem wünscht Du Dir eine Aussprache, einen Kontakt?" Lila wusste sofort: Sie wollte Kontakt aufnehmen mit ihrer großen zukünftigen Liebe; sie wollte wissen, ob es ihn überhaupt gibt und ihn fragen, ob er jetzt bereit sei sie zu finden, so wie sie bereit war, ihn zu suchen. „ Nehmt Euch am besten eine Freundin oder einen Freund, den ihr morgen fragen könnt, ob er was gespürt hat, damit ihr nachkontrollieren könnt, ob es geklappt hat", riet Riana. Lila wollte das nicht. Sie hatte ein wenig Angst. Vielleicht war da draußen ja doch niemand? Vielleicht würde sie nie den Richtigen treffen?. Den einen, den „ one and only"? Aber sie musste es versuchen. Und wann, wenn nicht jetzt, wer, wenn nicht sie und wo, wenn nicht hier mit ihren Hexen? Sie konnte nicht einmal erklären, warum, aber sie war fest entschlossen, sich an genau diesem Abend auf die Suche nach ihrem Mister Right zu machen, nach ihrem Traummann.

Riana war eine wahnsinnig schöne Frau: 39, Unglaublich üppig, ein riesen Busen, pechschwarze Haare, grüne Augen und eine magische Aura um sich herum. Immer in schwarzen Kleidern mit riesigen Ausschnitten gekleidet. Sie sah aus, als ob sie aus 1001 Nacht herausgesprungen sei direkt ins Zentrum von Berlin, um dort ihre Fähigkeiten an interessierte Hexen und Hexenmeister weiterzugeben.Jedes Detail in den Räumen ihrer Hexenschule war liebevoll ausgesucht. Alles für das Licht... für das Gute... zum Wohle aller. Immer und immer wieder hatte Riana das gesagt. „ Wenn Du Dir Reichtum und Geld wünscht, dann sage immer dazu: „ Zum Wohle aller". Nicht, dass Deine Lieblingstante plötzlich tot umfällt und Du ihr Geld erbst. Es ist wichtig, was Du Dir wünschst. Du musst darin genau sein."

Lila blickte auf, als sie daran dachte.

Es fiel ihr wie Schuppen von den Augen. „ Du musst darin genau sein. Überlege Dir GENAU, was Du Dir wünscht".Oh Gott, sie hatte sich einen Piraten gewünscht, dass das ein Sexpirat werden würde, daran hatte sie gar nicht gedacht. Die Piraten der Neuzeit waren nicht mehr mit Schwert und Galere unterwegs. Die hatten Speedboote oder das Internet. Ja, sie hatte sich ihren Traum „fast" gewünscht, aber leider eben nur fast. Und fast daneben war auch daneben. Das hatte sie gerade an ihren eigenen Erfahrungen erlebt. Sie hatte ihren Wunsch nicht genau genug formuliert. „ Nicht genau genug." Lila wurde ganz schwummrig.

Und trotzdem war diese telepathische Reise, die damals kommen sollte, echt. Der Kontakt real. Da war sie sich auch jetzt noch Monate später sicher. Es gab ihn also. Ja, es gab ihn da draußen noch. Für einen kurzen Moment schloss Lila die Augen, ganz still, dort an diesem schönen Platz auf Ibiza, und dachte daran, dass es ihn da draußen doch noch gab.Und dass sie einfach nur anfangen müsste, ihn sich „ genau" zu wünschen.

Auch an diesem besagten Winterabend mit der angedachten Telepathiereise war Rianas Appell an ihre Montagsgruppe die gleiche wie immer: Alles nur im Einverständnis, niemals aus eigenem Ego heraus: „ Nur Kontakt zu jemandem aufnehmen, der das auch will. Wenn der im Bild die Jalousien runtermacht, wenn Du mit ihm Kontakt aufnimmst, heißt das, er will nicht. Dann hör auf, o.k.?" Sie wies die Gruppe an, wie die telepathische Reise jetzt aussehen würde. Die elektrischen Lichter wurden ausgemacht, nur noch Kerzenlicht beleuchtete den Raum. Alle 16 Frauen setzten sich gerade, aber bequem hin, schlossen die Augen und waren bereit, bereit auf die telepathische Reise zu gehen.

Riana führte wie immer gekonnt und professionell durch die Reise. Das richtige Einatmen über das dritte Auge, und dann visualisieren: Eine weiße Wand sollte sich da vorne vor ihrem geschlossenen Auge auftun. Wie eine riesige große Leinwand. Ganz weiß. Eine weiße Wand. Ja, Lila sah sie, die weiße Wand, durch die sie in wenigen Minuten durchgehen würde und jemanden sehen oder spüren würde, wenn sie

Glück hatte. Wenn es klappte. Sie atmete noch einmal tief ein, visualisierte die innere weiße Wand und ging durch. Es war eher ein Gefühl als ein Bild, was sich da entwickelte.Lila spürte, dass sie einen Mann sah. Sie spürte, dass sie ihn sah.War es möglich etwas Sichtbares zu spüren? Komisch, aber es war so! Er war zwischen Ende 40 bis Ende 50. Sie konnte nicht sagen, warum, aber sie wusste, er saß tausende Kilometer von ihr entfernt auf einem Schiff, alleine, am Schreibtisch. Er las etwas. Eine Seekarte? Und dann nahm sie mit ihm Kontakt auf. „Bitte... fühlst Du, dass ich gerade da bin? Merkst Du es? Bist Du einverstanden?" Der Mann, hübsch, graue lange Haare, behaart, kernig markant, große Nase, wettervergilbtes Gesicht, sehr anziehend, und sehr traurig –eigentlich war es eher das Gefühl, sein Gefühl, was sie spürte. Der Mann blickte auf und wendete seinen Blick nach rechts oben. Ja, es klappte. Er spürte das. Er spürte sie.Und dann ging Lila ganz tief in dieses Gefühl, in dieses Gefühl, dass sie gerade eben mit ihrer zukünftig großen Liebe, mit ihrem Seelenpartner Kontakt aufnahm. Sie spürte eine große Traurigkeit bei diesem Mann, als ob er seine Frau verloren hätte, und kurz huschte bei Lila der Gedanke vorbei, als sei seine Frau bei einem Autounfall ums Leben gekommen. Aber das war nur ein winziger Moment. Er hielt die ganze Zeit den Kopf hoch, als ob er fühlen konnte, dass Lila ihn an der Schulter berührt hatte. Der sanfte Hauch der Seelenpartnerin, die sich mit ihm vereinen wollte. Und sie hatte das Gefühl, er sei bereit, bereit, seine Trauer aufzugeben und sich jetzt aufzumachen auf ein neues Leben mit einer neuen Partnerin an seiner Seite." So, kommt jetzt langsam zurück... verabschiedet Euch und kommt zurück." Lila hörte Rianas Worte, doch sie hatte das Gefühl, dass ihre Liebe, ja es war ihre Liebe, dass dieser

Mann sie nicht gehen lassen wollte. Sie musste sich richtig konzentrieren, um wieder durch die weiße Wand zurückzukehren , immer und immer wieder sah er sie an, direkt an. Er schaute nach oben rechts. Oh mein Gott, sie wollte nicht gehen, sie wollte da bleiben. Sie schaute ein letztes Mal, sie fühlte ein letztes Mal hinein, und dann zwang sie sich zurückzukehren in den Raum der Hexenschule. Als sie die Augen aufmachte, war sie tief berührt von dieser Begegnung: Zwei Seelen hatten sich berührt, eine erste, sehr zarte Berührung, eine Berührung, die ihr durch Mark und Bein ging. Sie zitterte leicht an ihren Knien. Sie hatte im wahrsten Sinne des Wortes weiche Knie, denn dass es ihn wirklich da draußen gab, dass er auch noch auf einem Schiff saß, und dass sie alleine diesen ersten Kontakt schon als außergewöhnlich stark empfunden hatte, das machte Lila unglaublich glücklich und ganz schwach.

„Wie war es, wer mag erzählen, was Du erlebt hast?" Riana ging durch die Runde, und jede einzelne hatte was anderes erlebt. Lila erzählte. Ja: Sie hatte Kontakt mit ihrem zukünftigen Mann an ihrer Seite aufgenommen.Und Riana hatte ihr geglaubt und ihn sogar auch gesehen, wie sie es der Runde bestätigte.

An diesem Abend fuhr Lila müde, aber sehr erfüllt nach Hause. Es gab ihn da draußen: Ja, er existierte wirklich.Sie schlief ein. Und als sie am nächsten Morgen aufwachte, hatte sich dieser erste telepathische Kontakt bereits ein kleines wenig eingenistet, eingenistet in ihr Herz.

Es kamen schwierige Monate: Ausgerechnet am 11.11.11 eine chinesisch sehr magische Zahl, die vor allem Reichtum verspricht, am 8.Geburtstag ihres Sohnes Leif, wurde das Haus verkauft. Auszug im März 2012. Wolf war extra aus Hamburg gekommen. Die Unterschrift war schnell getan. 12 Jahre direkt am See, die gemeinsame Idee: verkauft. Aber für Lila war es ein Befreiungsschlag. Als das Haus endlich weg war, als sie endlich ausgezogen war, fiel so viel Schwere von ihrem Rücken. Kurz vor Weihnachten war dann immer noch nicht klar, wohin sie ziehen sollte. Der mögliche Neustart nach Mallorca noch nicht sichtbar, denn Wolf hatte ein klares NEIN ausgesprochen. Die Monate des Umzug vorbereitens, des Abschied nehmens, die waren schrecklich gewesen. Ihre Scheidungsanwältin hatte Lila geraten, erst einmal provisorisch in eine möblierte Wohnung zu ziehen und abzuwarten, bis das Schuljahr im Sommer zu Ende sei, da Lila bei einem gemeinsamen Sorgerecht die Kinder nicht unerlaubt ins Ausland mitnehmen durfte. Das sei Kindesentführung. Die Scheidungsanwältin bot ihr kurzerhand ihre kleine Zwei-Zimmer-Wohnung im Keller ihres Hauses an. Und Lila sagte zu. Vom Sonnenhaus am See in den Keller. Aber es passte, sollte eh nur für 4 Monate sein und war im selben Ort, wo die Kinder zur Schule gingen.Und so zog Lila nach 12 Jahren gemeinsamen Hausstand aus, es war der einzig schöne Tag seit Wochen. Morgens um 6 kamen die Laster. Die Kinder hatten geweint, der letzte Abend im Haus war furchtbar. 150 gepackte Kartons. Möbel über Möbel, die Bilder von ihr alle abgehängt.Und da saß sie nun und fragte sich, ob es nicht doch alles ein Fehler gewesen sei... ob es nicht doch eine andere Lösung hätte geben können . An diesem Abend hatte Lila keine Antwort gehabt. Aber das lag nun glücklicherweise alles schon ein paar Monate zurück. Und auch, wenn sie immer noch nicht wusste, wie es weiter ging, wenn immer noch nichts klar war, es war jetzt so viel schöner als vor Monaten.

„ Ich will so leben, ich will direkt ans Meer, mit meinen Kindern, ich weiß, dass das mein Weg ist". Ja: Lila wollte nach Mallorca auswandern, aber Wolf verbot es ihr. „ Kommt nicht in Frage. Nur über meine Leiche". Was hatte sie bloß so viele Jahre an diesem Mann gefunden? Wolf war starrsinnig, absolut verhandlungsresistent und gemein. Ja, er war gemein. Er war es geworden. So war er anfänglich nicht gewesen.

Ippy war ihr eine Riesen-Stütze gewesen in all der Zeit. Sie pendelte zig Male, das mit Mallorca würde klappen. Es würde alles klappen.

Und auch eine Wahrsagerin, die Lila immer besuchte, wenn sie bei ihren Eltern in Eppenwrusten war, hatte ihr gesagt, ihr ganzes Leben würde sich in den kommenden 7-9 Monaten ändern. „ Was ist mit Ihrem Partner?" , hatte die sie gleich gefragt. „ Was soll mit ihm sein? Meinen Sie meinen Ex-Mann?", hatte Lila gefragt. Nein, hatte sie gesagt, „ Ich meine einen neuen Partner. Der liegt schon an. Da kommt jemand. Was ganz Großes, was ganz Ernstes. Das ist ein guter Typ, reist viel. Sie haben sich auch intellektuell viel zu sagen. Und er hat richtig viel Geld".. Daran erinnerte sich Lila manchmal in den Winterstunden, wo sie ihr gesamtes Leben gerade in Kisten packte und noch nicht einmal wusste, wo ihre Reise überhaupt hin ging. Mit beiden Füßen fest in der Luft. Das war sie jetzt schon so lange. Aber irgendwann, irgendwann würden ihre Wünsche erhört werden, würde alles eintreffen, so wie sie sich das nun schon mehrfach beim Universum gewünscht hatte und was ihr auch geweissagt worden war.

13. Juli/ Sasa-Strand Ibiza

Nun war sie schon den 4. Tag hier auf Ibiza, auf Eivissa, wie neuerdings überall auf den Verkehrsschildern stand, da hier wie auch auf Mallorca die katalanische Sprache gefördert wurde. Auch in den Schulen wurde so unterrichtet. Katalan, eine Sprache, die nur noch viereinhalb Millionen Menschen sprachen, wird re-integriert als Amtssprache. Und spanisch, die drittmeistgesprochene Sprache der Welt, die inoffizielle Weltsprache, dadurch ersetzt. Ganz schön rückständig, dachte Lila. Aber all die letzten Erfahrungen, die sie gemacht hatte, waren irgendwie altmodisch, an Traditionen orientiert und unterstützten wenig das moderne Denken, schon gar nicht das moderne Denken einer emanzipierten Frau. Und das, obwohl wir doch alle ganz offensichtlich in eine neue Zeitära der Welt einzutreten begannen.

Lila hatte schon über 20 Seiten geschrieben und entschied sich kurzerhand, nicht nach Mallorca mit dem Speedboot zu fahren. Eigentlich war sie morgen eingeladen zu einer Geburtstagsparty in Palma. Eigentlich wichtig. Wer weiß, wen sie da kennenlernte auf der Insel, auf der sie leben wollte! Aber es drängte sie nichts dort hin. Sie war eingeladen von einer faszinierenden Frau, die ebenfalls Coach war, zwei Kinder hatte und jetzt seit anderthalb Jahren von ihrem Mann getrennt lebte. Auch der lebte in Hamburg (da war wohl ein Nest von getrennten Männern), nur waren diese beiden zuvor gemeinsam als Paar nach Mallorca gegangen, Finca, Schulen, Umfeld, alles schon da und gewollt. Das war der Unterschied zu ihr. Aber irgendwas musste es ja bedeuten, dass alle Entscheidungen der letzten Zeit irgendwie nicht rund liefen, dass immer irgendein Haken, irgendein Pferdefuß an Lilas Plänen hing.

Sie würde hier auf Ibiza bleiben. Lila freute sich. Eigentlich hatte sie ein wirklich schönes Leben.Sie hatte sich zwar gerade wieder über Wolf geärgert, mit dem sie eben von Ibiza aus telefoniert hatte. Ob es nun an Wolf lag, dass sie am nächsten Tag gleich wieder einen Pickel hatte (diesmal leider wieder rechts), wusste sie nicht. Aber ansonsten ging es ihr gut: Lila musste sich wieder ran setzen, sie wollte endlich damit beginnen, endlich aufschreiben, wie ihre Mario-Geschichte los ging. Aber es war alles so wichtig, was zuvor passiert war. Es war so unendlich wichtig, um zu verstehen, warum sie auf Mario reingefallen war, warum sie ihr Herz in wenigen Stunden an einen Mann verloren hatte, den sie nicht kannte. Jedenfalls nicht in echt, nicht real. Es wäre einfach viel zu wundervoll gewesen, wenn Mario echt gewesen wäre, dachte Lila so bei sich. Aber vielleicht war er einfach zu perfekt. Einfach zu schön, um wahr zu sein. Ja, Mario war zu schön gewesen, um wahr zu sein.

Und bevor sie weiterschrieb, überlegte sich Lila, wie sich dieses gefakte Puzzle eigentlich hatte zusammensetzen können. Und Puzzlestück für Puzzlestück fügte sich die Fatamorgana namens Mario langsam zu einem Bild. Lila verstand, indem sie es aufschrieb und sich zurückerinnerte:

Da war eine Einzelsitzung 4 Monate vorher mit Hexenmeisterin Riana gewesen, die ihr auch noch einfiel. Lila hatte sich von ihr Karten legen lassen, um zu wissen, was sie noch tun sollte in Bezug auf Mallorca. Riana hatte ihr wenig Mut gemacht. „ Oh Lila, da liegt eine fette Mobbing-Karte neben Dir, die stärkste, die es gibt. Wolf wird alles dran setzen, damit Du nicht gehen kannst. Das geht bei ihm fast um Leben und Tod. Und leider ist er Dir auch gar nicht wohl gesonnen. Der will

Dich am Boden sehen. Lila saß da und hörte zu. „ Lila, Du brauchst jetzt jeden Beistand, auch anwaltlichen. Und so leid es mir tut, es wird sich verschieben. In diesem Jahr wirst Du, denke ich, nicht nach Mallorca gehen können. Und wer weiß, ob es überhaupt Mallorca wird."

Das saß. Sie hatten Anfang Februar gehabt! Noch 10 Monate, bis das Jahr zu Ende sein würde. Und ein Umzug aus dem Haus stand kurz bevor. In 4 Wochen musste sie raus sein und wusste noch nicht wohin. Riana sah sie mit Ihren großen grünen Augen an. „Aber verzage nicht, es wird klappen, bloß eben noch nicht so schnell". Und dann legte sie die Reiterkarte. Lila hatte schon öfter an ihren Hexenabenden die Lenormandkarten gelegt und angefangen sie lesen zu können. Sie war noch weit davon entfernt, richtig sicher sagen zu können, was da im Kartendeck lag. Aber von dem Reiter wusste sie, dass es ein Neuanfang bedeutete, und dass, wenn der Reiter bei der Person liegen würde, eine Liebschaft, ein „ Neuer" angekündigt wurde. Der Reiter lag direkt unter ihr." Lila, du wirst in wenigen Wochen in das Energiefeld Deiner großen zukünftigen Liebe eintreten. Vielleicht wirst du ihn noch gar nicht kennenlernen, aber in sein Feld trittst Du bald ein". Das hörte sich doch irgendwie mal nach schönem neuem Leben an, dachte Lila bei sich. „ Es ist ein sehr großer und sehr anziehender Typ, der auch was mit dem Wasser zu tun hat. Er reist viel, und irgendwie wird er Dir auch beruflich nützen. Er ist sehr groß. Und er ist behaart, viele Haare auf der Männerbrust. Ein Bär." Lila war fasziniert. Sie stand auf große Männer, auf echte Kerle, auf behaarte Männerbrust. Diese neue Mode, dass sich die Männer all ihre Haare von der Brust entfernen, fand Lila ohnehin seit Jahren eine Todsünde. Schön, sie war einverstanden.Das genau hatte ihr ja auch die Wahrsagerin bei ihren Eltern oben im Nor-

den an ihrem Geburtstag geweissagt .Alle hatten von was ganz Großem, alle von einem tollen Mann, und alle von einem sehr wohlhaben-
den Mann gesprochen. „ Und er ist kinderlieb. Er ist sehr kinderlieb",
sagte Riana noch.

Lila fuhr nach Hause an diesem Nachmittag. Da lebte sie noch in dem
Haus am See. Irgendwie war sie traurig gewesen. Und irgendwie hatte
sie gespürt, dass Rianas Prophezeiungen eintreten würden, dass sie
wieder warten würde müssen, dass sie wieder nicht die Macht hatte,
endlich ihr Leben zu leben und dass diese anstrengenden Zeiten noch
weiter gingen. Irgendwie war sie dankbar, dass sie bei all ihren Weissagungen und Prohpehzeiungen nie damit gerechnet hatte, dass sich
diese ganze Chose wirklich über viele, viele Jahre hinschleppen würde.
Nein, sie war richtig dankbar, dass sie das nicht gewusst hatte. Irgendwie hatte ja doch immer alles geklappt. Bloß alles viel zu seicht,
viel zu wenig Abenteuer drin. Lila hatte sich, wenn sie recht überlegte,
die letzten Jahre gelangweilt. Sie war genau wie alle anderen Frauen in
ihrem Umfeld immer mit angezogener Handbremse durch die Gegend
gefahren und schließlich hatte sie vergessen, was es heißt, im eigenen
Leben auch mal Gas zu geben.

Lila hörte kurz auf zu schreiben. Ja, was war in dieser Zeit mit ihr passiert? Wohl das, was ganz vielen Frauen passierte. Wenn sie im Trott
des Alltags versanken und mit ihnen ihre Träume und ihr Sexappeal.
Sie musste an Arielle denken.

„ Ich bin eine begehrenswerte Frau, ich will nicht einfach nur angesehen werden, ich bin doch kein Neutrum", hatte ihr gerade vorhin auf

Ibiza noch Arielle gesagt, als sie sich räkelnd und barbusig aus dem Wasser bewegte wie Halle Berry im 007 James Bond. Lila war beeindruckt. Arielle war 54 und hatte immer noch diesen Anspruch. Und das war gut so. Sie wurde immer noch umschwärmt, selbst von deutlich jüngeren Männern.

Lila dachte zurück an die letzten Tage in ihrem Haus am See zurück und wie ein weiteres Puzzestück aus dem Mario-Anthony- Puzzle sich weiter zusammengesetzt hatte: Damals an diesem traurigen Januartag nach dem Termin bei Riana war sie rüber gegangen zu ihrer Nachbarin und besten Freundin Ippy. „ Weißt Du, es ist immer in Deiner Hand, wie schnell irgend etwas eintrifft", hatte Ippy gesagt. „ Ich glaub, da fehlt noch was. Du brauchst noch irgendeinen Baustein, der jetzt noch nicht da ist. Aber vertraue darauf, dass alles gut wird." Irgendwie war Lila bedrückt. Das mit Mallorca klang alles nicht so gut.

Auch im Januar an diesem düsteren Tag war es wieder so gewesen, dass sie das Gefühl hatte, es würden ihr ständig Steine in den Weg gelegt werden und nichts richtig funktionieren.

. Es hatte draußen bei 3 Grad plus geregnet. Es war 12 Uhr und trotzdem schon fast dunkel.

Bei Ippy hatte es wundervoll gerochen. Sie hatte ihr großes, modernes, im Bauhausstil gebautes Haus mit dem heiligen kanadischen Salbei ausgeräuchert. Die Kinder waren noch in der Schule. Die beiden waren alleine. Ippy hatte seit ein paar Tagen neben dem Pendeln auch das Channeln entdeckt. Immer nachts wachte sie auf und empfing Botschaften „ Das ist total irre. Aber es geht ganz einfach." Sagte Ippy.

Ippy hatte in ihrem grauen Sweatshirt da gesessen und sie angesehen. Die Augen von Ippy: Wahnsinn: So etwas hatte Lila noch nicht gesehen: Hellgrün und glasklar. Wunderschön, aber wenn Ippy jemanden nicht mochte, dann strahlte eine Kälte von minus 50 Grad aus ihren Augen. Lustig, dachte sich Lila, dass so richtig tolle Wahrsagerinnen oft so unglaublich stechende Augen hatten. Ippys Fähigkeiten hatten Lila schon lange sehr beeindruckt. Oft war Ippy ein wundervoller Ratgeber und Berater bei ihrem Mann. Und es klappte: Unwegsamkeiten sah sie rechtzeitig, die richtigen Worte und Lösungen konnte sie pendeln. Ihr Mann hatte dadurch in den vergangenen Jahren schon so einige Aufträge und Verhandlungen unter Dach und Fach bringen können. Aber wie so viele gehörte auch er zu den Männern, die „ so etwas" als „ Spijök, als Schischi" abtaten und Ippy manchmal nicht für voll nahmen. Das kannte Lila nur allzu gut von Wolf. Das war ganz anders bei Lila. Sie hatte ihre spirituellen Fähigkeiten echt zu schätzen gelernt. Sie lachten und weinten miteinander und waren zu sehr engen Freundinnen zusammengewachsen. Und in der schwierigen Phase der Trennung und des Auszuges später aus dem Haus hatte Ippy immer an ihrer Seite gestanden.

„Möchtest Du, dass ich auch für Dich eine Frage stelle?" fragte Ippy. Ja, Lila wollte es. „ Wann lerne ich endlich meine große Liebe kennen? Lerne ich sie überhaupt kennen? Und wenn ja, was ist das für ein Mann?"

Ippy schloss die Augen. Der Salbei räucherte jetzt im Hintergrund ruhig und wohlriechend vor sich hin.

Und dann begann Ippy wie ferngesteuert zu reden:. „ Du wirst ganz bald Deine große, große Liebe kennenlernen. Es wird etwas sein, was für beide noch nie dagewesen ist. Die Liebe wird euch in eine andere Dimension tragen. Er ist ein Ire oder ein Schotte, er hat irgendwie ganz weit entfernt zypriotische Wurzeln, er ist auf allen Weltmeeren dieser Welt unterwegs." Wow. Lila war begeistert. Auf allen Weltmeeren der Welt unterwegs. Er liebte also das Wasser genauso wie sie. Ein Pirat, ein Abenteurer. Wie toll. „ Segelt er? Hat er ein Segelboot/eine Segelyacht?" Ippy stellte die Frage nochmal. „ Er lässt segeln", sagte sie. „ Er lässt segeln. Er hat an jedem Finger 5 Frauen, ist ein echter Womanizer, er ist sehr groß, er liebt Kinder, und er hat sehr viel Geld. Er ist richtig reich." Lila konnte es kaum fassen: Die ganzen Überschneidungen mit den anderen Wahrsagern, die Telepathie-Reise aufs Schiff. Ein Pirat. Das wärs. Das wäre es wirklich. Lila liebte Piraten, so wilde Kerle, die ein freies Leben führten und das Leben genossen und nicht immer nur auf Sicherheit und ein geregeltes Einkommen achteten. Das hatte sie die letzten Jahre durchleben müssen. Das wollte sie nicht mehr. Kein Vorstadtleben, keine Langeweile, kein Dahinvegitieren mehr. „ Ihr habt die Chance Euch zwei Mal zu begegnen. Auf Reisen. Es ist Liebe auf den ersten Blick. Und ihm ist es ganz egal, ob Du ein paar Pfunde zu viel oder zu wenig hast. Es ist die ganz große Liebe, etwas noch nie da Gewesenes. So etwas erleben nur wenige Menschen auf dieser Erde. Er wird alle anderen Frauen vergessen. Ihr werdet sehr viel Reisen und zusammen Kurse geben. Und er heißt Mario." Lila guckte hoch. „ Mario? Ein Ire oder Schotte mit zypriotischen Wurzeln, ein Schrank von Mann? Der heißt doch nicht Mario! So heißen kleine, italienische Eisverkäufer", wendete Lila ein. „ Das kann nicht sein."

Ippy öffnete ihre Augen. „ Vielleicht liegt es daran, dass Du Deinen Umzug mit Mario hier organisierst. Vielleicht hat sich da eben mein Verstand eingeschaltet. Vergiss den Namen." Ippy war fertig. Wow. Das war nur so aus ihr herausgeflossen. Lila war beeindruckt, wie gut sich Ippy anbinden konnte. Sie war jetzt schon eine große Heilerin, und sie wusste es gar nicht. So einen Mann hatte sich Lila schon immer gewünscht. Wäre das schön, wenn es so kommen würde.Wäre das schön..

Lila saß da, während sie das alles auf Ibiza aufschrieb, und sah aus dem Fenster:

Das war nun alles schon viele Monate her. Sie rechnete zurück. Über ein halbes Jahr, dass das alles geweissagt worden war.Die Monate waren rückblickend auch ganz schön schnell vergangen. Einglück war sie aus dem Haus raus, aus diesem schönen weißen Flachdach, das so aussah wie ein römisches Palais oder wie ein Haus aus Spanien. Die großen dunkelbraunen Holzfenster, die fast überall bis zum Boden runter gingen, die große Südwestterrasse, der mediterrane Innenhof mit seinem Außenkamin, der Kamin in der großen Wohnküche. Ja, es war schon ein tolles Haus gewesen. In der 37qm Kellerwohnung, in der sie derzeit gerade für einen sehr stolzen Preis unter ihrer Anwältin leb-te, gab es nur zwei Herdplatten. Es gab nicht einmal einen Backofen, auch keine Dunstabzugshaube. Es war einfach eine Ferienwohnung, in der man 2 Wochen, aber nicht ein halbes Jahr leben konnte. Und trotzdem war Lila froh, dass sie raus war aus ihrem „Wolf-Haus". Noch ein Stückchen weiter raus aus Wolfs Dunstkreis.

Sie überlegte weiter, was noch geschehen war, welches Puzzlestück noch hatte kommen müssen, damit Mario, der Sexpirat, Einzug in ihr Leben hatte halten können:

Puzzlestück Nummer 4: Der vergangene Muttertag. :

Es war ein schöner sommerlicher Tag gewesen. Isa hatte ganz wundervoll den Tisch gedeckt, Leif war mit seinen acht Jahren allein einen Kilometer zum Bäcker gefahren und hatte die tollsten Brötchen und Croissants gekauft. Die Kerzen waren an, der Frühstückstisch gedeckt. Von Isa und Leif hatte sie Krauler-Gutscheine bekommen. „ Mama, was willst du heute tun? Du darfst Dir alles wünschen, wir kommen mit", hatte Isa gefragt. Lila hatte geschaut und gesehen, dass es einen Kunst- und Trödelmarkt am Fehrbelliner Platz in Berlin gab. Da fuhren sie hin. Dieser Markt ließ Lilas Herz höher schlagen. Überall wundervolle Einzelstücke. Sie verliebte sich sofort in eine feuerrote Vase in Lilienform geschwungen „ Das ist eine echte Moreno-Glas Vase original aus den 30iger Jahren", sagte die Verkäuferin. Lila wusste, wenn sie eines nicht brauchte, dann war es jetzt eine Vase. Sie hatte ja noch nicht einmal ein zuhause, wo sie sie hinstellen konnte. Aber sie kaufte sie und freute sich wie ein kleines Kind, das etwas ganz Besonderes geschenkt bekommen hat. Es kamen dann noch 6 Römergläser dazu, ein Ganesha, der Reichtumsgott aus Indien, und 4 Sektgläser, original aus den 50er Jahren. Es war Muttertag und Lila genoss es, mal wieder einfach so etwas eingekauft zu haben.

Und da stand sie plötzlich vor ihr. Diese Frau, vielleicht Mitte 60, rabenschwarzes Haar und stechend blaue Augen, wieder solche Augen: „Junge Frau, ich sage Ihnen was wichtig ist. Ziehen Sie eine Karte. Für nur 2 Euro", sagte sie mit ihrer verrauchten, heiseren Stimme. „Vielen Dank, nein, eine Karte, die mir das sagt, brauche ich nicht",erwiderte Lila. Die Frau lächelte." Mein Name ist Xanthia. Ich mache mein Geschäft nun schon seit 40 Jahren. Ich nehme sonst 100 Euro pro Kartenblatt. Aber ich lege Ihnen jetzt ein ganzes Kartenblatt, wenn Sie möchten, für nur 10 Euro." Na, das war doch was, dachte sich Lila: Muttertag war Muttertag. Sie willigte ein. Xanthia nahm sich den erstbesten kleinen Tisch, der eigentlich auch zum Verkauf angeboten war und räumte ihn mit allerlei kleinem, aber feinem Schnickschnack leer. Und begann zu legen.

„Sie werden umziehen in den kommenden 2 Monaten, ans Wasser oder an einen großen Fluss. Und es ist definitiv nicht Berlin." Tja, dachte sich Lila. Das könnte Mallorca sein oder aber auch der Ort, in dem sie gerade lebte. Der gehörte ja nicht zu Berlin, sondern zu Potsdam und lag direkt am See. „Sie werden Schwierigkeiten haben bei Gericht. Mit einem Kind ist was nicht in Ordnung. Das will nicht wirklich mit. Passen Sie auf, bereiten Sie sich gut vor. Das wird noch schwierig". Xanthia schaute weiter. „In ganz naher Zukunft werden Sie zwei Männer kennenlernen. Beide werden Ihnen gut gefallen. Der eine ist der Falsche für Sie, der andere der Richtige. Der Richtige ist ein Witwer. Er ist etwa 10 Jahre älter als sie, hat lange in Trauer gelebt und wird sie Ihr Leben lang verwöhnen, denn er hat viel Geld und ist ein anständiger Kerl."Lila bedankte sich bei Xanthia, und die zog gleich weiter mit ihrem Gehwagen und aquirierte neue Kunden. So mache sie das schon seit vielen Jahren, hatte sie ihr gesagt. Für wenig Geld der Einstieg. Dann 100 Euro pro Sitzung.

Lila ließ das sacken. Das hörte sich, bis auf die Gerichtsverhandlung, doch eigentlich alles ganz gut an.Und am besten war das „in ganz naher Zukunft". Lila wünschte sich so sehr, dass die Zeit des Darbens endlich vorbei sein würde, dass endlich, endlich auch wieder körperliche Leidenschaft in ihr Leben treten würde. Das war alles schon so so lange her. Auch in der Ehe mit Wolf und ihr hatte es die letzten Jahre zu viel Streit gegeben. Gegenseitiges Verlangen, Sex, das war eigentlich komplett eingeschlafen, gar nicht mehr da.Ob ich jemals noch mal wirklich lieben kann und geliebt werde? Ob ich jemals noch mal Sex habe? „Ein Witwer, reich, der mich auf Händen trägt und wirklich wertschätzt und liebt?" Wieder so eine Weissagung. Wieder viele Übereinstimmungen zu dem, was sie bereits gehört hatte. Es hörte sich so gut an. Und so nahm die Fatamorgana namens Mario Anthony ganz langsam Ziel auf Lila auf...

2. Kapitel

14. Juli;

22 Uhr, Ibiza, Sasa-Strand:

Es war abends 22 Uhr, Lila war müde. Den ganzen Tag hatte Lila noch keinen einzigen Satz geschrieben. Sie hatte bereits 2 Gläser Wein getrunken. Lila wollte an diesem Tag eigentlich ihr „ Liebeskapitel" anfangen. Doch sie war müde. Sie hatte nur 5 Stunden geschlafen. Sie wollte lieber morgen früh um 7 Uhr aufstehen und vor der Hitze beginnen. Oder war das alles nur doch die Angst vor dem Schmerz, der auftauchen würde, sowie sie anfing, diese süßen Worte noch einmal niederzuschreiben, diese unsagbaren schönen Worte von diesem Mann, von dem sie nicht nichts mehr gewünscht hätte, als dass er echt gewesen wäre? Dabei musste sie die Worte noch nicht einmal selber schreiben. Er hatte sie geschrieben. Wort für Wort. Sie musste sie nur übersetzen, auch ihre ganzen tausende Liebesworte, die sie Mario geschrieben hatte.Sie hatte sie nur kopiert und so für sich aufbewahrt, falls der facebookaccount gelöscht werden würde. 500 ausgedruckte Seiten hatte sie im Koffer mit nach Ibiza gebracht. Und da musste sie nun irgendwann mal ran. Sie legte die Deva Premal/ Miten CD ein. Zwei begnadete Mantra Sänger. Die hatte sie eine Woche, nachdem sie Mario kennengelernt hatte, live im Konzert in Berlin gesehen. Es war so tief gewesen, mit 500 Menschen im Kammermusiksaal der Philharmonie Mantren zu singen, zu schweigen, über Stunden, voll mit

Gefühlen für Mario. Voll in der Liebe, die diese beiden sangen, die spürbar war. Als das Lied „ Through the eyes of an angel" jetzt – Wochen später, tausende Kilometer weiter auf Ibiza- auf der CD zu spielen anfing, krümmte sich Lilas Magen regelrecht zusammen. Dieses Lied war Liebe pur, geschrieben vom Mann Miten für seine geliebte Deval Premal.. „ I am seeing myself like I never did before. Through the eyes of an angel". „Ich sehe mich selbst, wie ich mich niemals vorher gesehen haben... durch die Augen eines Engels..." Oh weih, wenn Lila nur zuhörte. Ihr liefen die Tränen. Das hatte sie die letzten 4 Wochen rauf und runter gehört, so wahnsinnig verliebt in ihren Mario. Was war sie verliebt gewesen. Sie hatte ihm jedes Wort geglaubt. Wirklich jedes Wort. Und im Nachhinein alles ein Schwindel? Für einen kurzen Moment wurde Lila selbst an diesem wundervollen Ort sehr traurig. „ ..and I fly"... sangen die beiden gerade zusammen. Ja, sie war auch geflogen. Und leider auch abgestürzt. Aber deswegen war sie ja hier. Sie war hier, um es aufzuschreiben..

Und so entschied sie sich doch, an diesem Abend anzufangen.. „ We are all living in mystery", sang Miten gerade mit seiner schönen Stimme. „ Through the eyes of the blessing one. Through the eyes of an angel". „ Wir alle leben in einem Mysterium... durch die Augen des Gesegneten... durch die Augen eines Engels." Irgendwann würde es auch ihr passieren, dass sie den „blessing one" in echt traf. Ja, sie musste daran glauben. Es musste einfach so sein.

Und so setzte sich Lila hin, abends um halb elf mit zwei Glas Wein intus und ging zurück auf den 12. Juni, gerade einmal einen Monat zurück:

Berlin, 12. Juni, 9 Uhr:

Morgens um 9 war Ippy zu ihr runter in den Keller in ihre 2-Zimmer-Ferien-Wohnung gekommen. Um halb zehn hatten sie Sport. Mit ihrem Personal Trainer Markus. Lila hatte sich ihr Leben lang einen Personal Trainer und einen eigenen Masseur gewünscht. Das stand in jedem Vision board, was sie in all den Jahren angefertigt hatte. Und eines der ersten Dinge, um die sie sich kümmerte, als das Haus verkauft worden war, war, sich einen Personal Trainer zu besorgen und ihre Figur wieder in Form zu bringen. Arielle hatte den genialen Tipp: Der ehemalige Düsenjetpilot und Unternehmensberater und Mann einer Freundin von ihr machte gerade in diesen Tagen den Abschluss als personal Coach. Er war also noch ein Frischling und hatte noch nicht jede Menge Kunden. Lila hatte ihn kennengelernt auf der Tangonight, die Arielle aus Anlass ihres Geburtstages organisiert hatte. „ Hot stuff", dieser Mann, Typ ehemaliger Rittmeister von Lady Di, leicht rothaariger Einschlag (aber Lila stand schon immer auf Rothaarige. Dirk Struan von Tai Pan war Ire UND rothaarig gewesen), kleiner Kopf, unglaublich durchtrainiert. Und so viel Muskeln wie Markus im Außen hatte, so viel Tiefe hatte er im Inneren. Sie, Lila, aus dem Leim gegangen, viel zu dick, all die Schwere ihres Lebens am Körper manifestiert, sie wollte wieder hübscher werden. Und Markus hatte ihr vom ersten Moment an das Gefühl gegeben, dass es toll sei, dass sie sich jetzt auf den Weg mache. Sie hatte Ippy gefragt, ob sie mitmachen wolle. Die hatte sofort Ja gesagt. Und so trainierten Ippy, Markus und Lila nun seit nahezu 3 Monaten 2-mal wöchentlich miteinander. Abgenommen hatte Lila zwar nur 2 von 20 Kilo, die sie abnehmen wollte, aber ihr Körper veränderte sich zusehends. Und was Lila in der ganzen Zeit besonders gefreut hatte, dass Markus von Ihrer „Zähheit" und ihren Anlagen beeindruckt war. „Du hast eigentlich alles da, es muss nur ein wenig trainiert werden." Wie oft lobte er sie für die perfekte Körperbeherrschung und ihren Willen. Und wie oft hatte er ihr gesagt, dass vermutlich von 1000 Männern sie halt eben nur 700 toll fänden, wie sie jetzt im Moment war. Was für ein schönes Kompliment, hatte Lila dabei gedacht. Lila war dankbar und hatte seit Jahren das erste Mal wieder das Gefühl gehabt, dass sie lebte, dass ihr Körper völlig in Ordnung und sogar noch kraftvoll war, nur eben ein paar Pfunde zu viel. Und dass sie immer noch ganz hübsch und attraktiv war.

Am 12. Juni nun saß Ippy bei Ihr, sie hatten noch eine halbe Stunde Zeit für einen Kaffee, bevor Markus kommen würde. Und Lila stellte die Frage." Ippy. Dieser Typ, den mir alle- übrigens auch Du- geweissagt haben, kommt der überhaupt noch? Werde ich mich jemals noch mal verlieben"? Ippy hatte IMMER ihr Pendel dabei und setzte es sofort ein: „ Komisch, das läuft wie weiche Butter. Der ist irgendwie total nah. Als ob er schon da wäre."Lila hatte noch ein kleines letztes Häufchen Hoffnung in sich, obwohl sich seit Jahr und Tag immer nur der „ Mist" in den Weissagungen bewahrheitet hatte. Und sich schon gar nichts in der Liebe getan hatte.Aber nun gut. Sie war ja ein „ high hoper", ein unverbesserlicher Optimist, wie die Freundinnen ihr immer wieder sagten, sie hoffte, dass er „ ganz nah" sei. Die Stunde Sport, die fast immer anderthalb Stunden wurden, mit Markus war total motivierend und schön. Ja, es machte Spaß Sport zu treiben. Es machte Spaß, seine 648 oder wie viel Muskeln der Mensch auch immer hatte, alle einzeln zu spüren. Zu spüren, dass man da war. Dass der Körper lebte. Dass SIE lebte.

Lila ging zurück in ihre Kellerwohnung und öffnete den Apple. „ Neue Nachricht von Mario Anthony", stand dort in ihrem Mail acccount.Sie saß da, verschwitzt vom Training und war wie in Trance. Der Name Mario ließ ihr Herz bereits höher schlagen.Fast hypnotisch öffnete sie ihre Facebookseite.Sie ahnte noch nichts, und trotzdem war es da, das gewisse Herzklopfen, und da stand:

- „ Hi, I love your picture here, you are beautiful. I would like to be your friend. I hope to hear from you soon.Thanks."
- *Hallo, ich liebe Dein Foto. Du bist sehr hübsch. Ich wäre gern Dein Freund. Ich hoffe, dass ich schnell von Dir höre. Danke"*

Lila sah sich das Foto an: Ein hübscher Mann, vielleicht Mitte fünfzig.Sehr markante Wangenfalten, große sinnliche Ohren, eine lange Nase. Zwar eine Brille, aber ein sehr markantes, starkes und sympathisches Gesicht.

Mario war sein Name! Anthony... ein A im Namen, auch das hatte sie mal im Hexenclub in einer Übung für sich herausgefunden, dass IHR Mann mit einem A. beginne. Es klickte nur so. Lila ging auf sein Facebook-Profil: Mario Anthony aus Dublin: ein IRE !!!!!!, seit 15 Jahren director of the operation bei einer großen shipping company... „ auf allen Weltmeeren zuhause".Klick, Klick, Klick. Es traf sie wie der Blitz. War das der Typ? War das ihre große Liebe? Lila pochte das Herz so stark, dass sie fast nicht mehr atmen konnte. Dabei hatte ihr ein Ire einfach nur 3 absolut unverbindliche Sätze geschrieben. Sie schrieb zurück:

„Hallo Mario, danke. Ich hoffe, Dir geht es gut. Was machst du gerade? Wo lebst Du? Wie hast du mich gefunden? Wünsche dir einen wundervollen Tag und inspirierende Gedanken."

Lila rief Ippy an. „ Ippy, es hat sich ein Ire bei mir gemeldet. Er arbeitet für eine shipping company. Und er heißt Mario". Stille auf der anderen Seite. „Deshalb hat mein Pendel zwei Stunden vorher so ausgeschlagen", kam irgendwann von ihrer Seite. Natürlich. Sie hatte gegenüber vom Computer gesessen. Und die Nachricht war da bereits im Computer gewesen." Na, das ist ja spannend", grinste Ippy.

Lila bestätigte die Freundschaftsanfrage und 5 Minuten später bedankte sich Mario bei ihr dafür. „Thanks to the friends request. Can you tell me a little bit more about yourself?- „ Danke für Die Freundschaftsbestätigung. Kannst Du mir bitte etwas mehr über Dich erzählen?"

Lila schrieb zurück, dass sie 2 Kinder hatte, nach Mallorca ziehen wolle und morgen geschieden werden würde. Dass sie Fernsehfrau und Journalistin sei und entschuldigte sich für ihr Englisch: „ Sorry about my english. I am looking forward to hear from you. Whats about you? What are your interests? Whats about your family? Whats important in your life?" –„ Sorry für mein Englisch. Ich warte gespannt, wieder etwas von Dir zu hören. Was ist mit Dir? Welche Interessen hast Du? Was ist mit Deiner Familie? Was ist Dir wichtig im Leben?"

Sie drückte auf antworten. Jetzt war es raus. Und Lila war jetzt schon ganz beseelt von diesem Mann, der optisch eine Mischung aus ihrem Vater und Wolf war. Ja, das, was sie sah so auf den ersten Blick, das gefiel ihr.War er das? Er sah sympathisch aus, männlich, die großen Ohren versprachen einen Geniesser (das hatte sie mal irgendwo gelesen, dass Menschen mit großen Ohren Geniesser sind und Menschen mit sehr kleinen Ohren sich alles versagen). Und er war Ire.

Es war gerade mal eine Stunde her, dass dieser Ire namens Mario in ihr Leben getreten war. Doch es fühlte sich schon nach einer Stunde so schön an. Seine Antwort kam prompt:

Lila las es sich durch und bekam einen Schauer nach dem Anderen:

- *Mein Name ist Mario Anthony. Ich komme aus Irland. Ich bin Ingenieur, habe an der Universität Betriebswirtschaften studiert und arbeite bei einer mediterranen Shipping company hier in den U.K. in England, ich bin bei dieser Firma schon seit 15 Jahren als der Direktor für den gesamten Motorstab auf hoher See tätig.*
- *Ich bin das einzige Kind meiner Eltern, Professor und Misses Robert Mario. Gott habe sie selig. Ich war verheiratet, habe aber meine Frau bei einem Autounfall vor sieben Jahren verloren. Möge ihre Seele in Frieden ruhen."*

Es traf Lila wie ein Schlag. Das konnte doch nicht sein. Das konnte doch nicht sein!!! Ihre Telepathie-Reise vor 8 Monaten, wo sie das Gefühl hatte, mit ihrem zukünftigen Partner Verbindung aufzunehmen, der tausende Kilometer entfernt alleine auf einem Schiff (shipping company) saß und traurig war, weil er seine Frau verloren hatte, vielleicht bei einem Autounfall ums Leben gekommen.

Shipping company, Mario, Autounfall, Witwer. Es lief in Sekunden-schnelle bei ihr ab.

Als Lila das las, war sie sich sicher: Das Universum hatte die Engel gebeten, die beiden zusammenzuführen und diese hatten ihr diesen Mann direkt vors Herz gelegt.

Mario:

- *Ich habe einen Sohn, sein Name ist Enoch, er ist 14 Jahre alt. Ich möchte bis ans Ende meiner Tage mit jemandem zusam-men sein, der freundlich ist, ehrlich, der sich sorgt und vertrau-ensvoll ist und an Gott glaubt. Ich habe sehr viel Frieden und Ruhe in den letzten Jahren durch meinen Glauben an Gott er-fahren."*

- *„ I am 5 `11 190 bls mit einem athletischen Körper, mental stabil, körperlich fit, bin humorvoll, bin ehrlich, ein guter Zuhö-rer, gottesfürchtig, eine positive Person, man kann mit mir re-den und ich bin ein liebevoller und umsorgender Vater. Ich spiele gerne Saxophon, wenn ich frei habe, ich gehe gerne ins Kino, schaue mir auch gerne Filme an, wenn ich auf hoher See in meiner Kabine sitze.Ich gehe schwimmen, höre gerne Musik und tanze nach jeder Art von Musik.Ich singe, gehe bowlen und koche gerne.Ich bin ein echter Familienmensch. Ich liebe Kinder und da gibt es noch viel mehr, aber das solltest du vielleicht besser selber herausfinden."*

Bei Lila machte es nur Klick und Klick und klick ". Ich bin kinder-lieb"...190 bls... hieß vielleicht 190 body lenghts? Ein großer Mann also. Auch das hatten Riana und Ippy geweissagt. Auch das noch.

So viele Zufälle konnte es nicht geben. Konnte so etwas ein? Konnte so etwas sein? Lila war verunsichert. Sie wagte kaum Luft zu holen, so sehr hatte sie Angst, dass sich das alles als eine Luftblase herausstellen würde. Aber nein. Er war da, er konnte das alles nicht wissen. Und auch wenn sich diese Antwort von ihm wie ein vorgefertigter Lebenslauf las, es machte ihr nichts aus. Dieser Mister Perfect, der er zu sein vorgab, da war vermutlich vieles nicht wahr, was er da schrieb, da war vieles auf den gängigen Frauengeschmack abgestellt. Eigentlich wusste Lila das, aber es störte sie eigenartigerweise überhaupt nicht. Es war klar, dass sich ein intelligenter Mann, der schreiben konnte, vielleicht so in die Herzen von Frauen schlich. Schließlich hatte Ippy von einem Womanizer gesprochen, der an jedem Finger 5 Frauen hatte. Warum auch nicht. Ein Mann , der sich auf die Suche macht nach seiner One and Only, wird vermutlich nicht nur eine anschreiben, dachte sie. Das war Lila klar. Das war auch überhaupt nicht wichtig: Keine Erwartungen, keine Ansprüche an die Vergangenheit. Einfach nur im Hier und Jetzt bereit sein für das, was da sein kann an Wundern. Und Mario kam gerade als ein unglaubliches Wunder in ihr Leben.

Mario:

- *Es ist mir sehr wichtig, ein Leben zu haben, was aufgebaut ist auf Stabilität und Sicherheit, und ich möchte diese ganz besondere Person treffen. Ich hoffe, mit ihr alle meine Gedanken teilen zu können und den Kindern, meinem und den Kindern dieser besonderen Person die besten Möglichkeiten zu bieten, die da sind. Das ist im Moment mein Fokus. Außerdem mag ich meinen Beruf, auch wenn er sehr riskant ist, da ich die meiste Zeit auf hoher See unterwegs bin.*

- *Mich würde interessieren, was Dich zu der besonderen Person gemacht hat, die Du heute bist, ich möchte gerne mehr über Deine Familie wissen, über Deinen Hintergrund, Deine Erfahrungen, die du im Leben gemacht hast, über Deine vergangenen Beziehungen, über Deine Ziele und Träume, über Deine Interessen, über einfach alles, was Du mir erzählen möchtest.*
- *Ich würde auch gerne etwas lernen über Deine Geheimnisse, die Du nur mit sehr wenigen teilst. Bitte, teile sie mit mir. Ich bin nicht hier, um mit Dir über so allgemeine Dinge wie Parties, das Wetter, Sport etc. zu sprechen. Ich möchte Dich kennenlernen und wissen, was Dich und Dein Herz und Deine Seele berührt. Ich möchte eine Freundschaft mit Dir beginnen, die du noch niemals mit jemand anderem geteilt hast.*

Lila überlegte und schaute in ihrem Translater-Programm nach: Friendship. Nein, Friendship war eindeutig Freundschaft, nicht Beziehung. Es war spannend, mit jemandem aus einem andern Land zu chatten. Und es war toll, dass es jetzt all diese Übersetzer gab, mit denen man in Sekundenschnelle ein Wort finden und übersetzen konnte.

Mario:

- *„Diese Freundschaft sollte gefüllt sein mit Werten wie Qualität, Spiritualität, Liebe, Treue und Potenzial."*
- *Ich hoffe, ich habe Dir hier keinen Roman geschrieben. Ich hoffe, ganz bald von Dir zu hören. Habe einen schönen Tag.*

14. Juli, Ibiza 23 Uhr:

Lila weinte. Sie hatte es vorher gewusst. Die Aufarbeitung würde an ihr knabbern. Aber dass gleich die ersten Momente ihrer Begegnung sie so sehr schmerzen würden, weil sie schon so unglaublich süß waren,das hätte sie nicht vermutet. Das war ja erst der allerallererste Anfang. Die zarte Süße, die sie schmeckte. Und doch: Sie hatte schon „touched the sky" ,sie hatte mit ihm bereits den Himmel geküsst. „ Fly, fly ...let the earth touch the sky". Immer noch lief Miten/ Deva Premal, die CD, die Lila nun 4 Wochen in Verbindung mit Mario rauf und runter gehört hatte. Sie dachte kurz an Steven Spielberg. Der hatte mal gesagt, dass 50 Prozent all seines Erfolges mit seinen Filmen, all seiner Gefühle, über Musik entstünden. Ja, er hatte wohl Recht.. „Let the earth touch the sky.." Ja, so war es wohl. Lila saß dort, allleine, an diesem wundervollen Ort auf Ibiza. Ohne ihn. Und trotzdem war sie, während sie schrieb, in dieser zärtlichen Verbindung mit diesem Mann, wie auch immer er in Wirklichkeit hieß. Sie wusste mit absoluter Überzeugung, dass auch sie ihn ge"toucht" hatte. Auch sie hatte ihn berührt. Den Soulpartner . Einen kurzen Moment verbunden fürs Leben war sie mit diesem Mann. Und er mit ihr, ob er nun wollte oder nicht. Und vielleicht, wie Sasa gesagt hatte, war dieser kurze Moment schon genug gewesen, damit sich die Seelen hatten endlich vereinen können. Und trotzdem war sie traurig. Jetzt in diesem Moment. Traurig, dass das alles nicht hatte Wirklichkeit werden sollen. Sie las sich die Seiten noch einmal durch und ging ins Bett.Und wusste, das würde nicht einfach werden, das zu verarbeiten. Doch was war schon einfach? Lila wünschte sich immer noch einen Iren. Ja, die Great-Britain- Männer hatten was, die waren so ganz anders als die Deutschen Männer. „Hello Lady, hello darling", so wurde man in Pubs begrüßt, immer mit einem sympathischen Lächeln. Das waren Kavaliere. Sie war zu müde, um über britische Männer nachzudenken. Good night, my loverboy. Good night, my soulpartner."Nukaha... samasta.. sukino-o-owahantu..."Das sangen Deval Premal und Miten gerade. Sie würde morgen mal nachschauen, was es bedeutete. Aber gerade in diesem Moment hatte sie das Gefühl, dass es besser sei, das nicht zu tun. „ Shanti, shanti."Ich habe geliebt. Auf eine sehr spezielle Art und Weise. Das ist gut. Ich weiß, dass es mich weiter bringt. Aber mein Gott, war das tief,eigentlich zu tief, um nicht wahr zu sein..." dachte sie, bevor sie ihre Gedanken abstellte.„... shanti, shanti...". Sie würde morgen nachlesen,was es bedeutete. Auch Shanti hatte sie schon so oft gehört. Es war einfach alles weg. Aber so war auch ihr Zustand: Alles weg. Was wollte ihr das Universum sagen? Lila hatte an diesem Abend- wie an vielen Abenden zuvor- keine Antwort. Aber das war nicht schlimm. Sie war müde. Sie trank den letzten Schluck Rosado aus, verband sich noch ein letztes Mal mit ihrer Liebe, hörte die CD zu Ende, weinte ein ganz kleines bisschen. Und schlief ein.

15. Juli, Ibiza 9 Uhr Sasa-Strand Ibiza:

Sie machte sich einen Kaffee und kehrte zurück, wieder zum 12. Juni, denn dieser erste Tag der Begegnung war bereits so unglaublich intensiv:

Lila:

- *„ Wow, Mario, ich bin wirklich beeindruckt. Und nun werde ich versuchen, so gut es geht, auf Englisch zu erklären, wer ich bin. Ich hoffe, Du verstehst alles, aber „ I will do my very best":*

61

Ich denke, dass ich ein Vollweib bin, eine heißblütige Frau. Ich liebe die Liebe und die Sinnlichkeit. Ich liebe es zu lachen, zu kochen, und ich bin interessiert an Spiritualität und Astrologie: Danach bin ich Waage Aszendent Schütze. Und da kann man schon einiges ablesen: Es ist mir wichtig, Freunde zu haben, in einer ästhetischen und schönen Welt zu leben und kreativ zu sein. Ich liebe es, Abende lang über philosophische und spirituelle Themen zu sprechen.Lebenslanges Lernen klingt für mich wie der beste Wein. Überaus wichtig sind mir Respekt und gegenseitige Wertschätzung in einer Beziehung. Und vielleicht ist das auch der Grund, warum ich mich vor dreieinhalb Jahren von meinem Mann getrennt habe: Wir kennen uns nun schon 30 Jahre, vielleicht war das einfach zu lange, um eine respektvolle und wertschätzende Partnerschaft aufrecht zu erhalten. Er ist nach wie vor einer der wichtigsten Menschen in meinem Leben, aber ich finde nun einmal, dass es wichtig und die Pflicht eines jeden ist, sein Leben zu leben und zu versuchen, so viele Träume wie möglich zu leben. Einige Freunde von mir nennen mich einen hoffnungslosen Fall von „ unverbesserlicher Optimistin". Und ich glaube, ich bin wirklich immer noch ein kleines Stückchen naiv. Ich glaube an das Gute im Menschen. Ich glaube, ich bin eine warme und weibliche Frau mit einem gewaltigen Schuß mediterranem Temperament. Ich trage gerne Kleider. Ich liebe die Kunst und habe Interesse an allem, was die Welt ein wenig besser macht. Die Welt ist groß und bunt und jeder sollte so viel davon mitnehmen wie möglich. Ich liebe das Meer und habe gerade die letzten Jahre ein un-

glaublich starkes Verlangen danach, direkt am Meer zu leben. Mit meinem Mann zusammen hatten wir ein wunderschönes Haus direkt am See. Ich habe dort die letzten 3 Jahre mit meinen beiden Kindern allein gelebt und bin dort im März ausgezogen. Momentan leben meine Kinder und ich in einer kleinen Ferienwohnung. In einer Woche beginnen hier in Deutschland die Sommerferien, und ich hoffe, dass ich dann mein neues Leben auf Mallorca beginnen und dorthin ziehen kann. Unglaublich wichtig für mich ist außerdem Lachen und ein guter und trockener Humor. Ich habe schon immer auf der Sonnenseite des Lebens gelebt, und es ist meine tiefste Meinung, dass das Leben wundervoll und voller Wunder ist. Es ist sehr wichtig für mich, dass mein Partner ein echter Partner ist und dass wir über alles sprechen können.

- *Ich liebe es zu reisen, ich liebe Kinder, dogs, hotdogs, guten Weißwein, ein gutes Lagerbier, wie auch immer: Ich bin ein Genussmensch durch und durch. Ich habe meine Schwierigkeiten mit Kleingeistern und Intoleranz.*
- *So, my dear...genieße alles in Deinem Leben. Lila*

Die Antwort ließ nicht lange auf sich warten:

Mario:

- *„ Ich wünsche mir zutiefst, eine Frau zu treffen, die attraktiv ist und Klasse hat, die selbstsicher und ehrlich ist, die eine richtige Partnerin, mein Seelenpartner, die verbindlich und auch mein bester Freund ist. Mit ihr möchte ich eine unbeschreiblich inti-*

me, leidenschaftliche und romantische Reise zusammen machen, die unser tiefstes Potenzial, was in uns liegt und bis zu unserem innersten Kern führt, entfesselt. Ja, ich suche einfach nach jemandem, mit dem ich eine Beziehung führen kann, die auf ehrlicher Intimität beruht und die gefüllt ist mit Humor und Vertrauen, mit intellektuellem und körperlichem Funkensprühen und essentieller chemischer Anziehung, eine Beziehung, bei der dies alles entfaltet wird und es einfach „ Klick" macht. Dann werden wir unsere perfekte Welt leben. Ich suche nicht nach einer perfekten Frau oder nach Perfektion. In jeder Beziehung gibt es auch immer Höhen und Tiefen, aber ich möchte jemanden an meiner Seite haben, der weiß, dass Beziehung teilen bedeutet, dass es ein Geben und Nehmen ist. Ich bin stark, aber ich bin auch ein Mann, der einfach genauso stark geliebt werden will wie ich liebe.

- *Was ich gerne tue:* Ich genieße eigentlich viele Sachen. Ich ziehe mich ab und an gerne chick an und unternehme sophisticated Sachen, aber ich sitze und entspanne genauso gerne zuhause bei einem guten Film unter Freunden. Ich mag guten Wein, bin aber nicht versnobt und trinke auch gerne Bier. Romantische Abende in der Stadt, Theaterbesuche und lange Spaziergänge am Strand stehen ganz oben auf meiner Liste. Ich tanze gerne, schwimme, fahre gerne mit dem Boot, Bergwandern, Camping in der Natur, Kunst, Theater, Festivals, Sportevents und Abenteuerparks. All das mag ich. Ich bin gerade dabei, mich bewusster und gesünder zu ernähren. Ich liebe es zu kochen, Kochen bedeutet für mich Entspannung. Ja, *ich reise gerne in den Vereinigten Staaten und in der Karibik und bin dort häufig beruflich als auch zum Vergnügen. Ich würde gerne mehr von Europa kennenlernen (Italien, Spanien, Paris oder Asia).*

Cut! Das wars. Lila war sich sicher. Schon wieder wirkten diese Zeilen wie aus einem vorgefertigten Lebenslauf. Lila würde nachher gleich mal zu Ippy rüber fahren und austesten lassen, ob er das wirklich war.

Dieses abrupte Ende bedeutete, dass da noch was dran hing, was er ihr jetzt nicht kopiert hatte.Das war schon Mister Superman, Supermario halt, wie er sich da präsentierte. Aber es hatte ja auch was, dass sich ein Mann Gedanken machte, was einer Frau gefiel. Und das gefiel Frauen, Lila besonders: Diese Mischung aus ehrlich, ehrenwert, anständig und liebevoll gemischt mit dem wildem, abenteuerlustigen, starken Piraten. Ja, Lila gefiel das.

Sie rief Ippy an." Der Kaffee läuft gerade durch. Komm vorbei. Ich habe schon gependelt", sagte ihr Ippy. Drei Minuten später war Lila da. Es war ein herrlicher Sommertag, und so saßen die beiden draußen direkt am See im Halbschatten einer Birke und tranken Kaffee und pendelten. „ Ja, er ist es", pendelte Ippy. „ Und ihr habt beide viel nachzuholen". Mein Gott, wird das eine große Liebe. Ich habe dieses Gefühl eben gespürt. Und ihr werdet in der Sexualität in Sphären gehen, die ihr beide nicht für möglich gehalten habt". Ippy schloss die Augen. „ Das ist wirklich etwas ganz Großes, auch wenn diese ersten Zeilen wirklich nicht nur an dich rausgegangen sind. Er hat das schon ordentlich vielen Frauen geschickt. Aber er wird nur noch Augen für Dich haben. Ihr seid füreinander bestimmt. Das ist auch eine karmische Verbindung. Etwas ganz Besonderes. Etwas ganz Besonderes.."

Lila sinnierte. Er war es also. Und er war in ihr Leben getreten. Genau zum richtigen Zeitpunkt: Morgen, am 13. Juni, war Lilas Scheidung. Schön zu wissen, dass es jetzt auch in ihrem Leben einen Mann gab, einen Mann nach Wolf, ein ganz anderer Mann als Wolf. Auch wenn sie ihren Wolf schon sehr, sehr geliebt hatte. „ Liebende sollten sich nicht anschauen, sondern in die gleiche Richtung blicken". Wie oft hatte Lila dieses Zitat von Konfuzius schon gebracht, wenn sie erklären sollte, warum es mit ihr und Wolf auseinandergegangen war. Sie hatten einfach in verschiedene Richtungen geblickt zum Schluss und etwas völlig anderes gesehen für ihre Zukunft. Ja, es war gut, dass sie auseinander waren. Und auch die Scheidung würde es noch einmal manifestieren und ihr noch mehr von ihrer Freiheit geben. Und genau da trat ihr geliebter Pirat ins Leben. Ein Pirat, der oft auf hoher See war.

Das Leben war schön. Ja: „...Allways live on the bright side of life..." Wo er jetzt wohl war? Sie würde ihm heute Abend noch mal schreiben. Chatten war gar nicht so schlecht. Lila war erstaunt, denn eigentlich konnte sie mit so Internetlieben nichts anfangen. Sie schaute Ippy an. Was für eine Freundin. Durch und durch freute sie sich für sie, und das, obwohl Ippy selber oft im Alltagssumpf zu ersticken drohte. „ Ich freue mich so für Dich, es ist so schön zu sehen, wie Du hier gerade Stunde um Stunde im Akkord aufblühst". Ippy sah sie voller Liebe an. Ja, Mario war JETZT schon ein Gewinn für ihr Leben. Egal, wie die Geschichte ausgehen würde. Er war bereits jetzt schon ein Geschenk.

12. Juni, Berlin, 23 Uhr

Lila:

- *Hi Mario, das hört sich alles sehr interessant an, und ich habe das Gefühl, als ob wir uns schon sehr lange kennen. Du schreibst, du arbeitest ständig auf hoher See. Wie sieht Deine Vorstellung mit diesem Hintergrund für eine Beziehung aus? Ich bin überzeugt davon, dass Liebe ein Kind der Freiheit ist. Und gerade jetzt befinde ich mich in einer Phase meines Lebens, in der ich genauso leben und lieben möchte wie ich das will. Andererseits bin ich eine überaus kinästhetische Frau, die berührt und geküsst werden will vom Leben, von der Liebe und von reellen Erfahrungen. „ Probieren geht über studieren". „the proof of the pudding is in the eating". Ich möchte es in echt ausprobieren, ich möchte den Pudding probieren, die echte Beziehung leben, den echten Mann spüren. Was denkst du darüber? Wo lebst Du in Irland? Wie sieht Dein zuhause aus? Lebt Dein Sohn auch dort? Oder wie organisierst Du Dich? Wo bist du gerade? Wenn Du magst, dann erzähle mir doch auch ein bisschen von deinem momentanen Leben.*
- *Weißt Du was? Es ist schon sehr beeindruckend. Vor wenigen Stunden wusste ich nicht einmal, dass Du existierst. Es fühlt sich fast so an wie eine Sternschnuppe, die direkt vor meine Füße gefallen ist. Bist Du diese Sternschnuppe? Und wie hast Du mich gefunden bei facebook?*
- *Ich bin gerade im Moment sehr berührt und tief bewegt von Deinen Worten. Schreib schnell zurück.*

Lila ging an diesem Abend ruhig und gefestigt ins Bett. Isa und Leif, die beide mit ihr in einem Zimmer schliefen, atmeten ruhig und tief. Sie dankte dem Universum und den Engeln. Jetzt wollte sie schlafen. Morgen um 9 wurde sie geschieden. Auch das erste Mal, auch ein Ereignis in ihrem Leben, was Bedeutung hatte.

13. Juni: Berlin/Potsdam

Die Scheidung dauerte 12einhalb Minuten. Sie war so knochentrocken vom Richter vorgetragen worden, dass selbst Lila keine Träne vergoss. Und das, obwohl sie schon bei Werbetrailern, die länger als 20 Sekunden dauerten und süßliche Musik spielten, weinen musste. Die Scheidung war absolut emotionslos. Wolf kam 3 Minuten vor 9, noch nicht einmal im Anzug, mit seinem Porsche und seinem Bruder, der ihn anwaltlich vertrat, angerauscht. Sehr unterkühltes Hallo, die beiden saßen sich in etwa 4 Metern Entfernung in einem alten, herrschaftlichen Gerichtssaal in Potsdam gegenüber. Kaum Blickkontakt. Nur die kurze Frage, ob es Einwände gebe gegen die zu vollziehende Scheidung? „Nein" auf der einen Seite, „Nein" auf der anderen Seite. Das wars. Wolf wollte nicht noch Kaffee trinken und war viertel nach 9 schon wieder in seinem Porsche Richtung Hamburg unterwegs. Lila ging mit ihrer Anwältin, bei der sie ja nun schon drei Monate unten im Keller wohnte, noch einen Milchkaffee trinken. Ja, dieses Kapitel war vorbei. In genau einer Woche würde es um das Aufenthaltsbestimmungsrecht gehen. Dann wurde hoffentlich das nächste Kapitel aufgeschlagen und sie durfte nach Mallorca ziehen.

Lila ging es gut. Sie war ruhig. Sie hatte jetzt den ganzen Tag Termine und wollte eigentlich nur nach Hause und schauen, ob von Mario eine neue Mail gekommen war.

Das Leben war schon komisch.

Ein winziger Mensch in einem so großen Universum auf einem so großen Planeten war jetzt mit einem anderen verbunden. Mit ihr. Facebook und das Internet hatten doch was. Jetzt war auch Mario Teil ihrer Vernetzungen, Teil ihres Lebens. Wir waren ja eh alle eins. Unsere Kommunikationsmuster waren diese unsichtbaren Verbindungen, die es uns Menschen ermöglichte, gemeinsam etwas Produktives zu schaffen.Waren sie beide jetzt dabei, etwas Produktives zu erschaffen?

Nachmittags endlich hatte Lila Zeit zu schauen, ob was da war. Mario hatte es schon viele Stunden vorher geschrieben.

16 Uhr MEZ Potsdam:

Mario: 3 Uhr morgens MEZ:

- *Wir segeln gerade nach Australien, um dort Waren am Hafen von Australien auszuliefern. Wir sind jetzt seit zwei Wochen auf dem Schiff, und wir haben noch 3 weitere Wochen, um dort anzukommen. Ich lebe in England. Mein Haus steht in London. Mein Sohn ist im Internat. Dort hält er sich auf, wenn ich auf See unterwegs bin. Ich bin seit dem Tod meiner Frau Single geblieben. Aber jetzt, denke ich, wäre es an der Zeit, sich er-*

neut zu verlieben. Ich möchte lieben und geliebt werden. Ich brauche jemanden, mit dem ich den Rest meines Lebens verbringen möchte. Das Leben ist zu kurz, um zu verharren, my dear. Hoffe, bald von Dir zu hören.

Mario: 13. Juni, 6 Uhr morgens, MEZ

- *Wo bist Du, my dear? Wie war Deine Nacht?*

Lila; 13. Juni, 16 Uhr, MEZ

- *Hi Mario, ich muss Dir direkt erzählen, dass Du mein Herz höher schlagen lässt . (Lila hatte nachschauen müssen und hoffte, dass „ my heart throb" zumindest verständlich war.)*
- *Jetzt ist es nahezu ein dreiviertel Jahr her, da hat mir eine Wahrsagerin erzählt, dass ich mich verlieben würde in einen Mann, der sehr viel reist, der ein womanizer wäre, der Kinder lieben würde und der irischer oder schottischer Abstammung wäre. Sie sagte mir damals, dass das eine sehr, sehr große Liebe werden würde, die sehr besonders und karmisch sei, und dass das Universum uns zusammenbringen würde.*
- *Ist es möglich, dass Du dieser Mann bist? Und ich möchte Dich noch einmal fragen: Wie hast du mich auf Facebook gefunden? Schicksal? Zufall? Glück? Ich habe so etwas noch niemals vorher erlebt. Ich fühle mich gerade wie eine kleine Teenagerin, die das erste Mal Herzklopfen hat, weil sie verliebt ist. Meine Nacht war voller Träume.*

- *Und heute habe ich nun meinen ersten Schritt in mein neues Leben getan: Seit 7 Stunden bin ich geschieden.*
- *Ich habe übrigens die gleichen Gefühle wie Du: Nach dem Bruch mit meinem Mann war ich Single. Ich empfand es als wichtig, mich erst einmal selbst zu finden. Doch jetzt schaue ich nach vorne als eine vollkommen freie Frau, die tun und lieben kann, wen und was immer sie möchte.Ich bin gespannt, was in der kommenden Zeit wohl passieren wird und wann wir uns das erste Mal richtig sehen, bei einem richtigen Date? Wie steht`s mit Dir? Wie fühlst Du? Ein erster und sehr scheuer Kuss Lila*

Mario: 13. Juni, 16:30 Uhr MEZ

- *Hallo meine Königin, vielen, vielen Dank für diese wundervolle Message, die du an mich gesendet hast. Ich habe Tränen in den Augen, während ich durch Deine Zeilen lese. Steht da wirklich, dass Dir vor fast einem Jahr gesagt wurde, Du würdest Dich in einen Mann verlieben, der viel reist? Das ist wundervoll und einfach unglaublich. Das einzige, wo ich gar nicht mit einverstanden bin, ist der Womanizer. Ich bin kein Womanizer. Ich bin ein ehrenwerter, integrer Mann.*
- *Genauso habe ich Dich gefunden: Ich sah Dein Profil, als ich in meinen Facebookaccount einloggte. Dein Foto wurde mir auf meiner Seite gezeigt mit dem Vorschlag, wir könnten vielleicht Freunde werden, und so habe ich mich entschlossen, Dir eine Message zu schreiben und habe abgewartet, ob da irgend eine*

Antwort kommt. Und so ist es gekommen. Ich glaube, dass alles, was hier auf Erden passiert, seinen Grund hat.

- *Deine Scheidung von Deinem Ex-Mann schreit förmlich nach einer Feier zwischen Dir und mir! Willkommen in Deinem neuen Leben und Deiner neuen Welt und ich hoffe, dass ich es Dir so besonders gestalten kann, dass Dein Exmann jedes Mal weint, wenn er nur ein Auge auf Dich wirft...*
- *Lass mich Dir einen schönen happy song rübersenden, um Dich aufzuheitern gerade in diesem Moment."*

Und dann stand da lustigerweise über dem Song dieser Satz: „ You`ll never know if you never try. To forgive your past, and simply be mine". Du wirst es niemals herausfinden, wenn Du es nicht probierst. Vergebe Deiner Vergangenheit und sei ganz einfach mein."

Der Song war:

One and only von ADELE

Lila konnte den Song nicht abspielen, da seine youtube Fassung in Deutschland nicht funktionierte. Aber sie öffnete den Song einfach im deutschen Youtube.

Und da war wieder dieses typische Geräusch, dieser typische Blubb, wenn eine neue Nachricht kam.

Mario:

- *„From me to you... von mir für Dich*
- *Youre my one and only. Du bist mein one and only, mein ein und alles*

Lila: 13. Juni, 17 Uhr, MEZ

- *Hi, „ pirate of the australian carrebean", mein Pirat der australischen Karibik.. zuallererst muss ich Dir eine Frage stellen. Dein Vater hieß Prof. Mario. Ist Dein Vorname nun Mario oder Anthony? Nur fürs Protokoll. Ist nicht wichtig. Dankeschön für diesen wunderschönen Song. Und für die „Queen", Deine „Königin". Zum Womanizer- Aspekt: Ich denke ja, dass ein Womanizer ein Mann ist, der genau weiß, wie man Frauen zu behandeln hat. Aber es ist schön zu hören, dass alle anderen Dinge stimmen. Übrigens erzählte mir damals die Wahrsagerin noch, dass dieser Typ ein Pirat sei und dass er mein one and only werden würde. Das ist wirklich wahr.*

- *Das hier ist nur eine kleine Nachricht zwischendurch. Bin zum Essen eingeladen oben bei meiner Anwältin, die mir durch meinen Scheidungsdschungel geholfen hat.. Ist es nicht tiefe Nacht bei Dir? Kuss. Ich hoffe, ganz bald von Dir zu hören.*

Lila: 13. Juni, 23:30 Uhr:

- *Deutschland hat gerade das Fußballspiel in der EM-Runde gewonnen. Ich habe es gar nicht richtig mitbekommen. Ich bin einfach in Deiner Schwingung. Und genau mit dieser Schwingung werde ich jetzt zu Bett gehen. Wünsche Dir alles, was Du willst. Schöne Träume. Lila*

Und während Lila schon einige Stunden schlief und von ihm träumte, schickte Mario ihr diese Zeilen:

Mario: 14. Juni, 01:10 Uhr: Song „ never stop loving you"
Mario: 14. Juni, 01.15 Uhr:

- *Genieße Deine Nacht..*
- *Ich bin Mario! Ich verspreche Dir, Dich bis zum Ende Deines Lebens wie eine Königin zu behandeln, Dich zu einer stolzen Frau zu machen und dafür zu sorgen, dass alle Deine Träume wahr werden.*

Mario: 14. Juni, 3:35 Uhr, MEZ:

- *Ein neuer Tag beginnt und ich denke, wie üblich, an Dich. Ich möchte, dass Du weißt ‚wie sehr ich die Zeiten liebe, die wir mit Chatten und Emailen verbringen. Es bedeutet mir so unendlich viel. Es kommt mir wirklich so vor, als ob ich Dich bereits seit Ewigkeiten kenne, und ein Leben ohne Dich kann ich mir nicht mehr vorstellen. Es gibt kein Zurückschauen mehr, keine Blicke woanders hin und kein Bedauern. Ich möchte Dich und brauche nur Dich... und diese Liebe wird immer nur stärker. Hab keine Angst, my love. Manchmal schlägt das Leben mit unerwarteten Dingen zu, die dich vollends überraschen. Alles, was ich dazu sagen kann, ist, dass Du die beste Überraschung bist, die das Leben mir je geschenkt hat und dass Deine Größe zu lieben, sich zu sorgen und zu verstehen niemals aufhören wird, mich zu beeindrucken. Ich bin wirklich gesegnet*

Dich gefunden zu haben und ich werde Dich nie wieder gehen lassen. Honey, ich glaube fest daran, dass gute Dinge zu solchen Menschen kommen, die warten können. Was ich mich aber frage ist: warum es so lange dauert? Pass auf Dich auf und habe einen schönen Tag."

Mario: 14. Juni, 6 Uhr MEZ

- *My love*
- *Wie war Deine Nacht?*
- *Wo bist Du jetzt?*
- *Nun, ich muss jetzt zur Arbeit zurück*
- *Spreche ganz bald mit Dir*
- *Genieße Dein neu entdecktes Leben*

14. Juni, 7:45 Uhr

Lila hatte ganz unruhig geschlafen. Isa schlief noch, aber sie musste heute später zum Unterricht , und so hatte sie noch einen Moment zu schreiben. Leif war gerade zur Schule gegangen. Und Lila konnte es kaum aushalten, endlich ihren Computer aufzumachen und zu sehen, was von ihm an Nachrichten da war und dass sie ihm so schnell wie möglich antworten konnte. Sie war so voll von ihm. Lila war so unendlich verliebt. Und sie bekam bereits Feedbacks aus ihrer Umwelt. Sie strahlte so sehr diese Liebe aus, dass ihre Mitmenschen um sie herum es mitbekamen. „ Du wirst wirklich immer schöner", hatte Ippy ihr gesagt, und auch an den Männerblicken erkannte sie: Sie war zurück im Leben, im Rennen. Sie war eine Frau, die geliebt wurde und die selber liebte. Egal, wie viel sie wog. Mario hatte diesen Komplex, schlank sein zu müssen, um geliebt zu werden, einfach weggespült mit seinen Worten. Sie liebte ihn. So sehr, und als da um 7 Uhr früh seine Zeilen las, schloss sie die Augen und dankte Gott, dankte dem Universum, dass sie ihn ihr vor das Herz gelegt hatten. Und auch aus jeder ihrer Zeilen sprach die pure, reine, echte Liebe:

Lila:

- *Guten Morgen, Pirat meiner Träume. Meine Gefühle spielen wirklich verrückt. Bis heute dachte ich, ich sei eine erfahrene Frau und dass ich mich auf so etwas wie eine Facebookliebe nicht einlassen würde, dass ich so etwas niemals beginnen würde, da sie ein Luftschloss ist und dass, wenn überhaupt so etwas nur kleinen Teenagerinnen passieren könnte. Und nun sitze ich hier tausende Kilometer von Dir entfernt und denke ununterbrochen an Dich. Ich vermisse Dich so tief, dass es mir die Luft zum Atmen nimmt. Du schreibst „ my love. Meine Liebe", und diese Worte hüpfen direkt in mein Herz ohne eine Chance sie zu stoppen. Mario, MEINE Liebe? Die große Liebe, die mir geweissagt wurde? Die große Liebe ,die mich glücklich macht und mit der ich ein erfülltes Leben lebe? Doch was ist, wenn es nicht „ Klick" macht, wenn wir uns in Wirklichkeit treffen? Willst Du mich überhaupt wirklich treffen, real? Meine Nacht war so kurz. Ich bin mindestens 10 Mal aufgewacht und habe mein Herz gefühlt... habe Dich gefühlt. Du hast geschrieben „ Habe keine Angst, my love" und es klingt so nah und so intim. Kuss,Kuss,Kuss*

Mario; 14. Juni, 7:50 Uhr

- *Mein kleiner, hübscher Engel. Ich habe schon wieder Tränen in den Augen, während ich Deine Zeilen lese. Deine Worte berühren den innersten Kern meines Körpers und meiner Seele. My Love, dies sind meine Pläne: So schnell wie möglich, sowie wir in Australien ankommen, werde ich zu Dir fliegen, um Dich in echt zu treffen. Ich kann mir nicht vorstellen, dass ich mein in mir brennendes Feuer zu lange aushalten kann. Es wird definitiv „ Klick" machen, wenn wir uns in echt treffen. Unsere Liebe wurde vor fast einem Jahr vorausgesagt. Deshalb: Lass uns unser Zusammensein genießen und unser Leben gemeinsam bis zum Ende unserer Tage verbringen.*

Mario, 14. Juni, 7:55 Uhr:

- *Ich möchte, dass Du weißt, dass ich ab dem Tag, als wir uns getroffen haben, mich unsterblich in Dich verliebt habe. Es gibt keine Worte, die die Tiefe meiner Liebe für Dich ausdrücken können und die Dankbarkeit, dass Du in mein Leben gekommen bist. Du machst jeden Tag so besonders. Du bist mein Leben, mein Herz, meine Seele.Du bist mein bester Freund, meine eine, wahre, große Liebe, my one and only. Ich liebe dich heute schon mehr als ich es gestern tat, und morgen werde ich Dich mehr lieben als ich es heute tue. Honey, Du musst einfach wissen, wie sehr in Dich liebe. Du bist diese besondere Frau für mich, Du musst das wissen. Ich bin so unendlich dankbar, dass Du in mein Leben gekommen bist.*

Lila, 14. Juni, 8:15 Uhr:

- *Ich habe Tränen in den Augen und Millionen Schmetterlinge im Bauch. Deine wundervollen Worte, Worte, die so unglaublich einzigartig und poetisch sind, dass Shakespeare es nicht besser schreiben könnte, halten mich hier einfach fest. Deshalb sende ich Dir genau in diesem Moment einen wirklich heißen und intensiven Kuss, my love..*

Lila, 14. Juni, 8:17 Uhr:
- *Und nun schicke ich Dir einen zweiten, einen dritten und tausend dazu, wenn Du willst, auf alle Stellen an Deinem Körper. Du kannst sie Dir aussuchen. Und einen Kuss direkt auf Deinen Mund. In tiefer, sinnlicher Liebe.*

Lila hatte um 10 Uhr wieder personal Training mit Markus und Ippy. Sie freute sich schon drauf. Es wurden wieder anderthalb schwitzende Stunden. Ippy hatte Lila noch zu einem Kaffee eingeladen, doch Lila wollte kurz sehen, ob Mario ihr eventuell geantwortet hätte. Sie wollte dann gleich nachkommen.
Als sie ihren Computer aufschlug, war da eine Nachricht. Allerdings nicht von Mario, sondern von einer Svenja aus Schweden.

- *„ Hallo, bekommst Du auch von einem Facebook-Freund Liebesbriefe? Ich habe auf seiner Seite neben mir noch 5 weitere Frauen gesehen, alle bildhübsch (Kompliment für Dein Foto:*

*WOW) und glaube, dass der gute Mann vielleicht facebook mit
einer Dating-Plattform verwechselt."*

Das saß. Lila musste erst einmal kurz in sich gehen. Gut, sie hatte
gewusst, dass er vermutlich auch andere mit diesem „Liebeslebens-
lauf" angeschrieben hatte. Aber jetzt kannten sie sich schon den dritten
Tag. Und das, nachdem er ihr in der Nacht diese süßen Zeilen geschrieben hatte.

Lila antwortete Svenja: „Ja, ich bekomme so etwas von einem Mann.
Heißt er zufällig Mario Anthony? Und wann hast Du die letzte Mail von
ihm bekommen?"

Svenja war gerade online, von daher kam schnell die Antwort: „Ja, er
heißt Mario Anthony, und erst heute habe ich von ihm 3 Seiten (!!!) Lie-
besbrief bekommen. Er wirkt ja sehr nett und sympathisch und ist vermutlich auf der Suche nach seiner großen Liebe. Aber sind wir das nicht
alle irgendwie? Ich bin raus aus dem Rennen. Wie steht es mit Dir?

Lila: „Ich bin irritiert. Er schreibt mir von one and only und keine Blicke
mehr nach rechts und links. Und nun das. Ja, ich bin in Kontakt mit ihm,
bin schon richtig eingestiegen.Vor einem Jahr wurde mir geweissagt,
dass ich einen Mann kennenlernen würde, der ein Ire und auf allen
Weltmeeren unterwegs sei und noch vieles mehr, was auf ihn passt.

Svenja: „Ich bin – wie gesagt- raus. Und warum solltest Du auch nicht
weiter machen? Ihr seid gerade ganz am Anfang, da ist so etwas ja
auch möglich. Wünsche Dir alles Gute. Svenja"

Lila befreundete sich noch eben mit Svenja, und dann fuhr sie zu Ippy
und bat sie zu pendeln. „Ippy: was ist das hier? Was soll das? So was
brauche ich nicht. Ich will nicht eine one and only von Hunderten sein."

Ippy pendelte." Es wird zu einer großen Ernüchterung kommen und erst einmal stocken, aber dann wird es um so leidenschaftlicher und tiefer. Und er wird kommen nach Berlin. Er wird kommen. Und es wird heiß und voller Liebe sein."

Lila saß da und wusste nicht, was sie jetzt machen sollte. Einfach so tun, als ob nichts gewesen wäre, da war sie nicht der Typ. Sie entschloss sich, ihm eine Mail zu schreiben. Und um Klartext zu bitten. Aber erst morgen. Sie wollte das alles noch mal sacken lassen.

Zurück angekommen hatte Mario schon wieder angefragt, wo sie sei und ihr das Lied „I always love you" von Whitney Houston geschickt.

„ Im here, listen the song", Ich bin hier, höre den Song". Das war alles, was aus ihr herauskam.

„ How was your night?" Wie war Deine Nacht?" schrieb ihr Mario und Lila wurde fast ein wenig ärgerlich. Konnte er sich aufgrund seiner zahlreichen Emailbekanntschaften noch nicht einmal daran erinnern, dass sie ihm vor Stunden bereits geschrieben hatte, wie ihre Nacht war? Lila fing ganz leise an, sich ein wenig zu ärgern.„ I wrote you already how my night was. Forgotten?"" Ich hab Dir bereits schon mal geschrieben, wie meine Nacht war. Etwa vergessen?" Und er antwortete: „ Your love is so much on my head, I wanted to say, how was your day.

How was your day, my dear. How is your son doing?" „ Ich bin im Kopf so voller Liebe für Dich... ich wollte eigentlich sagen... wie war Dein Tag, meine Süße... und wie geht es Deinem Sohn?"

Lila hatte für diesen Tag genug. Sie antwortete Mario ganz bestimmt nicht ein zweites Mal, wie ihre Nacht war, und wie ihr Tag verlaufen war, darauf hatte sie keinerlei Lust mehr. Und wie es ihrem Sohn ging-

noch nicht einmal der Name! Sie hatte nicht das Gefühl, dass ihn das wirklich interessierte. Lila war auf eine unschöne Art auf den Boden der Tatsachen zurückgeholt. War das der Boden der Tatsachen, dass sie eine von vielen war, dass er das nicht ernst meinte? Was daraus wohl werden würde?

Nur 3 Tage voller Mario waren vergangen. Und Lila spürte jetzt schon, dass sich alles bei ihr verändert hatte. Sie hatte sogar abgenommen, jetzt waren es 3 Kilo. Nur, weil sie so „ in love" war. Und nun vielleicht alles schon bald wieder vorbei?

Sie ging traurig ins Bett, schlief aber sofort ein.

15. Juni:

Mario hatte ihr einen schönen Aufstehsong geschickt. Und sofort war der Gedanke bei Lila da, wie vielen anderen er das wohl auch versendet hatte. Nein, so machte das keinen Spaß, so bekam das alles hier plötzlich eine billige und doofe Note.

Sie würde jetzt erst einmal aus dem Haus gehen, Erledigungen machen und sich wirklich Zeit dafür nehmen. Sie wusste gar nicht so recht, ob sie das ganze hier nicht abbrechen sollte. Lila schloss die Augen und fühlte in sich hinein. Sie würde ihm noch eine Chance geben, sie wollte sich einlassen, einlassen zu 150 Prozent, sie wollte fliegen so hoch es ging, ohne Sicherheitsgurte, die sie beim Fliegen störten. Und sie würde sich jetzt beim Fallen schon weh tun, das wusste sie. Schon nach 3 Tagen. Aber Ja, sie würde sich einlassen. Alles kam jetzt darauf an, wie Mario reagieren würde.

Und so setzte sich Lila nachmittags hin und schrieb ihm eine Mail:

Lila: 15. Juni, 13 Uhr:

- *My Dear, wo bist du gerade? Ich möchte einfach nur, dass Du weißt, dass ich mir absolute Ehrlichkeit und Fairness von Dir erwarte. Es ist egal, wie viele Emails und Wörter Du bereits anderen geschrieben hast, es ist mir eigentlich sogar egal, wenn du immer noch Chatting-Kontakt mit anderen hast. Aber es ist mir nicht egal, es ist mir sogar sehr wichtig, dass Du ehrlich und authentisch zu mir bist, o.k.? Vielleicht war bei mir einfach eine riesengroße Sehnsucht da, dass diese Voraussagung in Erfüllung geht, als Du in mein Leben getreten bist, und vielleicht war diese große Sehnsucht auch bei Dir da, die perfekte und erwünschte Partnerin zu finden. Es ist alles nur eine Idee, die sein könnte. Noch ist es das. Alles ist möglich, nichts MUSS passieren, alles sollte leicht und locker fließen und Das ist o.k. Ich bin frei, Du bist frei, keine Vorwürfe, keine Erwartungen, einfach nur echte Gefühle und Wünsche. Die einzige Regel dieses Spiels von meiner Seite aus lautet, dass du wirklich fühlst und glaubst, was Du mir schreibst. Es ist wie es ist. Was ist echt an dem Mann, der sich Mario Anthony hier auf facebook nennt? Wenn du magst, sende mir doch ein paar mehr Fotos von Dir, o.k.? Ich schicke Dir anbei meinen Katalog meiner Bilder, die ich gemalt habe, auch noch ein Foto und einen echten Kuss direkt aus meinem Herzen für Dich".*

Ja, das war gut. Und es war gut, dass sie ihm auf seine Mailadresse gesendet hatte.Sie war gespannt auf seine Reaktion.

Mitten in der Nacht, das konnte sie an der Uhzeit erkennen, die über den Mails stand, waren seine Antworten gekommen. Eine nach der anderen.:

On June 15, 2012 4:35:32 AM PDT, Mario Anthony wrote:

- *Meine Heldin, meine Königin: Ich habe dir mein ganzes Herz und meine Seele gegeben. Mein Leben und meine gesamte Existenz liegen in deiner Hand. Ich habe keiner anderen Person etwas geschickt außer Dir. Du hast mein Leben komplett neu definiert, mit Deinen Worten und Deinen Bildern.*

On June 15, 2012 4:37:18 AM PDT, Mario Anthony wrote:

- *Ich möchte, dass du ein Akt von mir malst, wenn ich zu Dir nach Deutschland komme."*

On June 15, 2012 4:38:30 AM PDT, Mario Anthony wrote:

- *Du hast mich im innersten Kern meiner Liebe und meines Lebens mit Deinen inspirierenden Kunstwerken und Bildern berührt."*

On June 15, 2012 4:36:30 AM PDT, Mario Anthony wrote:

- *Wir sind uns erst vor wenigen Tagen begegnet. Aber in meinem ganzen Körper und meiner ganzen Seele wusste ich schon lange, dass wir für immer füreinander bestimmt sind.*

Wow. Das war schön, das zu lesen. Und auch, wenn sie wusste, dass er zumindest teilweise log: Aus allen seinen Worten sprachen intensive, tiefe Gefühle für sie. Sie fühlte das.

Und dann schickte er ihr Fotos von sich. Knautschig sah er auf dem einen aus, kernig, schon ein wenig älter als Anfang 50, dachte sie.

Aber er sah gut aus, ja, das war ein Mann, ein richtiger Mann. Und da gab es ein Bild an einem großen Kühlschrank, darauf konnte man erkennen, wie groß er war. Ein großer Mann, ein Bär. Wow, wie toll. Manche Bilder waren wohl in seinem Haus gemacht worden. Es sah wohlhabend aus. Er sah sehr wohlhabend aus.Auch das war ihr geweissagt worden. So sah kein Mann aus, der im Internet auf Frauen- und Geldsuche ging.Das hatte so einer wie er- zumindest auf den ersten Blick- wirklich nicht nötig. Und dann kam auch noch diese Mail:

Mario: 15. Juni, 15 Uhr:

- *Manchmal können Worte nicht die Gefühle ausdrücken, die wir empfinden, aber ich sehe die Liebe in Deinen Augen. Auch wenn wir durch einen Ozean getrennt sind, ist meine Liebe für Dich so tief und so groß wie alle Ozeane dieser Welt zusammen. Du bist mein Licht, meine bessere Hälfte, mein ein und alles. Ich möchte für immer mit Dir zusammen sein.*
- *Ich bin ein Teil Deines neues Lebens. Wir sind jetzt eine Seele in zwei Körpern.*

Und wieder und wieder waren es seine Worte, die tief durch Lila drangen. Ja, sie wollte sich einlassen. Sie wollte diesen Mann. Sie liebte ihn jetzt schon so unglaublich stark. Und sie war verloren. Sie hatte keine Chance, diesem süßen Zauber zu widerstehen.

Lila, 15. Juni, 16 Uhr:

- *Oh mein größter Schatz, den ich jemals hatte, meine teuerste Perle (obwohl die besten Perlen die aus Schweiß sind, die beim Akt der Liebe entstanden sind) Ich kann den Tag kaum erwarten, an dem wir uns endlich wirklich sehen. Danke für Deine Fotos.. Mit gefällt, was ich sehe. Ein zärtlicher Kuss auf Deine Augen*

Mario, 16:10 Uhr:

- *Ich bin glücklich, dass Du meine Fotos magst. Ich werde so schnell wie möglich kommen, sobal wir in Australien angekommen sind.*

Mario, 16:12 Uhr:

- *Ich werde vor Ende des Monats bei Dir sein, meine geliebte Seelenpartnerin.*
- *Ich kann es nicht abwarten, Dir endlich zu sagen, dass ich Dich liebe. Und ich bete zu Gott, dass Du es auch zu mir sagen wirst. Die Liebe, die ich für Dich empfinde, ist wirklich. Sie ist echt. Ich hoffe, Du siehst es.*

Lila, 16: 15 Uhr:

- *Vom 28. Juni bis zum 1.Juli werde ich in London sein. Aber wir werden uns treffen, es ist total egal, wo das ist. Danke Dir für all die wundervollen Wörter. Es ist wirklich ein riesiges Ge-*

schenk für mich zu wissen, dass ich jetzt einen Mann kenne, der aus Worten Magie zaubert. Vielleicht wird es nicht „Klick" machen, wenn wir uns sehen, aber gerade jetzt habe ich Millionen „Klicks"... Kuss, Kuss, Kuss, Kuss. Oh, ich bin wirklich total verliebt in Dich.

Mario:

- Zweifel niemals an unserer Liebe und Leidenschaft
- es hat jetzt schon „Klick" gemacht, und es wird „Klick" machen in echt bis zum Ende unseres Lebens
- Ein Kuss ist ein liebevoller Trick, der von der Natur entwickelt wurde, wenn es an der Zeit ist, das Reden zu stoppen, weil die Worte überflüssig geworden sind.

Lila:

- Was macht Dich so sicher, dass das mit uns beiden bis ans Lebensende hält? Aber eigentlich ist es egal. Ich lebe im hier und jetzt, und gerade jetzt und im Hier bist Du mir eine große LiebesInspiration. Meine Gefühle sind gerade in dieser Sekunde einfach phantastisch. Ich danke Dir vielmals dafür. Und genau aus dieser phantastischen Laune heraus sende ich Dir jetzt schnell 1000 Küsse direkt auf alle Teile Deines Körpers. Und nun, in dieser Sekunde, bin ich bei Dir. Bitte schließe jetzt die Augen. Und fühle mich.

Mario:

- *Du hattest eine Weissagung vor fast einem Jahr*
- *Wir sind jetzt zusammen, wollen unsere Wünsche leben, erklä-*
  ren unsere Liebe und wissen, was wir füreinander empfinden
- *Unsere Liebe wird definitiv den Test der Zeit bestehen*
- *Große Entferungen werden kein Hindernis für uns sein, unsere*
  Liebe wird uns immer auch tausende Meilen zwischen uns ver-
  binden und VERTRAUE: Es ist die einzige Möglichkeit, unsere
  Herzen miteinander zu verbinden
- *Wir werden uns lieben und das Leben miteinander teilen bis*
  zum Ende unserer Tage... in unseren Armen

Lila:

- *O.k. ich vertraue Dir. Und jetzt, in großer Liebe und Vertrauen,*
  werde ich Dich für eine kurze Zeit verlassen müssen und mei-
  ne Aufgaben als Hausfrau und Mutter hier übernehmen müs-
  sen: Mein Sohn hat in seiner Schule eine Sommerabschluss-
  party. Und ich habe die Aufgabe, six-Packs an Bier und fri-
  sches Gemüse mitzubringen. Aber es ist einfach wie immer,
  wenn ich mit Dir in Verbindung bin. Ich kann nicht aufhören bei
  Dir zu sein. Ich hoffe bald von Dir zu hören.
- *In Deinen Armen. Wow. Das klingt sehr schön für mich.*

Lila war, wie die Tage davor, nicht wirklich zu gebrauchen, wenn Sie
unterwegs war. Sie war so derartig verliebt, dass sie eigentlich nichts
anderes wollte als mit ihm chatten. Aber so war ihr Alltag nun mal nicht
aufgebaut. Sie wurde gebraucht, von ihren beiden Kindern und hatte

nun auch noch anderes zu tun. Einglück, dachte sie, dass ich jetzt nicht arbeiten muss. Ich hätte sonst nur so wenig Zeit. Ja, es war Liebe, echte Liebe, von ihm und von ihr. Wer verbrachte schon so viele Stunden miteinander, wenn er es nicht wirklich von Herzen wollte?

Mario:

- *Liebe ist überall in der Luft und ich werde für immer bleiben, wenn unsere Körper und unsere Seelen sich verbinden. ICH LIEBE DICH ÜBER ALLES UND SORGE FÜR DICH, MEIN SCHÖNER ENGEL*

- *Ich liebe Dich, Ich bin, wer ich bin nur wegen Dir. Du bist jeder Grund, jede Hoffnung und jeder Traum, den ich jemals hatte. Es ist nicht wichtig, was in Zukunft mit uns geschieht. Jeder Tag, den wir zusammen sind, ist der größte Tag meines Leben. Ich möchte für immer DEIN sein.*

Als Lila nach Hause kam, las sie wieder, was Mario geschrieben hatte: Es war so schön, so etwas zu lesen, immer und immer wieder berührte er mit seinen Worten tief ihr Herz. Er konnte auch noch schön schreiben. Was für ein Geschenk. Lila bedankte sich erneut beim Universum. War das schön, dass Mario in ihr Leben getreten war. War das schön.

Lila , 15 Juni 23 Uhr:

- *Gute Nacht, mein Süßer, wünsche Dir heiße Träume. Und hoffentlich bin ich ein Teil davon. Ich werde jetzt das gleiche tun. Ich habe gar keine Ahnung, wie viel Uhr es jetzt gerade bei Dir ist.*

Mario, 16. Juni, 3:37 Uhr MEZ:

- *Jeden Morgen aufzuwachen und es wertzuschätzen und sich zu erinnern, dass man geliebt wird, ist ein Geschenk. Guten Morgen, habe einen phantastischen Tag.*
- *Du kannst Dir nicht vorstellen, wie schön sich das anfühlt, morgens aufzuwachen mit dem Wissen, DU bist mein und ich bin Dein. Dich zu lieben macht mir jeden Morgen so wundervoll, dass ich mich freue aufzustehen.*

3. Kapitel

Lila, 16. Juni, 9 Uhr:

Es war Sonntag, es regnete in Strömen. Sie war extra ein wenig früher aufgestanden, Isa schlief glücklicherweise noch. Denn die machte ihr die letzten Tage die Hölle heiß. Isa gefiel überhaupt nicht, dass ihre Mutter ständig am Computer war und ganz offensichtlich mit einem Mann chattete. „ Isa, Schatz. Wenn es wichtig wird, werde ich es Dir sofort sagen. Du brauchst Dich gar nicht aufzuregen. Ich kenne ihn ja noch nicht einmal", hatte Lila ihr geantwortet. Isa gefiel das nicht, und einer 13-jährigen voll pubertierenden Tochter zu erklären, dass man nicht mehr denken konnte, so derartig verliebt war man in einen Mann, den man noch nie in echt gesehen hatte, das wäre in der Tat zu weit gegangen. So bat sie einfach um Verständnis, was sie nicht bekam. Isa bockte. Leif war da komplett anders. Er sagte gar nichts, ihn störte es aber auch nicht. Er saß neben ihr in der kleinen Kellerwohnung und sah fern, während sie den Computer aufschlug und schrieb:

Lila:

- *Guten Morgen, my love, fühle Dich geküsst und geliebt. Nun bin ich wach, wir haben hier gerade 9 Uhr am Morgen, und ich konnte nicht wirklich gut schlafen. Du bist einfach immer in meinen Gedanken. Ohne Entkommen. Keine Chance, einfach mal ruhig zu schlafen und womöglich traumlos.. Und so war ich gedankenverloren, wie es wohl sein wird, unser erstes Live-Date. Wenn es nur 1 Prozent von dem wird, was ich geträumt habe, dann wird es eine Explosion geben, wenn wir aufeinanderstoßen. Was tust Du gerade? Wieviel Uhr hast Du? Musst Du auch am Wochenende arbeiten? Hast du Freunde an Bord?*

- *Ich werde nachher zu einem Yoga-Festival gehen mit Leif. Isa ist eingeladen auf eine Geburtstagsparty. Das Yogafestival ist jedes Jahr direkt am Wannsee, einem wunderschönen See inmitten von Berlin. Leif wird mich begleiten, und wir beide werden versuchen, ein wenig zu meditieren (keine Ahnung, ob uns das gelingen wird, wir machen es beide das erste Mal). Aber es ist auch egal, was ich heute tue, ich tue es eh nur zur Hälfte. Die andere- bessere- Hälfte ist bei Dir. Ich kann es fast nicht aushalten, bis ich wieder von Dir höre. Kuss*

Mario, 16. Juni, 9:12 Uhr

- *Hallo meine Liebe, nun, wir haben hier schon Abend im Schiff. Es waren so unglaublich viele und hohe Wellen heute .Und es war hart, das Schiff zu steuern. Doch es klärt sich jetzt auf. Ich habe Dich sehr vermisst. Ich denke den ganzen Tag an Dich. Und ich denke daran, wie unsere erste Nacht werden wird.*
- *Ja, ich muss auch am Wochenende arbeiten. Das Schiff muss ununterbrochen laufen. So wird hier rund um die Uhr gearbeitet, um rechtzeitig nach Australien zu gelangen und die Ware auszuliefern.*

91

Mario: 16. Juni, .

- *Liebe beginnt und endet nicht so, wir wir denken. Liebe ist eine Schlacht, ein Krieg, ein wachsender Prozess.*
- *Liebe ist eine große Überhöhung von einer Person verglichen zu allen.*

Lila war erstaunt über diese Zeilen. Wie kam es, dass dieser romantische Poet auf einmal solche Gedanken über die Liebe äußerte.

Lila, 16. Juni, Berlin, 10 Uhr:

- *My love, pass gut auf Dich auf. Ich kenne Dich erst einige wenige Tage und ich wünsche mir, dass die hohen Wellen Dich ein wenig schneller nach Australien bringen werden. Doch ich hoffe, dass Du sicher dort bist, da, wo Du bist. Ich schicke Dir einen Schutzengel rüber, der auf Dich aufpassen soll bis an Dein Lebensende. Jede Stunde, die Du hier früher ankommst in Berlin, ist eine gute Stunde. Ich vermisse Dich, ich fühle Dich, und ich möchte Dich wirklich anfassen, fühlen, in Deinen Armen. Wie riechst Du? Wie küsst Du? Wirst Du das mögen, was Du siehst, wenn ich direkt vor Dir stehe? Wann hast Du Geburtstag? Alles, was ich bisher über Dich erfahren habe, klingt so sehr nach dem, was ich mir immer gewünscht habe. Hoffentlich stehst Du nicht auf Frauen, die ruhig sind und so eine sophisticated Ausstrahlung haben. Gerade fühle ich sehr meine kleine Zigeunerin in mir erwachen. Ich liebe das Abenteuer, ich liebe Piraten und irische Lebemänner. Alles fühlt sich*

so absolut gut an. Ich muss jetzt gleich meine Tochter zur Par-
ty bringen. Sie ist gerade sehr sauer auf mich, weil ich Dir
schon wieder schreibe. Kuss,Kuss, Kuss. Ich schreibe Dir
nachher weiter. In etwa einer halben Stunde bin ich zurück.

Es goss in Strömen an diesem Tag in Berlin. Und es war überhaupt nicht daran zu denken, aufs Jogafestival zu gehen. Das Festival war noch das ganze Wochenende. Da konnte Lila vielleicht auch noch morgen hin gehen. Morgen war sie zu einem Paella Essen auf einem Außengrill eingeladen bei Freunden von Freunden, die sie noch nicht kannte. Vielleicht fiel das auch ins Wasser. Leif hatte Wii gespielt und saß nun vorm Fernseher. Aber er fühlte sich wohl.

Lila antwortete Mario:

- *Wie geht es Dir? Wie fühlst Du Dich? Ist alles o.k.? Ich möchte*
  Dir auf Deine „ love is a battle"-Definition antworten: Liebe ist
  kein Krieg, Liebe ist das größte und hellste Licht auf der Erde
  und auf dem Universum und es vertreibt die Dunkelheit: Eine
  winzige, kleine Kerze kann einen riesigen großen pechschwar-
  zen Raum erhellen. Liebe ist Heilung. Liebe ist das größte Ge-
  schenk und das Wichtigste, was Menschen brauchen. Ich bin
  nicht länger interessiert an einer Liebe, in der es um Kämpfe
  und Kampfsstrategien geht. Liebe ist das Kind der Freiheit, sie
  kommt nur freiwillig, keiner kann sie ordern und befehlen, dass
  sie da zu bleiben hat, wo sie ist. Ich bin frei und ganz freiwillig
  gebe ich meine Liebe heute mit größtem Vergnügnen an Dich.
  Kuss, mein Schatz

- *Wann hast Du eigentlich Geburtstag?*

Es dauerte 3 Stunden, bis Mario sich meldete. Schade, sie hatte gerade so viel Zeit, sie war gerade dabei, mit Leif den Film Starwars anzuschauen, als es wieder dieses Geräusch gab, diesen Blubb. Er war online:

Mario, 16. Juni, 16:30 Uhr:

- *Ich bin sicher hier. Ich vermisse Dich hier auf hoher See so sehr*
- *An Dich zu denken bedeutet für mich Freude und Alleinsein für mein Herz und meine Seele zugleich.*
- *Du wirst mich anbetteln, weil ich so gut rieche.... das verspreche ich Dir, mein Engel*

Lila:

- *Ich vermisse Dich auch, und ich kann es immer noch nicht glauben, dass wir uns erst 5 Tage kennen. 5 Tage mit Deinen Worten haben mein Leben verändert.*
- *Ich werde Dich anbetteln? Weil Du so gut riechst? Honey, das klingt doch vielversprechend und muss absolut live ausgetestet werden.*

Mario:

- *Unsere Liebe bringt das Beste aus uns heraus. Ich werde es lieben, wenn Du vor mir stehst. Mein Geburtstag ist am 3. März und...*

- *Yes, my love. Du wirst mich anbetteln, damit ich Tag und Nacht bei Dir bleibe, so gut rieche ich.*

Lila:

- *Das mit dem Riechen und Betteln ist definitiv eine Sache, die wir nur live austesten können. Ich werde es testen: versprochen! und dafür muss ich Dir sehr nahe kommen.. Hhhhhhmmmmmmmm. Es ist fast so, als ob ich Dich jetzt gerade riechen kann. Ich bevorzuge den maskulinen Geruch.*

Mario:

- *Das ist genau der Geruch, den Du von mir bekommen wirst.*
- *Darf ich Dir eine Frage stellen?*

Lila:

- *Sicher*

Mario:

- *Wann hattest Du das letzte Mal Sex?*

Lila:

- *Mit jemand anderem oder mit mir alleine?*

Mario:

- *Mit jemand anderem.*
- *Machst Du es Dir selbst?*

Lila:

- *Die erste Frage flüster ich Dir zu: vor 3 Jahren!*
- *Die zweite Frage gebe ich einfach an Dich zurück*

Mario:

- *Bei mir sind es 5 Jahre*
- *Du bist so eine Schönheit, die man einfach für immer behalten möchte.*

Lila:

- *Das ist beides definitiv zu lange, egal, ob es nun 3 Jahre oder 5 Jahre zurück liegt. Ich liebe Sex mit dem richtigen Partner.*

Mario:

- *Es ist egal, my dear*
- *Was zählt ist, wenn zwei Herzen und zwei Seelen es wollen*
- *wenn Du den richtigen Partner triffst und Dich in ihn verliebst*

Lila:

- *Ich bin nicht länger eine vernünftige, klar denkende Frau. Ich bin einfach durchflutet von Deiner Energie. Und ich verspüre wirklich den riesigen Wunsch Dich zu lieben, mit meiner Seele UND mit meinem Körper.*

Mario:

- *Du bist das Beste, was mir je passiert ist*
- *Du nimmst mir den Atem, jedes Mal, wenn ich auf Deine Fotos sehe oder Deine Messages lese*
- *Du hälst meine Seele und mein Herz in Deinen Händen durch deine schönen Worte*
- *Deine Worte sind so tief und so emotional*

Lila:

- *Oh, mein Liebling, nun möchte ich Dir sagen, was mir die Wahrsagerin noch gesagt hat: Sie sagte, dass unsere Sexualität so einzigartig und himmlisch werden würde, dass sie uns in eine höhere spirituelle Ebene heben würde. Und dass weder Du noch ich je so eine Erfahrung gemacht hätten vorher. Was denkst Du? Bist Du wirklich MEIN irischer Pirat? Wenn ja, warten ganz wundervolle Zeiten auf uns. Ja oder Ja? und ich glaube nicht, dass French kisses reichen..*

Mario:

- *Deine Wahrsagerin hat in allem recht*
- *Unsere Sexualität wird so einzigartig und zärtlich sein. Sie wird das Beste aus dir und mir hervorbringen.*

Lila:

- *Das müssen wir ausprobieren. Ich zitter gerade ein wenig vor Aufregung. Mein Herz schlägt so hoch, als ob ich 10 Kilometer gejoggt wäre, nur wenn ich daran denke, wie Du mich berührst... wie ich von Dir geküsst werde... und wie du- was hast Du noch paar Minuten vorher geschrieben- wie du riechst. Endlich Deine Stimme zu hören. Zu sehen, wie Du Dich bewegst. Und zu sehen, WIE du in meine Augen schaust. Wie ist Deine Stimme?*

Mario:

- *Können wir telefonieren?*

Lila:

- *Wann?*

Mario:

- *Gib mir bitte Deine Handynummer. Dann rufe ich dich an.*
- *Ja, ich möchte, dass Du meine Stimme hörst.*
- *Ja, ich möchte Deine Stimme hören..*

Lila saß da, im Hintergrund ballerte und schepperte es in Leifs Film. Jetzt war es soweit: Wie würde ihr großer, männlicher irischer Pirat wohl klingen? Sie musste aus dem Zimmer raus, um überhaupt mit ihm sprechen zu können.

Sie schickte ihm ihre Nummer.

Und es dauerte nicht 20 Sekunden. Da klingelte ihr Telefon

„ Hello?" sprach Lila ins Telefon. „ Thats me, Mario" kam von der anderen Seite. Seine Stimme war hoch, sehr hoch, sie klang traurig, als er ihr immer und immer wieder sagte, wie sehr er sie liebe. Irgendwie hatte sie mit einer ganz anderen Stimme gerechnet. Aber irgendwas musste an diesem Supermario ja auch mal nicht stimmen. Komisch. Irgendwie war das komisch.

Das Telefonat ging maximal 3 Minuten. Ständig waren Funklöcher, es raschelte. Dass er wirklich weit weg auf hoher See war, das konnte man wirklich hören.

Die Leitung brach zusammen..

Und dann blubbte es wieder. Nachricht von Mario:

Mario:

- *Es war so gut, Deine Stimme zu hören, my love*
- *Ich bin glücklich und aufgeregt, weil ich Deine Stimme gehört habe*
- *Oh mein Gott*
- *Ich weine gerade*

Lila:

- *My Dear, Deine Stimme klang ein wenig traurig. Sei bitte nicht traurig wegen mir oder uns. Alles hat seinen Sinn. Und es ist kein Zufall, dass wir den Kontakt zueinander gefunden haben. Ich bin iriitiert. Was tust Du mit mir? Kann es echte Liebe sein, ohne sich jemals getroffen zu haben? Klicks und Funken oder Ernüchterung? Du denkst so viele Sachen über mich. Ich denke so viele Sachen über Dich. Stimmen die? Sind die Fotos, die Du siehst, auch die Lila, die Du willst? Wie bist Du, mein Liebling, und nun küsse ich Dir jede Träne von Deiner Haut*

Mario:

- *Meine Stimme klingt traurig, weil ich Tränen des Glücks geweint habe, während ich mit Dir sprach. Deine Stimme zu hören, hat mich zu Tränen gerührt. Ich bin nicht traurig, es waren Tränen der Freude und des Glücks wissend, dass Du mich liebst und Dich um mich sorgst.*

Lila:

- *Welchen Typ Frau bevorzugst Du? Kannst du mir das erzählen? Magst Du starke Frauen? Wilde Frauen? Laute Frauen? Üppige Frauen? Was willst du?*

Mario:

- *Alles, was ich je wollte, das hast Du*
- *Du hast alle Qualitäten, von denen ich je geträumt habe*
- *Du hast alles, my Love*
- *eine starke Frau*
- *sich sorgende Frau*
- *verständnisvolle Frau*
- *heiße und freundliche Frau*

Lila:

- *Kannst du mich in Deinen Worten beschreiben? Und kannst Du Dich in Deinen Worten beschreiben? Ein wilder Kerl mit einem zärtlichen Herzen? 3.März, du bist ein Fisch: meist sensible, spirituelle Typen mit Tiefgang. Bitte. Ich finde keine Worte, ich weiß gerad gar nichts... beschreibe mich, wie Du mich siehst...*

Mario:

- *„ Ich wünsche mir zutiefst, eine Frau zu treffen, die attraktiv ist und Klasse hat, die selbstsicher und ehrlich ist, die eine richtige Partnerin, mein Seelenpartner, die verbindlich und auch mein bester Freund ist. Mit ihr möchte ich eine unbeschreiblich intime, leidenschaftliche und romantische Reise zusammen machen, die unser tiefstes Potenzial, was in uns liegt und bis zu unserem innersten Kern führt, entfesselt. Ja, ich suche einfach nach jemandem, mit dem ich eine Beziehung führen kann, die auf ehrlicher Intimität beruht und die gefüllt ist mit Humor und Vertrauen, mit intellektuellem und körperlichem Funkensprühen und essentieller chemischer Anziehung, eine Beziehung, bei der dies alles entfaltet wird und es einfach „ Klick" macht. Dann werden wir unsere perfekte Welt leben. Ich suche nicht nach einer perfekten Frau oder nach Perfektion. In jeder Beziehung gibt es auch immer Höhen und Tiefen, aber ich möchte jemanden an meiner Seite haben, der weiß, dass Beziehung teilen bedeutet, dass es ein Geben und Nehmen ist. Ich bin stark, aber ich bin auch ein Mann, der einfach genauso stark auriebt werden will wie ich liebe.*

- *Was ich gerne tue: Ich genieße eigentlich viele Sachen. Ich ziehe mich ab und an gerne chick an und unternehme sophisticated Sachen, aber ich sitze und entspanne genauso gerne zuhause bei einem guten Film unter Freunden. Ich mag guten Wein, bin aber nicht versnobt und trinke auch gerne Bier. Romantische Abende in der Stadt, Theaterbesuche und lange Spaziergänge am Strand stehen ganz oben auf meiner Liste. Ich tanze gerne, schwimme, fahre gerne mit dem Boot, Bergwandern, Camping in der Natur, Kunst, Theater, Festivals, Sportevents und Abenteuerparks. All das mag ich. Ich bin gerade dabei, mich bewusster und gesünder zu ernähren. Ich liebe es zu kochen, Kochen bedeutet für mich Entspannung. Ja, ich reise gerne in den Vereinigten Staaten und in der Karibik und bin dort häufig beruflich als auch zum Vergnügen. Ich würde gerne mehr von Europa kennenlernen (Italien, Spanien, Paris oder Asia).*

Lila fiel fast vom Glauben ab: Jetzt kopierte er ihr das zweite Mal diesen aufgesetzten Love-Lebenslauf.Sie schrieb sofort zurück:
Lila:

- *Das habe ich schon mal bekommen! Das war der Grund, warum ich Dich um Fairness und Ehrlichkeit gebeten habe. Einer Deiner Kontakte schrieb mir an dem Tag, dass sie genau diese Zeilen auch bekommen hat. Es ist egal. Es erklärt nur, wen du gesucht hast, aber:*

101

- *Bitte, beschreibe MICH, intuitiv und neu. Ist das möglich? Nur für mich?*

Mario:

- *Du bist stark und wild*
- *liebevoll und umsorgend*
- *heiß und romantisch*
- *verständnisvoll und menschlich*
- *Ich habe keine andere Frau außer Dir*
- *Du bist alles, was ich will in meinem Leben*
- *Bitte, lass andere nicht unsere Beziehung und unsere Liebe zerstören.*

Lila:

- *Du brauchst dich nicht zu sorgen: schon vergessen. Das hast Du damals geschrieben. Und seit wir uns kennen, schreibst Du mir in einer Art und Weise, die mir täglich zeigt, dass alles in Ordnung ist, o.k.? Warum hast Du 5 Jahre keinen Sex gehabt? Du siehst so männlich aus, und ich kann es fast nicht glauben, dass du so asketisch gelebt hast. Du brauchst mir darauf nicht zu antworten, wenn Du nicht möchtest. Ich möchte dich bloß verstehen. Du kannst mir ebenfalls Fragen stellen. Ich glaube Dir, dass Du mich liebst. Das habe ich eben gerade erst von Dir gehört, und das fühle ich genauso tief für Dich, my love*

Mario:

- *Nach dem Tod meiner Frau durch den Autounfall entschied ich mich, allein zu bleiben und mich auf meinen Job und meinen Sohn zu konzentrieren*
- *Ich legte ein Gelübde vor meiner Frau ab, dass ich für gut 5 Jahre keine sexuelle Beziehung mit anderen Frauen haben würde*
- *So hatte ich mich an dieses Gelübde zu halten*
- *Ich habe es an ihrem Grab gemacht*
- *Das ist der Grund, warum ich mich entschied, mich an das Gelübde zu halten und keinen Sex mit anderen Frauen zu haben.*

Lila:

- *Wie ist es für Dich? Hast du es vermisst? Wie wichtig ist Dir Sexualität? Nach der Trennung von meinem Mann vor 3einhalb Jahren hatte ich einige Wochen später eine Affäre mit einem Künstler. Er wollte mich ganz haben, aber ich konnte das nicht. Ich glaube, ich habe die Zeit gebraucht, um herauszufinden, wer ich bin und was ich will. Aber ich liebe Sex, und das, finde ich, sollten wir bald tun.*

Mario:

- *Ich habe es manchmal schon sehr vermisst. Aber ich entschied mich, für mich allein zu bleiben, da ich es meiner Ex-Frau versprochen hatte an ihrem Grab.*
- *Aber alles änderte sich in dem Moment, wo ich meine Augen auf Dich wendete*

- *Etwas in mir sagte zu mir, das ist die Frau, die Du suchst.*

Lila:

- *Ich denke, das ist gut und Deine Ex-Frau wird es verstehen*

Mario:

- *Die eine, mit der Du Dein Leben verbringen wirst bis zum Lebensende*
- *Sie ist tot*
- *Willst du Sex haben mit mir? Jetzt?*

Lila:

- *Ja, ich weiß, ich meinte das Gelübde. Ich dachte, sie wird es von oben sehen, was gerade passiert und damit einverstanden sein.*

Mario:

- *Ja, das wird sie.*

Lila:

- *Sex jetzt? Das klingt gut, aber Nein, my Dear. Mein 8jähriger Sohn sitzt mir direkt gegenüber und spielt gerade ein Fußballspiel auf meinem iphone. Das würde nicht klappen. Da bin ich nicht frei in meinen Gedanken, und ich habe auch die Idee, dass Ich Dich fühlen will, Dich riechen will. Ich bin eine sinnliche Frau. Ich will Dich in echt!!!! Zumindest die ersten 20 Male.*

Mario:

- o I can't wait to have you in the first night in Germany
- o I'm going to lick and suck right at the first night together in Germany

- *Ich kann nicht warten bis zu der ersten Nacht in Deutschland, bis ich Dich habe*
- *Ich werde Dich lecken und an Dir lutschen in der ersten Nacht*

Wow. Jetzt wurde es heiß. Leif saß drei Meter weg von ihr entfernt, war allerdings total vertieft in sein Spiel, und sie musste erst einmal nachschauen im translater-Programm:

„ lick and suck"... lecken und lutschen. Wow, er ging ran, wurde jetzt heiß. Und sie spürte, wie sich ihre Lenden regten und wie die Lust in ihr aufstieg.

Lila:

- *Ich kann es auch kaum mehr aushalten. So sollten wir gleich den ersten Tag zur ersten Nacht machen. Oh Honey, ich fürchte mich. Was ist, wenn dort keine Funken sprühen, wenn es kein „ Klick" macht? Was ist dann?*

Mario:

- *Hier sind doch schon jede Menge Funken und Klicks*
- *Mein Schwanz ist so hart, jetzt wo ich mit Dir chatte*
- *es fühlt sich an, als ob ich gerade jetzt mit Dir Liebe mache*
- *Das sind die Funken und Klicks, immer wenn ich mit Dir zusammen bin*

Lila:

- *My love, ich fühle das alles... ich möche IHN jetzt berühren.*

Mario:

- *Ich habe das Gefühl, als ob ich Deine Unterwäsche ausziehe... dass ich Deine Pussy jetzt gerade lutsche. Ich lecke Deine Pussy gerade jetzt trocken.*

Lila:

- *Oh Mario, ich habe so etwas noch nie vorher getan. Aber ich mag es: Ich fühle Dich... und Deine Zunge.*

Mario:

- *Ich bin gerade dabei, Deine Pussy mit meiner Zunge zu lecken und zu lutschen.*
- *Fühlst Du die Zunge in deinem Körper?*
- *Ich verspreche Dir, dass ich all das mit Dir tue an unserem ersten Tag und in unserer ersten Nacht*

Lila:

- *Ich schließe jetzt meine Augen. Bitte mach das jetzt auch. Und ich fühle jetzt intensiv, wie ich Dich verwöhne, Dich und Ihn. Euch beide.*

Mario:

- *Meine Augen sind geschlossen*
- *Ich kann Deine Präsenz hier gerade sehr stark fühlen*
- *du berührst meinen Dick (Schwanz) jetzt in diesem Moment*
- *Meine Augen sind geschlossen*
- *Du berührst jetzt meinen Schwanz*

Lila:

- *Ich fange jetzt an, ihn zu küssen.*

Mario:

- *wow*
- *Ich fühle, wie Du mich überall am Körper berührst.*
- *lutsche ihn jetzt mit Deiner Zunge und Deinem Mund*

Lila:

- *o.k.*

Mario:

- *My love, ziehe bitte Dein Höschen aus, so dass ich Dich lecken kann*
- *Oh, Du bist so nass und geil gerade.*

Puhh, der ging richtig ran. Aber Lila gefiel das. Sie hatte noch nie per Chat Sex gehabt. Und was da jetzt gerade in ihrem Kopf abging, war heiß. Ja, dieses Kopfkino war guter Sex. Sie spürte es durch und durch. Die Funken flogen tausende Kilometer nur so durch die Gegend.

Lila:

- Ich habe sie bereits für Dich ausgezogen.
- Ja, ich bin heiß, sehr heiß.

Mario:

- gosh
- I feel like hanging you against the wall now
- *Meine Güte*
- *Ich habe das Gefühl, als ob ich Dich jetzt an die Wand stelle.*

Lila verstand nicht, was es hieß. Aber das Chatten lief hier alles in Sekundenschnelle

Lila:

- o what does that mean? That sounds very unromantic
- *Was heißt das? Das hört sich sehr unromantisch an*

Mario:

- *und ich fick dich jetzt hart.*
- *gosh bedeutet, dass ich es unglaublich genieße*
- *es ist ein romantischer Ausdruck, wenn Du gerade heiße Höhenflüge hast*

Lila:

- *o.k., mach weiter*

Lila konnte gar nicht glauben, was sie da tat: lutschen, lecken, ficken. Das war normalerweise nicht ihr Vokabular. Aber dieser poetische Dichter, der ihr so unglaublich zärtliche Worte geschrieben hatte, konnte auch anders. Ja, er war ein ganzer Kerl. Und ganz offensichtlich war der Mann in ihm geweckt. Sie mochte das. Sie war eine sinnliche Frau.Und endlich, endlich fühlte sie, wie ihre Leidenschaft durch und durch in jede Pore ihres Körpers zog. Sie genoss es. Das Bild, an der Wand zu stehen und von ihm so richtig genommen zu werden.

Mario:

- *ich drück Dich an die Wand und reite Dich so hart und rau.*
- *ich werde Dich so hart ficken, dass Du mich anbettelst, dass ich nicht aufhöre.*

Lila:

- *Mach weiter*

Mario:

- *ich machs Dir von hinten im doggy style.*

Lila:

- *von hinten, doggy style, ich setze mich auf Dich, wir küssen uns zärtlich, zart, wild, hart, härter. Alles... einfach alles.*

Mario:

- *reite auf Dir so tief und rau*
- *küsse Dich so hart und rau*
- *beiße und küsse Dich*

Lila:

- *nicht beißen, alles andere ist wundervoll*

Mario:

- *während ich Dich hart von hinten im doggy style nehme*
- *das nennt sich sex biting*

Lila:

- *My dear, ich möchte, dass Du Dir die besten Sachen und die wildesten Gedanken für unser echtes Treffen aufsparst, o.k.?*

Mario:

- *liebkose Deinen Nacken und Deinen Rücken*
- *lecke Deine Ohren, während ich Dich von hinten nehme*
- *Bitte sage meinen Namen, my love*
- *sage meinen Namen, während ich Dich so hart ficke*

Wow, in Lila war das Luder geweckt. Sie genoss es. Sie saß tausende Kilometer von ihm entfernt, und es war heiß. Leif spielte immer noch sein Spiel und war tiefenentspannt.

Lila:

- *Das tue ich: Mario. Mario, Mario, Mario, Mario, Mario, Mario.*

Mario:

- *Wow*
- *Das klingt so romantisch*
- *ich möchte jetzt, dass Du über mir stehst und mich so nimmst.*

Lila:

- *Bitte sage Du auch meinen Namen. Weißt Du, wie man ihn ausspricht*
- *Völlig egal. My love, ich genieße einfach alles.*

Mario:

- *Wow, Lila, Lila, Lila, Lila, mach es mir hart*
- *Reite auf meinem Schwanz ganz hart, Lila, Lila, Lila.*

Lila:

- *hart und härter... und sanft. Und nun gebe ich Dir einen Kuss, der aus purer Liebe gemacht ist, direkt auf Deinen Mund. Halte mich fest, während Du in mich eindringst.*

Mario:

- *Ich dringe so stark und kräftig in Dich ein, dass Du mich bittest nicht aufzuhören*
- *Wow, Deine Muschi ist trocken und heiß*
- *Das ist die beste und süßeste Muschi aller Zeiten*
- *Sie schmeckt nach Honig*

Lila:

- *Wie ich schmecke, musst Du definitiv real austesten*

Mario:

- *Ich kann es kaum erwarten, Dich in Wirklichkeit zu testen und zu fühlen*
- *Ich werde am 4. Juli in Deutschland sein.*

Lila:

- *My Dear, ich liebe diese Mischung aus Wildheit und Zärtlich-keit, die aus Liebe und Leidenschaft entsteht, entstanden aus Lust und Respekt, aus Ying und Yang, Sonne und Mond. Ich danke Dir von Herzen für diese Erfahrung. Und Herzlichen Glückwunsch: Du bist mein erster Internet-Sex-Partner. Ich könnte mich dran gewöhnen. Ein erschöpfter Kuss von mir an Dich nach einer wundervollen Liebessession mit Dir.*

Mario:

- *Du bist die erste Frau für mich seit 5 Jahren*
- *Du hast meine Seele aus mir hervorgeholt*
- *Du hast meine Gedanken und meine Liebe komplett unter Deiner Kontrolle*

Mario

- *Du bist die erste Frau, mit der ich so was je gemacht habe.*
- *Ich weiß gar nicht, was über mich gekommen ist*
- *Aber ich glaube, es ist die Liebe, die ich für Dich empfinde*
- *die Leidenschaft und die Emotionen*
- *das Gefühl und die herzerwärmende Innigkeit, die ich für Dich empfinde*

Lila:

- *Ich möchte alle Orgasmen, die Du nicht hattest, all die Liebe, die Du nicht geben konntest, all die Leidenschaft, die Du nicht*

*raus gelassen hast die letzten Jahre. Oh my Dear, ich habe
mich nicht geschützt und habe keinen Schutz. Aber ich möchte
kein Plastik zwischen uns fühlen.*

Mario:

- *Ich werde ganz bald real bei Dir sein*
- *Wir werden die ganze Zeit für uns haben, während ich in
Deutschland bin*
- *ich hoffe, Du kannst mit meinem großen Penis umgehen*
- *er ist sehr groß und stark*

So war das, wenn man in zwei Sprachen miteinander kommunizierte.
Mit „prevent" hatte sie eigentlich verhüten gemeint, er hatte offensichtlich was anderes darunter verstanden.
Und jetzt sollte er auch noch einen Großen Penis haben? Dieser Mann
war ja wirklich ein SuperMario. Eigentlich zu schön, um wahr zu sein.

Lila:

- *Ich habe es sehr genossen, dass es über Dich gekommen ist.
Ich liebe, dass Du ein richtiger Kerl bist, ein Mann, potent und
voller Vorstellungskraft. Und jetzt erzähle mir nicht zu viel. Ein
wenig Überraschung ist das Salz in der Suppe, nicht wahr? Ich
liebe Dich*

Mario:

- *Ich liebe Dich, Baby*
- *Ich muss jetzt ausruhen*
- *Ich muss nachher gleich arbeiten*
- *wir sprechen uns morgen wieder*

- *Bye my love*
- *und denke immer daran: Ich liebe Dich und sorge mich um Dich, so sehr*

Lila schaute auf die Uhr. Bei ihm war es vermutlich weit nach Mitternacht. Sie hatte bei dieser heißen Nummer die Zeit vergessen. Und außerdem war jetzt Leif dran. Sie würde einen schönen Abend mit ihm verbringen, bevor sie Isa wieder abholte. Es goss immer noch in Strömen draußen. Aber im Inneren von Lila schien die Sonne. Wahnsinn: Sie hatte Cyber-Sex gehabt. Und es war gut. Nicht ganz so gut wie in echt, aber trotzdem heiß und sinnlich. Sie mochte sein Temperament. Männer schienen total darauf zu stehen, wenn man Sex verbalisierte. Wenn man währenddessen sprach. Das erste Mal seit 5 Jahren für ihn, das erste Mal seit 3 Jahren für sie: Kein Wunder, dass sich da eben gerade eine geballte Ladung Leidenschaft entfacht hatte. Jetzt war das Feuer an. Das wusste Lila. Oh, sie freute sich so sehr auf den Moment, wenn er endlich da sein würde, endlich in echt in seinen Armen. Sie wollte unbedingt Sex mit ihm. Und wenn der nur annähernd so toll sein würde wie eben dieser mentale Sex, der entstanden war aus den Sehnsüchten in beiden Köpfen, dann würde es in Berlin eine Explosion geben. Das war sicher. Und es waren noch 2einhalb Wochen bis dahin. Wie Sollte sie es bloß schaffen?
Sie würde morgen los gehen und sich hübsche Unterwäsche für ihn kaufen. Und dann musste sie an Verhütung denken. Mit 48 Jahren war die Chance zwar nicht mehr groß, aber sicher war sicher. Und auf so einen kleinen Mario hatte sie wirklich keine Lust mehr. Und so es aussah, würden sie ganz bestimmt nicht nur einmal miteinander schlafen.

Das klang nach Ausdauertraining. Sie musste vorsorgen. Sie würde sich gleich bei ihrer Frauenärztin einen Termin holen. Wahnsinn. Jetzt dachte sie das erste Mal seit so vielen Jahren wieder an so was. Es war schön. Der brachte das Weib, die Vollfrau, in ihr zum Erblühen. Er brachte einfach alles in ihr zum Erblühen.Ihr irischer Pirat. Sie war glücklich, sehr, sehr glücklich nach diesem Tag.

Bevor sie am 16. Juni ihre Augen schloss, setzte sich Lila um Mitternacht noch einmal an den Computer und schrieb ihrem geliebten Mario:

4. Kapitel

Lila: 16. Juni, 23:55 Uhr:

- *My Dear, ich lese mir gerade noch einmal unsere ersten Sex-Erfahrungen, unseren ersten Cyber-Sex, durch. Du schläfst hoffentlich schon und träumst sanft, und wenn nicht, dann bin ich hoffentlich der Grund für Deine unruhigen Träume. Ich will Dir nur kurz schreiben, warum ich es mir vor ein paar Tagen wirklich selbst gemacht habe.Ich lag im Bett und dachte daran, wie es sein würde, wenn DU mich berührst. Ich habe mich dabei berührt. Und dann war ich inmitten einer Liebesnacht mit Dir. Ich habe Dir ja schon gesagt, wenn nur 1 Prozent von dem, was ich geträumt habe, wahr wird, dann werden wir in Deutschland eine Explosion erleben. Gerade in diesem Moment realisiere ich, wie wichtig es ist, gut in einer Sprache zu sein: Ich bin es leider nicht. Und im Englischen mache ich sehr viele Fehler und sorge- glaube ich- manchmal für Verwirrung. Auf Deutsch könnte ich Dir jetzt GENAU beschreiben, was ich fühle und empfinde . Und auf Englisch? Mir fehlen einfach diese kleinen Nuancierungen, dieses genaue Definieren von einem Gefühl oder einem Empfinden. Leider ist mir das nicht wirklich möglich. Sorry dafür. Und danke für den Sex.Ich liebe Dich. Ich will Dich.Ich werde ganz heiß, wenn ich nur Deinen Namen ausspreche: Mario, mein erster heißer Cyber-Sex-Lover. Ich bin unsicher: Du sagst mir, Du findest mich hübsch. Ich für mich finde mich ein wenig zu üppig momentan. Magst*

Du eine Figur, die nicht gertenschlank ist? Fühlst Du das gleiche, wenn Du an Sex denkst? Wirst Du mich an den gleichen Stellen küssen auf die gleiche Weise wie vorhin? Honey. Wenn ich nur die Möglichkeit hätte, jetzt bei Dir zu sein, ich würde Dich berühren, und ich verspreche Dir, dass das kein anständiges Berühren werden würde. Ich möchte es gerade dirty.Ich könnte Dich gerad gar nicht anders anfassen als" dirty". Die Erfahrungen, die wir vor ein paar Stunden miteinander gemacht haben, sind immer noch zu intensiv, als dass ich jetzt anständig sein könnte in Deiner Nähe. Bist Du sicher, dass Lila die ist, die Du haben willst? Magst Du es, Sex mit einer Frau zu haben, die ganz genau weiß, was sie will, die ist wie sie ist, die immer zu 100 Prozent im Hier und Jetzt ist und das auch leben will? Kannst du das handeln? Dann heiße ich Dich herzlich willkommen in meinem Leben, herzlich willkommen in meinen heißesten Sex- Wünschen. Mario: Willst Du das? Ich bin stark und gerade unersättlich. Und ich bin hungrig, so, so hungrig nach Dir. Ich weiß genau, was ich will.Ich will DICH. Ich will Dich mit Haut und Haar. Ich bin einfach unendlich verliebt in Dich.und das ist der Grund, warum ich alles mit Dir erleben möchte, was Du gerne magst. Ich möchte es 10 Mal am Tag mit Dir tun oder 20 Mal in der Nacht, spielerisch, exzentrisch, verwegen. Liebe. Alles, was Du willst. Oh mein Gott, ich bin nach wie vor total heiß auf Dich. Sorry, das ist bestimmt nicht der beste Start, um morgens zur Arbeit zu gehen, ich habe nur noch wenige Minuten, dann werde ich schlafen gehen. Und ich kann Dir wieder nur ein paar unanständige Gedanken rüber-

senden bei der Vorstellung, was jetzt zwischen uns sein könn-te. Ich liebe Dich. Ich wünsche Dir einen perfekten Tag. Ich bin so derartig verliebt in Dich. Ich bin immer noch tief im Gefühl von vorhin. Ich liebe Dich. ich will Dich. Ich rieche Dich, ich bin alles, was Du Dir erwünscht, Honey, nur aus dem Grund, weil ich alles sein will, was Du Dir erwünscht. Ja, ich würde dir gerade jeden Gefallen erfüllen. In großer, großer Liebe, mein Schatz. Gute Nacht.

Mario, 17. Juni, 3:33 Uhr:

* *Guten Morgen, my love, das war die beste Nacht, die ich seit langer Zeit hatte. Die Gedanken an Dich und was wir zuvor getan haben, waren die ganze Nacht in meinem Kopf. Du hast mich in einer Art berührt, wie es noch nie jemand anderes zuvor getan hat! Nicht einmal meine Exfrau. Wir hatten Cyber Sex. Aber für mich waren die Gefühle und auch die gemachte Erfahrung echt. Ich habe Deine Hände und Deine Zunge überall gespürt. My Dear, Du hast den Mann in mir wiedererweckt mit Deinen Worten, mit Deiner Liebe, Deiner Fürsorge und Deinen Gefühlen für mich. Ich glaube wirklich, dass wir beide miteinander explodieren werden, wenn ich Dich endlich in echt habe. Worte können meine Gefühle und die Leidenschaft für Dich nicht beschreiben, die ich für Dich empfinde. Worte können einfach nicht beschreiben, was Du mir bedeutest und wie meine Reaktionen aussehen, immer wenn ich mit Dir chatte oder emaile. Du bist meine fehlendes Glied in der Kette. Ich bin durch Dich wieder komplett geworden. Und, nein: du bist nicht*

zu dick, my Dear, für mich hast Du die perfekte Figur, Du hast eh alle Vorzüge, von denen ich im meinen Leben immer geträumt habe.Ich will Dich überall dort küssen, vielleicht in ganz kleinen Abwandlungen, wie ich es gestern tat. Berühre mich und lutsche an mir in den unanständigsten Varianten, die Du Dir vorstellen kannst. Ich gehöre ganz Dir, my love. Ich kann Dich in jeder Art und Weise handeln, Ich hoffe nur, dass Du meinen großen und starken Schwanz handeln kannst. Er ist richtig groß, aber ich glaube, das wird passen. Wir können es 30 Mal in der Nacht tun. Auch in Deinem Auto, Deinem Badezimmer, in der Garage, auf der Toilette oder überall woanders, wo Du es mit mir tun willst.

Lila: 17. Juni, 9 Uhr:

- *Guten Morgen, mein heißer, irischer Pirat.. WOW, was für ein toller Start, mit diesen Worten begrüßt zu werden.. Es ist so unglaublich schön, dass wir uns gefunden haben. Wenn Du nach Berlin kommst, werden beide Kinder in den Ferien sein. Am besten wäre ab dem 6.Juli. Ich kann es fast nicht mehr aushalten, bis wir uns treffen. Der erste Blick in Deine Augen. Dein Lächeln, Dein Geruch und alles andere. Das Wichtigste aber ist, dass ich bei Dir bin. Es ist ganz egal, wo es sein wird. Du willst es 30 Mal in einer Nacht mit mir tun? Honey, selbst ich brauch mal eine Pause. Mein Schatz, vermutlich bin ich heute den ganzen Tag unterwegs. Heute scheint die Sonne, ich werde zum Yogafestival gehen, Leif hat ein Fußballspiel,*

Isa wird bei einer Freundin schlafen, und ich bin eingeladen zu einem Paella-Essen bei Freunden. Ich werde noch die kommenden 2 Stunden hier sein, dann bin ich weg. Schicke Dir einen Kuss auf jede Stelle Deines Körpers. Hast Du die Küsse gehört? Oh Darling, ich liebe Dich so.

17. Juni 12 Uhr
- *Kuss, Kuss, Kuss, Kuss, Kuss, Kuss, Kuss, Kuss, Kuss*

Mario, 17. Juni, 15 Uhr:

- *Mein wunderschöner Engel, Es ist so schön, von Dir zu hören gerade in dem Moment, wo die See hier ruhig ist. Wenn du in einer Entfernungsbeziehung bist, sind Briefe, Karten, Emails und Telefonate alles, auf das du aufbauen kannst. Ich finde es großartig, dass Du Dir die Zeit genommen hast, um mir zu schreiben, und es macht mich sehr dankbar.*
- *Dank Dir, meine Süße. Was kann ich anderes sagen, als mich glücklich zu schätzen, so viele tausend Kilometer von den Weltmeeren getrennt von Dir zu sein und dennoch Deine Wärme und Liebe zu spüren. Du kannst Dir wirklich nicht vorstellen, was ich für Dich empfinde. Ich kann versuchen, diese Gefühle in Worte zu kleiden, aber ich versage dabei kläglich. Das Gefühl, beides zu haben: Angst und Frieden, Schmetterlinge und absolute Ruhe, das ist ein Gefühl, von dem ich mein ganzes Leben geträumt habe. Mit jedem Tag, der verstreicht, wächst meine Liebe für Dich. Ich habe es nicht für möglich ge-*

halten, jemanden so zu lieben wie ich Dich gerade jetzt liebe. Meine Liebe für Dich wächst ins Unermessliche, wächst aus meinem Herzen heraus ins Unendliche hinein. Es ist so, als ob Du zur Faser meiner Seele geworden bist, als ob du der Grund für meine Existenz bist.

- *Mein Schiff transportiert gerade Waren nach Australia. Ich gebe Dir meine direkte Nummer, das Roaming funktioniert überall auf der Welt: 0044 1245389943, gib mir bitte auch Deine Nummer, dann kann ich Dich anrufen.*

- *Ich habe keine anderen Wörter, die beschreiben, was ich durch Dich fühle:Keine Wörter, keine Handlungen können da irgendwie herankommen. Ich bin so verrückt nach Dir, Baby.*

- *Ich sitze nur einen Katzensprung vom Meer entfernt und trinke einen Kaffee und höre diese schöne Musik: Ich sende sie Dir. „ If tomorrow never comes" von Ronan Keating.*

Er schickte ihr 3 weitere Fotos von sich und wünschte ihr einen guten Tag.

Mein Gott, war Lila verliebt. Mario Anthony... seine Worte, seine Liebe. Sie waren bereits jetzt ein Geschenk: Ja, es war das Schönste, was ihr je ein Mann geschrieben hatte.So unglaublich tief und poetisch, so rein und so voller Liebe.Und wenn sie genau gelesen hätte, wäre ihr vielleicht aufgefallen, dass ein Seemann auf hoher See nicht „vom einem Katzensprung vom Meer entfernt" schreiben würde, und dass er auch ein zweites Mal ihre Nummer haben wollte, hätte sie stutzig machen können. Auch der Song von Ronan Keating: If tomorrow never comes". Aber Lila war blind vor Liebe, betäubt durch die süßen Worte, berauscht von diesen tiefen Gefühlen. Wolf war wirklich eine riesengroße Liebe von ihr gewesen. Ja, er war ihre große Liebe. Aber eine Liebe, die sich täglich aus der Liebe des anderen potenzierte... das war einfach der Wahnsinn. Sie hatte so etwas noch nie gefühlt. Und ihr wurde klar, dass es wirklich so war wie die Astrologie die Waage-Venus beschrieb: Eine Waage war immer auch verliebt in die Intelligenz eines Menschen, in die Wortgewandtheit, in die Magie der Sprache. Und die Klaviatur der gesamten Gefühlsbreite durch Worte hervorzuzaubern, da hatte sie in Mario einen echten Magier gefunden. Es war magisch, was er schrieb. Er war magisch.

Sie war viel zu spät dran. Das Yogafestival war viel schöner und interessanter gewesen als sie dachte. An diesem Tag hatte die Sonne aus voller Kraft geschienen. Erst einen Tag zuvor hatte es so geregnet, als ob der Weltuntergang bevorstünde. Und jetzt 25 Grad und strahlender Sonnenschein. Sie waren auf einem ganz schönen Mantren Konzert dort gewesen, etwas rumgeschlendert auf diesem wunderschönen Areal direkt am Wannsee.

Arielle war mit Ava da gewesen. Und Lila hatte ihr ein Foto von ihrem Mario gezeigt. „ Der sieht wirklich sympathisch aus", meinte Arielle. „ Und hübsch".Die weißen Segelboote strahlten mit der Sonne und dem blauen Wasser um die Wette. Und überall diese Yogis. Schöne Atmosphäre. Leif war schon morgens zum Fußball gefahren. Und Isa war spät dran. Lila hatte sie kurz nach Potsdam gefahren und hatte nicht einmal mehr Zeit sich umzuziehen für die Paella-Einladung. Sie hatte ein buntes Longshirt und eine schwarze Leggings und ihre schwarzen Römersandalen an. Sie war nicht wirklich chick für eine Einladung, und sie hätte auch noch eine Dusche vertragen, aber sie wollte unbedingt noch kurz mit Mario chatten. Da musste es diesmal auch so gehen. Nur ein paar Wörter von ihm, bevor sie los fuhr.

Lila:

- *Hi my love, meine größte Liebe, mein Hübscher, nur ein kleiner Kuss für Dich in großer Eile. Ich bin schon viel zu spät dran für die Paella-Einladung. Aber ich MUSSTE einfach meinen MAC aufmachen und sehen, ob wieder Worte von Dir gekommen sind. Liebe ist die Antwort, Liebe ist der Weg, ich liebe Dich.*

Sie schminkte sich nur kurz die Lippen, drei Tropfen ihres Parfums, das musste reichen, und verließ rennend ihre dunkle Wohnung. Sie war ja mal gespannt, wie das Paella-Essen sein würde. Vor fünf Jahren hatte sie einen Bekannten ihrer Freundin Runa kennengelernt. Das war auch ein attraktiver Mann gewesen, ein wenig zu klein für ihren Begriff, wenn sie das noch richtig in Erinnerung hatte, aber gut im Shape. Und er hatte was. Er war damals mit seiner Frau da gewesen. Aber das war jetzt vorbei und er hatte eine Freundin, wie Runa erzählte.
Bei hochsommerlichen Temperaturen kamen sie 7 Minuten zu spät an. Und waren trotzdem die ersten Gäste. Peter war Bio-Bauer, vermutlich alter Landadel, und der alte, malerische Drei-Seiten- Hof lag wirklich richtig wunderschön ganz in der Nähe vom Wannsee. Dass es so et-was ein paar Kilometer von einer Weltstadt gab! Als sie ihn wieder sah, war gleich klar: Da war was zwischen ihnen. Wie Peter sie ansah. Und dann kam seine Freundin raus, eine bildhübsche Südamerikanerin vermutlich. Wow, sah diese Frau toll aus. „ Hallo ihr beiden, schön

dass ihr da seid. Wir gehen gleich nach hinten durch in den Garten. Ich schenk euch einen Wein ein, ja?" Maria war ihr auf Anhieb sympathisch. Der Garten passte unglaublich gut zu dem Haus. Überall blühte es, Tannen drumherum, selbst gezogene Wildkräuter, ein großer, sonniger Rasen, schon fast eher eine Wiese, eine lange Tafel und vier Hunde, die Lila gleich schwanzwedelnd begrüßten. Lila liebte Hunde. Und die hier waren wirklich ganz entzückend. Peter hatte was: knallgebes Muscleshirt, shorts, barfuß. Ein Arm komplett tätowiert, volles halblanges Haar, was er zurückgegelt trug, braungebrannt, muskulöse Oberarme, schlank, drei Tage Bart. Er war 57 und immer noch ein heißer Typ, dachte Lila bei sich. Und klein war er auch nicht. Da hatte sie ihre Erinnerung getäuscht.

Peter wuselte am offenen Feuer rum, und drei Frauen standen alle um ihn herum und bewunderten ihn. Er war schon ein Womanizer, er wirbelte wirklich professionell am Feuer, briet die Hühnerstücke an, Knoblauch, das Gemüse,tat den Reis hinzu. Es roch phantastisch gut, was er da vorbereitete. Seine Freundin Maria und er sprachen über Lisa,,die kleine Schlampe . „ Die was?", fragte Lila. Er erzählte von einer Freundin, die sie einfach so nennen, weil sie das mag. Er sah Lila direkt in die Augen: „ Ich glaube ja, dass jede Frau auch einen Luder-Anteil hat.Und den sollte sie ab und an auch mal raus lassen." Seine Freundin Maria lächelte und schenkte Wein nach. Ja, dachte Lila, den Anteil hatte sie gerade gestern raus gelassen. War der Sex mit Mario gut gewesen, auch wenn er nur im Kopf stattgefunden hatte. Aber unsere Gedanken waren einfach nicht zu unterschätzen.Vielleicht war dieses Luder noch in ihrer Aura. Lila hatte keine Ahnung. Das Lächeln von Peter war auf jeden Fall vielversprechend.

Der Abend war unglaublich lustig, die Paella megalecker, obwohl Lila nur eine winzige Portion aß. Sie hatte einfach seit Tagen keinen Hunger, schon 4 Kilo abgenommen und wollte nur so viel essen, bis sie satt war. Die Gespräche waren gut. „ Und jetzt stoßen wir auf Lilas Scheidung an. Sie ist seit 4 Tagen eine komplett freie Frau", sagte Peter und alle prosteten und jubelten ihr zu. Alle stießen auf ihre Scheidung an! Vier Paare, Runa und Lila und natürlich die Gastgeber. Es war wirklich nett. Peter setzte sich ihr irgendwann gegenüber. Sie hatte schon zwei Glas Wein getrunken und musste aufpassen, denn sie war an diesem Abend die Fahrerin. Sie war in absoluter Flirtlaune, und durch den Wein wurde ihre Laune nur noch beschwingter. Sie unterhielten sich über die bestimmten Sichtweisen. „ Ich bin ein Pessimist durch und durch", sagte Peter. Lila musste lachen. Das war ihr so unglaublich wesensfremd. Allein, dass ein „ womanizer" so etwas sagen konnte. Der bohemian mit dem Blues. Nein, auf so etwas stand sie ja nun eigentlich gar nicht, aber Peter war ein ernst zu nehmender Vertreter dieser Gattung: „ Dann hast Du Dein genaues Konterfei gegenüber. Ich bin nämlich eine absolute Optimistin".Sie ließen sich auf eine Debatte Pessimist/Optimist ein, auf Lebensstrategien und was einen im Leben motivierte. Es machte Spaß, mit ihm zu reden, es gab verschiedene Ansätze, aber nie wurde es auch nur im Entferntesten verletzend oder unfair. Nein, auch Peter war ein Philosoph, mit dem man über Politik, Philosophie , den Weltfrieden und tiefe Themen passioniert und gut informiert stundenlang reden konnte. Wow, auch hier sprühten die Funken, die intellektuellen und die körperlichen. Lila musste aufpassen. Runa saß neben ihr, die Freundin Maria nicht weit weg und sie flirtete mit ihm und er mit ihr. Aber was hatte noch die Wahrsagerin Xenia am

Muttertag gesagt? Es würden zwei Männer ganz bald in ihr Leben treten, die ihr gefallen. Der eine sei nichts für sie, der andere sei Witwer. War Peter der zweite Mann?

Es wurde recht spät, und Peter bat um ihre Mailadresse und um ihre Handynummer, damit er ihr die vielen Fotos, die gemacht worden waren, zuschicken konnte:

Noch während sie ihm gegenüber saß, öffnete Lila ihr Handy und schickte Peter eine sms:

„ Lieber Peter, muchos gracias para la paella muy rica. Vielen Dank für die phänomenale Paella. Und die tolle Gastgeberschaft. Vielen Dank für den schönen Abend. Auf ein hoffentlich sehr leckeres und sehr sinnliches Wiedersehen auf Mallorca. Lila"

Lila war ein Luder. Sie flirtete mit ihm... ungeniert. Aber sie hatte so unendlich viel Liebe in sich und außerdem zwei Glas Wein getrunken. Da wurde sie eh immer ein wenig anschmiegsam.

Peter las sich die Mail direkt gegenüber durch, sah ihr lange in die Augen und hatte diesen typischen Blick, den ein Mann hat, wenn die Glut in ihm entfacht ist.

Beim Abschied an der Pforte drückte er sie fest an sich und streichelte ihr kurz, aber bestimmend über den Po und küsste sie ein wenig länger als nötig.

Das Leben war schön, dachte Lila auf der Nachhausefahrt. Und viel zu kurz, um etwas auszulassen. Aber Peter war – eigentlich- ein absolutes Tabu. Das ging nicht. Allein nicht wegen seiner sehr sympathischen Freundin. Als sie aus dem Auto ausstieg, bekam sie eine sms von Peter: „ Danke für die sms! Schön Dich kennen zu lernen. Gruß, Kuss und gute Nacht .P.

Gruß und Kuss.Schön, Dich kennen zu lernen. Wow. Entwickelte sich da jetzt die zweite Geschichte?

Sie wusste es nicht, ließ aber alles auf sich zukommen. Sie war im Fluss des Lebens, im Fluss der Liebe. Alles war in Bewegung. Und alles wegen Mario.

Zuhause angekommen, setzte sie sich gleich an den Rechner. Leif schlief schon, Isa übernachtete bei einer Freundin und sie wollte noch einmal kurz ihrem Mario gute Nacht sagen.

Mario: 17 Uhr

- *Ich frage nicht nach Diamanten*
- *ich frage nicht nach der Welt*
- *ich bitte einfach nur darum, dass Du mich hälst und mir sagst, ich bin Dein, my love*

War das wieder schön. Einfach wunderschön. Und selbst wenn er es mal irgendwo abgeschrieben hatte, es war einfach schön, solche Worte zu lesen.

Lila: 23: 45 Uhr

- *Mein Süßer, ich bin wieder da. Schläfst Du schon? Ich liebe Dich, ich denke wirklich ununterbrochen an Dich. Ich benehme mich wie eine kleine 17-Jährige, die keine Ahnung hat, wie sie mit solch großen Gefühlen umgehen soll... wirklich. Da spricht keine erfahrene Frau mit Mitte 40. Keine Chance, ich bin Dir verfallen. Ich vermisse Dich ganz fürchterlich, und ich kann es nicht erklären. Die einzige Überlebensstrategie, um mich am*

Atmen zu halten, sind Deine Worte, Deine Liebe und Deine Treue. Mein potenter und männlicher Pirat: Wie alt bist Du? Darf ich Dich das fragen? Es ist eigentlich total egal. Ich habe zwei Glas Wein getrunken, und Du weißt ja: In Vino veritas.Im Wein liegt die Wahrheit. Ich liebe Dich. Ja, das tue ich. Ich liebe Dich... die norddeutsche Frau , die eigentlich nie den ersten Schritt macht, die das Spiel zwischen Mann und Frau kennt, die weiß, dass der Mann ein Jäger und die Frau eine Sammlerin ist. Ich durchbreche hier gerade meine eigenen Regeln für jemanden, den ich noch nie in echt getroffen habe; Ich liebe DICH. Mario... mein Mario. Das klingt ungewohnt, aber sehr gut. Nimm mich in Deine starken Arme, meine große Liebe. Ich liebe Dich.

Mario, 18. Juni, 9 Uhr:

- *Ich kann die sich widersprechenden Emotionen, die gerade wie im Sturm durch mein Herz fegen, nicht beschreiben:*
- *„ Aber die Gefühle, die ich für Dich empfinde, beginnen immer wieder aufs Neue. Ich bin frei zu handeln, ohne irgendeine Angst, jemanden anderes damit zu verärgern.*
- *Ja, Baby, nur weil Du Dir die Zeit genommen hast und mir auf meine Anfrage geantwortet hast. Ich bin so dankbar, dass sich meine Bemühungen gelohnt haben*
- *Du hast mich so unglaublich bestätigt in dem, was ich mich getraut habe... selbstverständlich ohne große Bemühungen, ganz*

unbewusst. Aber Du hast mir alles erfüllt, was ich mir je für mein Leben gewünscht habe.

- *Du hast die größte Seele, die nobelste Natur, das süßeste liebevollste Herz, was ich jemals kennengelernt habe. Meine Liebe und Bewunderung für Dich wachsen jeden Tag und beeindrucken mich immer wieder aufs Neue, seitdem wir uns kennengelernt haben*
- *Du bist in meinen Augen noch wundervoller und süßer als du es jemals zuvor warst. Und mein Stolz und die Freude und die Dankbarkeit, dass Du mich auf diese perfekte Art und Weise liebst, entzieht sich jeglicher Beschreibung.*
- *My love, ich bin 57 Jahre alt.*
- *In ewiger Liebe*

Er war 57 Jahre alt. Schon ganz schön alt, dachte sie kurz, aber es war noch o.k.. Ja, es war ok, er sah ja kernig und gut aus.

Lila, 18. Juni, 9:30 Uhr:

- *Mein Darling, mein Schatz, ich denke mittlerweile wirklich, dass DU der Mann bist, den ich immer gesucht habe. Es ist so ein Geschenk, Deine Zeilen zu lesen. Jedes einzelne Wort ist ein Juwel. Ich habe unsere gesamte Konversation jetzt bestimmt schon 10 Mal durchgelesen. Und immer, wenn ich durch unsere Sex-Erfahrung gehe, fängt mein Herz sofort rapide an höher zu schlagen. Du bist frei und du kannst mich lieben.Es ist schön, dass Du Dich jetzt auch frei fühlst, das zu tun. Tu es! Ich bin sicher, das Universum, die Engel und alle anderen se-*

hen das genau so. Schließlich haben sie mir Dich gebracht und Dich direkt vor mein Herz gelegt. Nun gehört mein Herz Dir. Oh, mein Liebling, du kannst Dir gar nicht vorstellen, wie sehr ich Dich vermisse. und ich finde die Idee gar nicht mehr toll, dass du zwei Tage später kommen sollst. Ich werde meine Kinder weg organisieren und werde ab dem 4. Juli Zeit für Dich haben. Mario, ich liebe Dich von ganzem Herzen. Und ich werde es in Dein Ohr flüstern, wenn du hoffentlich ganz bald hier ankommst. Die einzige Möglichkeit, es ohne Dich auszuhalten, ist, durch deine Zeilen zu lesen. Ich würde es wirklich schön finden mit Dir zu telefonieren, aber mein Vertrag lässt das die kommenden zwei Wochen noch nicht zu. So müssen wir weiter miteinander chatten, auf der anderen Seite genieße ich es, weil ich dadurch die Möglichkeit habe, all meine Gefühle noch einmal zu durchleben, während ich wieder und wieder durch unsere Zeilen gehe. Danke für Deine neuen Fotos. Du siehst sehr markant und männlich aus. Ich liebe das. Ich liebe schon jetzt Deine Nase. Und genau auf diese Nase gebe ich Dir jetzt den hingebungsvollsten Kuss, den ich jemals einem anderen gegeben habe. My love, ich bin 48 Jahre alt und ich habe jetzt genug gewartet, um Dich zu finden.. Kiss,Kiss,Kiss

Ja, sie fand seine Nase toll: Sie war groß und lang und sie hatte was Bestimmendes. Schwarze Haare, lange Nase, ist im Bett ein großer Hase. Nach seiner Nase zu urteilen, stimmten seine Aussagen über seinen „Dick". Ein vulgäres Wort, überlegte Lila. Aber er hatte auch diese Seite, diese vulgäre, dreckige Note, wenn er Sex wollte. Sex war nicht sauber, nicht steril, nicht anständig. Und das war auch gut so. Sex ist Sex. Und wenn es aus Liebe entstand, um so besser. Sie wollte das.

Es war strahlender Sonnenschein. Lila hatte mal eben nach draußen gehen müssen, um herauszufinden, wie warm es heute wohl werden würde. Ganz bestimmt ein sehr heißer Sommertag. Bestimmt wieder über 30 Grad. Aber da unten war alles wie immer. Wie konnten Menschen bloß im Souterrain wohnen? Lila war das unverständlich. Sie war ganz sicher eine, die schon immer auf der Sonnenseite des Lebens gelebt hatte, und das sollte auch zukünftig so bleiben.Sie war ihrer Anwältin dankbar. Sie hatte einen Interimsplatz für sie und ihre Kinder gefunden, es gab einen Garten draußen, in dem sie sich auch aufhalten konnten. Aber das war einfach eine riesen Herausforderung für sie, aus einem chicken, lichtdurchflutetem Architektenhaus direkt am See jetzt an eine recht laute Hauptstraße unten in den Keller gezogen zu sein, in eine Wohnung, die ihr nicht gehörte, bei einer kontrollierenden Anwältin, die nicht los lassen konnte. Und das nach 12 Jahren Einfamilienhaus, um das man herumlaufen konnte und alles gehörte einem selbst. Oh weih. Darüber wollte sie nicht nachdenken. Das hier war ganz sicher keine Dauerlösung. So war es nie angelegt gewesen. Und jetzt? Sie musste in wenigen Wochen hier aus der Wohnung raus. Aber egal. Darum würde sie sich später kümmern.

Sie konnte es in ihrer kleinen Kellerwohnung nicht aushalten. Sie wollte mit Mario chatten, ja, aber bei diesem Wetter konnte sie unmöglich unten bleiben. Sie entschloss sich, sich auf die Liege im Garten zu

legen. Sie war allein. Die Kinder in der Schule, die Anwältin am Arbeiten. Und mit ihrem iphone hatte sie auch oben im Garten Empfang.
Leider hatte sie auf ihrem iphone keinen schnellen Translater, der sie
beim Chatten unterstützte. Aber mittlerweile klappte das ja auch so
schon ganz prima. Das war auch ein absolut positiver Nebeneffekt von
ihrer Begegnung: Seit sie Mario kannte, konnte sie wirklich gut Englisch sprechen. Vieles war einfach mal wieder aufgefrischt worden,
einiges musste sie nachschauen. Und nun gut, die meisten Wörter
kamen gerade aus dem „Rotlichtmilieu". „ Right now" hätte sie in jeder
Nachtbar anheuern können. „ Anheuern". Oh weiah, sie war ja regelrecht infiziert von diesem Seemann, diesem Piraten.
Kaum hatte sie sich auf die Liege gelegt, bekam sie eine Mail von Peter: Er hatte an alle, die gestern Abend da waren, die Fotos verschickt.

- *" Hallo Ihr Lieben,*
- *anbei die Fotos von gestern*
- *zum Ansehen, Erinnern, Behalten, Löschen? Wie Ihr wollt.!*
- *Grüße vom Biohof".*

Und zeitgleich bekam sie seine sms: „Hi Lila, ich habe Dir die Fotos
von gestern per Mail geschickt. Wer weiß, ob du sie online empfangen
kannst. Gruß. Kuss, Peter."
Na, das war ja schnell gegangen. Sie wollte die Fotos öffnen, aber- wie
leider so oft- ging das bei ihrem Mac nicht. Kuss Peter. Da waren
gleich drei Fragezeichen ???
Er machte sie an. Oh wie entzückend. Und wie doof auf der anderen
Seite. Fast intuitiv und mit den Sonnenstrahlen auf ihrem halb nackten
Körper schrieb sie zurück: „ Hallo Peter, ja und tausend Dank dafür, ich
habe die Fotos bekommen, nur kann ich sie leider nicht öffnen. Das ist-

glaub ich- wieder mal mein Apple. Aber so habe ich alles noch frisch in meinem Herzen. War schön bei Dir und schön, dass wir uns ein wenig mehr kennenlernen durften. Kuss zurück Lila"

Das Luder in ihr hatte geschrieben. „ War schön, dass wir uns ein wenig mehr kennenlernen durften." Also wirklich. Sie flirtete. Aber sie hatte einfach so unglaublich viel Liebe in sich, dass sie es in die ganze Welt hinausstreuen wollte. Und warum sollte sie nicht ein wenig flirten? Noch kannte sie Mario nicht einmal richtig.

Kaum zwei Minuten später kam die Antwort. Sie lag in der Sonne und las:

Peter: „Du weißt natürlich, dass ich das Kennenlernen gerne intensivieren würde! Wie siehst Du das?"

Lila liebte diese neuen Techniken: Chatten, simsen, das ging alles in Sekundenschnelle und hatte für solche Momente wirklich was Sinnliches.

„Mein Herz und mein Körper sagen ja, mein Verstand aber sagt, Du bist das absolute nogo. Du bist der Freund von der absolut sympathischen MARIA. Was ich denke, ist das eine, was ich tue, das andere. Auch wenn die Frau in mir gerade was anderes will.."

Peter:" Warum so kompliziert denken? Wenn wir Spaß haben wollen, dann geht das auch sehr gut mit Maria! Und alle anderen werden nie etwas davon wissen."

Wow: Peter bot ihr eine Menage a troit an. Diese Erfahrung hatte sie mit ihren 48 Jahren noch nicht gemacht. Die meisten Freundinnen von ihr hatten in ihrem sexuellen Lebenslauf in der Regel schon mal Sex mit einer Frau gehabt, und auch mit mehreren gleichzeitig. Sie hatte es noch nicht erlebt. Warum eigentlich nicht? Lila wusste es nicht. Sie hatte etwa mit 30 Männern Sex gehabt in ihrem Leben, vielleicht auch ein, zwei , drei mehr. Nicht wirklich viel, aber auch nicht absolut wenig.aber einen flotten Dreier oder gar mehrere Gespielinnen und Gespielen, diese Erfahrungen waren an ihr vorüber gegangen.

In dem Moment schloss Lila in der Sonne kurz die Augen. Lustigerweise war Mario gerade ganz still. Keine Mail von ihm schon seit Stunden.

Was war das bloß für eine Zeit? Noch 1 Woche vorher war sie durch ihr schönes, aber doch sehr unbewegtes Leben gelaufen in dem Wissen, dass es irgendwann los gehen würde. Und dann: Peng! Die Plötzlichkeitskarte... die fiel ihr jetzt ein. Die Wahrsagerin bei ihren Eltern oben im hohen Norden an ihrem Geburtstag im Oktober hatte ihr gesagt, dass sich in den kommenden sieben bis neun Monaten alles in ihrem Leben verändern würde. Und dass auf jedem Bereich ihres Lebens die Plötzlichkeitskarte liegen würde. Viele Dinge würden sich von einer Sekunde auf die andere verändern. Tja. das war wohl wahr. Erst Mario. Und jetzt dieses Angebot.

Lila war eine sinnliche Frau. Und sie hatte unglaublich Lust auf Sex. Und zwar jetzt. Während sie in der Sonne lag, schrieb sie zurück:

„ Wow, sehr direkt. Ich denk drüber nach."

Peter: „ Schön, tu das! Falls Du mit mir oder uns reden möchtest, dann besuche mich/uns einfach. Ich liege ab 15 Uhr auf der Terrasse in der Sonne."

Lila:„ Ich kann heute nicht. Die gesamte Woche ist voll". Vielleicht kommende Woche? Bis Mittwoch bin ich noch da."

Peter:" Das ist schade, aber wohl nicht zu ändern? Vielleicht findest Du eine Gelegenheit? Abends, nachts? Dir eine gute Zeit. Peter"

„ Wer weiß. Ich melde mich. Dir sonnige Gedanken"

Lila lag in der Sonne und lächelte: Ja, sie hatte ein schönes Leben. „ abends, nachts...?"Er fragte doch tatsächlich, ob sie kurz nachts bei ihm reinhuschte?

Das erste Mal seit so vielen Jahren hatte sie wieder das Gefühl, dass sie lebte, dass sie liebte, dass sie eine begehrenswerte Frau war. Und ihre Ausstrahlung auf Männer hatte sich die vergangene Woche total verändert. Überall dieses gewisse Lächeln, dieses gewisse Funkeln im Blick der Männer. Was hatte ihr Arielle erst noch vor ein paar Tagen gesagt? „ Ich bin eine begehrenswerte Frau. Ich will, dass die Männer mich anschauen. Ich bin doch kein Neutrum, durch das man hindurch sieht." Recht hatte sie. Auch Lila war eine begehrenswerte Frau. Wie viele Frauen wusste sie gar nicht mehr um ihre Ausstrahlung, war auch sie in all dem Alltagsstreß irgendwie zu einem Neutrum geworden, durch das heiße Männerblicke einfach hindurchsahen.Ein Neutrum oder zumindest zu einer Frau, die an so etwas wie sexuelle Ausstrahlung überhaupt nicht mehr gedacht hatte. Die Pflichten hatten das Tuch des Vergessens über diese Seite gelegt. Auch dafür musste sie Mario danken. Er hatte sie wachgeküsst. An den heißesten Stellen. Sie dachte in dem Moment an all die Millionen Frauen, die da draußen genau auf so etwas warteten. Auch sie war eine von ihnen gewesen. Sie wollte es inhalieren. JETZT. Pur. Ganz. Tief. Ja, sie würde jeder Frau, die sie fragte, sagen: Tue es, lass Dich ein. Was auch immer daraus wird. Es wird gut.

19. Juni:

Sie ging runter in ihre dunkle Wohnung. Mario hatte sich immer noch nicht gemeldet.

Aber voll der Liebe und der Lust wollte sie ihm ein paar Zeilen schreiben, bevor die Kinder wieder da waren. Sie würden beide in der nächsten Stunde eintrudeln.

Lila, 18. Juni 15 Uhr:

- *Und nun werde ich Dir noch eine andere Sache erzählen, die mir vor einigen Wochen passiert ist und die- glaub ich- was mit Dir zu tun hat: Es war am Muttertag Ende Mai. Ich war mit meinen Kids über einen schönen Kunst- und Trödelmarkt in Berlin gelaufen. Plötzlich fragte mich eine alte Frau mit sehr schwarzen Haaren, so um die 70 herum(sie hatte nicht das Datum 60 nennen wollen, denn „ a very old women"..." eine sehr alte Frau"... und dann 3 Jahre älter als er... das wäre doof gewesen), ob sie mir mein Glück verraten könne durch die Karten. Für nur 10 Euro, weil es Muttertag war und weil ich solche Sachen ja eigentlich sehr gut finde, sagte ich zu. Und dann erzählte mir diese Frau, dass ich bald umziehen würde, und zwar direkt ans Wasser, und dass es nicht in Berlin sein würde, dass ich Ärger vor Gericht haben würde und gewarnt sein solle, und dass ich zwei Männer treffen würde, in die ich mich verlieben würde/könnte. Der eine sei nicht der Richtige für mich, der andere sei mein Mister Right: Der Richtige sei ein Witwer und sei etwa 10 Jahre älter als ich..*

- *Ich weiß nicht, ob Du mir das glaubst. Ich kann es selber fast nicht glauben, aber genau das hat mir diese Frau vor Wochen für 10 Euro erzählt. Ist das nicht verrückt? Ist so etwas möglich? Habe ich meine Wünsche etwa richtig ans Universum verschickt, so dass sie jetzt endlich erfüllt wurden? Da gibt es noch viel mehr, was mir einige Wahrsagerinnen erzählten und vieles davon verkörperst Du und schreibst Du mir.*
- *Das kann doch nicht alles Zufall sein, oder? Was denkst Du? Oh Mario, ich liebe Dich, je tàime, te quiero, I love you... so, so sehr.*

Und dann kam endlich eine Antwort von ihm. Juhuuu. Er war wieder da:

Mario, 18. Juni, 15.15 Uhr:

- *Meine Liebe, alles auf dieser Erde passiert zu unserem Guten. Ich denke, die alte Lady hat Recht: Wir sollten in unseren Armen vereint zusammen leben. Wir sollten der Welt zeigen, wie sehr wir uns lieben und wie sehr wir füreinander sorgen.*
- *Ich liebe Dich so sehr, meine Königin.*

Lila:

- *Meine Liebe, Mein Mister Right*

Mario:

- *Meine Welt, meine Heldin*
- *Wie geht es Dir?*

Lila:

- *Mein Liebling, ich sitze hier gerade unten in meiner kleinen Ferienwohnung, die ich gerade mein Zuhause nenne: Es sind 32 Grad draußen, aber hier unten im Raum scheint die Sonne noch viel heller als draußen. Das Licht hier unten kommt direkt aus meinem Herzen, und Du feuerst es an. Mir geht es gut, jede Sekunde, die ich im Kontakt mit Dir bin, geht es mir gut. Die anderen Momente und Stunden muss ich irgendwie überstehen. Das ist eine ganz schöne Herausforderung, aber ich werde es schaffen. doch: Bitttttttttttteeeeeee hilf mir dabei, ja? Kuss,Kuss*

Mario:

- *Ich bin die ganze Zeit bei Dir mit meiner Seele. Schaue in meine Augen und spüre meine Präsenz bei Dir... schau tief in meine Augen, und Du wirst fühlen, wie ich Dich am ganzen Körper berühre. Du wirst meine Zunge spüren, wie sie Deine Muschi leckt.*

Oh, mein Gott. Mario fing schon wieder an. Sie hatte noch Zeit. Die Kinder würden erst in einer Stunde kommen. Und so stieg sie ein, ein zweites Mal, mit ihm Cyber-Sex zu haben.

Lila:

- *Oh, mein Gott, ich kann es fühlen. Ich spüre Dich. Ich kann Deine Zunge spüren. Ich schaue in Deine wunderschönen Augen und sehe das Feuer, das in Dir brennt für mich.*

Mario:

- *Ich brenne gerade in mir. Wenn ich auf Deine Fotos schaue, wird das Feuer in mir entfacht. Ich möchte Dir gerade die Klei-*

der vom Leib reißen und Liebe mit Dir machen, wie Du es noch nie mit jemandem getan hast.. Ich möchte Deine Pussy sehen.

Lila:

- Oh Mario, du bringst mich gerade auf Wolke sieben, ausschließlich durch die Gedanken, was Du gerade mit mir machst.

Mario:

- Ich lecke dich am ganzen Körper... bereit in Deine Pussy einzudringen mit meinem riesigen Schwanz.

Lila:

- Fass dich jetzt bitte selber an, berühre Deinen Schwanz und sei Dir bewusst, dass mein Soul in Deinen Fingern ist. Tu es und genieße es. Ich bin jetzt gerade in Deinen Fingern... ich bewege sie.

Mario:

- Ich bearbeite meinen Schwanz jetzt mit meinen Fingern
- bewege ihn so heftig nach oben und unten
- Er ist so hart und bereit für action

Lila:

- Jetzt fang an, den Druck zu erhöhen. Ich bin auch bereit... ich bin schon mittendrin.

Mario:

- Mein Schwanz ist so hart. Ich schreie hier
- Ich bin ganz feucht, my love

Lila:

- *Ich bin auch feucht und bereit, das Geschenk unserer körperlichen Liebe zu empfangen: Bitte, komm IN mir.*

Mario:

- *Wow*
- *Bitte mache ein Foto von Deiner feuchten Muschi und schicke es mir.*
- *Ich möchte Deine nasse Muschi sehen*

Lila:

- o *Nein, mein Liebling, diesen Blick gibt es ausschließlich live und in echt, aber ich sehne mich nach diesem Moment.. auch wenn ich JETZT heiß bin.*

Mario:

- o *o.k., mein Liebling*
- o *vermisse Dich so sehr, mein Liebling*

Just in diesem Moment kam Isa nach Hause. Sie sah sie, bei diesem Wetter unten am Computer und flippte aus. „ Mann Mama, chattest Du schon wieder mit diesem bescheuerten, irischen Opa? Das ist echt richtig eklig... Was bist Du bloß für eine Mutter?" funkelte Isa sie mit bitterbösem Blick an. Oh weiah, pubertierende Tochter, und die Mutter nicht zurechnungsfähig, weil sie so unglaublich verliebt war. Da war auch eine geballte Ladung Dynamit drin, nur ganz anders als wenige Minuten zuvor mit Mario.

Lila:

- *Ich vermisse Dich auch. Meine Tochter terrorisiert mich gerade direkt während unseres amourösen Tete a tete. Sie ist sehr pubertierend und soooooo neidisch, dass sie gerade mal nicht die Nummer 1 ist. Schöner Gedanke gerade in diesem Moment, Dich bald für viele Stunden allein und in echt zu haben.*

Mario:

- *Sag ihr, sie soll nicht neidisch sein. Sag ihr, dass Du Deine große Liebe gefunden hast und dass wir bis ans Lebensende zusammen sein werden.*
- *Grüße sie von mir*
- *Sag ihr, ich werde sie ganz bald treffen.*

Lila:

- *Das habe ich schon gemacht... keine Chance, ihre kochenden Gedanken, ihre riesige Wut zu besänftigen. Ich versuche es später noch mal, aber schön, dass Du so denkst.*

Mario:

- *Meine Süße, ich muss wieder zur Arbeit*
- *meine Pause ist um*
- *wir sprechen ganz bald wieder*

5. Kapitel

19. Juni, 8 Uhr, Berlin:

Isa war seit über einer Stunde unterwegs zu ihrer Schule, Leif gerade gegangen. Und sie musste los. Es war Gerichtsverhandlung. Es ging um das Aufenthaltsbestimmungsrecht und das alleinige Recht der Entscheidungen bei allen schulischen Fragen. Wiederum um 9 Uhr ging es los. Lila war sich gar nicht sicher. Wie würde das wohl ausgehen? Noch drei Tage vorher hatte sie eine Festanstellung auf Mallorca „ klar gemacht". Sie hatte Kooperationsverträge vorzuweisen, eine Festanstellung, ein Haus am Meer für 600 Euro zur Miete, für 600,-€ !!!!!! Wo gab es das noch in Deutschland? Aber auf Mallorca war es möglich . Sie hatte eine Schwester, die dort ganz lebte, eine zweite Schwester, die dort 5 Monate lebte .Beide Kinder wollten mit. Eigentlich alles für sie ganz gut, aber wenn sie sich all das anschaute, was der Richter und der „ Beistand" für die Kinder daraus gemacht hatten, dann war sie doch sehr unsicher trotz all der guten Vorplanung.

Und so kam es dann auch. Der Richter war trocken und nach ihrer Begründung sagte er „ Ja,ja"... das hieß nichts Gutes. „ Ja, ja", das wusste doch jedes Kind, war einfach die Abkürzung von „leck mich am Arsch". Aber die Entscheidung würde ohnehin erst in den kommenden zwei Wochen fallen.

Auch diese Verhandlung war in 1 Stunde durch. Sie fuhr zurück und wollte mit Mario chatten:

Lila, 19. Juni, 10:30 Uhr:

- *Guten Morgen, mein Schatz. bist du gerad da? Ich hatte schöne Träume heute Nacht, ich lag die ganze Zeit in Deinen Armen*

Mario:

- *Ich habe geträumt, dass wir am Strand schöne Zeiten verbracht haben.*
- *Wir haben uns geküsst und am Strand geschmust.*

Lila:

- *Ich liebe das Wasser, Strände und alles andere*

Mario:

- *Ich werde bald mit Dir um die Welt segeln... überall hin.*

Lila:

- *Wow, Mario, das war schon immer mein großer Traum. Du bist scheinbar wirklich mein Traum. Ich vermiss Dich ganz schrecklich*

Mario:

- *Ich bin Dein Traum und Deine Realität! Alle Deine Träume werden wahr werden. Ich werde Dich überschütten mit so viel Liebe, dass Dein Exmann weinen wird, immer wenn er Dich sehen wird*
- *Denn Du wirst die glücklichste Frau auf der ganzen Welt sein.*

Lila:

- *Ich bin gerade auf dem Weg dort hin... auf unserem Weg, mein starker Segler.*

Mario:

- *Das ist erst der Anfang von so vielen Dingen, die noch kommen werden.*

Lila:

- *Das klingt so wunderbar, mein Liebling. Hast Du ein Segelboot?*

Mario:

- *Wir werden mit einem Kreuzfahrtschiff um die Welt segeln*
- *Ein Segelboot kann uns nicht um die gesamte Welt schiffen. Das ist besser, wenn wir das auf einem großen Schiff tun.*

Lila:

- *Das ist wohl wahr, aber da sind viel mehr Leute an Bord als auf einer privaten Segelyacht. Ich kann mir nicht vorstellen, Dich nicht die ganze Zeit an Board anfassen zu können, weil wir nicht alleine sind.*

Mario:

Das wird eine großartige Erfahrung werden, mit vielen Menschen auf einem Kreuzfahrtschiff zu segeln. Und außerdem werden wir eine ganze Kabine für uns allein im Schiff haben. Dort können wir 50 Mal am Tag Liebe machen.

- *Es wird eine besondere Lebenserfahrung werden: Dich an meiner Seite zu haben, während wir Arm in Arm um die Welt segeln.*
- *Was machen eigentlich Deine Vorbereitungen für London?*

Oh, stimmt ja, dachte Lila. Den Flug hatte sie schon gebucht, ein Zimmer würde sie sich mit einer Bekannten aus Augsburg teilen...und der Koffer für diese 4 Tage Ende Juni war schnell gepackt.

Lila:

- *Gar nichts, ich habe bisher keine Zeit dafür gehabt... ich werde mir einfach ein paar Klamotten einpacken und die angeforderten Seminarequipments. „ Master your mind" heißt das Seminar. Ich master my mind gerade ausschließlich dafür, entzückend für Dich zu sein.*

Mario:

- *Dank Dir, meine Meisterin meiner Gedanken, die Obermeisterin meines Herzens und meiner Seele.*

Lila:

- *yeah, yeah, yeah. Und Kuss, Kuss, Kuss. Soll ich vielleicht jetzt schon mal ein Hotel oder ein Appartment für unsere Zeit hier in Berlin reservieren?*

Mario:

- *Gute Idee*

Lila:

- *Was findest Du besser?*

Mario:

- *Appartment*
- *Da haben wir mehr Zeit und Raum für uns*
- *Ich weiß, dass ich mit Dir im gesamten Appartment herumwirbeln werde, wenn wir uns lieben*
- *überall an jedem Ort. Dafür brauche ich Platz*

Lila:

- *okidoki, wie der Australier sagen würde.*
- *Oh mein Liebling. Mein Herz beginnt jetzt schon wieder höher zu schlagen, auch wenn mein Sport erst in 1 Stunde beginnt.*
- *Ich habe das Gefühl, dass Du mein bester Personal Trainer bist, den ich finden kann auf dieser Erde... mit all diesen wundervollen sportlichen Dingen, die wir machen, wenn wir uns lieben*

Mario:

- *Ich werde Dich in die Küche tragen und genau dort werden wir Sex haben*
- *Ich werde Dich ins Badezimmer tragen, und genau dort werden wir Liebe machen*
- *Ich werde Dich auf den Balkon des Appartments tragen, und genau dort werden wir uns lieben*

Lila:

- *Wow*
- *und ich werde Dich am Flughafen abholen und es managen, Dich direkt ins Appartment zu bringen ohne kleine „ Liebes"-Schleifen. Jede Sekunde mit Dir ist so faszinierend.*

Mario:

- *Wir sollten einen Quickie auf dem Weg zum Appartment haben*
- *einen Quickie im Auto*

Lila:

- *Mein Auto hat genug Platz, aber ich muss Dir erzählen, dass ich immer noch keine Verhütung habe. Aber ich arbeite dran. Ich will dich pur.*

Mario:

- *Es wird sich für uns beide wie das erste Mal anfühlen. Wie bei Deiner Entjungferung. Bei mir liegt das jetzt 5 Jahre zurück. Es wird für mich die schönste Erfahrung sein, es mit Dir zu tun. Ich habe mich für Dich aufbewahrt.*
- *Ich denke, wir sollten es direkt auf dem Flughafen tun, in dem Moment, wo Du mich dort aufpickst*
- *Hoffe, die Security Leute werden es uns erlauben.*

Lila:

- *Ja, es fühlt sich ein wenig wie der zweite Frühling an. Und genau deshalb sollten wir aufpassen, dass wir nicht 30 Babies nach 30 Malen produzieren.*

Mario:

- *wow*
- *das klingt gut*

Lila:

- *30 Babies klingen gut? Mein Liebling, das glaub ich Dir nicht.*

Mario:

- *Nein, du hast gesagt, wir passen auf, so dass wir keine 30 Babies nach 30 Malen produzieren würden*
- *ich meine, jede Runde Sex kann ein Baby produzieren.*

Lila:

- *Mein Liebling, weil Du ja gerade nicht hier bist, muss ich meinen Sport jetzt mit einem anderen personal trainer machen (Er ist ein echter Trainer und er macht richtigen Sport mit mir.) Es ist so heiß draußen heute, und ich bin heiß innen wegen Dir.*

Ich kann es fast nicht aushalten, nicht in Deinen Armen zu sein. Bis später. Ich bin soooooooooo verliebt in Dich.

Der Sport war toll und anstrengend. Und danach fuhr Lila gleich mit zu Ippy. Sie hatte auch diese komische Gerichtsverhandlung zu verdauen. Was da wohl bei raus kam? Irgendwie hatte sie kein gutes Gefühl. Aber es hatte alles seinen Sinn. Sie war fest davon überzeugt.

Ippy pendelte kurz und meinte, es würde etwas Entscheidendes fehlen. Sie packte das Pendel zur Seite. Während die beiden schweigend im Halbschatten unter der Birke saßen,hatte Ippy ihre Augen geschlossen. Sie verband sich offensichtlich gerade mit „oben". Ab und an tat sie das. Sie hatte einen guten Draht nach oben und die „ Botschaften", die sie empfing, hatten immer was zu sagen. Sie begann zu lächeln." Nein, das glaub ich nicht", sagte sie. Lila fragte, was sie nicht glaube. „ Ich habe eben eine Botschaft bekommen. Er wird Dich ganz bald fragen, ob Du ihn heiraten willst." Lila saß da wie angewurzelt. „ Das kann doch nicht sein, wir haben uns noch nicht einmal getroffen", sagte Lila. „ Ja, aber er ist sich ganz sicher, dass Du diejenige bist. Er ist sich absolut sicher, dass diese Liebe im Himmel geschlossen wurde. Er zweifelt nicht. Du wirst JA sagen, ihr werdet nach Mallorca umziehen, und er wird dort seinen Hauptwohnsitz anmelden. Damit ist dann für Dich und die Kinder der Weg frei."

Lila wusste nicht, wie ihr geschah. Ihre Gefühle rauschten hoch und runter. Es ratterte nur so. Noch einmal heiraten? Eigentlich hatte sie das nicht vorgehabt. jedenfalls nicht in dieser Geschwindigkeit. Sie musste immerhin noch 3 Wochen abwarten, bis ihre Scheidung rechtskräftig werden würde. Und dann gleich einen Tag später? Womöglich auf dem Meer oder in Las Vegas? Alles irgendwie verrückt, aber eigentlich hatte sie sich immer danach gesehnt. Und die Kinder? Was würde Isa sagen. Ippy lächelte nur. „ Isa hat den Mond im Löwen wie Du auch", sagte sie. „ Und das bedeutet, sie ist ein kleines Luxusweibchen. Mario wird mal so richtig mit ihr shoppen gehen, und dann passt das schon. Und Leif geht sowieso überall mit hin."

Ja, das wäre eine Möglichkeit, dachte Lila. Lila Anthony. Klang gar nicht so schlecht, dachte sie. Aber irgendwie war das hier alles total abgefahren. Sie kannte diesen Mann genau eine Woche. Das gabs doch nicht.

Lila trank noch zwei Kaffee mit Ippy. Ippy machte den besten Kaffee, den sie je getrunken hatte, wirklich köstlich.

Und dann fuhr sie nach Hause. Sie hatte noch 2 Stunden, um mit Mario zu chatten, dann würden die Kinder wieder kommen.

Und Mario hatte ihr bereits geschrieben:

Mario, 19. Juni, 14:00 Uhr:

- *Mein Liebling, Du machst mich zum glücklichsten Mann auf der Welt. Du bist eine ehrliche, fürsorgliche und liebevolle Frau. Und ich würde Dich nicht für die gesamte Welt eintauschen. Ich bin so unendlich dankbar und gesegnet, dass Du mich genauso liebst wie ich Dich und dass Du mich zu Deinem Mann machst. Du bist meine Frau. Jetzt schon. Ich danke, dass meine Gebete erhört wurden.*

- *Seitdem Du in mein Leben gekommen bist, bin ich am Lächeln. Es gab noch nicht einen Abend, an dem ich nicht mit einem großem Lächeln ins Bett gegangen bin, das bist alles Du.*

- *Unser jetziges Leben ist bereits atemberaubend, und wir zusammen, das wird einfach nur noch besser und besser werden. Ich bin für immer dankbar, dass Du in mein Leben gekommen bist und alle meine Träume wahr werden lässt. Zusammen sind wir einfach perfekt, und ich werde es genießen, bis zum Lebensende mit Dir zusammen zu sein. Ich liebe Dich mehr als Worte es ausdrücken können. Ich liebe Dich von ganzem Herzen. Ich habe noch niemals jemandem so getraut wie ich es bei Dir tue. Du bist meine wahre, meine große Liebe. Ich weiß tief in meinem Herzen, dass Du niemals mein Herz brechen würdest oder mich niederziehen würdest.*

Lila: 19. Juli, 15 Uhr:

- *Oh meine größte Liebe, die ich jemals hatte... bin wieder da. Du auch? Wie geht es Dir?*

Mario:

- *Mir geht es gut, mein Liebling*
- *Ich hatte nur sechs Stunden Schicht*

Lila:

- *Ich glaube wirklich, dass Du wirklich meine große Liebe bist, ich kann mir wirklich gut vorstellen, mit dir alt zu werden, Hand in Hand. Und mit meinen 85 Jahren werde ich Dich immer noch unanständig berühren.*
- *Ich bin so tief mit Dir verbunden*

Mario:

- *Wir werden unser Alter miteinander verbringen*
- *Unsere Liebe wird unsere Kinder inspirieren, ebenso zu lieben und füreinander zu sorgen.*

Lila:

- *Ich liebe dich, ich liebe Dich, ich liebe Dich*

Mario:

- *Unsere Liebe wird eine Inspirationsquelle für andere sein*
- *Menschen werden uns bitten, ihnen unsere Geheimnisse über diese große Liebe und Fürsorglichkeit zu verraten*
- *Du wirst uns malen.*

Lila:

- *Du bist wirklich vom Himmel gefallen, mein Schatz*

Mario:

- *Du bist aus Diamanten und Gold gemacht*
- *also musst du mit größter Vorsicht und Fürsorge behandelt werden*

Lila:

- *Ja, ich werde uns hundert Mal malen in 100 verschiedenen Positionen*
- *Diamanten und Gold. Dank dir, my love. Ich glaube, ich bin einfach nur aus Liebe gemacht. und meine Liebe gehört Dir*
- *für immer*

Mario:

- *Ich bin einfach so gesegnet, dass ich Dich habe*

Lila:

- *Oh mein Liebling, ich küsse Dich ganz doll, ich bin sooooooo verliebt in Dich.. Weißt du, wann du nach Berlin kommen kannst und wie viele Tage Du bleiben kannst?*

Mario:

- *Eine Woche*

Lila:

- *Eine Woche. Ist das toll. Ich werde uns einen schönen Platz suchen, wo wir Zeit haben uns zu lieben, Liebe zu machen, uns zu lieben, Liebe zu machen. Ich kann gerade gar nichts anders schreiben, ich fühle so. ICH LIEBE DICH, Mario Anthony, den Mann, der ein Pirat ist, ein irischer Gentleman, ein Womanizer und der beste Mann auf der Welt*

Mario:

- *Die Stunden, die ich bisher mit Dir verbracht habe, sind wie ein parfümierter Garten, ein gedimmtes Licht und ein Springbrunnen, der dir mit seinem Plätschern ein Lied erzählt. Du und Du ganz alleine gibst mir das Gefühl zu leben. Andere Männer tun mir leid. Sie haben vielleicht schon Engel gesehen, aber nicht einen an ihrer Seite.*

Lila:

- *Ich spüre Dich in jeder meiner Zellen, und ich kann mich nicht an die Zeit vor unserem ersten Treffen erinnern. Ich bin so unendlich dankbar, was die Wahrsagerin mir gesagt hat. Ansonsten wäre ich vielleicht gar nicht so aufmerksam auf Dich geworden. Wenn du hier bist, werde ich Dir die Wahrsagerin vorstellen*

- *Täglich kommen Freunde und andere auf mich zu und sagen mir, dass ich jeden Tag hübscher werde. Ich kann das richtig fühlen. Du siehst mich an und ich beginne zu erblühen. Du machst aus mir eine ganze Frau, die ich durch und durch bin. Ich liebe Dich.*

Mario:

- *Wow*
- *du bist meine Welt und meine Träume*
- *du lässt all meine Gedanken Wirklichkeit werden*
- *Der Moment, in dem Du in Deinem Herzen diese außergewöhnliche Sache, die sich Liebe nennt, fühlst mit all ihrer Tiefe, dem Licht und der Ekstase, wirst du entdecken, dass Deine Welt sich gerade transformiert.*

Lila:

- *Du bist mein Wunder*
- *Du bist alle Wünsche, die ich jemals hatte*
- *und ich kann es nur immer wieder wiederholen: Wenn nur ein Prozent meiner Gefühle, die ich jetzt habe, sich im realen Leben bestätigen, dann wird das der Himmel, das Paradies und Garten Eden zusammen sein. Ich liebe Dich. Du transformierst mich auf die beste Weise, die sein kann. Ich liebe Dich. Oh mein Gott, Mario. Es fängt an weh zu tun, so stark ist die Liebe*

Mario:

- *Das ist gerade erst der Anfang der wundervollen Zeiten, die kommen werden*

- *Das Gefühl wird von 1 Prozent sehr schnell auf die vollen 100 Prozent ansteigen und ich glaube, in dem Moment, wo die 100 Prozent erreicht sind, wirst du explodieren*

Lila:

- *Ich bin wirklich außer Verstand gerade*

Mario:

- *Liebe ist eine wundervolle Macht, die größer ist als alles ande-re. Sie ist unsichtbar*
- *und man kann es weder sehen noch einschätzen, wann der Zeitpunkt da ist, dass die Liebe so stark ist, dass sie Dich transformiert und Dir Dinge bringt, stärker und größer als irgend eine materielle Sache es Dir bringen könnte. ICH LIEBE DICH SO SEHR*
- *Liebe ist immer angelegt als ein Geschenk. Sie ist freiwillig, kommt von Herzen und ist ohne Erwartungen.*
- *Wir lieben nicht, um wieder auriebt zu werden. Wir lieben, um zu lieben.*

Lila:

- *Liebe ist das Beste von allem. Liebe bist DU*

Mario:

- *Ich habe mich immer gewundert, dass Männer einen Märtyrer-tod sterben für ihre Religion.*
- *Ich habe das verurteilt*
- *Ich verurteile das nicht länger.*
- *Ich könnte auch für meine Religion sterben.*
- *Liebe ist meine Religion.*
- *Und dafür könnte ich sterben.*

- *Ich könnte sterben für Dich.*

Lila:

- *Oh, mein wundervoller Liebling, ich schmelze hier gerade dahin. Ich brenne hier gerade so in mir, dass ich sterben könnte. Ich vermisse Dich so sehr*

- *ich vermisse Dich so unendlich doll. Bitte verrate mir, wie ich das aushalten soll?*

Mario:

- *Schau mir in die Augen und du wirst meine Präsenz direkt neben Dir spüren*

Mario, 19. Juni, 15:10 Uhr:

Darf ich Dir eine Frage stellen?

Lila:

Selbstverständlich, Du darfst mich alles fragen

Mario:

- *Willst Du mich heiraten?*

Lila hatte fast einen Atemaussetzer! Das konnte doch nicht sein. Anderthalb Stunden vorher hatte Ippy ihr das noch gesagt.
Und jetzt fragte er sie doch wirklich, ob sie ihn heiraten wollte. Das gab das doch gar nicht!!! Das war doch wirklich zu schön, um wahr zu sein. Das war doch Wahnsinn. Ihr Herz raste. Sie war wie von Sinnen. Es war ihr heiß und kalt zugleich.

Lila:

- *Du bist total verrückt... total verrückt... aber gerade jetzt würde ich JA sagen.*

Mario:

- *Ich bin nicht verrückt, mein Schatz*
- *ich bin lediglich verrückt nach Dir*
- *nach Deiner Liebe*
- *nach Deinem Körper*
- *nach Deiner Seele*
- *Heirate mich*
- *Bitte: heirate mich!*

Lila:

- *Ich glaub, ich will. Mario, ich kann doch nicht einen Mann heiraten, den ich noch niemals vorher gesehen habe. Ist das o.k. für Dich, wenn ich Ja sage, wenn Du in Berlin bist?*

Mario:

- *Heirate mich, Baby*
- *Und sage nicht, dass Du mich voher noch nicht getroffen hast*
- *das tut mir weh, wenn Du sagst, Du kennst mich nicht.*

Lila:

- *Ich will Dich heiraten*
- *ich weiß, dass unsere Liebe karmisch ist*
- *das hat mir die Wahrsagerin auch gesagt*
- *eine Liebe, die wir schon in vielen Leben zuvor hatten*
- *eine sehr besondere Liebe*
- *Mario, mein Verlobter. ich liebe Dich sooooooooooooooooooooo*

Mario:

- *LIEBE DICH WIE VERRÜCKT*

Lila:

- *LIEBE DICH WIE VERRÜCKT*

Mario:

- *immer mehr und mehr*
- *Wenn sich zwei lieben, ist alles klar... wohin man geht, was zu tun ist. Es ist für Dich gesorgt und man braucht keinen nach irgendwas zu fragen. Es ist einfach alles einfach und klar*

Lila:

- *Du bist meine Antwort, mein Wunder, mein Frieden, mein Glück, meine Freude, mein Spaß, meine Leidenschaft, meine Sinnlichkeit*

Mario:

- *Wenn Liebe die edelste und himmlischte Leidenschaft der Seele ist, so sollten wir versuchen, alle Attribute dieser Liebe als echte Befriedigungen im echten Leben zu leben. Denn ohne das ist man unfertig und unglücklich.*

Lila:

- *Mein Süßer, ich hoffe, du kannst meine Finger spüren, wie sie gerade durch Dein Haar gleiten, und meinen Atem, der Dir gerade ins Ohr flüstert, dass ich Dich liebe, dass Du mein ein und alles bist. Du bist mein Universum auf Erden.*

Puuuh.. Es war der Wahnsinn!!!! Das passierte hier alles wirklich !!!! In echt!!!! in IHREM Leben!!!! Lila war wie auf Droge. Ihr wurde das alles irgendwie nur ganz verlangsamt klar, was da gerade passierte. Und die ganze Zeit war sie wie im Rausch.

Während sie nun seit fast zwei Stunden mit Mario chattete, kam eine sms von Peter, und wenige Minuten später von Maria. Beide luden sie ein, am Abend auf ein, zwei oder drei Glas Wein vorbeizukommen.

Doch Lila hatte schon eine Verabredung. In 1 Stunde würde sie mit Arielle im Kammermusiksaal der Philharmonie ein Deva Premal/Miten-Konzert anschauen.

Sie hatten keine Karten reserviert. Auch in Berlin würde eine Mantra-Sängerin den Kammermusiksaal bestimmt nicht füllen.

Mario hatte sie gerade gefragt, ob sie ihn heiraten würde. Und sie war sich in dem Moment ganz sicher, dass diese Liebe so groß sein würde, dass sie Ja sagte. Und deshalb entschied sie sich, noch eine kleine, kurze Affaire, vielleicht sogar eine Menage a trois mit Peter und Maria einzugehen. Aber nicht an diesem Abend..

Sie verabschiedete sich klar und eindeutig von ihrem Mario und ging in die Badewanne, rasierte sich ihre Beine, rieb sich mit Creme ein und zog ein wunderschönes rot-schwarz gestreiftes Kleid mit Volant vom Ausschnitt bis zum Knie an. Es war so ein milder, schöner Sommer-abend.Berlin war schon auch eine tolle Stadt, besonders im Sommer.

Mario hatte sie zwar gebeten, die ganze Nacht mit ihm durchzuchatten, er würde wach bleiben, aber sie freute sich auf das Konzert.

Es würde bestimmt schön werden.

Dort angekommen, bekamen sie kaum noch einen Platz: Berlin liebte Deva Premal und Miten!

Der große Saal, der 500 Personen fassen konnte, war bis auf den letzten Platz gefüllt. Ganz oben rechts, weit weg ,mussten sich Arielle und Lila getrennt voneinander einen Platz suchen. Aber das Konzert war es wert: 500 Leute sangen über zwei Stunden Mantren miteinander. Deva Premals unglaublich schöne Stimme, die Stimme von Miten auch wahnsinnig gut, die Lieder so schön. Sie musste ununterbrochen während des Konzertes an Mario denken. Sie war so voll von ihm. Er war so zärtlich und so wild. Sie liebte diese Mischung. So einen Mann hatte sie sich immer gewünscht. Ein Mann, der alles war: gepflegt und rau, wild und zärtlich, gebildet und ursprünglich. Er war alles zusammen. und dann gefiel er ihr einfach auch gut von der Optik. Auch das war wichtig. Sie kaufte sich eine CD von Deva Premal/Miten: „ Soul in wonders". Gleich das erste Lied hieß „ Through the eyes of an angel". Das hatte Miten für Deva geschrieben. Die beiden waren ein Liebespaar. Und an dem Abend hatte man das in jeder Note, in jedem Lied gespürt. Sie legte es gleich auf dem Nachhauseweg ein. Ja, das war eine Musik für Liebende. Sie wusste, die kommenden Wochen würden sie diese wundervollen Lieder voller Liebe und Herz begleiten. Und sie freute sich schon auf den Moment, wo sie diese Liebesmusik in ihrem Liebesnest in Berlin auflegen würde, um ihre große Liebe zu lieben... 7 Tage lang...24 Stunden.

Mario, 20. Juni 3:45 Uhr:

- *Meine wundervolle Frau,*
- *Meine große Liebe, den ganzen Tag habe ich hier gesessen und mit jedem Atemzug einzig und allein nur an Dich gedacht. Du bist heute so weit weg von mir, ich kann Dich nicht in mei-*

nen Armen halten, nicht küssen, ich kann Dir nicht einmal sagen, dass ich Dich liebe, jeden Tag mehr, ich vermisse Dich und kann es kaum aushalten, endlich nach Hause zu kommen, damit Du Deine Arme um mich legen kannst und mich ganz nah an Deinem Herz hälst.

- *Die Tage ziehen vorbei, die Nächte werden länger. Ich werde immer stärker, und ich will Dir nur sagen, dass ich ganz bald bei Dir bin.*

- *Eine Sache sollst du wissen: Ich liebe Dich, und Du hast für immer einen Platz in meinem Herzen*

- *Ich liebe Dich so sehr. Du weißt nicht, was Du mir bedeutest. Du bist jetzt schon da gewesen, wenn keiner da war.*

- *Du bist die süßeste Lady, die ich kenne.*

- *Ich habe nicht gewusst, dass ich jemanden anderes so lieben kann wie Dich und dass ich ihm so nahe sein möchte wie Dir.*

- *Du bist mein Herz, meine Seele, meine Welt und nicht zuletzt meine zweite Hälfte.*

- *Die letzten Jahre war ich so einsam und fühlte mich so leer, als ob ich ein Loch in meinem Herzen hätte. Ich dachte schon, es würde niemals wieder gefüllt werden.*

- *Aber weißt Du was? Du hast mein Herz wieder ausgefüllt. Du bist die zweite Hälfte, nach der ich so gesucht habe.*

- *Du hast mich und mein Leben komplett verändert.*

- *Mir ist klar geworden, dass ich nicht länger irgend welche Herausforderungen brauche, und dass, so lange Du glücklich bist, alles gut ist.*

- *Du hast mir gezeigt, wie ich mein Leben aus vollen Zügen leben kann.*

- *Ich weiß nicht, was ich tun würde, wenn ich Dich verlieren würde.*

- *Ich möchte für immer mit Dir zusammen sein.*

- *Ich möchte Dich niemals verlieren.*

- *Ich weiß, dass unsere Liebe echt ist, sonst wäre das hier nicht alles so schnell gegangen.*

- *Ich liebe Dich von ganzem Herzen und aus tiefster Seele, Baby, und nichts, aber auch gar nichts, kann das ändern. Vergiss das nie!*

- *Ich weiß nicht, wie ich meine starken Gefühle für Dich in Worten ausdrücken kann. Ich habe diese Liebe nun schon einige Male auch bei Dir gesehen.*

- *Ich glaube, keine andere Frau ist in der Lage so zu lieben wie Du. Ich weiß ganz genau, dass es ganz egal ist, in welcher Situation wir uns befinden: Du wirst da sein und mir Sicherheit geben und und mir helfen, dass wir fliegen.*

- *Ich habe so eine Liebe noch nie erfahren. Und ich hätte nie gedacht, dass ich noch einmal jemanden finde, der in meine Familie passt.*

- *Ich bin überzeugt davon, dass Gott Dich höchstpersönlich aus dem glorreichen Himmel runter auf die Erde gebracht hat, damit Du für immer meine Frau sein kannst.*

- *Es gibt nichts auf der Welt, was ich nicht für Dich tun würde.*

- *Und ich werde Dich- und nur Dich- lieben, solange Gott uns leben lässt.*

- *Honey, ich danke Dir für Deine Güte und Dein Verständnis und wünsche Dir einen wundervollen Tag.*

20. Juni, 8:00:

Lila versuchte seit über einer dreiviertel Stunde, Mario zu erreichen. Er war am Arbeiten. Und sie wollte mit ihm chatten. Und so entschied sie sich, ihre freie Zeit kurz einfach aufzuschreiben, was ihr einfiel:

Lila, 20. Juni, 8:30 Uhr:

- *Mein Liebling, ich versuche Dich leider umsonst zu erreichen.*
- *So werde ich jetzt einfach aufschreiben, was mir so durch den Kopf geht:*
- *Also: Auch wenn es mit uns nicht klappt, das wäre nicht schlimm. Du bist jetzt schon neben meiner Jugendliebe und Wolf der Mann, der mein Herz erobert hat in einer Geschwindigkeit wie ein Tornado, wenn er am stärksten ist. Ich hatte einige Affären, manche waren heiß, manche erschöpfend, und einige uninteressant. Ganz normal, denke ich. Ich hatte oft Männer, die sich gleich Hals über Kopf in mich verliebt haben.*

Und dann war er da. Mario war online:

Mario:

- *Meine charmante Prinzessin*
- *Meine Morgenrose*

Lila:

- *Oh, endlich. schön, Dich wieder zu haben. Guten Morgen, mein Liebling*

Mario:

- *Mein Morgenengel*
- *Du hattest mehrere Affären?*
- *Und keiner hat Dich so behandelt wie ich es tue?*

Lila:

- *Nein, keiner hat mich so behandelt wie Du es tust..... aber:*
- *Mario, das ist uninteressant. Warum willst du das wissen?*

Mario:

- *Ich will alles über Deine vergangenen Liebschaften wissen*
- *erzähl mir alles*

Lila:

- *Mario, erzähl du mir lieber, wie Du Dir unseren Alltag vorstellst. Ich habe einfach angefangen, Dir was von mir zu erzählen, da ich auf Dich gewartet habe.*

Mario:

- *Unser normales Leben wird friedlich, harmonisch sein und wir werden voraus planen, wie wir unser Leben leben wollen*
- *Wir werden überlegen, wie wir ein besseres Leben für unsere Kinder etablieren und entwickeln können, für Deinen Sohn, Deine Tochter und meinen Sohn*
- *damit wir sicher gehen, dass sie den Wert unserer Liebe verstehen, dass sie verstehen, was Freundschaft und Liebe bedeuten*
- *Und über allem werden wir allen anderen Menschen um uns herum zeigen, wie so eine perfekte Liebe funktioniert.*

Lila:

- *Ist Dir eigentlich aufgefallen, dass wir uns jetzt gerade mal seit 1 Woche kennen?*
- *Vermutlich die wichtigste Woche in meinem Leben*
- *Genau vor 1 Woche wurde ich geschieden, und danach begann mit Dir diese heiße und liebevolle Geschichte.*

Mario:

- *Die Wahrsagerin hat Dir gesagt, dass unsere Liebe ewig halten würde. Eine Woche ist wie die Ewigkeit*
- *Das hier war DIE Woche meines Lebens*

Lila:

- *Habe ich Dir eigentlich erzählt, dass ich gestern mit unserer „Wahrsagerin", meiner Freundin Ippy, im Garten saß und sie plötzlich so ein magisches Lächeln auf ihrem Gesicht hatte? Als ich sie fragte, was sie gerade denkt, wollte sie mir erst nicht antworten. Doch dann sagte sie: „ Er wird Dich bald fragen, ob du ihn heiraten willst."*
- *Ich bin fast ohnmächtig geworden, als Du mich zwei Stunden später gefragt hast, ob ich Dich heiraten will.*

Mario:

- *Das nenne ich Magie und Timing zugleich*
- *Du hast meinen Schmerz in ein Lächeln verwandelt.*
- *Du hast meine Tränen getrocknet und ein Lächeln auf mein Gesicht gezaubert.*

Lila:

- *Vielleicht ist es jetzt 10 Monate her, da traf ich mich- wie alle 14 Tage- mit meinen Frauen: Das ist eine Gruppe aus Frauen,* die sich 2 mal monatlich zum spirituellen Austausch trifft und die einiges über Magie lernt, unser Hexenclub.

- *Hoffentlich denkst Du jetzt nicht, dass ich ein wenig verrückt bin- vielleicht hast Du damit sogar Recht- aber ich liebe diese Treffen mit meinen Mädels*

- *Einen Abend sollten wir lernen, wie Telepathie funktioniert. Ich wollte mit meiner zukünftigen Liebe in Kontakt treten. Es hat funktioniert. Ich sah- oder besser- ich fühlte einen Mann, der allein auf einem Schiff saß, tausende Kilometer entfernt. Und der merkte, dass ich mit ihm in Kontakt trat.*

- *Als ich ihn telepathisch bat, mit mir zu kommunizieren, schaute er vom Tisch hoch und ich wusste, er fühlte es in dem Moment, dass ich mit ihm Kontakt aufnahm.*

- *Er wirkte sehr traurig und ich hatte das Gefühl, dass er seine Frau verloren hatte... bei einem Autounfall ums Leben gekommen... Das war nur ein Gefühl, aber es war stark.*

- *Ich wusste, er würde noch ein wenig Zeit brauchen.*

- *Ich bin mir mittlerweile sicher, dass Du das warst.*

- *Ich bin damals mit Dir in Kontakt getreten.*

- *Erinnerst du Dich vielleicht an diese Situation?*

- *Es war im Winter. Ich weiß nicht mehr genau, wann. Und irritiert es Dich, eine „ little witch", eine kleine Hexe bis ans Lebensende um Dich herum zu haben?*

- *Ich liebe nämlich all diese magischen Dinge*

- *Und Du bist eindeutig das beste Argument, dass solche magischen Sachen wirken.*

Mario:

- *Wow*

- *Das ist unglaublich. Du bist auch eine Magierin*

- *Was meinst Du mit „ little witch"?*

Manche Begriffe gab es in einer anderen Sprache nicht: So etwas wie „kleine Hexe" war offensichtlich nichts, was man im Englischen benutzte.
Lila:

- *Kennst du „ bezaubernde Jeannie? Das war eine amerikanische TV Serie: Eine hübsche Frau hat darin ihren Ehemann verhext (J.R. from Dallas) und alle anderen auch. Ich liebte diese Serie als Mädchen. Das ist eine" little witch", eine kleine Hexe gewesen. Was sagt man im Englischen?*

Mario:

- *Du bist eine so wundervolle Frau, wie Du mit Worten umgehst. ICH LIEBE DICH, MEINE ONE AND ONLY LILA*

- *Meine Süße, ich warte immer noch darauf, dass Du mir etwas über Deine vergangenen Affären erzählst.*

Lila:

- *Ach Du meine Güte. Das ist doch wirklich nicht so wichtig, oder? Was ist mit Deinen vergangenen Affären? Typisch Mann... jetzt ist der Jäger am Start, oder?*

Mario:

- *Es ist sehr wichtig. Wir sollten keine Geheimnisse voreinander haben.*

- *Ich hatte noch nie eine Affäre.*

Lila:

- *O.K., Du fängst an*

Mario:

- *Ich habe Dir alles aus meinem Leben erzählt*
- *Ich habe Dir niemals etwas verheimlicht.*

Lila:

- *Du hattest noch nie eine Affäre? (Vielleicht habe ich ein falsches Wort geschrieben). Ich meinte so Liebeleien, one night stands mit anderen Frauen.*
- *DU nicht?*
- *Ich kann das fast nicht glauben. Du siehst sooooo attraktiv aus. Das haben bestimmt auch andere Frauen gesehen. Wie lange warst Du mit Deiner Frau verheiratet?*

Mario:

- *Ich war meiner Frau immer treu*
- *Wir waren über 10 Jahre verheiratet*

Lila:

- *Du hattest ein Leben vor der Heirat.*

Mario:

- *Du willst mir also nichts über Deine ganzen Affären erzählen?*
- *Meine Ex-Frau hat mich entjungfert.*
- *Sie war meine erste Liebe*

Lila:

- *Und davor? Was hast Du davor gemacht?*

Mario:

- *Wir kennen uns seit der Kindheit*

- *Ich habe nie eine andere Lady in meinem ganzen Leben gehabt.*

Lila:

- *Stört es Dich, dass ich ein paar Erfahrungen mehr habe als Du?*

Mario:

- *Sie war die einzige Frau in meinem Leben vor ihrem Tod.*
- *Nein, es stört mich nicht.*
- *Probleme zu teilen ist das Problem zu halbieren.*

Lila:

- *Was willst du wissen?*

Mario:

- *Erzähl mir einfach alles.*

Doch Isa war jetzt da. Als sie wieder Zeit hatte, war Mario nicht mehr da. Und so schrieb sie ihm von ihrer Jugendliebe bis heute alle Liebhaber und Freunde auf, die sie jemals hatte.

Mario hatte eine 8 Stunden-Schicht und hohe Wellen gehabt. Er war todmüde.

Auch der ganze nächste Tag war vom timing her schlecht. Lila war viel unterwegs. Sie musste packen, weil die Kinder in zwei Tagen in die Sommerferien fahren würden: Oma, Opa, Reitercamp, Segelurlaub, Fußballcamp, das waren allein vier Koffer, die sie zu packen hatte.

Und so war das Timing aneinander vorbei. Mario schrieb ihr rauf und runter, dass er sie über alles liebte, dass er nur sie wolle und das bis ans Lebensende. Und auch wenn Lila es nun schon so viele Male gelesen hatte, sie freute sich jedes Mal aufs Neue.

Er fragte nach, wollte alles wissen: Sie erzählte ihm, wie die vergangenen 3 Jahre verlaufen waren: Trennung vom Sender, Trennung vom Mann, schließlich Trennung vom Haus. Alles neu. Viele Jahre viel zu viel gearbeitet und funktioniert. Sie schrieb ihm auch, dass sie derzeit wenig arbeiten würde und von dem Überbleibsel des Hausverkaufes lebte. Er sorgte sich rührend. Und Lila freute sich so sehr.

In der Zwischenzeit war der Brief vom Gericht eingetroffen: Das Urteil war ein klares NEIN. Sie durfte mit den Kindern nicht ins Ausland!!!!! Das saß.

Der Richter argumentierte , dass sie eine kompromissfähige Frau sei, in der Lage zu kommunizieren, mit vielen gut ausgebildeten Fähigkeiten, dass der Ex- Mann sich auf keinerlei Verhandlungen einlassen würde, und deshalb könne die Kindesmutter auch in Berlin versuchen Fuß zu fassen. Lila verdaute das Urteil erst viele Tage später: Da stand doch wirklich drin, dass WEIL sie so loyal und kompromissbereit mit Wolf umgegangen war, er hingegen KEINEN Millimeter von seinem Standpunkt abgewichen war, dass das der Grund war, warum er GEGEN sie und ihre Kinder entschied. WEIL sie so gut Konflikte lösen konnte. All ihre Toleranz und Kompromissbereitschaft hatten ihr geschadet!!!

Das musste sacken. Das würde ein wenig Zeit brauchen... mit beiden Füßen fest in der Luft. Keine Ahnung, wie es weiter ging, keine Ahnung, was demnächst anstand? Zweite Instanz? Alleine nach Mallorca und doch die Kinder erstmal zu Wolf?

Lila spürte seit Jahren mal wieder das Blut in sich strömen. Sie wollte leben, sie wollte Sex. Sie wollte alles mitnehmen. und sie wollte auf jeden Fall auf die Balearen. Und es gab ja keine Zufälle... also musste auch dieser doofe Gerichtsbeschluss irgend einen Sinn haben.

Berlin, 21. Juni, 15 Uhr:
Lila und Mario hatten sich lange ausgetauscht. Sie hatte ihm erzählt, dass sie knapp 16 Jahre für den Fernsehsender gearbeitet hatte, dass sie nach dem ersten Kind ein Jahr später gleich wieder arbeitete und seitdem eigentlich von Pflicht zu Pflicht durch ihr Leben galoppiert war. Und dass sie alles nach und nach aufgekündigt hatte, da sie an diesem spaßlosen Pflichtprogramm fast zerbrochen wäre.

Mario:

- *Alles ist passiert schon damals wegen mir.*
- *Es musste passieren, damit sich unsere Vision erfüllt.*
- *wegen unserer Gefühle und unserer Liebe zueinander.*

Lila:

- *Ja, mein Süßer.*

Mario:

- *Es ist zu unserem Guten passiert.*
- *Es ist geschehen, um uns zusammenzubringen*
- *Es ist geschehen, da Du mein fehlendes Glied in der Kette bist*

Lila:

- *Ja, mein Liebling*

Mario:

- *Keiner kann mir Dich wegnehmen.*

Lila:

- *Ich glaube wirklich, genau das war der Grund*

- *Ich würde Dich nie verlassen, mein one and only.*

Mario:

- *Wir werden unser Leben lang zusammen sein.*

Lila:

- *Das hört sich sooooooo gut an.*
- *Ich werde Dir die treueste und süßeste Frau sein, die Du jemals getroffen hast.*

Mario:

- *Meine Ex-Frau ist gegangen.*
- *Du bist die zweite Frau in meinem Leben.*
- *ich bedauere, dass Du nicht die die erste und einzige Frau in meinem Leben bist*
- *die einzige, die mich nackend sah.*

Wow. Lila konnte es fast nicht glauben. Der Womanizer entpuppte sich hier als ein supertreuer, höchst gläubiger Mann. Na, ob das auf Dauer was war? Sie wollte einen Genießer, der das Leben aus vollen Zügen genoss und sich nicht ständig etwas versagte, da er so „Godfearing" gottesfürchtig und überkorrekt war.

Lila:

- *Oh nein, nein, nein, mein Liebling. Alles ist gut so wie es ist. Sonst hättest Du jetzt nicht Deinen geliebten Sohn, sonst hätte ich nicht die beiden besten Kinder auf der Welt.*
- *Mir würde es nichts ausmachen, wenn Dich bereits 1000 Frauen nackt gesehen hätten*
- *Ich werde Dich auf meine Art und Weise sehen*

- *das ist alles, was zählt*

Mario:

- *Danke dir, mein Liebling.*

Lila:

- *Das einzige, was ich gut gefunden hätte, ist, dass Du mich hättest sehen können, als ich 20 war*
- *und dass ich hätte sehen können, wie Du mit süßen, jungen 29 ausgesehen hättest*
- *Aber es gibt ja Fotos, nicht wahr?*

Mario:

- *Baby, Du bist jetzt mein sweet little 16 und 20*
- *Du bist mein Evergreen.*

Lila:

- *Vielleicht wäre es damals auch noch nicht an der Zeit gewesen... für so eine große Sache.*

Mario:

- *Meine Süße, du bleibst mein Evergreen.*
- *Das Alter ist völlig egal*
- *Du hast alles, was ich will*
- *Baby, alles, was ich von Dir brauche, ist Vertrauen und Liebe.*

Lila:

- *Ich möchte, dass Du mich wirklich hübsch findest.*
- *Wie hat Deine Frau ausgesehen?*

Mario:

- *Du bist hübsch ... Du bist atemberaubend schön*
- *Sie war wie Du*
- *hübsch und ehrlich*

- *vertrauensvoll und liebevoll*

Lila:

- *Und ihr Aussehen? Hatte sie auch dunkle Haare? War sie groß? klein?*

Mario:

- *dunkle Haare und groß*

Lila:

- *Ich bin 170 cm groß, also normal groß für eine Frau. Hoffentlich kann ich Dich barfuss auf Deinen Mund küssen.*

Und so ging es weiter und weiter. Er schickte ihr noch Fotos von seinem „ Haus" in London: Es war eine riesengroße, rote Backsteinvilla, riesig. Ja. Er hatte Geld, das war sicher, das Haus sah recht bieder aus und irgendwie unbewohnt. Aber ein Mann, der viele Jahre ohne Frau gelebt hatte, bei dem sah der gestutzte Vorgarten vermutlich so aus. Die Villa war riesig und luxuriös.

Er bat sie, noch bevor sie nach London fliegen würde, ein Appartment in Berlin zu buchen. Ein richtig Gutes und luxuriöses. „ Ich möchte, dass es die beste Woche in unserem Leben wird," schrieb er. „Ich werde Dir alles zurückzahlen, was immer du jetzt an Vorabkosten für die Buchung hast. Sowie ich in Berlin bin, werde ich Dir das Geld zurückgeben. Ich will nur das Beste für Dich, bis an Dein Lebensende", schrieb er ihr weiter.

Berlin, 21. 06., 18 Uhr:

Lila:

- *Oh, mein Liebling, ich bin mir absolut sicher, dass Du das Beste für mich bist. Ich kann nichts Besseres finden als Dich. Oh Mario, ich bin ja soooooooooooooo verliebt in Dich.*
- *Mein Süßer: Du wirst bestimmt müde sein, wenn Du hier ankommst, oder?*
- *Der Flug von Australien hierher dauert doch mindestens 8 Stunden..*

Mario:

- *Ich werde nicht müde sein.*
- *Wenn Du bei mir bist, wird meine Energie geweckt*
- *Wie kann ich müde sein, wenn Du neben mir sitzt?*
- *und jede Sekunde meine Funken sprühen lässt?*

Lila:

- *Du hast Recht. Ich verspreche Dir, dass ich alles tun werde, um Dich glücklich zu machen... vielleicht eine Massage? Magst Du so was?*

Mario:

- *Das wird das erste sein, sowie wir das Appartment erreichen*
- *Aber zuerst möchte ich einen Quickie direkt auf dem Weg vom Flughafen*

Lila:

- *Ich glaube nicht, dass das das erste sein wird, was wir im Appartment tun. Ich habe da ganz andere Sachen im Kopf, wie ich Dich verwöhnen und liebkosen kann.*

Mario:

- Unser erstes Mal wird auf dem Weg vom Flughafen sein
- Wir werden heißen Sex im Auto haben
- Hoffentlich wird uns die deutsche Polizei nicht festnehmen, wenn wir schnellen Sex im Auto haben.

Lila:

- Ich liebe Dich. Ich mag das.
- Vielleicht finden wir ja einen Platz für ein „ schnelles Päuschen"

Mario:

- Vielleicht einfach am Straßenrand
- Wir können das Auto einfach am Rand parken und im Auto bumsen

Lila:

- ...und dort werde ich Dich riechen und herausfinden, ob dieser Geruch es wert ist, dass ich um mehr bettel.

Mario:

- Definitiv wirst Du nach mehr betteln.

Lila:

- Schauen wir mal, mein heißer Pirat...schauen wir mal
- vielleicht bettelst Du und willst mehr von meinem Geruch?

Mario:

- Das werde ich, meine Süße

Lila:

Mein großer Mister Lover. Ich muss aufhören. Isa und ich essen jetzt zu Abend. Pasta a la genovese. Und jede Nudel werde ich genüsslich essen und dabei denken, was wir tun werden, wenn Du hier bist und ich mit Dir in den Himmel fliege. Kuss (Du entscheidest, wo auf Deinem Körper)

Mario:

- küss mich gerade jetzt auf meinen Schwanz

Lila:

- Ich liebe Dich, mein potenter Mister Right. Ich liebe dich einfach für alles, dafür, dass Dich der pure Gedanke, was wir miteinander tun könnten, schon in Ekstase bringt.
- Ich würde Dich sehr gerne jetzt verwöhnen, Dich und Deinen Schwanz. Fühl mich. Ich bin bei Dir und hoffe Du hast Spaß. Kuss
- Ich muss jetzt essen. Ich liebe Dich

6. Kapitel

Berlin, 22. Juni:

Lila buchte das Appartment und schickte Mario die Fotos und die englische Beschreibung: Mitten in Berlin Mitte über den Dächern von Berlin hatte sie eine asiatische Suite gebucht, in einem kleinen Luxus-Appartment-Hotel. Ganz ruhig mit einem Blick in den Innenhof, in dem ein großer Springbrunnen plätscherte. Ein Wahnsinnsplatz für Liebende. Für knapp 1500 € für die Woche. Sie hatte mit ihrer Kreditkarte gebucht. Der Gedanke, Gast in der eigenen Stadt zu sein, hatte was. Es war Freitag, die Kinder hatten schon 2 Tage Ferien, und gleich würde Lila ihre beiden Süßen zum Zug bringen. Wolf hatte auf das Wochenende bestanden. Und ihr war es gerade- ehrlich gesagt- ganz recht, Zeit zu haben zum Chatten. Wer hätte das gedacht, dass sie Chatten mal gut finden würde? Aber die Temperatur war erheblich angestiegen. Nicht nur draußen. Und Lila fühlte die Lust in sich. Es war ein wundervoller Sommertag, richtig heiß. Um 14:30 Uhr ging der Zug nach Hamburg.

Sie verabschiedete Isa und Leif. Was waren das für tolle Kinder, auch wenn Isa ihren Bogen die letzten Tage überspannt hatte. Aber trotzdem ein ganz tolles Mädchen, und Leif auch. So viel Herz, so wundervoll.

Sie winkte ihnen und vermisste sie jetzt schon.

Als die beiden gerade im Zug waren und dieser sich langsam aus dem Bahnhof heraus bewegte, bekam sie eine sms von Peter:

„ Denke gerade daran, wie es wäre, wenn Du heute Nachmittag Zeit hättest? Bin allein! Wie geht's Dir? Kuss P.

Wollte sie ihn sehen? Sie wusste, was kommen würde. Sie hatte heute Abend eine Verabredung mit Angelina zum Fußball schauen. Public viewing in einer schönen Kneipe draußen. Sie musste das sacken lassen. Sie wusste es noch nicht. Sie fuhr erst einmal in ihre Wohnung und chattete mit ihrem Mario und würde ihm später antworten.

Sie fuhr auf direktem Weg nach Hause, Mario wartete schon auf sie:

Berlin, 22. Juni, 15:30 Uhr:

Lila:

- o Was denkst Du über das Appartment?

Mario:

- o Ich habe die Fotos gesehen
- o perfekt und schön
    - o Das ist genau das, was Du verdienst
    - o einfach das Beste
    - o Das Appartment ist schön und perfekt.

Lila:

- o Es kostet 230,-€/Nacht
- o hoffentlich ist Dir das nicht zu teuer

Mario:

- o Meine Süße, 230 € sind nicht zu viel für Dich
    - o Ich werde all Deine Ausgaben sofort zurückzahlen, sowie ich in Berlin bin.

Lila:

- o Mein Süßer, das ist nicht für mich.

Mario:

- o Ich weiß das

- Du verdienst eigentlich noch ein besseres Appartment
- das ist der Platz, wo ich mit Dir sein will

Lila:

- o.k., ... Juhuuuuuuuuu, wir haben ein Liebesnest, mein Supermann

Mario:

- Ich brauche Platz, wenn ich Dich durch das ganze Appartment bewege
  - Der erste Platz, an dem wir uns lieben, wird auf dem Balkon sein

Lila:

- O.k., Du bist der Chef

Mario:

- Du bist die Königin

Lila:

- Du bist der Kopf von dieser „ operation"
- Ich liebe Dich

Mario:

- Du bist die Mutter des Hauses

Lila:

Ich bin die Mutter des Hauses, die Dame der Zimmer und die Hure der Nacht...

Mario:

- ...die Bestimmerin des Tages
- das Magische von der Sonne
- die Autorin des Mondes
- und die Schöpferin der Gefühle und der Liebe

Lila:

- o   oh, mein wundervoller Poet. Ich liebe Dich so für das hier.

Mario:

- o   Du bist die Hexe, die die Sonne zum Stillstand bringt
- o   Du bist die Mutter des Universums

Lila:

- o   Ich verspreche Dir, ich werde mein Bestes geben

Mario:

- o   Die Frau mit dem Herzen so groß wie das Universum

Lila:

- o   Und Du bist der Mann meiner Träume

Mario:

- o   Die Königin der Nacht... die Mutter des Tages und die Prinzessin der Nacht

Während sie mit Mario chattete, kam noch einmal von Peter diese Einladung. Es war herrliches Wetter draußen. Es war heiß. Lila war heiß. Und warum eigentlich nicht? Sie würde gleich los fahren, wenn sie mit Mario fertig gechattet hätte. Sie hatte Lust. Und sie hatte seit über drei Jahren keinen Sex mehr gehabt. Wie hatte sie das bloß so lange ausgehalten? Die Gefühle in ihr waren so intensiv.

Sie schrieb- während sie auf eine Antwort von Mario wartete. „ Ich komme. Bin gegen 5 Uhr bei Dir.."

Drei Stunden. Das müsste reichen. Sie war ja erst um 20 Uhr mit Angelina verabredet.

Mario:

- o Du bist meine Träume und mein Herzklopfen.

Lila:

- o und Du bist meine Liebestropfen

Mario:

- o Die Königin meiner Existenz, die Mutter Natur meines Lebens
- o Die Frau, die glaubt, dass immer morgen ist

Lila:

- o Es ist immer heute, mein Liebling, und mein heute ist ein Paradies allein wegen Dir... ich liebe Dich, so sehr.

Mario:

- o Du bist mein heute
- o was sich Gegenwart nennt
- o du bist die Mutter von morgen
- o was sich Zukunft nennt
- o du warst mein gestern
- o was sich Vergangenheit nennt

Lila musste los. Es war schon kurz nach halb fünf. Sie wollte los, auf der anderen Seite diese wundervollen Worte, die aus ihrem Mario nur so herausprudelten. Es war so wundervoll. Er war so wundervoll.

Gerade, als sie überlegte, was sie jetzt machen sollte, fahren oder verschieben,

fragte sie Mario:

- o Was trägst Du gerade?
- o Bist du nackt?

Lila:

- Ein Kleid und ein Hauch von nichts dadrunter, mein Liebling
- und paar Tropfen meines Hermes „ Voyage"

Mario:

- Ich möchte nackt sein jetzt
- ich möchte Deine Nacktheit fühlen

Lila war echt ein Luder. Sie würde jetzt gleich zu Peter fahren, der ihre ganze Lust und Leidenschaft, angestachelt durch Marios Worte, abbekommen würde. Und sie genoss es. Ja, sie genoss den Gedanken, es mit zwei Männern zu tun. Nur dass der eine das Kopfkino und der andere es real erleben durften, was Lila zu bieten hatte. Und irgendwie hatte sie überhaupt kein schlechtes Gewissen. Sie würde ihn heiraten und dann treu sein. Aber bis zum ersten Treffen live und in Farbe war es jetzt noch ein bisschen hin. Und diese Zeit wollte sie sich mit Peter und Co. versüßen. Sie schrieb:

Lila:

- *... und ich trage noch roten Lippenstift. Ich wünschte, Du könntest ihn mir weg küssen*
- *Oh, mein Schatz, ich kann es kaum noch aushalten, bis Du endlich da bist.*

Mario:

- *Ich werde jetzt Deine Muschi lecken.*

Lila:

- *Ich kann es fühlen. Ich schließe meine Augen, um zu fühlen, was Du mit mir machst*

Mario:

- du bist die Beste, mein Liebling
- mein Schwanz ist hart und stark gerade jetzt

Lila:

- Bist du ein sexueller Typ? Ist Sex sehr wichtig für Dich?

Mario:

- Ich fühle, wie ich in Dich eindringe

Lila:

- Was würde ich dafür geben zu sehen, WIE hart und fest er ist.

Mario:

- Sex ist sehr wichtig in unserem Leben
- willst Du ihn sehen?

Lila:

- Ja, aber leider wird er dann nach Jahren des Alltags oft langweilig

Mario:

- Ich werde alles ändern, meine Welt
- Du wirst es genießen, wenn wir damit anfangen es wieder zu tun

Lila:

- Da bin ich mir absolut sicher, mein Liebling

Mario:

- Du weißt, wie es ist, wenn man mit dem richtigen Partner zusammen ist
- wenn man beginnt, sich überall am Körper zu liebkosen und zu schmusen
- dann steigt die Sexualität an

- o wenn ich in Dich eindringe mit meinem großen Schwanz. Du wirst mich anbetteln, dass ich nicht damit aufhöre.

Lila:

- o Ich habe Dir in den ersten Sätzen unseres Kennenlernens ge-schrieben, dass ich eine heißblütige Frau bin
- o ich liebe große Schwänze

Mario:

- o gut
- o das habe ich für Dich
- o sehr groß und stark

Lila:

- o Als Geschenk neben Deinem Geruch?
- o hört sich nach Paradies an

Mario:

- o das kriegst du
- o das Paradies

Lila:

- o Ich habe doch schon ein großes Stückchen vom Paradies durch Deine Wörter und durch Dich, mein Liebling

Mario:

- o Das wirst Du bekommen
- o das Paradies in allen Dingen

Lila:

- o Ich fühle mich hier gerade wie beim sexuellen Vorspiel. Ich füh-le es überall am Körper

Mario:

- o Da wird noch viel mehr kommen, meine Heldin

- Der „ magic rod"- der magische Stab wird in Dir sein in wenigen Tagen
- Du wirst ihn stark und real in Dir fühlen, schon ganz bald

Lila:

- Hmmmmmm. Das klingt köstlich

Mario:

- Dein Wunsch und Geruch nach Erschaffung ist ganz nah

Lila:

- Und so heiß wie eine Peperoni

Mario:

- wie ein brennender Stab

Lila:

- wie ein geliebter Mario

Mario:

- der sich aufstellt in Dich einzudringen
  - Wie war denn Dein Besuch beim Doktor?

Lila:

- Schön. Es ist alles vorbereitet

Mario:

- Jetzt weiß ich, dass alles frisch ist
- und darauf wartet, dass ich meinen Job gut mache
- es wird so frisch und zärtlich riechen
- wow

Lila:

- Ich hoffe, das ist kein Job für Dich, Liebling

Mario:

- o *The „ magic rod", der magische Stab, wartet zuerst im Auto auf dem Weg vom Flughafen auf Dich*

Lila:

- o *Es ist ein Defender. Hoffe, Dein magischer Stab hat genug Platz*
- o *Ach, eigentlich hoffe ich, dass Dein magischer Stab einzig den Platz IN mir findet*

Mario:

- o *Der richtige Platz ist direkt zwischen Deinen Beinen*

Lila:

- *zwischen meinen Beinen wirst du Dein Paradies finden, mein Liebling*

Mario:

- *wir werden den Sitz im Defender umklappen und es im Auto tun*
- *ich werde Freude und das Paradies zwischen Deinen kostbaren Beinen finden*
- *dort liegt die Lust*
- *Baby, kannst Du mir ein Bild vom Paradies schicken, jetzt?*
- *Ich sterbe hier gerade, meine Süße*
- *mein magischer Stab ist so hart gerade*
- *ich bin so feucht*

Lila:

- *Nein, kann ich nicht*
- *ich sterbe hier auch gerade*

- *das ist etwas, das Du Dir live anschauen musst.*
- *definitiv, mein Herz*
- *aber ich liebe es, dass Du das gleiche fühlst wie ich*
- *ich bin auch feucht*

Wahnsinn. Es war schon kurz vor 6 Uhr. Zu Peter zu fahren, war zu spät. Sie hatte ihm bereits zwei sms geschickt, dass es später würde. Und jetzt sollte es ganz ausfallen?

Lila:

- *Ich liebe Dich. Und nun werde ich mich bücken und Deinen magischen Stab so zärtlich und wild in meinen Mund nehmen*

Mario:

- *WOW*
- *das ist zuviel.*

Lila:

- *und werde meine Zunge hin und her bewegen*

Mario:

- *Oh mein Gott*

Lila:

- *sie nach oben und unten bewegen*

Mario:

- *Wow*

Lila:

- *ich schau dir direkt in die Augen*
- *während ich ihn küsse*

Mario:

- *Baby*

Lila:

- *lebst du noch, mein Süßer?*

Mario:

- *das ist zu viel...*

Lila:

- *das ist erst der Anfang*

Mario:

- *oh mein Gott*
- *mein Gefühl verbrennt mich innerlich*
- *ich bin so heiß und brenne*

Lila:

- *ich bin gerade voll dabei, Liebling... im Gefühl der Geilheit und der Liebe, der Geruch, der Schweiß. Es ist schrecklich. So sehr ich das Meer liebe... jetzt stört es mich gerade sehr, dass es zwischen uns liegt. Wann bist Du endlich hier? Ich weiß nicht, ob ich das noch aushalten kann.*

Mario:

- *Ja, Baby*

Lila:

- *Mein irischer Pirat mit den großen Händen und dem magischen Schwert: ich liebe Dich*

Mario:

- *Meine Hexe mit dem süßen Paradies: Ich liebe Dich auch so sehr*

Lila:

- *mit der behaarten Männerbrust und dem gesegneten Talent zu schreiben*
- *Ich... liebe... Dich*
- *Mario Anthony, Sohn eines Professors und seiner Frau, Abenteurer, Gottesfürchtiger (ich hoffe, du bist nicht erschrocken über meine geringe Hochachtung der Kirche gegenüber): Ich liebe Dich*
- *Bist Du erschöpft?*

Mario:

- *Nicht die Spur, mein hübscher Engel*

Lila:

- *Was für ein Auto fährst Du?*
- *Welche Hobbies hast Du?*

Mario:

- *Ich fahre einen S-Klasse Mercedes*

Lila:

- *Piraten fahren keinen Mercedes*

Mario:

- *Ja, mein Liebling*
- *S-Klasse Baujahr 2011*
- *Mein Hobby ist Dich zu lesen Tag und Nacht*
- *Du bist meine Hobbies*

Lila:

- *Dann haben wir noch eine Sache mehr gemeinsam*

Oh mein Gott, Lila schaute auf die Uhr. Es war schon halb sieben. Sie sagte Peter ab. „ Es tut mir leid, Peter, aber es ist schon zu spät. Verzeihst Du mir? Darf ich trotzdem noch mal kommen? Morgen? Ich bringe mehr Zeit mit." Sie schrieb Mario zurück, der gerade wieder so schöne Zeilen zu Papier brachte. Es war eigentlich schade.

Da kam die sms von Peter:

„ Schade. Hätte eigentlich mehr Lust gehabt, Dich alleine zu sehen. Morgen geht erst ab 18 Uhr, und dann ist auch Maria da..."

In dem Moment schrieb ihr Mario, dass er jetzt dringend schlafen müsste, da er schon in wenigen Stunden wieder arbeiten musste.

Wenn das kein Zufall war.

„ Ich hätte Dich auch lieber allein gesehen, aber ich hätte nur noch eine Stunde Zeit. Das ist schon zu spät oder?, schrieb sie an Peter.

„ Nein, komm vorbei. Jetzt!"

O.k., ich komme... bin aufgeregt", schrieb Lila zurück.

„ Sei nicht aufgeregt, nicht im Sinne von beunruhigt. Bis gleich P."

Sie klappte ihren Computer zu, zog sich die Schuhe an und rannte aus ihrer Wohnung. Was für ein Wetter. Noch eine Bullenhitze abends um halb sieben draußen. Das hatte sie unten im Keller mal wieder nicht mit bekommen. Was für ein Tag. Sie wusste, was jetzt kommen würde. Ihr Herz pochte. Ja, sie wollte Peter sehen. Und wenn es nur für eine Stunde war. Und sie wollte Sex mit ihm. Und wenn es nur ein schneller war.

Als sie ankam, begrüßten sie alle Hunde, als ob sie dort zuhause wäre. Niedliche Tiere. Lila mochte Hunde. Peter war sonnengewärmt und ging mit ihr außen ums Haus herum direkt auf die schöne Terrasse. Seine braune Haut war richtig warm. Er sah sie so an wie ein Mann eine Frau anschaut, wenn er sie begehrt. Er roch gut. Der sommerliche Schweiß auf seiner tätowierten Haut wirkte äußerst anziehend auf Lila. Er holte einen eiskalten Weißwein aus dem Kühlschrank, und beide setzten sich nach draußen unter das Sonnensegel." Na, lieber spät als gar nicht" lächelte er sie an. „ Schön, dass Du da bist." „Ja, ich freu mich auch. Ich hatte da wohl auch ein paar innerliche Bedenkenträger, die mich zuhause aufgehalten haben", lächelte sie Peter an. „ Bedenken wovor denn?", grinste Peter.

Sie antwortete:„ Na zum Beispiel vor einem freien Lotterleben? Vor zu viel Sonne und zu viel Wein? Vor einem liierten Mann, der sexy ist? Vor zu viel Aufregung in meinem Alter?" Lila schaute jetzt genau so zurück. Es knisterte. Er schenkte ihr Wein ein und beugte sich zu ihr. Sie küssten sich, lange und intensiv.

„ Ich bin auch aufgeregt. Ich bin ein Typ, der total harmonische Stimmung braucht. Und am Anfang finde ich es auch immer sehr aufregend". Sie saßen eine Weile so draußen, fassten sich an. „ Wollen wir zu mir nach oben in mein Zimmer? Ganz unverbindlich, ganz entspannt. Nichts muss, alles kann? „ Er schaute sie mit seinen grünbraunen Augen an. Seine halb langen, glatten, dunkelblonden Haare fielen im ihn die Stirn. Peter war schon ein Hübscher. Manno Mann, ein hübscher und intellektueller Bio-Bauer. Sie gingen nach oben. Ja, Lila hatte sich extra ein wunderhübsches Dessous-Teil in Schwarz bei 35 Grad im Schatten unter ihr Kleid gezogen, damit ihm gefiel, was er vielleicht gleich sehen würde. Mit Strapsen, Spitze, in Schwarz und ein wenig rot, aufwändig gearbeitet.

Oben angekommen, zog er sich sofort aus. Und sie auch. Ihm war dieses tolle Dessousteil vermutlich nicht eine Sekunde aufgefallen."

Willkommen in meinem Reich. Das ist ganz allein mein Zimmer. Und hier lebe ich meine Jungenträume aus, welche auch immer es sind", sagte Peter. Es war ein typisches Männerzimmer. puristisch eingerichtet. Ein Foto von seiner Tochter, von seiner Freundin, von seinen Hunden. Paar Bücher, ein Computer, ein Bett. Das wars. Sie standen vor dem Bett ,und er küsste sie und legte die Arme um sie. Es war schön... und sehr sanft. Erste zärtliche Berührungen. Er streichelte ihr über den Rücken und über ihren Po. „ Ich wusste, dass Du einen wunderschönen Hintern hast. Das habe ich gleich gesehen, als ich Dich beim Paella-Essen beobachtet habe". Lila fiel ein Riesen-Stein vom Herzen. Er fand ihren großen Po auch noch hübsch. Der war ihm sogar aufgefallen. Wie schön.

Sie legten sich aufs Bett und streichelten sich und küssten sich und liebkosten sich. „ Ich bin aufgeregt", sagte da Peter. „ Ich bin so ein richtiger... sorry für das Wort... Harmonieficker. Ich brauche die totale Harmonie."

Schön, dachte Lila. Es war schön, und es war nicht wichtig, ob sie jetzt Sex hatten, dachte sie.

Doch da spürte sie, dass er wollte. Sie setzte sich auf ihn, er küsste ihre Brüste und dann nahm er ihre Hand und führte sie zu „ seinem kleinen Freund". Und dann drang er ganz langsam in sie ein, ganz sanft und zärtlich, ganz tief und intensiv, ganz geschmeidig und erfahren.Beide schlossen die Augen. Lila genoss diesen Augenblick. Ja, sie hatte sehr wohl gewusst, auf was sie über drei Jahre verzichtet hatte. Es wurde immer intensiver und heftiger. Peter stöhnte. Sie stöhnte. Sie schloss die Augen und genoss einfach jede Sekunde. 20 Minuten liebten sie sich in der gleichen Intensität: Sanft und zärtlich und sich die ganze Zeit dabei küssend. „ Ich kann es gar nicht glauben, dass du drei Jahre keinen Sex hattest, so eine Vollfrau bist Du. Wie geht das? Wie kommt das?" Peter war sichtlich irritiert über ihre enthaltsamen Jahre. Und sie konnte ihm nicht einmal eine Antwort geben." Ich weiß es nicht. Vielleicht musste ich das alles erst mal verdauen? Vielleicht hatte ich einfach keinen Blick dafür? Vielleicht fanden mich die Männer nicht hübsch genug oder ich sie nicht?" Peter schüttelte bei der Bemerkung grinsend den Kopf. „ Glaub mir", er sah sich dabei genüsslich ihre Brüste und ihren Po an. „ Das ist völlig unmöglich... völlig unmöglich." Ja: Wie konnte es sein, dass sie, die sie Sex so sehr liebte, drei Jahre keinen hatte? Erst in dem Moment, als sie spürte, wie es sich anfühlte, wenn er in sie eindrang, wurde ihr klar, auf was sie verzichtet hatte. Dieses unglaubliche Gefühl, diese Lust, dieses sich gegenseitig hochschaukeln, der Geruch, der Schweiß. Ja, sie war wirklich eine sinnliche Frau und hatte diesen Anteil Nullkommanullnullnull gelebt. Sie schloss die Augen und genoss einfach weiter.

Er kam nicht zum Höhepunkt. Aber das war auch gar nicht wichtig gewesen. Es waren einfach liebkosende, wertschätzende, sanfte Berührungen gewesen. Hier ging es nicht (nur) um Sex, hier ging es um die Anziehung Mann/Frau und um Interesse am gegenüber. Sie lagen noch einige Minuten nebeneinander und streichelten sich. Mann war Peter schön: So männlich, richtig durchtrainierte, behaarte Arme und Beine. Und seine durchgehende Tätowierung am linken Arm sah auch mit seinen 57 Jahren verdammt sexy aus. Sie fühlte sich in diesem Moment auch wunderschön. Jede Berührung von ihm hatten ihr zu verstehen gegeben, dass Peter sie schön fand, dass er sie begehrte, und das von Kopf bis Fuß..

Dann ging Lila unter die Dusche. Oh mein Gott, es war schon kurz nach 20 Uhr.Sie war JETZT mit Angelina verabredet. Sie rief Angelina an. Und die war so kurz angebunden wie nie." Ich dachte schon, Du hast es vergessen", sagte sie knapp. „ Sorry, mein Herz. Ich bin gleich da. In 10 Minuten kannst Du unten sein.Ich picke dich auf. Sei nicht böse. Hast Du denn meine sms nicht bekommen?" Glücklicherweise hatte sie ihr auf dem Hinweg zu Peter eine sms geschrieben, dass es später würde. Doch die war offensichtlich nicht angekommen. Sie schaute nach und sah das rote Dreieck. SMS fehl geschlagen.Lila schlüpfte in ihre Sommersandalen, ein letzter Kuss." Du weißt, ich hoffe, das war erst der Anfang von etwas sehr Schönem" sah Peter sie an. „ Und übermorgen könnte Maria auch dabei sein. Hast Du Lust zu kommen und uns einen Besuch im Bauernhaus abzustatten?" Eine Verabredung zu Dritt? Ja, Lila hatte sich entschieden. „ Ja, o.k. . ich komme. Ich bin um sieben Uhr da. Kuss, hab einen schönen Abend." Und dann sprang sie gerötet und glücklich in ihren Defender. Angelina war sofort wieder besänftigt, als sie die nicht angekommene sms-Nachricht sah, mit der sie Lila begrüßte." Sorry, meine Hübsche, aber ich hatte es wirklich angekündigt" lächelte Lila ihre ebenfalls 57 jährige Freundin mit ihrem charmantesten Lächeln an.

Küsschen rechts und links, und ab zum public viewing.

Das Fußballspiel sollte sie die ersten 20 Minuten gar nicht richtig mit bekommen. Es war ausgelassene Stimmung. Viele „ Ahhs und Ohhs" bei möglichen Torchancen der Deutschen. Aber Lila war mit ihren Gedanken noch bei Peter: Immer wieder spürte sie kurz in dieses Gefühl hinein, dass Peter kurze Zeit zuvor in ihr geweckt hatte. Und immer wieder hatte sie kurze Sequenzen von Peter vor Augen. Mit seinen

Tatoos, sein muskulöser Arm, sein Geruch, die Sonne, die durchs Zimmer schien. Sie hatte wieder Berührungen, Küsse auf ihrer Haut und Sex gehabt.Hhhhmmmm. Sie roch ihn noch, obwohl sie geduscht hatte, war er noch auf ihrer Haut. Wunderschön. Und übermorgen womöglich zu Dritt? Das erste Mal mit einer Frau? Wahnsinn. Und obwohl sie bereits in so engem Kontakt mit ihrem Mario war, hatte Lila kein schlechtes Gewissen. Noch war er real nicht an ihrer Seite. Noch war Mario einfach eine wunderschöne Vorstellung. Sie würde ihn heiraten und bis dass der Tod sie scheidet mit ihm zusammenbleiben, treu Seite an Seite mit ihrem Märchenpiraten, doch bis zum ersten richtigen Treffen war sie frei, aufgewacht durch seine Worte. Und jetzt wachgeküsst von Peter. Den gab es. Den zweiten Mann, der nicht der Richtige für sie war. Aber für schöne, innige Stunden war er genau der Richtige gerade in diesem Moment.

Das war er.

23. Juni 10 Uhr Berlin

Lila war sofort ins Bett gefallen, als sie so gegen 23:30 Uhr nach Hause kam. Sie hatte zwar noch kurz geschaut, ob von Mario was gekommen war, aber eigentlich war es klar. Er schipperte irgendwo da draußen vor der Küste Malysias herum. Und das war, wenn sie sich nicht irrte, circa 6-7 Stunden später, also für ihn tief in der Nacht. Sie träumte von Mario. Sie liebten sich am Strand. Er legte sich auf sie und sie schliefen mitten am helllichten Tag miteinander, denn sie waren ganz allein. Nur der Wind und das Rauschen der Wellen umspielten ihre Körper. Es war ein sehr sinnlicher und realer Traum.

Lila schlief bis 10 Uhr. Es war herrlich, einfach so in den Tag hinein zu leben. Die Kinder waren weg. Sie hatte keinerlei Verpflichtungen außer zwei Mal in der Woche mit ihrem hübschen Personal Trainer zu sporteln. Und ansonsten war sie frei. Frei in der Zeiteinteilung und frei im Geiste. Juhuuu!!!! Sie hatte Sex gehabt. Sie freute sich auf morgen Abend. Morgen Abend sollte ihr „ erstes Mal" sein mit einer Frau. Komischerweise hatte Lila keinerlei schlechtes Gewissen Mario gegenüber, als ob ihr das Universum ganz unbewusst mitgeteilt hatte, dass Mario sowieso nur ein Herzöffner war. Ein „ Dosenöffner", wie eine Freundin vor Jahren mal ihren Künstler , mit dem sie eine kurze Affäre gehabt hatte, genannt hatte. Es war so schön, dass sie einen Mann liebte, der so außergewöhnlich gut und poetisch schreiben konnte. Wolf hatte auch gut schreiben können. Diese zwei Liebesbriefe, die sie in knapp 30 Jahren, die sie ihn kannte, bekommen hatte von ihm, waren schön formuliert und intelligent. Und sie hatten auch Zeiten gehabt, wo sie wie die Kanickel übereinander her gefallen waren und jeder kleine Nebenweg zum Liebeshaltestopp gedient hatte. Aber wie lange war das schon her? 20, 25, 30 Jahre? Auf jeden Fall viel zu lange. Und wie oft war das in den letzten Jahren passiert? Es war ohnehin nie so so im Überschwall gewesen wie jetzt mit Mario. Aus ihm sprudelte es ja nur so heraus, seine Worte und auch seine Geilheit. Diese Wachheit, diese romantische Ader, dieses unglaublich poetische Talent , dieses Dreckige und die Erotik. All das kannte Lila bislang so noch nicht. Seine Geilheit turnte sie an. Sie kannte ihren Mario gerade mal 11 Tage, und sie hatten sich schon 53 volle DIN A 4 Seiten gechattet.

Als sie aufstand, machte sie sich erst einmal einen Kaffee und öffnete sofort ihr Notebook.

Es wartete schon wieder eine Nachricht von Mario, die er Stunden vorher geschrieben hatte, bevor er am Morgen seine Schicht begann.

23. Juni

Mario:

- *Du bist das Allererste, was am Morgen in meine Gedanken eindringt und das Letzte, was mein Herz nachts verlässt.*
- *Vergangene Nacht bin ich mit einem Lächeln schlafen gegangen, weil ich wusste, ich werde von Dir träumen. Und heute morgen bin ich mit einem Lächeln aufgewacht, weil ich weiß: du bist kein Traum, du bist Realität.*

- *Jeder Morgen bringt einen neuen Grund zur Freude, und jede Freude bringt einen neuen Grund zu lieben. Ich schätze jeden Tag, den wir miteinander teilen und ich freue mich auf die wunderschöne Zukunft, die durch unser Versprechen glänzt und die voll ist von Liebe. Guten Morgen.*

Lila schmolz schon wieder dahin. Was hatte dieser Mann bloß an sich? Permament schmolz sie wirklich unter seinen Worten dahin wie warme Butter. Es war magisch. Und es war so unglaublich schön. Ja. Ihre Zukunft würde leuchten, weil sie sich gegenseitig versprochen hatten, sich zu lieben und zu ehren und zu halten... „ in guten wie in schlechten Zeiten". Sie liebte ihn. Und sie würde ihn heiraten, weil sie ihn so unsagbar tief in ihr Herz gelassen hatte. Oh mein Gott, Lila war bis über beide Ohren verliebt.

Sie war wie von Sinnen. Sie wollte gar nicht wissen, was mit ihrer Hormonproduktion gerade los war. Sie musste unbedingt verhüten, denn auch mit 48 Jahren ging bei ihr- hormonell- gerade die Post ab. Hoffentlich traf nur ein wenig von dem ein, was sie sich schrieben, wenn er denn endlich da war. Lila war Journalistin. Und sie wusste aus diversen wissenschaftlichen neuesten Erkenntnissen, dass die Vorfreude genau so viele Endorphine, die Glückshormone des Körpers, ausschüttete wie die Freude, das Ereignis selbst. Das spürte sie gerade in jeder Faser ihres Seins. Ja, sie war richtig glücklich und sprühte nur so vor Sinnlichkeit. Und das alles wegen einem Mann, der bisher noch nicht mehr in ihr Leben getreten war als über seine Worte und über eine kurze Weile Stimme am Telefon. Und doch hatte er ihr Herz komplett erobert. Eine Vision, eine Vorstellung von dem, was sein könnte, hatte Lila durchflutet und machte sie für diese Zeit zu einer der glücklichsten Menschen auf der Erde. Das sollte sie wenige Stunden später auch ihren Freundinnen im Biergarten erzählen: Dass, egal was passieren würde, jetzt schon jeder Tag allein durch seine Worte und seine Magie, die er in ihr auslöste, ein Geschenk war. Jeder Tag ein Geschenk. Ein großes, tolles, wertvolles Geschenk. Und das konnte ihr- bis auf ihre eigenen Gedanken darüber- keiner mehr nehmen..

Sie dachte an ihn, als sie seinen Morgengruß las. Den hatte er nun vor 5 Stunden geschrieben. Er war wohl gerade noch am Arbeiten. Deshalb setzte sich Lila hin und schrieb in ihre Morgenseiten:

Lilas Morgenseiten: 23.06., 10 Uhr

„Was seit gestern schon wieder alles passiert ist. Wahnsinn! Ich liebe Mario so unendlich, so so sehr.

Trotzdem hatte ich gestern Sex mit Peter. Es war schön. Und das, obwohl ich Mario so sehr in all meinem Körper und meiner Seele habe.

Und für morgen Abend habe ich eine Verabredung mit Peter und Maria für eine Menage a trois. Ich will das noch machen, auch jetzt... alles noch mitnehmen, bis er ganz in mein Leben kommt.

Ippy weiß, wir werden heiraten. Ja: heiraten! Meine große Liebe! Mein Leben! Mein ein und alles. Wenn er das denn ist. Doch eigentlich bin ich sicher.

Alles kommt in mein Leben. Wirklich alles. Er ist mein absoluter Traummann. Er ist es, ich weiß es.

Das mit Peter war trotzdem schön.

Heute wird auch ein schöner Tag. Ich treffe mich heut nachmittag mit meinen Mädels im Biergarten und habe ihnen sooooo vieles zu erzählen."

Mario war kurze Zeit später online. Und es dauerte nicht lange, da wurde es schon wieder heiß. Seit ihrem ersten Cybersex ging es ganz schön ab zwischen ihnen. Sein „magic Rod" wollte wieder action... mit ihr. Und ihre Gedankenspiele, wo und wie sie es machen würden, wenn er denn nun endlich da wäre und wie sie die tolle Suite einweihen würden.

Er wurde immer fordernder, immer heißer. Und jetzt, wo die Kinder nicht da waren und sie alleine unten saß, ging sie ganz in ihr Gefühl der Lust.

Ja, Lila war erwacht, wach geküsst. Und was hatte sie kürzlich irgendwo gehört? Je mehr Sex man hatte, desto größer wurde auch die Lust. Sie konnte das bestätigen. Es war ihr nach den ersten Minuten mit Peter und nach den heißen Chatkontakten mit Mario ein Rätsel, wie sie es hatte drei Jahre ohne Sex aushalten können. Lila war voller Lust und voller Sinnlichkeit und wollte es ausleben. Jetzt. Im Hier und Jetzt. Sie hätte am liebsten mindestens 8 Mal am Tag Sex gehabt. Sie schrieb ihm, sie sei heiß und feucht.

Mario:

- *Bitte Baby*
- *Mach ein Foto von Dir jetzt nackt und feucht und schicke es mir*
- *Das Leben hat uns gelehrt, dass es keine Liebe ist, wenn man sich anschaut, sondern das Liebende in die gleiche Richtung blicken sollten.*

Lila kippte fast um, als sie den Satz las. Liebende sollten sich nicht anschauen, sondern in die gleiche Richtung blicken? DAS hatte sie all die Jahre gesagt, wenn sie gefragt worden war, warum es mit ihr und Wolf auseinander gegangen war. Wieder so ein weiteres Detail, was ihr bestätigte, dass ER, Mario Anthony, genau der Mann war, den sie schon immer gewollt hatte. Der wie der Deckel auf den Topf passte.Der in die gleiche Richtung wie sie blickte. „ Wie Topf auf Eimer", wie die Ossis hier so oft sagten.Und das schrieb er nun, weil er ein Foto von ihrer feuchten Scham haben wollte.

Diese Verknüpfung war wirklich strange.

Ein Foto von ihrer Scham?

Lila war ja zu allem bereit, aber das war natürlich ein NO-GO. Was zwischen ihnen real passierte, war das eine. Ein Foto, was durch die ganze Welt und vor allem durchs gesamte Internet ging, kam über-haupt nicht in Frage. Und von ihrer feuchten Muschi nunmal schon gar nicht. „ Diese Iren", dachte sich Lila. „ Männer!!! Kaum rochen sie an der geilen Blüte Sex, und schon waren sie nicht mehr bei Verstand.

Lila:

- *Ich glaube gerade nicht, dass Du diesen Satz geschrieben hast: Habe ich ihn Dir zuvor schon mal geschrieben? Ich nutze den Satz immer, wenn ich beschreibe, wie eine gute Liebesbeziehung aussehen sollte.*
- *Und : Nein, mein Liebling: Du kannst mich feucht und heiß sehen, und zwar live in Berlin.*

Mario:

- *Du hast den Satz noch nie geschrieben.*
- *Warum tust Du mir das an?*
- *Ich möchte jetzt Deine Muschi sehen*
- *Bitte sag nicht NEIN zu mir*

Lila:

- *Weil ich eine Frau bin und Du ein Mann: Deshalb NEIN !*

Mario:

- *Es bringt mich jedes Mal um, wenn Du nein sagst*
- *Ich fang an zu weinen*
- *Liebe ist die Harmonie zweier Seelen, die miteinander singen*

Lila:

- *Weil ich die Vorfreude auf das, was kommen wird, fast so schön finde wie die Realität*

- *Weine nicht, Liebling: Lass uns einfach Cyber-Sex haben. OH-NE Foto!*

Mario:

- *Ich möchte unbeding ein Foto davon, Baby.*

Lila:

- *Ich habe wirklich eine richtig schöne Vorstellung davon, was ich sehen werde.*
- *Ich habe wirklich eine richtig schöne Vorstellung davon, was ich fühlen werde, wenn Du in mich eindringst.*
- *Und ich habe eine richtig starke Vorstellung davon, was ich tun werde, wenn Du endlich hier bist, mein Liebling.*
- *KEIN Foto*

Mario:

- *Warum, my love ?*
- *Wenn man sich verliebt, ist es immer erst nicht einfach... Wut... Tränen...Lachen.*
- *Liebe ist, wenn Du trotz allem zusammen sein willst.*
- *Mein Schwanz ist so hart*
- *Ich bin so feucht.*
- *Warum also nicht ein Foto?*

Lila:

- *Keine Wut, keine Tränen, kein Foto.*
- *Mein Liebling: Mach einfach weiter, und ich helfe Dir JETZT die Ewigkeit zu erleben..*

Mario:

- *Mein Samen... oh, ich komme jetzt.*

Lila:

- *Ich möchte ihn schmecken..*
- *Ich bin bei Dir mit meiner Zunge.*

Mario:

- *Oh mein Gott*
- *Das ist zu viel*

Lila:

- *Das ist der Himmel auf Erden, my love*

Mario:

- *Wow*
- *zu kommen, sich zu ergießen, ist so einfach und so real, Baby*
- *Meine Hose ist voller Sperma*

Lila:

- *Du bist gigantisch*
- *Ich liebe Dich*

Mario:

- *Wow*
- *ich war so frei, als ich kam*

Lila:

- *Das ist ja sooooooo wundervoll*
- *Liebe ist hier überall. Ich kann den Geschmack von Liebe und Sex förmlich riechen. Ich liebe das.*
- *Lebst du noch?*

Lila konnte kaum glauben, was sie sich da mit Mario schrieb. Das war ja richtig schweinisch. Sie war ja wirklich ein kleines Luder.

Was hatte ihr Ippy gesagt, als sie ihr von dem Tete a Tete mit Peter erzählt hatte"?

„ Ich glaube, Du bist so richtig verliebt in die Liebe. Das ist es: Du liebst die Liebe". Ja, da war was dran.Das fiel Lila jetzt auf. Im vorigen Leben war sie bestimmt mal eine Liebesdienerin gewesen. Sie war sich ganz sicher. Sie hatte das im Blut. Und in ihrer Aura. Auch, wenn sie an ihre Menage a trois dachte. Oder daran, wie es wäre, nicht nur zur selben Zeit zwei Männer zu haben, die nichts voneinander wussten, sondern es zeitgleich mit mehreren Männern zu tun. All das gefiel ihr. Ja. Sie war wirklich eine sinnliche Frau. Und ihr nicht gelebtes Sexualleben hatte zu lange dahin vergetiert. In der Tat- wie hatte Ippy es gesagt- sie hatte „ viiiiieeeel nachzuholen".

War das toll. Er war gekommen. Durch ihr Kopfkino so heiß geworden, dass er sich ergoss. Was für ein Kerl. Was freute sie sich, wenn Mario ENDLICH da wäre und sie das alles in echt ausleben konn- ten.Vermutlich würde ihre „ Mumu", wie Ippy immer sagte, schmerzen nach all dem Sex, den sie sich mit ihm wünschte. Und sie war in der Tat, wie hatte es der alternde Künstler damals noch ausgedrückt, „ eine kleine Raupe nimmersatt". Lila hatte Sex schon immer geliebt und woll- te und konnte nicht genug davon bekommen, wenn denn die Eckdaten stimmten. Das Drumherum musste schon passen. Sonst war die Lust auch ganz schnell wieder weg. Aber Mario drückte jetzt ganz klar die richtigen Knöpfe, auch mit seiner fordernden Art und mit seiner Ver- zweiflung, dass er kein Foto bekam. Was waren Männer doch leicht durchschaubar und visuell erpressbar. Ein bisschen Brust raus hier, ein wenig feuchte Scham dort, und schon war es mit dem Verstand vorbei. Wir Frauen sind doch eigentlich wirklich zu dumm, dass wir das nicht nutzen, dachte Lila so bei sich und konnte sich ein kleines Lächeln nicht verkneifen.

Und obwohl er gerade gekommen war, hörte er immer noch nicht auf. Sie wollte von ihm wissen, wann er aufsteht und wie er den Kaffee gerne mag. Er hingegen beschrieb in allen Einzelheiten, wie lange die erste Runde im Auto dauern würde, der Quickie auf dem Weg zum Hotel, wenn er denn endlich am 4. Juli (amerikanischer Unabhängigkeitstag.. wie lustig, dachte Lila) „ kommen" würde. Oh mein Gott, jedes Wort wurde hier gerade zweideutig nach so viel Cyber-Sex mit Mario:

Mario:

- *Die erste Runde wird etwa 30 Minuten bis zum Orgasmus dauern.*
- *Während die zweite Runde ungefähr eine Stunde und 30 Minuten dauern wird.*

Lila:

- *Ich glaube nicht, dass wir so viel Zeit beim ersten Mal brauchen werden. vielleicht nur 30 Sekunden im Auto?*
- *o.k., und die zweite Runde dann anderthalb Stunden. Und die dritte Runde die ganze Nacht? Diese Vorstellung gefällt mir sehr. ☺*

Mario:

- *30 Sekunden?*

Lila:

- *30 Sekunden IN mir*

Mario:

- *auf keinen Fall*
- *Ein Quickie dauert normalerweise etwa 30 Minuten*
- *was heißt: Das erste Mal im Auto wird eine halbe Stunde brauchen*

Lila:

- *Oh mein Liebling: Da wird die Polizei aber definitiv aufpassen*
- *30 Minuten in mir... WOW*
- *Ich bin mir absolut sicher, mein Süßer, dass ich ALLES, was Du mit mir machst, liebe*

Mario:

- *Wir werden wohl einen besseren Platz zum Parken finden müssen, um es zu tun*
- *Meine erste Runde dauert immer mindestens 30 Minuten*

Lila:

- *Was ist mit Deinen 57 Jahren? Du weißt: Madonna hat mal gesagt, dass die jungen Männer absolut keine Ahnung haben, was sie tun, aber dafür tun sie`s die ganze Nacht. Trotzdem noch der Mister lover lover?*

Mario:

- *Die 57 hält mich von gar nichts ab.*

Lila:

- *Yes, my tiger*

Mario:

- *Du wirst vielleicht kollabieren während der zweiten Runde.*

Lila:

- *Ich liebe wilde Kerle*

- *Und deshalb: NEIN, ich werde nicht kollabieren.*

Mario:

- *weil es normalerweise eine Stunde und 30 Minuten bis zum Höhepunkt dauert*
- *wir werden vermutlich den Arzt während der dritten Runde rufen müssen*

Lila:

- *Ich brauche keinen Doktor, honey: Ich bin eine heißblütige Zigeunerin*

Mario:

- *Das ist gut*
- *Ich hoffe, Du kannst mich händeln*

Lila:

- *Ich bin unersättlich, wenn ich es liebe.*
- *natürlich kann ich Dich händeln*

Mario:

- *Meine Süße, ich muss jetzt duschen und mich säubern*

Lila:

- *Danke für das Geschenk der Liebe, my love. Ich wünschte, ich könnte bei Dir sein. Ich liebe Dich, so so sehr*

Mario:

- *Ich liebe Dich mehr*

7. Kapitel

24. Juni Berlin:

9 Uhr

Lilas Morgenseiten:

Ich liebe ihn so sehr. „ Ich bin so derartig verliebt

Und heute Abend mache ich mich schön. Heute Abend gehe ich zu Peter und Maria."

Ich liebe ihn trotzdem so sehr, dass es gerade schmerzt. Gestern war ich 5 Stunden mit meinen Mädels zusammen im Biergarten am See. Und habe ihnen die Geschichte erzählt, auch wenn mich Mario inständigst bat, unsere Liebe für uns zu behalten. Komisch. Er meinte, andere würden unsere Liebe nicht verstehen und sie kaputt machen wollen. Ich habe ihn gefragt, wie das sein kann, so eine große Liebe zu verheimlichen? Ob er es noch niemandem erzählt hätte. Und er schrieb darauf hin, dass er nur seinem Sohn davon erzählt habe. Dass sein Sohn sein einziger Freund sei und dass dieser sich sehr freuen würde. Mir ist da für kurze Zeit wirklich ein wenig schummrig im Magen geworden: Ein Mann, der als einzigen Freund seinen Sohn hat? Klingt kauzig und sehr strange. Aber vielleicht ist das so, wenn man über so viele Jahre auf hoher See ist und einem die Frau tödlich verunglückt ist? Ich weiß es nicht.

Ich für mich weiß nur, dass ich ihn mittlerweile so sehr liebe, dass es schmerzt.

Seine wunderschönen Worte, die Gedichte, die er mir schreibt. Das ist alles so tief und so wertvoll und so unglaublich.

Ich habe ihnen meine Geschichte also erzählt. Wir machen das seit Jahren so, dass einer nach der anderen ihre letzte Zeit erzählt und beschreibt, was geschehen ist. Wir sehen uns ja leider nur 2 bis 3 Mal im Jahr und haben dann immer viel aufzuholen.

Als ich anfing, rollte Gitta direkt mit den Augen und wollte was einwenden. Ich hab sofort die Hand gehoben und stoppte damit Gitta:

„ Wenn ihr möchtet, dass ich Euch die Geschichte erzähle, dann möchte ich jetzt absolut gar keine Gegenworte, keine Einwände, keine abers, keine Zweifel oder Sorgen. Das muss absolut klar sein. Ich weiß noch nicht, wohin die Reise geht. Aber ich weiß, dass ich fliegen will so hoch es geht. Und das ohne Sicherheitsgurte und Netz, die mich beim Höhenflug nur unnötig behindern. Ich habe mich dafür entschieden. Und ich will das so. Und gerade das hat mir die letzten Tage Gefühle beschert, die ich mein ganzes Leben lang vorher nicht hatte".

Gitta, Patty und Auri schauten alle drei und waren still.Als ob ihnen die Mundklappe runter gefallen war. Zwei Sekunden später war die Verschnaufpause vorbei:

„ Na, dann mal los", lächelte Gitta in ihrer typisch coolen Manier. „ Ich bin ja mal gespannt".

Tja, Und dann fing ich an zu erzählen. Und auch, wenn ich sah, dass es besonders Gitta schwer fiel den Mund zu halten, alle hörten zu.

Und je länger ich erzählte, desto mehr habe ich gespürt, dass die anderen diese besondere Liebe zwischen uns richtig gespürt haben. Sie haben gemerkt, wie sehr mir dieser Mann gut tut.

Patty hat sich gefreut und gleich gemeint, dass sie absolut glaubt, dass so etwas möglich ist. Und dass ich als die Hexe in unserer Runde mir Mario auch ein Stückweit kreiert hätte.

Selbst Kiara, unsere schärfste Kritikerin, die natürlich wie immer knapp 2 Stunden später eintrudelte (persischer Abstammung, bildschön, aber wie Anjelica Houston in „die Adams-family", auch was wirklich Teuflisches in ihrer Art), war völlig platt von meiner Geschichte. „ Das kannst auch nur Du erleben, Lila", sagte sie." Du mit Deinem absoluten Optimismus. Du fährst mit 10.0000 Euro in der Plastiktüte nach Nürnberg, um Dir Deinen Defender zu kaufen, und es geht natürlich gut. Du hast die Camel-Trophy gewonnen unter Sportlern, obwohl du vorher noch nie gejoggt bist. Und Du würdest auch den Mount Everest besteigen, wenn da irgendwas oben wäre, was Dich reizt, und würdest es schaffen. Bei mir wäre das gar nicht drin. Ich bin da viel zu misstrauisch und hätte den schon 10 Mal in den Wind geschossen. Aber ich freu mich für Dich. Und Du siehst toll aus", sagte sie und gab Lila einen Kuss.

„ Auf die Liebe! Auf die großen Gefühle, auf eine tolle Hochzeit", stießen wir an. Und es war spürbar, dass sie sich alle freuten. „ Und: Wir kommen alle, und bringen auch unsere Kinder aus allen gescheiterten Ehen mit„, lachte Kiara.

Ich liiiiiebe meine Freundinnen.Die sind manchmal so gnadenlos ehrlich und so witzig dabei.

Gitta stöhnte regelrecht im Auto, als wir dann Stunden später gemeinsam nach Hause fuhren. „Ich glaub, ich möchte auch mal zu einer

Wahrsagerin oder zu Deiner Pendlerin", sagte sie. „ Das freut mich so, so sehr für Dich. Und du hast es so verdient. „ All die Jahre hast Du immer erzählt, dass es dieses ganz große Glück, diese ganz große Liebe, dieses total erfüllte Leben da draußen gibt. Und die letzten Jahre bist du wirklich durch ganz schöne Tiefen gegangen. Es ist schön, dass es jetzt alles eintrifft", sagte Gitta und streichelte kurz über mein rechtes Bein.

Als ich meine Geschichte erzählt habe, meldete sich Mario zwischendurch und schickte mir Küsse und Liebe. Sie haben das natürlich alle mitbekommen.

Und saßen dann irgendwann da wie die Freunde in dem Film Notting Hill, wo Hugh Grant ziemlich am Ende, nachdem er Julia Roberts einen Korb gegeben hat, die Geschichte erzählt, dass sie traurig in seinem Buchladen stand und gesagt hatte, sie sei ja auch nur ein Mädchen, das geliebt werden wolle.

So saßen sie da, fast ungläubig zu hören, was sie da hörten.

Mario ist soooooo toll.

Er denkt gerade fast nur noch an Sex, touch, Berührung mit mir. Die Funken sprühen hier durchs Internet, dass sich manch einer, der zu nah dran kommt, ordentlich verbrennen würde. Das Feuer lodert so hoch, dass ich es fast nicht aushalten kann. Ich brenne für diesen Mann.

Und ich werde ihn heiraten. Das werde ich.

Ich bin so unendlich dankbar, so un- un-unendlich dankbar für alles, was ich gerade erlebe. Ich halte es kaum aus.

Heute Abend werde ich zu Peter und Maria gehen und meinen ersten Sex mit einer Frau haben. Ich freu mich auch auf diese Erfahrung.

Mein Herz ist zwar voll von Mario, aber meine Leidenschaft brennt so stark, dass ich es jetzt tun will.

Ich lebe hier gerade alles. Es ist schön.

Mein Leben ist so spannend. Und so großartig.

Und ich bin auf meinem Weg. Keiner- nicht einmal Kiara- hat gestern groß rum-geunkt. Und meine Patty hat sich von Anfang an gefreut und war absolut sicher, dass dem genau so ist wie ich es gesagt habe.

Alle waren verzaubert. Von der Liebe zwischen Mario und mir.

Es ist wirklich unglaublich. Ein Traum. Ein wahr gewordener Traum. Kann es so etwas wirklich geben? Ist das wirklich alles wahr hier? Und kann ich mich wirklich fallen lassen? We`ll see, wie der Engländer sagen würde. Aber so viele Zufälle kann es nicht geben. So viele Weissagungen, so viele Eckdaten, die stimmen.

Und die Engel haben ihn mir direkt vors Herz gelegt.

Was für eine Begierde.

Was für eine Leidenschaft.

Was für eine Zärtlichkeit.

Was für eine Tiefe.

Was für ein unbeschreibliches Glück.

24. Juni, Berlin:

Mario: 5 Uhr morgens:

- *Hallo, my love, ich weiß, du schläfst noch. Ich schicke Dir nur eben die Eckdaten für meinen Flug rüber.*

o Melbourne, Australia to Dubai, United Arab Emlsates

Class; First

Flight; EK409

Wed 04 Jul 12

02:40 Tullamarine International Airport (MEL) 16hr 20min

Boeing 777

Wed 04 Jul 12

13:00 Dubai International Airport (DXB)

First

EK047

Wed 04 Jul 12

14:30 Dubai International Airport (DXB) 6hr 50min

Boeing 777

Wed 04 Jul 12

19:20 Rhein-Main International Airport (GEHT'S) Sky-wards Bonus Miles

Connection

LH198

Wed 04 Jul 12

20:45 Rhein-Main International Airport (GEHT'S) 1hr 10min

Airbus A321

Wed 04 Jul 12

21:55 Tegel International Airport (TXL)

Mario, 5:20 Uhr:

- *Ich liebe Dich so sehr und hoffe, dass ich schnell von Dir höre, mein one and only.*

Mario, 5:30 Uhr:

- *Vögel zwitschern, Blumen blühen,*

  eine Brise weht, die Dunkelheit schimmert,

  sie wachen auf und geben ihren ersten Blick auf alles,

  so dass sie ihren Tag starten können und all ihr Gram zerfällt

Mario: 5:40Uhr:

- *Ich sende Dir Millionen Lächeln ! Nimm Dir davon jeden Morgen eines, weil ich Dich immer lächeln sehen möchte. Ich wünsche Dir einen gesegneten Tag: Guten Morgen*
- *Wo bist du, meine Liebe?*
- *Ich muss nun zur Arbeit zurück*
- *Chatte ganz bald mit Dir*
- *Ich hoffe, Du hast nicht zu viel getrunken gestern im Biergarten.*

Lila, 9 Uhr:

- *Hi meine Liebe. Guten Morgen. Ich bin wach, mein Schatz, und sorge Dich nicht um mich. Ich habe nicht zu viel getrunken. Hast Du da eine Angst, die ich nicht weiß? Vor zu viel Alkohol?.*
- *Dein Flug klingt sehr anstrengend. Gibt es keinen Direktflug? Aber egal: Es ist nur wichtig, Dich endlich bald hier zu haben. Ich habe die gesamte Nacht von Dir geträumt. Wir haben uns*

ununterbrochen auriebt, die ganze Nacht, my dear. Es war fast wie ein Tagtraum, so real. Und so habe ich nur ganz wenig geschlafen.

Lila, 9:20 Uhr:

- Mein süßer Honigkuchen: Ich hoffe inständigst, dass Du bald Pause hast. Ich bin so hungrig nach Dir. Wie war Deine Nacht?

Lila, 9:25 Uhr:

- Mein hübscher, starker Pirat: Wo bist du??? Ich vermisse Dich!!!!!!!

Lila, 9:35 Uhr:

- Mein Süßer, ich liebe Dich. Ich frage mich wirklich, was ich gemacht habe, bevor ich Dich traf?
- Kuss

Mario, 9:40 Uhr:

- Die Liebe meines Lebens, Königin meines Herzens und Mutter meiner ungeborenen Kinder. Die Emirate haben keinen Direktflug von Australien nach Deutschland. Ich muss diese ganzen Verbindungsflüge nehmen. Ich muss den langen Flug der Liebe machen, und ich tue das für Dich.

Lila:

- Ich weiß, Baby. Ich liebe Dich. Und ich freue mich so wahnsinnig doll, wenn Du endlich hier bist. Ich warte hier wirklich jede einzelne Minute auf Dich

Mario:

- *Ich werde bald in Deinen Armen sein*

Lila:

- *Ich kann es nicht mehr aushalten.*

Mario:

- *Unsere Liebe ist echt*

Lila:

- *Ja, ich bin mir absolut sicher*

Mario:

- *Wir werden den Rest unseres Lebens miteinander verbringen*

Lila:

- *Ja, my love*

Mario:

- *Dich zu haben, ist das Beste, was mir je passiert ist*
- *Du bist die zweite Frau in meinem Leben. Aber ich bedaure, dass Du nicht die erste bist.*

Lila:

- *Ich kann es immer noch gar nicht richtig glauben, dass ich Dich gefunden habe.*
- *Die Perle der Ewigkeit mitten auf der Erde*

Mario:

- *Liebe findet ihre Verbindung*
- *Und unsere Herzen haben sich in dem Moment verbunden, als wir sie miteinander geteilt haben und die Liebe gefühlt haben.*

Lila:

- *Unsere Herzen sind längst miteinander verbunden. Sie haben nicht eine Sekunde gezweifelt*

Mario:

- *Unsere Liebe hat Gott gemacht*
- *Da war nur eine kleine Verspätung für unsere Verbindung*

Lila:

- *Ja, meine Liebe, und die Engel haben Dich zu mir gebracht.*

Mario:

- *Aber es ist alles zu unserem Guten passiert*

Lila:

- *Mein wunderschöner Traum*

Mario:

- *Gott wusste, wann die perfekte Zeit gekommen ist für uns*
- *Er wusste, dass JETZT die perfekte Zeit ist*

Lila:

- *Ja, wir haben jetzt das ganze Leben füreinander*
- *Du bist meine Liebe*

Mario:

- *Wir werden für immer zusammenleben*

Lila:

- *Und auch für die kommenden 20 Leben*
- *und die davorigen auch.*
- *Ich bin mir sicher, Du warst schon mein Ritter zu Zeiten der Kelten*

Mario:

- *Ja, meine Liebe, ich werde für immer Dein sein*

24. Juni, Berlin, später Nachmittag:

Lila konnte schon gar nicht mehr zählen, wie viele Stunden sie täglich damit zubrachten zu chatten. Arbeiten oder sich um Kinder kümmern wäre in diesen Tagen überhaupt nicht drin gewesen. Dass Mario keinen Ärger bekam dort auf dem Schiff. Der musste ja wirklich total übermüdet sein. Jeden Tag 8 Stunden Arbeit und bestimmt 8 Stunden Chatten mit ihr.

Manchmal schrieben sie sich stundenlang nur Liebesgeflüster. Sie liebte das, so mit Worten zu spielen und ein würdiges Konterpart in ihm gefunden zu haben.In den letzten Tagen war es immer sehr schnell sehr heiß geworden. Und Lila hatte keinerlei Bedürfnisse, diese Hitze zu stoppen. Sie liebte mittlerweile den Cyber-Sex mit ihm.

Er war so schön, so unglaublich hübsch. Kein Wunder, dass Lila so viele Jahre beim Fernsehen gearbeitet hatte. Sie war schon ein visueller Typ. Und das Schöne am Facebookchatten war, dass bei jeder Antwort, die er schrieb, sein Foto daneben erschien. Sie konnte ihm bei der gesamten Konversation immer in die Augen schauen. Er hatte ihr schon viele Fotos geschickt. Sie ihm mittlerweile auch einige. Bis auf das Foto von ihrer „Mumu". Und es war schon schön, auch einem hübschen Mann so etwas zu schreiben. Er hatte eine so magnetische Anziehung auf sie. „ addicted to love"- abhängig von der Liebe", da hatte es doch mal einen Song gegeben. War sie das mittlerweile von ihm: total „ addicted", ihm hörig? Das wusste sie nicht, aber ohne ihn... wie war das bloß davor gegangen????

Sie schaute auf die Uhr.

Oh Gott. Sie musste sich zurecht machen. Gleich, in einer Stunde, wurde sie bei Peter und Maria erwartet. Ob Maria wusste, dass Peter und sie es schon getan hatten? Nur zwei Tage vorher?

Aber das mussten die beiden mit sich ausmachen. Für einen kurzen Moment verließ Lila der Mut. Was, wenn es ihr- Lila- nicht gefiel? Was, wenn sie Maria nicht gefiel? Was, wenn diese Menage a trois eine Menage a desaster werden würde? Was dann? Würde sie sich trauen, nein zu sagen? Und wie würde es sein? Oh, Du meine Güte, dachte Lila. Jetzt sollte sie doch nicht etwa auf ihre reifen Tage noch schüchtern werden? Konnte sie es mit Peter genau so machen und seine Freundin schaute zu? Oder er, wenn die beiden Ladies sich verwöhnten? Sie hatte schon des öfteren gehört, dass es ganz wundervoll sei, eine Frau zu lieben. Und so ganz anders als mit einem Mann. Und ja: Sie war eine Frau, die ihre Erfahrungen selber machen wollte und sie nicht aus Büchern erfahren wollte. Also los gings:

Wie hieß dieser doofe Mallorca-Song noch?- Ach ja: „ Ich mach mir jetzt die Haare schön". Und zwar überall, lächelte Lila,und rasierte sich... nicht nur unter den Achseln.

Lila zog sich an diesem Abend wieder ein Kleid an, auch wenn es draußen regnete und richtig ein wenig herbstlich wirkte an diesem Tag. Um 19 Uhr waren sie verabredet. Dieser Tag war deutlich abgekühlt. Und lange draußen sitzen würden sie bestimmt nicht. Das Wetter war umgeschlagen. Und es war sehr windig.

Stürmische Zeiten am Himmel wie unten, dachte Lila.

Und während sie sich ihr Parfum auf die Haut tröpfelte und sich mit Liebesseife einrieb, spürte sie bereits die Lust in sich aufsteigen. Wie konnten Menschen bloß in totaler Askese leben? Askese war Käse. Das war zumindest für so ein Vollblutweib wie sie nichts.

Mario schlief vermutlich jetzt tief und fest. Während sie sich diesmal Stiefel ohne Strümpfe anzog und durch ein Wahnsinns-Unwetter donnernd und blitzend aufmachte zum Bauernhaus. Immer und immer wieder war Lila fast fassungslos darüber, was in ihrem Leben gerade vor sich ging. Es war einfach so unglaublich toll, dass ihr das alles auch noch mit 48 Jahren passierte.

Dort angekommen, begrüßten sie die Hunde wieder liebevoll. Peter gab ihr einen Kuss direkt auf den Mund und auch Maria küsste sie kurz, aber knackig.

„ Setz Dich, Lila. Magst du einen Wein"? fragte sie Maria. Lila hatte eine Kerze mit gebracht. „ Die ist aber schön. Hhhhhhmmmmm. Und sie riecht so süß und frisch nach Vanille und Lavendel." Eine Kerze zum ersten Rendezvous. Maria zündete sie sofort an. Der Kaminofen brannte, es war kuschelig warm. Peter legte eine CD auf, alte Musik: Christopher Cross, Kansas, Tina Turner, David Bowie. Das hatte sie ja schon ewig nicht gehört, dachte Lila.

„ Wie geht's Dir?", fragte Peter: „ und schön, dass Du da bist. Wir freuen uns schon den ganzen Tag auf Dich".

„Ich hab mich auch gefreut auf Euch", sagte Lila.. „ Und ich bin fast ein wenig nervös... aufgeregt.. wie ein kleines Schulmädchen". Lila merkte richtig, wie ihr die Röte ins Gesicht stieg.

"Das musst du nicht. Wir sind unter uns. Und alles geschieht nur total freiwillig", lächelte Peter sie an und küsste sie zärtlich auf die Wange. Maria war kurz aus dem Zimmer gegangen und hatte den Wein und Gläser geholt. Lila hatte irgendwie die ganze Zeit ein schlechtes Gewissen, wenn sie Peter küsste. Als ob sie etwas Verbotenes tat. Aber das tat sie ja gar nicht. Sie war ja ganz offiziell- von beiden Seiten- eingeladen worden und willkommen.

Maria setzte sich lasziv auf die andere Seite von Lila. So saß Lila in der Mitte und hatte von dem Moment an das Gefühl, dass sie den ganzen Abend der schillernde Mittelpunkt bleiben würde. Womit sie Recht behalten sollte.

Sie unterhielten sich und lachten, tranken dabei Weißwein. Rotwein konnte Lila seit Geburt ihres Sohnes aus irgend welchen Gründen nicht mehr vertragen. Sie bekam davon immer fürchterliche Kopfschmerzen. Es ging um den Sommer und über Familie, Kinder und die Politik. Peter war gestochen scharf und top informiert und fand es spannend, jemanden vor sich zu haben, der aus anderer Sicht auf die Dinge blickte. „ Ich glaube ja, es gibt keine Zufälle", sagte Lila. „ Alles, was passiert, hat irgendwie seinen Sinn, auch wenn wir das manchmal nicht wahr haben wollen und auch nicht erkennen können, was für ein Sinn dahinter steckt ". Nach einer knappen Stunde Wein trinkend veränderte sich die Stimmung. Peter schaute ihr direkt in die Augen und rutschte zu ihr. Und Maria saß ohnehin schon dicht bei ihr und lächelte sie an. Lila fummelte nervös an ihrem Kleid herum. „ Was hast du mit dem Kragen?" fragte Peter. „Du siehst perfekt aus wie Du bist. Du bist bloß noch viel zu sehr angezogen."

Er grinste wissend und sah dabei umwerfend charmant aus. Er zog sein Shirt aus und half ihr, sich zu entkleiden. Peter hatte wirklich einen hübschen, braun gebrannten Oberkörper. Maria öffnete Lilas BH. Auch sie entfernte ihr Shirt und ihren BH. Mein Gott, war Maria hübsch, ihr Busen, der Hammer. Und diese braune, südamerikanische Haut. Wirklich erotisch. „ Mensch, bist Du hübsch", rutschte es Lila raus, als sie mit ihren Händen über Marias Haut streichelte. Maria küsste sie ganz zart auf die Lippen. „ Danke gleichfalls. Du bist ja auch eine Schönheit vor dem Herrn. Peter und ich, wir mögen beide richtige Weiber, nicht so dürre Hungerhaken. Du bist sehr erotisch". Sie berührten sich und küssten sich. Es war weder peinlich noch komisch noch schwierig. Irgendwie ging alles wie von selbst, als ob sie es schon zig mal vorher geübt hätten. Sie lächelten sich an. Der Kamin tat sein Übriges mit dem blubbernden, schönen Feuergeräusch und dem Knistern des Holzes als Stimmungsaufhellfer im Hintergrund.

Peter war ein wenig gehemmt.

„Es tut mir leid. Ich bin heute irgendwie Kopf- gesteuert und ärger mich darüber, dass ich Alterserscheinungen habe", sagte er. Sie küsste ihn auf den Mund und wanderte dann mit ihrer Zunge immer weiter nach unten. Komisch, dachte sich Lila. Vor zwei Tagen hatte er zwar ein wenig Anlauf gebraucht, aber es war alles ganz wunderbar gelaufen. Doch jetzt war er offensichtlich beeindruckt von diesen zwei Power-Frauen, die ihn jetzt beanspruchen würden. Das Küssen hatte seine Wirkung. Peter war auf einmal wieder hunderprozentig als Mann da. „ Bitte hock Dich hin und dreh Dich um", schaute Peter sie an. Und während Maria und Lila sich bei Kaminfeuer auf der Couch küssten, drang er von hinten in sie ein. WOW. Das war toll. Ganz langsam erst und dann immer fordernder und fordernder.Die Stoßbewegungen von Peter pufferte Maria ab. Ja, es war schön, dass Maria dabei war. „ Ich finde es mindestens genau so schön zuzusehen" sagte Maria und entkrampfte damit noch mal Lilas Gedanken. Sie genoss es ganz offensichtlich. Und das genoss Lila. Die Schweißperlen, die sie durch die

Lust mit Peter bekam, ließ sie auf der Haut von Maria.... Wow...Diese weiche Brust anzufassen, diese weiche Frauenhaut, schon ein ganz gewaltiger Unterschied zu einem Mann. Lila stand auf richtige Kerle, auf richtig viel Behaarung und Muskeln und Bartstoppeln und was nicht alles. Aber als Beigabe, als Zugabe beim Liebesspiel, war eine Frau wirklich bereichernd und schön. Sie genoss, dass sich immer noch alles nur um sie drehte. Peter und Maria wollten sie verwöhnen in jeder Art und Weise.

Sie würde es bestimmt nicht immer zu Dritt machen wollen, aber in dem Moment war es eine wundervolle Erfahrung.

Sie liebten sich in allen Positionen eine knappe Stunde lang. „So", sagte Peter.

„Kurzer Zwischenstopp. Ich hab Hunger. Wie sieht es mit Euch beiden Ladies aus?" Die beiden lagen gerade nackt wie der Herrgott sie ge-schaffen hatte und schauten ins Feuer. „ Oh ja", dachte Lila. Sie hatte wirklich Hunger. Peter zog sich lediglich ein Shirt über, sonst blieb er nackt, und ging in die Küche. „ Reste-Essen", lachte er. Sie hatten paar Tage vorher Besuch gehabt. Es gab Schweinegulasch mit selbst ge-machten Bechamelkartoffeln und einem selbst gepflückten, frischen Salat mit Kräutern, natürlich alles vom Biohof. „ Das sind ja Ferien auf dem Bauernhof hier", lachte Lila, zog sich auch nur eben ihr Kleidchen über. „ So werdet ihr mich ja gar nicht mehr los". Das Essen war köst-lich. Und die Gespräche auch. Peter und Maria waren zwei wundervol-le Menschen, die genau so frei wie sie ihre Sinnlichkeit und Liebe leben wollten. Es war auch für Maria das erste Mal mit einer Frau gewesen, wie sie erzählte. Es war wunderschön. Und Lila wusste, das würde bestimmt eine Freundschaft fürs Leben werden. Zumindest war es im

Bereich des absolut Möglichen. Mittlerweile war es schon kurz vor zehn Uhr abends.

Peter schlug vor, ins Schlafzimmer zu gehen. Sie hatten ein riesiges Bett, aber das Fenster war auf und es war dunkel und kalt in dem Raum. Maria ging sich schnell noch zurechtmachen. Und während dessen waren Peter und sie schon unter die Decke gekrochen und berührten sich überall. Maria machte das Fenster zu und schlüpfte mit runter. Sie berührten und küssten sich. Und es war eher zärtlich als alles andere, sehr ruhig, sehr behutsam. Peter hatte mit seinem Kopf zu tun .Und kam wieder nicht so richtig in Fahrt. Und so streichelten Lila und Maria sich ein wenig .Der Wein und das Sättegefühl taten ihr Übriges, dass allen Dreien fast eher nach Kuscheln als nach wilder Sexakrobatik zumute war. Und das ging mit den beiden ganz wunderbar. Peter glitt Lila mit der Zunge über ihren Körper.Sie war eindeutig der Mittelpunkt in dieser Menage a trois. Alle beide wollten, dass SIE es genoss. Es war wirklich unglaublich. „ Bleib ruhig hier heut Nacht. Lass uns einfach kuschelnd einschlafen", bot ihr Peter an und Maria nickte. Lila war mittlerweile auch müde. Es war dann doch schon Mitternacht, als sie endlich einschliefen. Peter in der Mitte, mit einer Frau rechts und einer Frau links um sich. Es war unruhig, und keiner kam richtig zum Schlafen. Tja, da merkt man dann doch, dass man ein Gewohnheitstier ist und seine Schrullen im Alter entwickelt, dachte Lila bei sich. An Peter angekuschelt , träumte sie von Mario. Sie träumte in den Armen eines anderen von Mario!!!! Ja. Er war ihr Traummann. Das wurde eigentlich stündlich klarer. Nachts um drei Uhr ging Maria und verzog sich in ein separates Zimmer. Bevor Peter um kurz nach 6 Uhr aufstand, schliefen sie noch einmal, ohne Maria, kurz miteinander. Und eigentlich genoss das Lila viel mehr. Diese Intimität zu zweit... mit einem Mann. Dieses stille, sinnliche Stöhnen, dieses Verschmelzen zweier Körper, das war schon viel eher ihres.

Nach der Dusche empfingen sie Peter und Maria mit einem bombastischen Frühstück. „ Guten Morgen, schönes Weib" lächelte sie Maria an. Peter hatte wieder das Warme in seinem Blick, wenn er sie ansah. „ Guten Morgen, ihr beiden Hübschen. Nach anstrengender, körperlicher Arbeit muss man gut frühstücken, nicht wahr?", lächelte Lila und nahm sich ein Ei –von den Hühnern des Hofes natürlich. Die Bauernküche war richtig urig eingerichtet. Überall hingen Pfannen und Töpfe, ein großer Bauernstrauß stand auf dem Tisch, der Kaffeeduft verströmte gemütliches Aroma. " Was machst Du heute noch so?", fragte Peter." Ich werde nach Hause fahren, bisschen aufräumen, ich hab ja auch meinen Haushalt", lächelte Lila. „ Und heute Abend treffe ich mich mit meinen Kräuterhexen und feier Saisonabschluss. Ich freu mich schon". Lila genoss es, sich auch über solche Themen mit ihnen unterhalten zu können. Mit Wolf war das nie möglich gewesen. Wenn der wüsste, dass Lila im Hexenclub war, würde er bestimmt einiges in Gang setzen, um ihr das Leben schwer zu machen, dachte sie so bei sich. Peter war von Anfang an aufgeschlossen. „ Was macht ihr da so?" hatte er gefragt. „ Wir treffen uns alle 14 Tage montags, wir sind in der Regel 18 Frauen zwischen Mitte 20 und Mitte 50 und versuchen, unsere Gedanken und Kräfte so zu trainieren, dass wir unsere Blockaden lösen können und das Leben leben können, für das wir hier auf der Welt sind. Und das ist oft gar nicht so einfach", erklärte Lila. „ Wir alle hängen in unseren Glaubenssätzen und Mustern fest, die wir treils aus frühester Kindheit mit uns herumschleppen und teilweise sogar aus alten Leben". Peter und auch Maria hörten zu. „ Wenn wir mal davon ausgehen, dass es Wiedergeburt gibt und dass wir schon mehrere Male auf dieser Welt inkarniert sind, dann müssen wir auch akzeptieren, dass wir teils Altlasten mit uns tragen, die wir in den damaligen Leben nicht auflösen konnten. Wir drehen als Menschen hier unten so viele Runden und Leben, bis alles aufgelöst ist und dann gehen wir in die nächste Ebene. Keine Ahnung: Vielleicht als Engel oder Du als Biotroll? Lächelte Lila Peter an. „ Ich glaube auch, dass wir schon öfter gelebt haben. Solche Dej`avu-Erlebnisse oder auch Beziehungen, die von Anfang an innig sind, die kommen vielleicht daher, dass wir sie in einem vorigen Leben schon mal gelebt haben", sagte er. „ Und jetzt leben wir gerade im heute und jetzt", grätschte Maria in die Unterhaltung." Und das heißt: es gibt heißen, frisch gebrühten Kaffee, und der kommt garantiert aus diesem Leben". Sie lachte und stellte Lila eine Tasse Latte Machiato hin.„Hhhhhhmmmmmm, das Leben ist doch schön", lachte Lila und genoss die letzten Minuten mit diesen beiden wertvollen Menschen. Der Tag strahlte sie wieder an. Es war immer noch windig und hatte die Nacht oft geregnet. Aber jetzt gerade, als sie sich aufmachte zu gehen, kam die Sonne hinter den Wolken hervor und zeigte ihr zauberhaftestes Lächeln . Die Vögel zwitscherten.Die Ferien fingen richtig toll an, dachte Lila so bei sich. Sie hatte mittlerweile fast 6 Kilo abgenommen und fühlte sich schön. Ja, sie wurde begehrt und geliebt. Und das machte eine Frau schön. Wolken zogen über die Sonne. Hoffentlich würde es heute Abend im Wald nicht regnen. Aber: Was machte sie sich darüber Gedanken? Hexenmeisterin Riana konnte das Wetter beeinflussen. Das war wohl für Hexen nicht schwer. „ Oh weiah, wenn das jemand hört, der hält uns für total durchgedreht", dachte Lila bei sich. Für Ippy, die ja auch eine Schamanin war und vier Jahre lang eine Schamanenschule in Berlin besucht hatte, war das gar nichts Ungewöhnliches. „Natürlich kann man das Wetter beeinflussen. Und dass es nicht regnet an dem Ort, wo man sich gerade befindet, ist ja wohl eine der leichtesten Übungen. Aber man sollte immer darauf achten, dass das, was man tut, schöpferisch ist. Wetter zu beeinflussen, ist meist nicht schöpferisch", hatte Ippy irgendwann knochentrocken so typisch BWLerisch und jungfrautechnisch- gesagt.

Schöpferisch oder nicht schöpferisch: Lilas Leben hatte sich schon ganz schön verändert. Jeden Tag so spannende Sachen. Sie hatte ein phantastisches Leben. Und das Schönste daran war: Sie hatte es sich ein stückweit selber kreiert. Ja, das hatte sie. Das alles hatte mit ihrer Suche nach ihrem Traummann während der Telepathie-Reise im Hexenclub begonnen. Der hübsche grauhaarige Mann, der sie flasht und ein Leben lang auf Händen trägt. Lila fühlte sich wunderschön und putzmunter, als sie morgens um halb acht nach nur wenigen Stunden Schlaf nach Hause fuhr. Sie wollten sich gleich am übernächsten Abend wieder zu Dritt treffen. Sie würde jetzt jede einzelne Minute ihres Lebens auskosten." Tschüss, meine Schöne", küsste Maria sie draußen vor dem Haus auf den Mund. Und Peter nahm sie ganz fest in die Arme, fasste ihr auf den Hintern, kniff noch mal leicht in ihre Pobacke, gab ihr einen zärtlichen Klaps und küsste sie dabei mit geschlossenen Augen zum Abschied. Sie winkten Arm in Arm, als Lila mit Ihrem Defender davon rauschte. Alles irgendwie irreal und so derartig toll, freute sich Lila und drückte aufs Gaspedal.

Zuhause angekommen, ging sie nach unten in ihr Kellerverlies, brühte sich einen Kaffee auf und schlug ihr Notebook auf.

Es dauerte nicht lange, dann war Mario online.

Er hatte schon auf sie gewartet und war, wie so oft in den letzten Ta-gen, voller sexueller Gedanken. „ Mein kleiner, geiler Sexgott", dachte Lila so bei sich, als sie durch die ersten Zeilen las. Ach, was freute sie sich auf den 4. Juli, wenn sie endlich alles, wirklich alles, in echt und real miteinander tun konnten. Der Cyber-Sex mit ihm war ja schon wirk-lich ultraheiß. Wie sollte es erst werden, wenn die beiden live aufei-nander-„stießen". Oh weiah. Auch Lila hatte nur noch Sex im Kopf.

8. Kapitel

Berlin, 25. Juni 8:00 Uhr:

Mario:

- *Bist Du laut, wenn Du Sex hast?*

Lila:

- *Es kommt darauf an: Wenn es heißer Sex ist, dann laut. Wenn es zärtlich ist,nein*

Lila:

- *Und Du? Bist du laut beim Sex?*

Mario:

- *Ja*
- *Ich sag gerne Deinen Namen, wenn wir Sex haben*
- *laut*

Lila:

- *Bist du wild?*
- *rau?*
- *stark?*

Mario:

- *Wild, rau und stark*

Lila:

- *Es ist nicht wichtig, wie Du bist. Ich bin Dir jetzt schon total verfallen.*

Mario:

- *Das erste Mal wird zärtlich sein*

Lila:

- *Ich werde tun, was immer Du möchtest. Ich bin sicher, wir werden sowieso immer in der gleichen Stimmung sein*

Mario:

- *und die zweite, dritte und vierte Runde und die nächsten werden heiß und wild sein.*

Lila:

- *Nein, mein Liebling: Die erste wird heiß sein... viel zu viele aufgesparte Wünsche, seit wir uns kennengelernt haben*
- *Ich liebe Dich so, Ich liebe Dich*
- *Wie hast Du eigentlich geschlafen?*

Mario:

- *Ich habe wie ein Baby geschlafen*
- *weil ich die ganze Nacht an Dich gedacht habe*
- *Ich hatte auch einen Traum, wo wir unsere Gefühle am Strand geteilt haben*

Lila:

- *Ich auch, mein Liebling. Wir haben es die ganze Nacht getan. Ich warte wirklich auf den Tag, wo wir in echt am Strand sind*

Mario:

- *Meine Prinzessin Lila, ich liebe Dich immer mehr und mehr*
- *die Träume und unser Liebesakt waren so real*
- *Ich war schon nass, bevor ich aufgewacht bin*
- *ich habe wirklich Deinen Körper über meinem gespürt*

Lila:

- *Ich bin wirklich die glücklichste Frau auf Erden*

- *Und ich bin so stolz, dass Du an meine Facebook-Tür geklopft hast und dass ich realisiert habe, dass da vor der Tür ein Prinz auf mich gewartet hat*
- *Ja, mein Süßer, mir geht es ganz genau so wie Dir. Du hast mein Feuer entzündet. Ich denke nur noch an Sex in jeglichen Positionen, in allen Varianten*

Mario:

- *Du hast die Tür Deines Herzens geöffnet und mir den Eintritt erlaubt, als ich klopfte*
- *Das hat alles verändert*
- *Der Moment, wo Du mich in Deiner Telepathie-Reise gesehen hast, hat alles verändert*
- *Du warst diejenige, die uns verbunden hat*
- *Ich danke Dir dafür von Herzen*

Lila:

- *Kannst du Dich an diesen Moment erinnern? Ich glaube, es liegt so in etwa acht Monate zurück.*

Mario:

- *Du hast mich durch diese Vision gesucht. Das hat es für uns überhaupt erst möglich gemacht*

Lila:

- *Ich glaube langsam auch, das habe ich getan*

Mario:

- *Ja, ich habe was gespürt*
- *Ich habe eine Verbindung an diesem Tag gefühlt*

Lila:

- *Bitte erzähl mir davon*

Mario:

- *Ich hab diesen Moment gespürt, und etwas in mir hat gesagt, ich soll nicht länger traurig sein*
- *Etwas sagte mir, da ist jemand da draußen, der auf Dich wartet, der Deinen Schmerz erträglich macht und der Dich zum glücklichsten Menschen auf Erden macht*
- *Ja, ich habe die Verbindung zu dir die Nacht gespürt*

Lila:

- *Ich wusste, dass dieser Mann in Trauer war. Und ich weiß noch, dass ich für einen kurzen Moment das Gefühl hatte, seine Frau sei während eines Autounfalls gestorben. Entschuldige bitte, mein Schatz, dass ich jetzt darüber berichte und ich hoffe, es schmerzt Dich nicht allzu sehr. Aber es war wirklich genau so. Ich habe diese Trauer bei dem Mann, mit dem ich Verbindung aufnahm, gespürt: DU bist wirklich derjenige, den ich gesucht habe und mit dem ich mich verbinden wollte. DU bist mein ein und alles, my one and only*
- *Du warst da so alleine. Du hast auf einem Schiff gesessen. Tausende Kilometer entfernt. Das habe ich damals gefühlt.*

Mario:

- *Ich danke Dir so sehr für diese Kontaktaufnahme. Ich war damals so sehr in Trauer und im Schmerz*

Lila:

- *Da gibt es noch eine andere Geschichte: In meinem Hexenclub haben wir eine Übung gemacht, in der wir den Anfangsbuchstaben unserer großen Liebe herausfinden sollten. Ich hatte ein A... wie Anthony.*

Mario:

- *Ich war so allein und so am Boden zerstört.*

Lila:

- *Oh meine Liebe. Ich möchte nicht, dass Du Schmerzen hast und traurig bist. Ich werde Dir alle Trauer und Schmerzen weg küssen. Ich verspreche es Dir*

Mario:

- *Ich war damals an einem Punkt, wo ich überlegt habe, mir das Leben zu nehmen*
- *Was für eine Schule, was für ein HexenClub?*
- *Was ist das ?*

Lila:

- *Bitte, my Love, habe niemals wieder solche Gedanken. Du musst leben und Licht in diese Welt bringen*

Mario:

- *Ich denke nicht mehr so*
- *Du hast all meine negativen Gedanken gewandelt*

Lila:

- *Mein Hexenclub? Das sind meine Mädchen, die ich alle 14 Tage treffe. Da hab ich Dir schon von erzählt. Die mit der Telepathie-Reise. Übrigens: Heute werde ich sie sehen. Wir werden in den Wald gehen und einen Schlüssel aktivieren, den Schlüssel für ein erfülltes Leben. Und ich wünsche mir dann, dass das mit Dir sein wird.*

Mario:

- *Du hast den glücklichsten Mann auf der ganzen Erde aus mir gemacht*

- *In den Wald?*

Lila:

- *Und Du hast die glücklichste Frau auf Erden aus mir gemacht.*

Mario:

- *Wie kannst du nachts in den Wald gehen?*

Lila war erst erstaunt gewesen, dass er schon wieder fragte, was der Hexenclub war. Aber wie sollte er es auch verstehen. Ihre ganzen Wahrsagerinnen und Hexen und Magierinnen um sie herum waren ja schon für eine Frau irritierend. Wie erst für einen Mann!!!

Ippy, die Pendlerin und Schamanin, die Wahrsagerin aus dem Ort ihrer Eltern, die vielen, vielen Prophezeiungen, ihre Telepathie-Reise in ihrer Hexenausbildung...

Und er der gottesfürchtige Ire. Er verstand überhaupt nichts mehr und wurde fordernd.

„ Bitte gehe nicht in den Wald. Bitte treffe Dich nicht mehr mit Deinen Frauen. Du hast jetzt alles, was Du brauchst, und das bin ich." schrieb er plötzlich.

Bei Lila zog sich die Magenwand zusammen. Oh nein, bitte keine Klette. Bitte kein Typ, der sie wieder irgendwo rein pressen wollte. Und bitte kein gottesfürchtiger Typ, der sich wer weiß was versagte, da er so komische Moralvorstellungen hatte. Erst vor wenigen Stunden hatte sie sich so sehr darüber gefreut, Menschen um sich herum zu haben, wo sie sich nicht ständig erklären musste, die sie -wie hatte sie bei Wolf immer gesagt?- die sie so liebten, WEIL sie so war und nicht, OBWOHL sie so war. Wolf hatte sie zum Schluss nur noch geliebt, OBWOHL sie so war, wenn überhaupt. Und jetzt fing Mario, IHR Mario an, ihr Sachen verbieten zu wollen? Aber das war doch nicht möglich, oder? Konnte sie sich so täuschen? Dieser liebevolle, heiße Mario, der sie die zwei Wochen ihres Zusammentreffens auf Händen getragen hatte?

Mario:

- *Na, dann pass jedenfalls gut auf Dich auf, wenn Du schon unbedingt in den Wald musst.*
- *Vielleicht solltest Du lieber mehr an Gott glauben*
- *Ich glaube nicht, dass irgendeine Magie irgendeinem auf der Welt helfen kann*
- *Gott ist die Lösung aller Probleme auf der Welt*

Lila:

- *Liebling, ich möchte nicht, dass Du glaubst, ich mach dumme Dinge im Wald. Es ist alles gut... für Licht und Liebe, o.k.?*

Mario:

- *Gehst Du eigentlich in die Kirche?*

Lila:

- *Nein*

Mario:

- *Glaubst Du an Gott?*

Lila:

- *An Gott schon, aber nicht an die Institution Kirche*

Mario:

- *Guuuuut*
- *Ich bin ja so glücklich, dass Du in Gott vertraust.*

Lila:

- *Liebling, bitte sei nicht irritiert, ich bin einfach nur ein bisschen crazy, mehr nicht... versprochen.*

Mario:

- *Du hast doch jetzt mich. So wirst Du jetzt auf der Stelle aufhören und nicht in den Wald gehen!*
- *Alles, was Du brauchst, bin ich*

Sie schrieb daraufhin nur „ yes my love and dont be irritated" und dass er sich nicht sorgen solle. Aber tief in ihrem Herzen hatte Mario sie verletzt: Er hatte geschrieben „so you will", und wenn sie nicht alles täuschte, war das Befehlston: Er wollte ihr doch wirklich etwas verbieten. Oh bitte lass dem nicht so sein, dachte Lila bei sich. Aber sie war irritiert. Auch über sein ganzes Gefasel über Gott. Jeder sollte tun und machen, was er will. Das war schon immer Lilas Devise gewesen. „ Leben und leben lassen". Er MUSSTE sie leben lassen. Wenn er mit ihrer Magie, ihrer Spiritualität und ihrem Freiheitsdrang nicht klar kam, war das hier alles zum Scheitern verurteilt. Aber ein Pirat?????? Das war doch kein übertrieben gottesfürchtiger, braver Mann, der 3 Mal in die Woche in die Kirche rennt? „ Oh my God", dachte Lila bei sich. Das war ja so überhaupt gar nicht ihr Ding. Das war ja eher wie diese amerikanischen Quäker und wie sie nicht alle hießen, diese elendigen Asketen, die auch gleich noch versuchten, allen anderen das Leben zu versauen und ihnen das Leben so wenig schmackhaft wie möglich zu gestalten.

Nein: Sie und Askese: das passte nicht, auch nicht diese katholischen Gotteshuldigungen. Gebehnedeit sei das und gebehnedeit sei jenes, gruselig. Das konnte Mario sehr gerne tun, wenn er denn wollte. „ Aber ich gebehnedeie nicht mit !", dachte Lila bei sich. Es grummelte zwar in ihrer Magengegend, aber besser jetzt als zu spät, dachte sie. Und lustigerweise brachten sie diese Gedanken nicht um. Sie machten sie traurig, ja. Aber sie brachten Lila nicht um. Sie war irgendwie ganz cool.

Mario hatte wieder arbeiten müssen. Und in Lila arbeitete es jetzt auch ganz gewaltig. Sie konnte ihre Gedanken nicht abstellen.

Nein danke, dachte Lila bei sich. „ Nein, nein, nein". Sie sagte das ganz laut unten in ihrem Zimmer, obwohl weit und breit keiner da war.Wenn Mario gewusst hätte, was sie gerade wenige Stunden vorher mit Maria und Peter gemacht hatte, na, dann Prost Mahlzeit oder, um in seiner Wortwahl zu bleiben, „ Um Gottes Willen".

„ Nein", Lila schüttelte mit dem Kopf und traf eine Entscheidung: Das musste geklärt werden. „Das will ich nicht. Und das muss klar sein, dass er das akzeptiert. Wenn er das nicht tut, ist es vielleicht gut, dass es jetzt passiert", dachte Lila. Denn darauf würde sie sich nicht einlassen. Das hatte sie sich geschworen. Nie wieder verbiegen. Nie wieder gegen ihre eigene Überzeugung arbeiten, lieben und
leben.

Also setzte sie sich an den Rechner und schrieb an ihren Mario, obwohl sie wusste, er würde jetzt viele Stunden weg sein:
25. Juni, Berlin:13 Uhr:

Lila:

- *Meine große Liebe, ich bin gerade ein wenig befremdet über unsere letzte Diskussion: Und ich möchte, dass Du weißt, dass* das keine komischen, speziellen, verrückten Sachen sind, die ich heute Abend mit meinen Mädels mache.

- Meine Mädels, das sind alles gut ausgebildete, tolle Frauen, die alle fest in ihren Jobs sitzen: Zum Beispiel ist dort eine Psychotherapeutin, eine Schauspielerin, eine Ärztin, eine Stimmtrainerin und so weiter und so weiter. Wir fliegen weder auf Besen in den Wald noch machen wir dort irgendeinen Blödsinn. Wir lernen lediglich Dinge, die Menschen vor ein paar hundert Jahren alle noch beherrschten. Kräuterkunde, die Kraft der Gedanken, Telepathie etc.

- Ich glaube an Gott, ja, aber ich glaube genauso an Engel, Elfen, Trolle, sogar an den Weihnachtsmann und was nicht noch alles.

- Ich glaube: Ja!

- Ich glaube, genauso wie ich an die große Liebe mit einem irischen Mann glaube, der auf den Weltmeeren zuhause ist

- Ich glaube an meine eigenen Grundsätze, und ich habe Vertrauen in das Gute

- Ich glaube, dass alles möglich ist, wenn man nur fest daran glaubt.Ja, das tu ich

- Und ich bin stolz darauf,Frauen in der Gruppe zu haben, die daran genau so fest glauben wie ich

- Sie- wir alle- sind daran interessiert, unsere Blockaden und Hindernisse des Lebens zu lösen

- Ich habe wirklich den großen Wunsch, dass Du auch hier mit mir gehst. Ich möchte einfach nie wieder einen Teil von mir *verstecken, weil ich Angst habe, mein Gegenüber würde das nicht akzeptieren. Das hatte ich sooo viele Jahre*

- *Kannst Du mich verstehen, my love?*
- *Es ist sehr wichtig für mich zu wissen, dass Du allerhöchstens ein kleines Lächeln auf dem Mund hast über das, was ich im Wald veranstalte. Ich brauche hier Deine Zustimmung und Akzeptanz*
- *Ich liebe dich einfach unsagbar doll und hab mein Herz zu 1000 Prozent für Dich geöffnet.*

Es dauerte gar nicht lange, da blubbte es wieder. Mario war da.

Komisch, völlig aus der Reihe, dachte Lila, und ging an ihr Notebook:

Mario14 Uhr:

- *Ich verstehe alles und ich stimme allem zu, mein Liebling*
- *Ich habe mir eben solche Sorgen gemacht! Ich habe mich auf der Arbeit kurz entschuldigt, so dass ich mit Dir chatten kann*
- *Ich glaube Dir alles, was Du mir gesagt hast von Anfang an. Ich zweifel nicht an Dir und Deinen Grundsätzen*
- *Meine Liebe: Ich möchte nicht, dass Du Dich schlecht oder traurig fühlst. Ich bin immer mit allem, was Du tust, bei Dir, meine Königin*

Lila:

- *Oh, mein Liebling, das ist ja so schön. Ich war wirklich ein bisschen traurig. Ich möchte nicht, dass Du mir meine Flügel stutzt.*

Ich möchte, dass Du meine Flügel öffnest, so dass wir zusammen überall hin fliegen können. Verstehst Du mich?

Mario:

- *Ich verstehe Dich, meine Königin. Ich möchte auch mit Dir über die gesamte Welt fliegen*
- *Wann gehst du in den Wald?*
- *Ich würde Dich gerne begleiten, mein Schatz*

Lila:

- *Oh, mein Süßer. Mir fällt wirklich ein Stein vom Herzen*
- *Danke. Ich liebe Dich*

Mario:

- *Lass den Stein auf mich fallen*

Lila:

- *Nein, niemals.Ich möchte nur Liebe auf Dich fallen lassen, nur Liebe my love*
- *Aber, wenn Du mich begleiten möchtest, tue es mit Deinen Gedanken. Ich werde mich mit Dir verbinden, Honey.*
- *Ich möchte nichts für meine Zukunft ohne Dich tun, mein Schatz*

Mario:

- *Ich werde in meinen Gedanken mit Dir verbunden sein*
- *Du wirst mich mit Dir haben im Wald*
- *Ich bin da, immer wenn Du Deine Augen schließt*

Lila:

- *Oh meine Liebe. Du bist so unsagbar tief in allem enthalten, was ich habe.*
- *Ich liebe Dich*

- · *Es regnet draußen und für Sommer ist es kalt. Und ich habe gar keine Lust in den Wald zu gehen. Aber ich weiß, es ist wichtig, auch für uns, um den einfachsten und liebevollsten Weg zu finden, den wir gemeinsam gehen..*
- *Ich liiiiieeeebe Dich, Mario, ich liebe Dich so sehr*
- *Du musst jetzt arbeiten, stimmt`s?*
- *Es ist kein Zufall, dass Du gerade in dem Moment gekommen bist, als ich Dir das geschrieben habe. Wir SIND verbunden, wirklich.*
- *Ich liebe Dich*
- *mein besorgter Tiger*

Mario:

- *Wir sind immer miteinander verbunden*
- *Ich machte mir solche Sorgen, als ich mich eben wieder einloggte. und dann sah ich Deine Nachricht*
- *Deshalb wollte ich Dir jetzt sofort antworten*

Lila:

- *Wir sind eben zwei Seelen in einem Körper*

Mario:

- *Kannst Du denn in den Wald gehen, wenn es regnet?*
- *Du wirst doch ganz nass und kühlst durch*

Lila:

- *Ja, ich werde nass werden, mein Liebling, leider auf eine ganz andere Art und Weise, als wenn wir Cyber-Sex haben.*

Mario:

- *Willst Du jetzt mit mir Cyber-Sex haben?*

Lila konnte es nicht glauben. Mario hatte nur noch Sex mit ihr im Kopf. Der hatte wirklich was nachzuholen. Und sie genoss es . Es war schön, dieses warme, heiße Kribbeln im Bauch zu spüren und die Lust, die ihr durch die Lenden kroch. Und jedes Mal, wirklich jedes Mal konnte sie einen Hauch von dem, was sie sich schrieben, spüren. Ihr Körper noch geküsst und berührt von der Nacht mit Peter und Maria war mehr als bereit. sich wieder lieben zu lassen.

Lila:

- *Hast du denn überhaupt Zeit?*

Mario:

- *Ich habe ein Junior-Crew Mitglied gebeten, mich zu vertreten*
- *Du weißt ja, ich bin der Kopf, der Chef, hier*
- *Sie müssen tun, was auch immer ich ihnen sage*
- *Ich habe also viel Zeit für Dich, meine Königin*
- *meine „ little witch", meine kleine Hexe*

Lila:

- *Na, dann lass uns starten, mein Süßer: bin bereit für jegliche Art von Vergnügen, das Du mir bereitest.*

Mario:

- *Was hast Du an?*

Lila:

- *Ein Shirt, einen Tanga, barfuß... einige Tropfen von meinem Parfum*

Mario:

- *Zieh Dein Höschen aus, meine Königin*

Lila:

- *o.k., mein Süßer, schon geschehen*
- *bereit für die Liebe.*

Mario:

- *Lasse zwei Deiner Finger in Deine Muschi eintauchen*

Lila:

- *o.k.*
- *hab ich*
- *schließe meine Augen*
- *fühle Dich*
- *in meinen Fingern*

Lila hatte wirklich ihre Augen geschlossen und fühlte ihn ganz deutlich. Sie konnte ihn fast riechen.

Mario:

- *Ich bin so hart... für Dich*
- *Ich will jetzt Deine Zunge spüren*

Lila:

- *Ja, mein Süßer. Sie ist sehr feucht und bereit auf einen schönen Tanz mit Deinem Schwanz*
- *er fühlt sich so gut an*
- *so groß*

- *so stark*
- *so geil*

Mario:

- *Spreize Deine Beine, dass ich Deine feuchte Pussy fühlen kann.*

Lila:

- *o.k.*

Mario:

- *ich mache es langsam und zärtlich*
- *ich lecke dich so sanft*

Lila:

- *hhhhhhhhmmmmmmmmmm*
- *hhhhhhhmmmmmmmmmm*

Mario:

  o   You taste just like a chocolate

- *Du schmeckst genau wie Schokolade*

Lila:

- *Du schmeckst nach purer Männlichkeit. Ich liebe das*
- *Du machst mich ganz verrückt*
- *und Du riechst definitiv so gut, dass ich danach bettel*

Mario:

- *Ich möchte Dich laut und deutlich hören*

Lila:

- *Ich stöhne laut*

Mario:

- *ächzend und windend*

- *Ich möchte, dass Du stöhnst und ächst und Dich windest*
- *Ich reibe meinen Schwanz so hart und zärtlich gerade jetzt*

Lila:

- *Ich tue es die ganze Zeit*
- *yes Baby. Ich bin bei Deinem Schwanz*

Mario:

- *Ich fühle Deine Hand auf ihm, Baby*

Lila:

- *Ich küsse und lecke ihn und presse ihn dabei*

Mario:

- *Wow*
- *Du machst es einfach perfekt, my love*

Lila:

- *Ich brenne, mein Liebling*

Mario:

- *Ich möchte jetzt an Deiner Brust saugen*
- *Ich möchte jetzt die Milchtropfen, die aus Deinen Brüsten kommen, fühlen*

Lila:

- *Oh ja, und ich gehe mit meinen restlichen Fingern durch Deine Haare... die sind ja ganz nass durch Deinen Schweiß*
- *Tropfen gemacht aus Liebe, honey*
- *Meine Brustwarzen sind ganz hart*
- *ich liebe Dich*

Mario:

- *Zieh bitte alles aus, was Du gerade trägst*

Lila:

- *Ich stöhne, mein Liebling*

Mario:

- *Ich möchte Deinen ganzen Körper spüren und beschmusen*
- *Wow*
- *Du bist so feucht und ich kann Dich so schön und liebevoll spüren*

Lila:

- *Ich liebe Deine Brustbehaarung. Du bist ja sooooooo sexy*

Mario:

- *Ich lecke Dich ganz ruhig und sanft*
- *Du bist so süß*
- *Baby*

Lila:

- *Ich schließe meine Augen und fühle mich so umsorgt*
- *Es ist einfach paradiesisch, my Love*

Mario:

- *Ich möchte jetzt von hinten in Dich eindringen*
- *Bitte drehe Dich um*

Lila:

- *Ich hab mich umgedreht*

Mario:

- *Mein „ magic rod"- mein magischer Stab-wartet auf Dich*

Lila:

- *Meine Haare fallen mir ins Gesicht*

Mario:

- *Lass es uns an der Wand tun*

Lila:

- *Ich schwitze am ganzen Körper*
- *Ich bin bereit*

Mario:

- *Ich starte ganz behutsam und sanft*
- *gehe tiefer und tiefer ganz langsam*
- *Zentimeter für Zentimeter*

Lila:

- *Es ist sooooo schön*

Mario:

- *Ich werde schneller und schneller*
- *bitte sage meinen Namen*

Lila:

- *Du bist mein Casanova und alles*
- *Mario, Mario, Mario, Mario. Ich liebe Dich. so tief in mir drin. Mario, Mario*
- *Mario, Mario.. bitte mach weiter.. Mario, Mario, Mario*

Mario:

- *Wow*

Lila:

- *Ja, Honey, es ist das Paradies...Mario, Mario, Mario*

Mario:

- *jetzt wird es wilder und rauer*
- *stärker und immer tiefer*
- *ich möchte meinen Dick ganz tief in Deiner Pussy spüren*

Lila:

- *Ja, ich werde jetzt lauter... ich stöhne jetzt ganz laut, Mario, Mario*

Mario:

- *Ich penetriere Dich jetzt ganz wild und hart*
- *Sage dabei Deinen Namen*
- *Li-*
  laaaaaaaaaaaaaaaaaaaaaaaaaaaaaaaaaaaaaaaaaaaaaaaaaa
- *Wow*

Lila:

Mario:

- *Es ist so süß*

Lila:

- *Mario. M.a.r.i.o*

Mario:

- *Lass uns die Position wechseln*
- *Ich möchte Dich auf mir drauf haben*

Lila:

- *Oh mein Gott*

Mario:

- *Ich möchte, das Du mich fickst*

Lila:

- *Ich liebe das*
- *Ich sitze auf Dir*

Mario:

- *Ja*

Lila:

- *schaue Dir in die Augen*

Mario:

- *Wow*

Lila:

- *In die Augen des wildesten Tigers, den ich je getroffen habe*
- *Meine Augen sind halb geöffnet*

Mario:

- *So powervoll und stark*

Lila:

- *Die andere Hälfte der Augen ist im Himmel*
- *Ich liiiiiiebe Dich*

Mario:

- *Wow*

Lila:

- *Liebling, ich möchte mich jetzt hinlegen*

Mario:

- *Ich möchte Dich jetzt hart ficken, Baby*

Lila:

- *Ich möchte mich jetzt neben Dich legen*
- *Du kannst Deinen Schwanz in mir lassen, während Du mich von hinten umarmst, Liebling*

Mario:

- *Wow*
- *Wir machen es jetzt so wild*

Lila:

- *Ich liebe wirklich jede kleine Kleinigkeit, die Du mit mir tust*

Mario:

- *auch ich spüre diese Gefühle und die Leidenschaft*

Lila:

- *Alles...alles... Mario...Mario.Mario*
- *Tue mit mir, was Du willst*
- *Ich bin ohnehin in anderen Sphären unterwegs*
- *lieb Dich*
- *fühl Dich*
- *riech Dich*
- *hör Dich*

Mario:

- *Du bist die Beste, my Love*
- *Ich möchte jetzt meinen Schwanz hart anpacken*

Lila:

- *Ich liebe Dich ja soooooooo sehr*

Mario:

- *Ich will jetzt meinen Orgasmus bekommen*

Lila:

- *Und ich liebe es wirklich dich zu lieben*
- *Willst Du ihn in meinem Mund bekommen, Süßer?*

Mario:

- *Ja*
- *Ich mach es mir jetzt sehr hart*

Der Sex-Pirat

Lila:

- Mach es
- Komm!

Mario:

- wowwwwwwwwwwwwwwwwwwwwwwwwwwwwwwwwwwww
- hmmmmmmmmmmmmmmmmmmmmmmmmmmmmmmmmmmmm mmmmmmmmmmmmmmmmmmmmm
- gggggggggggggggggggggggggggggggggg
- hmmmmmmmmmmmmmmmmmmmmmmmmmmmmmmmmmmmm mmmm

Lila:

- Ich liebe Dich. so sehr

Mario:

- Ich bin kurz davor zu kommen, Baby
- es schüttelt mich am ganzen Körper
- Ich brenne innerlich
- Mein ganzer Körper ist voll Feuer

Lila:

- Wir sind die pure Elektrizität
- Millionenfache Blitze in meinen Augen
- und an meinem Körper
- einzig aus dem Grunde, dass DU mich berührst.
- auf welche Art und Weise auch immer, egal, auf welche Weise, Süßer

Mario:

- Wow

Lila:

- *Millionen Blitze*

Mario:

- *Ich habe gerade meinen Orgasmus bekommen, Baby*
- *Sperma überall auf meinem Körper*

Lila:

- *Ich bin bei Dir*

Mario:

- *Verdammt*
- *Ich bin voller Sperma*

Lila:

- *Du bist mein Superheld*
- *Du bist der Beste*
- *Ich liebe Dich*

Mario:

- *Ich liebe Dich mehr*

Lila:

- *Ich hätte niemals gedacht, dass Cyber-Sex sooooo heiß ist*
- *und so sinnlich*

Mario:

- *Es ist so süß ,weil unsere Herzen so stark miteinander verbunden sind*

Lila:

- *Ja, mein Liebling, allein wegen Dir.*

Mario:

- *Ich muss mich jetzt waschen, my Love*

Lila:

- *Ich liebe Dich, mein König*

Mario:

- *Danke, meine Liebe. Viel Spaß im Wald.Und pass gut auf Dich auf, ja?*

Lila war sich völlig sicher, dass Marios Orgasmen nicht gespielt waren. Was so Kopf-Kino doch alles bewirken konnte.Eigentlich bestand unser gesamtes Leben fast nur aus Kopf-Kino. Die Handlungen waren oft nur das Ergebnis aus dem, was im Kopf bereits gereift war. Sie glaubte absolut an das Gesetz der Anziehung.

Als sie damals in den Hexenclub eingetreten war, hatte sie ihr allererstes Kartendeck mit Lenormand-Karten selbst gelegt. Und konnte es noch nicht so richtig deuten. Da hatte ihr Riana schon gesagt, dass es bald in ihrem Leben einen neuen Mann geben würde, der sehr viel Geld hätte, sehr behaart sei, sehr attraktiv und viel mit dem Meer zu tun haben würde. Im Februar hatte sie ihr dann gesagt, sie würde jetzt bald „ in sein Energiefeld" eintreten. Vielleicht würde sie ihn gar nicht kennen lernen, aber seine Energie würde in den kommenden Monaten spürbar in ihr Leben kommen. War es das? Dass sie ihn noch nicht „ in echt" berührt, geküsst, geliebt und gesehen hatte, aber täglich voll in seinem Spirit und seiner Energie war?

Heute Abend nun war Abschluss vor der Sommerpause. Und wer weiß, was nach den Ferien sein würde? Mario hatte ihr nun schon mehrfach beteuert, er würde mit ihr zusammen ziehen wollen, und auch Mallorca sei für ihn o.k. Er wollte nach Deutschland ziehen wegen ihr, nach Mallorca, ganz egal, Hauptsache sie seien ein Leben lang „ in each other arms" zusammen.

Ippy hatte gesagt, sie würden ganz bald und schnell heiraten und alle zusammen, er mit seinem Sohn Enoch, und sie mit Isa und Leif, auf die Insel ziehen und hätten dort ein Haus direkt am Meer.

Geld hatte er genug. Und Gefühle auch.

Und sie war bereit. Bereit für ihn und für so eine große Liebe.

Ja. Das hatte so viele Jahre gedauert, bis sie überhaupt so lieben konnte. Die Liebe potenzierte sich aus jedem Wort, was er ihr erwiderte. Und er selbst war so ein Schöpfer der Worte. Englisch war schon faszinierend.

Und jetzt wusste sie sogar, was „ moaning" (Stöhnen), sucking (saugen,lutschen) oder licking (lecken) hieß.Sie schrieb wie der Teufel. Und wenn sie Cyber-Sex hatten, was jetzt mindestens einmal täglich der Fall war, dann floss es ganz allein aus ihr heraus.ES FLOSS AUS IHR HERAUS. Sie war ein Luder. Ja, das war sie. Und das genoss sie. Lila lächelte.

Sie sah nach draußen. Mittlerweile hatte sich draußen ein richtiger Sturm entwickelt. Sollte sie wirklich raus in den Wald? Bei diesem Unwetter? „Es hat alles seinen Sinn, und es wird schon werden", sagte sie zu sich und zog sich ihre Segeljacke an. Sie packte eine Flasche Wein ein, ein paar Chips und Salzstangen, einen Käse. Und natürlich ihr Schächtelchen mit dem Schlüssel, der heute Abend geweiht werden sollte. Als Schlüssel zum Tor der Erfüllung.

Um kurz nach sechs Uhr pickte sie Susanne, ebenfalls aus ihrem Kurs, an der Straße auf. Susanne war Mitte 50 und sah auf den ersten Blick eher wie eine sehr artige Hausfrau aus. Aber wenn man in ihre stechend blauen Augen sah und auf ihr hübsches Lachen mit dem feuer-rot geschminkten Mund schaute und auf ihre schwarzen Haare, dann wusste man, hinter dieser Fassade kochte es lichterloh. Susanne war seit Jahren todunglücklich verheiratet. Ihr Mann war krank geworden, musste Betablocker nehmen. Und seitdem lief bei ihnen im Bett fast nichts mehr.

Er wusste, sie war vom Sternzeichnen Löwe, und eine Löwin braucht Futter, auch in der Liebe, brauchte gelebte Sinnlichkeit. So hatte er ihr bereits vor 5 Jahren das Angebot gemacht, zusammen zukünftig in Swingerclubs zu gehen, wo sie ihre Sexualität mit anderen Männern- allerdings immer in seiner Begleitung- ausleben konnte. Das erzählte ihr Susanne so ganz nebenbei, als Lila ihr von ihrer internet-Love be-richtete. „ Ich hatte auch mal so einen kennen gelernt, „ sagte Susan-ne. „ Aber der ist dann in den Afghanistan-Krieg als Soldat eingezogen worden, und seitdem hat er sich nie wieder gemeldet. Ich habe ihn übrigens nie getroffen,hatte aber auch das Gefühl, den könnte ich hei-raten, der könnte es sein."

Lila schaute sich Susanne an, die neben ihr im Defender saß und so ganz locker von ihren Lovern und ihren Swinger-Erfahrungen erzähl-te.Diese Frau hatte schon mit mindestens 500 Männern geschla-fen.Und auch das hatte sie ihr ganz nebenbei erzählt. Das gab es doch alles nicht. Das Leben war schon wirklich spannend. Viel spannender als ein Roman, dachte Lila so bei sich. „ Lila, Du bist wunderschön. Und ich freu mich so für Dich, dass Du Deinen Mario kennen gelernt hast und dass er jetzt bald nach Berlin kommt. Was für ein Name: Ma-rio.Ein wilder Schotte namens Mario". Sie lachte laut und schallend. Ja, Mario.. Das hätte sich Lila in der Tat nie erträumen lassen, dass ihr

Traummann MARIO hieß. Der Supermario aus dem Nintendo DS. Mario. Was für ein blöder Name eigentlich. Sie hatte diesen Namen nie gemocht, fand ihn sogar ehrlicherweise ein wenig proletig und einem Professorensohn aus Irland nicht wirklich angemessen. Und nun stand er für das Paradies. Sie konnte es fast nicht glauben, dass ihr Ippy und Riana und all die anderen und sie selbst in der Telepathie-Reise diesen Mann vorausgesagt hatten.Susanne unterbrach sie: „ Du strahlst richtig, Lila. Das ist schön mit anzusehen."

Sie trafen sich- nicht im Wald- wie eigentlich angedacht- sondern an einem Strandstück am Wannsee oder genauer an der Havel.

Ja, so etwas gab es in Hülle und Fülle in Berlin: Strände! Richtig weiße Strände, an denen man baden konnte.

Das war zwar bei diesem Wetter nicht relevant, aber Lila liebte den Wannsee und die Havel und das große Fenster und all die schönen Plätze am Wasser zum Verweilen.

Der Parkplatz war schon dicht gefüllt mit all den „ Hexen".

„ Lila, Du strahlst so. Du bist ja das pure Licht", begrüßte Riana sie gleich.

Lila drückte Riana an sich. „ Es ist alles eingetroffen, was Du gesagt hast. Ich habe meinen Traummann gefunden. Er ist mir vor 2 Wochen von den Engeln direkt vor mein Herz gelegt worden. Ich bin total verliebt und kann gar nicht mehr klar denken. Und nächste Woche kommt er hier nach Berlin. Ich habe uns schon ein Liebesnest gebucht, eine asiatische Suite über den Dächern Berlins, und ich kann es kaum noch abwarten, endlich in seinen starken Armen zu liegen und ihn in echt zu treffen. Er ist übrigens sehr groß, behaart und reich. So wie Du gesagt hast", lächelte Lila.

„ Und auch so gut bestückt. Auch das hattest Du ja gesehen". Riana lächelte.

Irgendwie war da was im Blick, was sie nicht richtig deuten konnte.Aber Riana hatte jetzt auch keine Zeit zum Plauschen. Mittlerweile waren fast alle eingetroffen, zwei Frauen fehlten noch.

Manuela, auch allein erziehende Mutter, wunderhübsch, mindestens 10 Jahre jünger als sie, groß, schlank, braune, glatte lange Haare und ge- schieden, freute sich für Lila. „ Ach", stöhnte sie ein wenig" wenn nur mir das mal passieren könnte. An der Männerfront tut sich ja rein gar nichts. Und ich habe so eine Sehnsucht nach der Liebe. Ich habe alles probiert. Die Liebesseife wirkt nicht bei mir, und eine Liebeskerze habe ich be- stimmt schon 3 Mal angezündet. Nichts, nichts und wieder nichts. Ich verdörr hier langsam zur hässlichen Alten trotz der ganzen Hexerei."

„ Das kannst Du Dir alles selber kreieren. Ich habe während unserer Telepathie-Reise mit ihm Kontakt aufgenommen. Erinnerst Du Dich noch daran? Da habe ich das erste Mal gespürt, dass es ihn da drau- ßen gibt", sagte Lila. „ Das kannst Du auch. Das ist ja der Wahnsinn. Ich hab ihn mir kreiert und herbeigewünscht." , staunte Lila bei ihren Ausführungen über sich selber. Lila kramte ihr iphone aus der Tasche und zeigte Manuela das Foto von ihm. „ Er sah zwar damals in der Reise anders aus, aber vielleicht war das auch meine Vision von ihm, so, wie ich mir vorgestellt hatte, dass er aussieht. Der damals hatte lange, graue Haare und irgendwie einen Bart. So Typ Naturbursche, nur ergraut, ganz ähnlich wie mein Vater in jungen Jahren. Der hier sieht etwas anders aus". Im Nu war Lila umringt von ihren Frauen. Alle schauten auf das Foto und dann in die verliebten Augen von Lila. Und alle umarmten sie nacheinander. „ Ich freu mich so für Dich. Und das macht Dich noch schöner als ohnehin schon", hörte sie an diesem Abend gleich aus mehreren Mündern.

Diese „ Hexen" waren schon was Tolles: Alle, wie sie hier da waren, kannten so etwas wie Neid oder Missgunst nicht. Sie gönnten den anderen ihr Glück.

Und sie hielt das Glück in den Händen: SIE hatte der Marienkäfer angeflogen und war auf ihr sitzen geblieben.SIE war vom Prinzen nach so langem Dornröschenschlaf wachgeküsst worden. SIE war jetzt dran. Auch dank der vielen Stunden Unterricht hier mit ihnen zusammen.

Es stürmte und wehte, und sie machten sich auf den Weg zu ihrem Ritualplatz. Am Wasser angekommen, sah man überall weiter weg, dass es in Störmen goss. Nur dieser Platz hier, hier kam nichts an.

Wusste ich`s doch, dachte Lila bei sich. Riana hatte- nur ein ganz kleines bisschen- die Regenlinie umgelenkt.

Während der Schlüssel eingeweiht wurde, machten sie ein großes Feuer. Es war Ende Juni. Und maximal 10 Grad draußen. Es war richtig kalt. Alle saßen in mitgebrachten Decken da. Und während sie die Elemente einluden, an dieser Zeremonie dabei zu sein, stieg die Energie. Bei der Luft kam eine richtig starke Windböe und blies ihnen durchs Haar, das Feuer loderte lichterloh, als sie es einluden, die Erde gab ihnen Sicherheit, und beim Wasser fielen nur einige wenige Tropfen auf diesen Platz.

Was ist es doch töricht, alles, was die Natur uns an Magie und Hilfe zu bieten hat, zu verdammen, dachte sich Lila.

Keinen Tropfen mehr regnete es während der 3 stündigen Zeremonie. Es war sehr schön und sehr magisch.

Am Ende, bevor sie das Feuer aus machten, meinte Riana, jede, die durch dieses Feuer springen würde und dabei an einen Mann, an eine Liebe denken würde, würde das Feuer dieser Liebe damit sehr stark anfachen. Lila war die Fünfte, die sprang: Dabei dachte sie an ihren Piraten, den sie so sehr liebte, die Liebe ihres Lebens, der für sie bestimmt war. Sie sprach den Namen Mario nicht aus. Sie dachte an ihren Piraten. Und im Nachhinein begriff sie, dass dieser Pirat da draußen noch irgendwo rumschipperte. Und dass es sich dabei nicht zwingend um Mario Anthony oder wer oder was sich hinter diesem Namen verborgen hatte, handelte. Vielleicht war sie vor Mario noch gar fähig gewesen, in dieser Dimension zu lieben. Vielleicht war sie selbst noch nicht ausgeheilt und kraftvoll genug, um den Richtigen wirklich anzuziehen.

Eine große Liebe braucht große Gefühle und braucht Menschen, die überhaupt dazu in der Lage sind, sich so tief und stark einzulassen. Sie konnte so große Gefühle händeln. Sie konnte so sehr lieben. Aber erst Jetzt. An diesem Abend war Lila sehr, sehr glücklich. Sie war die glücklichste Frau auf der Welt. Und das konnte ihr keiner nehmen. Nie mehr.

9. Kapitel

Berlin, 26. Juni, 7:00Uhr:

Mario:

- *Tanze, als ob Dich niemand beobachtet*
- *liebe, als ob Dich nie jemand verletzt hätte*
- *Singe, als ob keiner zuhört*
- *und lebe, als ob es der Himmel auf Erden wäre*
- *Guten Morgen! Ich wünsche Dir einen wundervollen Tag.!!!*

Lila:

- *Guten Morgen, mein Liebling. ich bin schon wach. Jawoll, um halb acht*
- *Normalerweise bin ich eine Langschläferin*
- *aber es ist einfach unmöglich für mich, wenn ich weiß, Du bist da und ich habe die Chance Dich zu erreichen.*
- *Guten Morgen, my love*
- *Mein Süßer: Wie sollen wir die Situation händeln, wenn ich bald in London bin? Mein Telefonvertrag lässt derzeit keine Telefonate ins Ausland zu. ich finde das mal heraus. Und ich glaube, ich habe kein Roaming dort*
- *Hast Du ein Handy? Wollen wir simsen? Was sagst Du?*

Mario:

- *Wenn ich mich entscheiden müsste, ob ich atme oder Dich liebe, dann würde ich meinen letzten Atemzug dafür nutzen, Dir zu sagen: ICH LIEBE DICH*

- *Meine Süße, Du kannst doch Deinen Laptop mit nach London nehmen*
- *Den kannst Du in fast allen Plätzen in London einloggen*

Lila:

- *Ja, mein Liebling, aber ich habe keinen internet-stick für meinen Laptop. ich glaub, das funktioniert nicht*
- *Außerdem geht das Seminar von morgens um 8 Uhr bis abends um 22 Uhr. Wir werden vermutlich eh nur sehr wenig Zeit haben.*
- *Ich weiß überhaupt nicht, wie ich das überleben soll.*

Mario:

- *Wow*
- *Das ist ja schrecklich*
- *Von 8 Uhr morgens bis 10 Uhr abends*
- *Was wird da mit mir passieren?*

Lila:

- *Unser Verlangen nacheinander wird wachsen, bis wir uns endlich real sehen*
- *Was wird bloß mit mir passieren?*

Mario:

- *Was ist denn das Thema des Seminars*
- *Ich werde Dich furchtbar vermissen die ganze Zeit*

Lila:

- *Master your mind: Bringe Deine Gedanken zur Meisterschaft*
- *Ja, mein Meister*

Mario:

- *14 Stunden nichts von Dir zu hören, das wird ja die Hölle*

Lila:

- *Oh Liebling, das wird schrecklich*
- *Kannst du Dich eigentlich an die Zeit vor uns erinnern? Ich ehrlich gesagt nicht*
- *Was habe ich mein ganzes Leben vorher gemacht?*

Mario:

- *Du musst Dein Roaming erweitern, so dass wir jedenfalls ab und an telefonieren können*
- *Meine Nummer ist auf Roaming gestellt*

Lila:

- *Ich hab das Roaming vor ner Stunde aktiviert*

Mario:

- *Gut*

Lila:

- *Es funktioniert. Aber bislang hatten wir Schwierigkeiten mit der Verbindung*

Mario:

- *Dann können wir immer telefonieren, wenn Du Zeit hast*

Lila:

- *Ich habe Dich nicht verstehen können*

Mario:

- *Was?*

Lila:

- *Aber wir werden es zusammen durchstehen, Honey.*
- *Wie was?*

Mario:

- *Aber ich konnte Dich nicht verstehen?*

- *Diesen Satz verstehe ich nicht*

Lila:

- *Ja, unsere beiden Telefonate, die wir bisher miteinander geführt haben: Da konnte ich Dich wirklich nur ganz schwer verstehen wegen der schlechten Verbindung (ist das das richtige Wort?)*

Mario:

- *Ja*

Lila:

- *Alle 2 Sekunden war ein Funkloch*

Mario:

- *Das kann an der schlechten Frequenz hier wegen der hohen Wellen auf hoher See liegen*

Lila:

- *die Schwingung ist definitiv nicht so gut wie unsere, Süßer*

Mario:

- *Ich weiß. Die Wellenfrequenz ist so derartig schlecht, wenn wir auf hoher See unterwegs sind*

Lila:

- *Und auch sehr langsam*
- *My Love, ich will Dir gerad mal einen Kuss rüberschicken*

Mario:

- *Aber unsere Schwingung ist eh die höchste auf der Welt*

Lila:

- *Ja, das stimmt*
- *Millionen Küsse für Dich, my Love*

- *wie ist es bei Dir auf dem Schiff? ruhig? stürmisch? Wellen?*

Mario:

- *Wellen und stürmisch*

Lila:

- *Ich hoffe, dass alle Schutzengel bei Dir sind und auf Dich auf-passen, so dass Du in absoluter Sicherheit bist, Liebling*

Mario:

- *Du bist der beste Engel, den ich habe*
- *Du bist die gesamte Zeit hier auf dem Schiff bei mir*
- *Ich bin so stark, weil ich Dich als meinen Schutz habe*

Lila:

- *Ich schütze Dich den ganzen Tag und die gesamte Nacht aus dem sicheren Glauben heraus, dass wir ein langes und erfüll-tes Leben miteinander leben werden, mein Schatz*
- *Ich möchte Dich an meiner Seite haben*
- *als mein Liebhaber*
- *mein Tiger*
- *mein Pirat*
- *mein ein und alles*

Mario:

- *Dein Löwe*
- *Dein Elefant*
- *Deine Wildkatze*

Lila:

- *Frauen mögen in der Regel den Vergleich mit Elefanten nicht so gern, Schätzchen*

- *Kuss*

Mario:

- *wirklich?*

Lila:

- *Ja, wirklich*

Mario:

- *Weißt Du eigentlich, dass ich heute morgen ein Crew-Mitglied mit Deinem Namen angesprochen habe?*
- *Ich dachte, ich steh neben Dir*
- *und habe ihn einfach Lila genannt*

Lila:

- *Oh mein Herz*
- *Das ist wundervoll*

Mario:

- *Der Typ guckte mich an, als wenn etwas falsch wäre mit dem „ Direktor"*
- *Ich will ein Foto von Deinem string Tanga sehen*

Lila:

- *Nichts, aber auch gar nichts an Dir ist falsch*

Mario:

- *Einfach nur Deinen String-Tanga und Deinen BH*

Lila:

- *Ich habe gar keinen String-Tanga an, my Love*

Mario:

- *Ich habe dem Typen gesagt, dass alles in Ordnung ist*

Lila:

- *Ich habe auch keinen BH an, mein Süßer. bin einfach ganz pur im Moment*

Mario:

- *Das ist ein Zeichen von Liebe:*
- *Bitte zieh Dir einen String-Tanga und einen BH an und sende mir davon ein Foto*

Lila:

- *Nein, Liebling. Du wirst mich live und in Farbe in Berlin sehen... mit oder ohne. einen String Tanga und BH*

Mario:

- *o.k.*

Lila:

- *Ich bin in Deinen Gedanken*
- *in Deiner Seele*
- *in Deinen Fingern*
- *in Deinen Lippen*
- *und in Deinem Dick*

Mario:

- *Dank Dir so sehr, meine kleine Hexe*

Lila:

- *Kuss*

Mario:

- *Baby, ich muss zurück zur Arbeit*
- *LIEBE DICH, MUTTER MEINER UNGEBORENEN KINDER*
- *LIEBE DICH SO SEHR*

Der Sex-Pirat

Lila:

- *Ich sterbe gerad vor Liebe, Honey*

Mario:

- *wir sprechen uns ganz bald, meine Königin*
- *Ich bin bald zurück*

Berlin, 26. Juni, 11:25 Uhr:

Lila:

- *Hi my Love. Habe gerade Sport mit meinem Personal Trainer hinter mir.*
- *und nun muss ich anfangen, die ganzen Sachen zu packen: Segelgepäck für Isa und Leif, Workshop-Gepäck für mich für London*
- *Morgen früh werde ich los fahren nach Norddeutschland. Dort leben meine Eltern*
- *Und Donnerstag dann nach London Luton. Ich glaub, der Flughafen ist irgendwo im nirgendwo*
- *Dann werde ich das Hotel suchen müssen usw.usw.*
- *Ich hoffe, ich hör bald von Dir*

Lila:

- *Ich glaube, ich werde meinen Laptop doch mit nach London nehmen und schau dort mal, ob ich WLan bekomme*
- *Wo liegt eigentlich Dein Haus in London?*

Das Timing lief richtig gut. Es dauerte gar nicht lange. Dann war er schon wieder da

Mario:

- *Hallo Love*
- *Mein Haus befindet sich im nördlichen Teil von London*
- *Wo ist denn Dein Seminar?*

Lila:

- *Hallo Love*
- *In Lillie Road, Earls Court?*

Mario:

- *o.k. Love*
- Das ist in Fulham

Lila:

- *Eigentlich ist es egal. wir werden uns sowieso die ganze Zeit drinnen aufhalten*
- *Ist Fulham gut?*

Mario:

- *Ich habe Dich in meinem Blut*
- *Du bist immer in mir, meine kleine Hexen-Königin*

Lila:

- *Du bist auch immer bei mir, Honey, nur im Moment will die Zeit nicht rum gehen. Ich vermiss Dich so schrecklich*

Mario:

- *Ich habe Tränen der Freude in meinen Augen*
- *Sie sind in meinen Augen wegen Dir*

Lila:

- *Ich küsse sie Dir jetzt trocken in Gedanken*

Mario:

- *Tue, was immer Du mit mir tun willst*

- *Ich bin ganz Dein*

Lila:

- *Oh Liebling, ich kann es wirklich nicht mehr aushalten, bis Du endlich hier bist*

Mario:

- *Schließ Deine Augen und dann bin ich bei Dir*

Lila:

- *o.k.*
- *Du machst mir Gänsehaut.Ich kann Dich fühlen*
- *Ich liebe Dich*

Mario:

- *Ich bin Dein Schutzengel. Deshalb bin ich die ganze Zeit mit Dir, meine Liebe*

Lila:

- *Vielen Dank, Honey*

Mario:

- *Du packst?*
- *Wo sind Isa und Leif?*

Lila:

- *Hab gerade erst angefangen*
- *Isa und Leif sind schon in Norddeutschland bei ihren Großeltern.*
- *Ich werde sie morgen auflesen und dann Isa in ihr Reitercamp bringen*
- *Leif wird dort bleiben*
- *Ich werde meine Eltern für eine Nacht besuchen und starte dann von Hamburg nach London*

- *Sorry, meine Putzfrau kommt gerade. Sie ist jetzt draußen*

Mario:

- *Lass Dir Zeit und sprich mit ihr*
- *ich warte hier auf Dich*

So war es die letzten Tage ab und an gewesen: Mario wartete regelrecht auf sie. Wie sollte das bloß werden, wenn sie übermorgen in London war, 14 Stunden in einem Intensiv-Workshop mit 1000 Leuten in einem Raum? Sie hatte sich so auf dieses Seminar gefreut. Und günstig war es auch nicht gewesen. Und nun hatte sie eigentlich gar keine rechte Lust mehr, Stund um Stund dort zu hocken.Lila wurde ganz schummrig, wenn sie daran dachte. Sie hatte ihren Mario zwar noch nie gesehen, aber sie war durch und durch mit ihm verbunden und schon richtig abhängig.

So ging sie kurz zu ihrer treuen Putzfrau, die ihr sogar mit ins Kellerloch gefolgt war und dort ab und an das Gröbste erledigte, und dann sprang sie wieder an ihren Computer:

Lila:

- *Sie fängt erst einmal draußen an, ich habe Zeit*
- *Mario, ich fühle mich gerade sehr sensibel. ich vermisse Dich so*

Mario:

- *Sensibel?*

Lila:

- *Und nichts, aber auch gar nichts ist eine Alternative*

Mario:

- *Alles, was Du brauchst, bin ich*

Lila:

- *Sensibel, verletzlich, ein bisschen traurig.*
- *Ist das nicht das richtige Wort?*

Mario:

- *Dein ein und alles*
- *Nein: Das Wort ist richtig*

Lila:

- *Ja, Schatz*

Mario:

- *Ich weine hier auch die ganze Zeit, weil ich Dich so sehr vermisse*

Lila:

- *Ich bin nun seit nahezu 2 Wochen völlig außer mir*

Mario:

- *Ich habe immer Tränen der Freude in meinen Augen*

Lila:

- *Ich bin zu gar nichts zu gebrauchen im Moment. Das einzige, was ich gerade will und kann, ist mit Dir zu chatten*

Mario:

- *Das ist Liebe*
- *Realität*
- *Glaube*
- *Vertrauen*

Lila:

- *Das ist Liebe*

- *Realität*
- *ich glaube*
- *ich vertraue..*
- *ABER: ich vermisse DICH*

Mario:

- *Ich vermisse Dich sogar noch mehr*

Lila:

- *Kuss*
- *Honey, erzähl mir jetzt was über Dich, damit ich mehr und mehr erfahre über meine große Liebe*

Mario:

- *Was willst Du wissen?*

Lila:

- *Bist du ein aktiver Typ?*
- *Was machst Du sonntags, wenn Du zuhause bist?*

Mario:

- *Ich habe Dir alles von mir erzählt*
- *ich lese mir mein Buch durch und recherchiere im Internet*

Lila:

- *Bist du ein Langschläfer? Ein Frühaufsteher? Machst Du Sport?*

Mario:

- *Ab und an geh ich ins Kino*

Lila:

- *Recherche?*

Mario:

- *Ja*
- *Alles über das Meer*

Lila:

- Hast Du ein eigenes Boot/Schiff?

Mario:

- Ich habe ein Boot
- ein Segelboot

Lila:

- Super

Mario:

- Es ist einfach nur ein kleineres Boot

Lila:

- Mit einer Kabine?

Mario:

- Ich nutze es gewöhnlich, um um London herum zu segeln

Lila:

- Kann man darauf schlafen?

Mario:

- Nur für mich, Dich und die Kids
- Ja, wir können darauf schlafen

Lila:

- Super
- Ich liebe segeln
- Ich hatte auch eine Segelyacht zusammen mit Wolf
- eine Rennyacht

Mario:

- Ich werde dich ums gesamte Vereinigte Königreich herum segeln

Lila:

- *Ich liebe Dich*

Mario

- *Ich liebe Dich wie verrückt*

Lila konnte es wirklich immer noch nicht glauben: Sie hatte wirklich den 6er im Lotto getroffen. Jetzt war er auch noch Segler. Und wollte mit ihr und den Kindern um Großbritannien segeln. Dass man um London herumsegeln konnte, war ihr neu. Aber in Geografie war sie eh nie eine Leuchte gewesen. Wie 98 Prozent aller Frauen, lächelte sie in sich hinein. Hatte die BBC nicht einmal einen dreidimensionalen Stadtplan für London entworfen? Nur für Frauen, da die sich die Ecken mit Schuhläden etc. so viel einfacher merken konnten? Egal, er würde ihr Geografie-Wissen auffrischen. Per Segelboot. Juhuuuuu! Auch, dass er meinte, es sei „ just a small boat", nur ein kleines Boot: Wenn er und sie und 3 Kinder darauf Platz hatten, dann konnte es nicht so klein sein. Ach, Lila liebte dieses Think Big-Gen, was ganz offensichtlich auch ihr Mario hatte, genau wie sie. Endlich mal nicht so klein in klein. Endlich mal genug Geld, um sich schöne Dinge einfach so leisten zu können. Endlich mal kein Gestreite über Geld und Geldausgeben. Er trug sie auf Händen, er hatte eine Villa in London, er hatte ein Segelboot, fuhr Mercedes, Du meine Güte.Sie liebte London. Sie hatte Großbritannien mit seinen Herrenhäusern und Cottages schon immer toll gefunden. Und nun wurde sie mitten hineingetragen von ihrem Piraten? Das war ja wie Rosamunde Pilcher, dachte Lila so bei sich. Nur viiiiieeeeeel schöner. Und nun würde sie in drei Tagen nach London fliegen. In SEINE Stadt. In die Stadt, in der sie vielleicht- zumindest in

Etappen- bald auch leben würde. WOW. Ja, das war WOW. Das war einfach nur Wow.

Mario schickte ihr einen Link:

    o   http://www.youtube.com/watch?v=wA4ppvp2IzY&featu re=bf_prev&list=AL94UKMTqg-9C9nTa1N-0ScMZTtqtlJv17&fb_source=message

Lila:

* *Was ist das?*

Mario:

* *Ein Song*

Lila hatte schon mehrfach versucht, seine Links zu öffnen, aber das klappte nicht. Auch youtube-links nicht.

Das war wohl irgendwie anders geschaltet. Aber wer weiß, vielleicht stimmte das auch nicht. Sie hatte im wahrsten Sinne des Wortes keine Ahnung. Sie war ein Technik-Dummie.

Mario:

* *Youtube funktioniert in Deutschland nicht?*

Lila:

* *Doch, schon, aber nicht Dein Programm*
* *das zeigt mir jedenfalls der Computer an, wenn ich Deine Links öffnen will*

Mario:

- *Klicke einfach auf den Link*
- *Der song ist von Youtube*

Sie probierte es erneut, aber es klappte wie bei den anderen Songs, die er ihr geschickt hatte, nicht. Wie süüß. Sie hatte schon mal einen Geliebten gehabt, der hatte ihr immer Lieder aufgenommen, von denen er wusste, sie würde sie mögen. So hatte er um sie geworben. Damals noch auf Kassette.Ein bildschöner, deutlich älterer Politikstudent mit Goldkettchen. „ The first cut ist the deepest" von Rod Stewart zum Beispiel hatte er ihr auf Kassette gezogen. „ Das magst Du doch so gerne, oder?" hatte er sie mit seinem umwerfend charmanten Lächeln damals in einer Münchner Szene-Kneipe angelächelt. Und jetzt wieder so ein Charmeur, der wusste, was Musik an Gefühlen hervorbrachte. Schade, dachte Lila, ich hätte gerne gehört, was da kommt.

Lila:

- *geht nicht*

Mario:

- *o.k.*

Lila:

- *Aber vielen Dank trotzdem, my Love*
- *Ich mag Deinen Musikstil und die Musik, die Du mir sendest.*
- *Oh wie lustig: Adele startet just in diesem Moment hinter mir.*
- *Das ist DEINE Magie, mein Süßer*

Und wirklich.Nach bestimmt 2 Minuten Pause war der Song einfach angefangen: Es war Magie: Plötzlich war sie da: Adele sang mit ihrer tiefen, wundervollen Stimme, als ob sie das Lied für sie beiden komponiert hätte. Konnte diese Frau toll singen.

Mario:

- *Danke, meine Süße*

Lila:

- *Kuss*

- *Ich liebe Dich*

- *Bis zum Ende von allem*

Mario:

- *Ja, meine Königin*

Lila:

- *„wake up to your face in the morning sun".. Wache neben Deinem Gesicht in der Morgensonne auf".Das singt Adele gerade.*

- *Ich kann es kaum erwarten, in Dein Gesicht in der Morgensonne zu schauen. nach unserer ersten Nacht*

Mario:

- *Du bist einfach alles für mich*

- *Meine Quelle der Freude und des Glücks*

Lila:

- *Du bist mein zuhause, mein Hafen, mein Himmel, Süßer*

Mario:

- *Du bist meine „ little witch", meine kleine Hexe*

Lila:

- *Ist es eigentlich nicht üblich, das Wort „ witch" zu benutzen im Englischen?*

Mario:

- *Ich benutze dieses Wort allein wegen Dir*

Lila:

- *Was sagt man denn zu Frauen, die Magie machen?*

Mario:

- *Wow*
- *Du bist das beste Magische auf der gesamten Weltoberfläche.*

Lila:

- *Ich liebe Dich so sehr*
- *Und ich verspreche Dir: Ich werde Dich durch und durch verzaubern, wenn Du hier bist*

Mario:

- *gut*

Lila:

- *Einfach, weil ich Dich so liebe*

Mario:

- *Ich werde Dein Hexenmeister sein*

Lila:

- *einfach, weil ich das beste Leben mit Dir leben will, was es gibt*
- *Oh Honey, eine Freundin kommt gerade runter.*

Mario:

- *o.k.*

- *Lass Dir Zeit*

Lila:

- *Was ist eine gute Zeit, wieder mit Dir zu chatten?*

Mario:

- *Ich werde einfach immer wieder reinschauen*

Lila:

- *Kuss, hoffe, dass wir uns bald sprechen. lieb Dich*

Mario:

- *Lieb Dich auch, meine „ little witch"*

Am Nachmttag bekam sie eine Mail von Peter: „ Tut mir leid, es passt heut Abend doch nicht. Wir hören voneinander. Kuss Peter".

Ach, eigentlich war es Lila Recht. Sie hätte eh keine Lust gehabt, die beiden so schnell wieder zu sehen. So hatte sie genug Zeit sich zu überlegen, was sie für die 4 Tage London mitnehmen wollte. Sie legte ihre Miten/Deva Premal-CD ein, schwelgte in Liebesgefühlen für Mario und packte ihre Taschen. „See in myself like I never did before.. through the Eyes of an angel". sang Miten wieder für seine geliebte Partnerin. Und so sah sich Lila gerade auch: Noch nie hatte sie so auf sich geschaut. und sie wurde wirklich täglich schöner. „ Yes, I know, love ist he only prayer". Ja, die Liebe war wirklich das einzige Gebet, was sie so unsagbar schön machte..

Sie packte sich viele Kleider ein. Lustig: Seitdem Mario in ihrem Leben war, zog Lila sich viel weiblicher an als die Jahre vorher. Sie hatte schon immer gerne Kleider und Röcke getragen, aber die Jahre des Streits und des vielen, vielen Arbeitens und Debattierens hatten ihr irgendwie die Lust genommen, ihre Brüste mal richtig in Szene zu setzen oder ihren Po. Eigentlich standen Lila Kleider und Röcke besonders gut. Sie war ein sehr weiblicher Typ mit Rundungen und Kurven. In dem Hexenclub gab es neben Riana auch noch eine sehr üppige Schönheit: Livia. Livia trug NUR Kleider. Das alles hatte sie inspiriert. Und nach vielen, vielen Jahren fing Lila wieder an, das Weibliche aus sich hervorzuholen.

Sie chattete, nachdem sie alles gepackt und erledigt hatte, noch ein wenig mit Mario. Irgendwie schien er gar nicht zu schlafen. Er verabschiedete sich von ihr. Da war es bei ihr kurz vor halb zehn Uhr abends gewesen. Er hatte kurz vor halb drei Uhr morgens und musste laut seinen Aussagen um 6 Uhr schon wieder arbeiten.

Lila wollte extra 1 Stunde früher aufstehen, damit sie mit ihrem Mario noch chatten konnte.

Doch sie wollte auch nicht so spät los. Sie freute sich auf ihre Eltern und vor allem auf Isa und Leif. Diese 5 Tage ohne sie waren fabelhaft gewesen. Aber die Nähe und das Schmusen mit den beiden fehlten ihr schon. Sie vermisste diese kleinen Braten, die bei Oma und Opa saßen und sich langweilten.

Berlin, 27. Juni, 6:00 Uhr:

Mario:

- *Glück kommt nicht, wenn man eine einfache Arbeit tut*
- *sondern als Nachgeschmack von Befriedigung*
- *aus einer Leistung heraus*
- *und einer schwierigen Aufgabe, die das Beste von uns fordert*

- *Öffne Deine Gedanken und empfange meine Wünsche*
- *Öffne Dein Herz und empfange meine Liebe*
- *Öffne Deine Augen und empfange mein Lächeln*

Lila, 7:30 Uhr:

- *Guten Morgen, mein Herz, ich bin jetzt wach. Meine Nacht war so, so kurz, viele konfuse Sachen geträumt*
- *Aber jetzt habe ich ein Lächeln in meinem Gesicht. Danke für Deinen Morgengruß*
- *Du bist mein Lächeln, meine Freude, mein Atem und meine Nahrung*
- *Ich hoffe, Du bist trotz des kurzen Schlafes fit. Dreieinhalb Stunden sind nicht genug, Honey. Ich hoffe, ich kann das wieder gut machen, wenn Du hier bist.*

Mario:

Savage Garden - Truly Madly Deeply

www.youtube.com

Music video by Savage Garden performing Truly Madly Deeply. (C) 1997 SONY BMG MUSIC ENTERTAINMENT

Teilen

- *Von meinem Herzen für Dein Herz*

Lila:

- *Kuss, mein Herz. Du bist mein Atem, mein Paradies*
- *Ich will- wie in dem Song- auch mit Dir zusammen in die Berge, zusammen ans Meer.*

- du bist der Himmel für mich. Das singen sie gerade. „ he and she together". Er und sie zusammen. Ich liebe Dich. Guten Morgen
- Wie hast Du geschlafen?

Mario:

- Ich liebe Dich für immer und ewig

Lila:

- Das werde ich auch, das verspricht Dir mein Herz

Mario:

- Wie war Deine Nacht?

Lila:

- Sehr, sehr durcheinander, wirre Träume, viel Herzklopfen, bin oft aufgewacht.
- lag in der Dunkelheit, musste an Dich denken, bin dann wieder mit einem Lächeln eingeschlafen, weil Du DA bist.

Mario:

- Was hast Du geträumt?
- erzähl mir Deine Träume

Lila:

- Ich kann mich gar nicht richtig erinnern
- irgendwas mit meinem Ex-Mann, ein Haus, was direkt am Abhang stand. Streitereien und Diskussionen, aber ich glaube, Du hast die ganze Zeit hinter mir gestanden,kann mich gar nicht mehr richtig erinnern
- Isa und Leif waren mit im Haus... und so weiter und so fort

Mario:

- *Hör auf, an Deinen Ex zu denken*
- *Es war einfach nur ein Traum*
- *Deshalb: Vergiss alles, was mit Wolf zu tun hat*
- *Deine Konzentration sollte auf Isa und Leif liegen*
- *und auf unserer ersten Nacht, die wir miteinander verbringen*
- *unsere Zukunftsplänen*

Lila:

- *Schätzchen, mein Ex ist nicht länger wichtig für mein Herz.*
- *aber leider hat er die Macht zu bestimmen, wie und wo ich mit meinen Kindern zu leben habe*

Mario:

- *denk lieber dran, wie wir unser Leben gemeinsam auf Mallorca verbringen*

Lila:

- *Da hast Du absolut Recht. Das denke ich, wenn ich wach bin. Aber Du hast mich nach meinen Träumen gefragt, und die waren heute so.*

Mario:

- *Vielleicht sollten wir uns entscheiden, unser Leben gemeinsam zu verbringen*

Lila:

- *Oh mein Süßer. Du meinst es wirklich ernst mit dem Umzug von London, ja?*

Mario:

- *Nur Du und ich*

Lila:

- *Was ist mit Deinem Sohn: wäre er einverstanden?*

Mario:

- *Ja*
- *Ich habe ihm schon eine Mail geschickt und darin geschrieben, dass wir bald umziehen*

Lila:

Glaubst Du, er akzeptiert und mag mich?

Mario:

- *Ich habe ihm erzählt, dass er bald wieder eine Mutter hat*
- *Er hat mir darauf geantwortet und gesagt: Dad, ich bin so glücklich, dass Du jetzt Deine Lila hast."*

- *Er wird Dich mögen*

Lila:

- *Oh mein Liebling, das klingt so schön und einfach*
- *Ich glaube, wir werden Schwierigkeiten mit Isa bekommen*
- *Sie ist gerade so wütend über so viele Dinge*
- *Sie ist gerade ein richtig kleiner Terrorbolzen, hat so sehr mit ihrer Pubertät zu tun*
- *Ihr Vater hat eine neue Tochter mit seiner Freundin, und sie hasst diese Situation und ist sehr hilflos*

Mario:

- *Sorge Dich nicht, meine Süße*
- *Isa wird bald mit uns zusammen sein*

- *Wir werden mit ihr einkaufen gehen, wenn ich nach Deutschland komme*
- *Sie ist auch nur ein kleines Mädchen*

Lila:

- *Liebling, ich bin allein hier in Berlin, wenn Du kommst*

Mario:

- *Vielleicht können wir zusammen ein paar Tage Urlaub machen*
- *Du kannst sie ja fragen, ob sie nicht kommen wollen, wenn ich da bin.*

Lila:

- *Isa ist in den Ferien. Ich habe die Zeit EXKLUSIV für Dich reserviert*

Mario:

- *Ich weiß, mein Glück*

Lila:

- *Ich liebe Dich. und shoppen ist definitiv ein guter Weg, um mit Isa in Kontakt zu kommen."*

Das war es in der Tat: Isa hatte astrologisch gesehen den Mond im Löwen wie Lila auch. Und diese Menschen liebten nun einmal den Luxus und ein Leben auf großem Fuße. Und bei Isa schien das noch mehr zu stimmen als bei Lila selbst. Isa war sogar so, dass sie sich mit Freuden von ihrem Vater abholen ließ, seitdem er einen Porsche Targa fuhr, vorher mit dem „popeligen" Alpha wollte sie immer, dass er um die Ecke wartet.

Schon als zweijähriges Mädchen hatte Isa in dem Porsche, dem ersten Porsche von Wolf, gesessen, als ob sie dort hineingeboren worden wäre. So war sie schon als ganz, ganz kleines Mädchen gewesen. Luxus, teuer Essen gehen, das liebte sie. Aber das klein in klein, das war nichts für sie. „ Meine Tochter", hatte Lila da gedacht. Sie mochte auch dieses „ short people" Denken nicht und brauchte eine gewissen finanziellen Freiraum, um sich ganz wohl zu fühlen. Isa hatte sich von ihrer letzten Shopping-Einkaufstour zusammen mit Arielle und Avachen ein T-shirt gekauft: Auf dem knallroten Shirt stand groß und dick in schwarzer Schrift. „ Shop the pain away".Herrliche Aufschrift, fand Lila. Einkaufen mit Isa. Da hätte Mario sicherlich schon nach kürzester Zeit einen Stein - einen Edelstein versteht sich- bei ihr im Brett gehabt. Mario konnte sogar mit Mädchen umgehen. Was für ein Mann, dachte Lila.

Lila:

- *Weißt Du was? Wir können jetzt bereits die Tage rückwärts zählen. Der Countdown läuft, genau jetzt in 1 Woche haben wir bereits unsere erste Nacht hinter uns.*
- *Mein Englisch ist grauenhaft*

Mario:

- *Meine perfekte Lady*
- *Der erste Kuss und Cut wird noch tiefer sein*

In dem Moment klingelte ihr Telefon: Es war Wolf. Das hörte sie schon am Klingelton. Sie wollte jetzt nicht ran gehen, auch wenn es wichtig sein könnte.

Lila:

- Honey... Wolf ist am Telefon.

Mario:

- Sag Wolf, er soll zur Hölle gehen
- Was hat er für Probleme?

Lila:

- Er ist hartnäckig, und ich muss noch viele Sachen wegen der Kinder organisieren

Mario:

- Er hat selbst eine neue Freundin
- Da sollte er dich doch wirklich dein eigenes Leben leben lassen
- Er sollte dich nicht länger so behandeln

Lila:

- Es ist nichts falsch mit ihm. Er ist auch nur ein Mann, der den ganzen Tag Chef spielt. Aber er hat diesen Druck dann irgendwann auch zuhause auf mich ausgeübt
- Das ging irgendwann nicht mehr, und heute geht es auch nicht
- Aber er hat im Moment die Macht- gerade durch Gerichtsbeschluss bestätigt- mir zu sagen, wie und wo ich zu leben und zu arbeiten habe mit den Kindern. Verrückt, oder?
- aber ich werde einen Weg finden

Mario:

- Vielleicht solltest Du die Kinder einfach bei ihm leben lassen

Lila:

- *Das will ich nicht, Liebling. Ich liebe meine Kinder sehr doll und sie mich auch*
- *sie wollen bei ihrer Mutter leben*

Mario:

- *Bedeutet, wir werden in Deutschland leben*

Lila:

- *Ich bin eine Lady, eine Hure, und ich bin MUTTER*

Mario:

- *Ich kann nach Deutschland ziehen, wenn das Dich und die Kinder glücklich macht*

Lila:

- *Ich würde es vorziehen, dass wir auf Mallorca leben*
- *und ich bin sicher , dass ich oder besser WIR einen Weg finden zusammen mit ALL unseren Kindern.Es ist einfach wundervoll zu spüren, wie sehr Du Kinder liebst, sogar meine. Ich danke Dir dafür. Du bist einfach mein Mister Perfect*

Mario:

- *Wir wollen so schnell wie möglich umziehen*

Lila:

- *Was hälst Du denn davon, wenn ich Dich, nachdem Du hier in Berlin warst, mit nach London begleite?. Aber das können wir alles spontan entscheiden, wenn du hier bist. Wir werden fühlen, was die richtige Entscheidung ist.*

Mario:

- *Wow*
- *Wir können gemeinsam nach London fliegen*

- *gute Idee*
- *während die Kinder in den Ferien sind*
- *das wird so schön sein. Ja, wir fliegen zusammen nach London*

Lila:

- *Ja, das ist nur eine Option, wenn wir beide das möchten*
- *Ich liebe London oder besser: Ich liebe Dich. Ich liebe Dich wirklich so, so sehr.,*
- *mein süßer, heißer Pirat*

Mario:

- *Keine Option, meine Süße*
- *Das ist jetzt ein Fakt und wir werden zusammen gehen*

Lila liebte dieses Jetset-Gen. Dieses sich schnelle entscheiden, dieses „ alles ist möglich und Geld spielt keine Rolle". Sie war gar nicht so auf viel Geld aus, aber es war so unglaublich entspannend und so unglaublich sexy, dass man sich einfach nahm, was man wollte. Hauptsache, es war der Sache dienlich und machte Spaß. Sie hatte jetzt so lange eine   finanzielle „Dürrephase" hinter sich. Und sie hatte das überstanden, sogar gut, und selbst mit Spaß. Aber es war dennoch viel schöner, wenn man nicht auf jeden Penny achten musste. Was hatte Alec Guiness oder wer auch immer   in der Rolle eines englischen Hochadeligen mal gesagt? „ Mein Geschmack ist ganz einfach: von allem nur das Beste". Recht hatte er. Es machte einfach viiiiieeeel mehr Spaß. Und dass Mario großzügig war und gut mit Geld umgehen konnte, las man ganz deutlich aus seinen Worten. Danke, dachte Lila bei sich, als sie dort saß und sich auf London freute. Danke, liebes

Universum. Danke, danke, danke für diesen wundervollen Menschen, den Mann an meiner Seite, für diesen Goldschatz.

Lila:

- *Wir sind bereits verbunden. das hast Du mir geschrieben, als mein Herz verdunkelt war.*
- *und ich denke, dass unsere Herzen bereits alles entschieden haben.*
- *aber vielleicht wäre es elegant, wenn Du Deinen Sohn auf ein erstes Treffen mit mir vorbereitest... allein*

Mario:

- *Ich tue alles für Dich im Herzen, in der Seele, im body und in der Verbindung*
- *Wenn Liebe unser Wächter ist und Leidenschaft der Befehl unseres Lebens, dann leben wir, um uns für immer zu lieben*
- *Baby: Mein Sohn ist im Internat*
- *Du brauchst Dich vor nichts zu sorgen wegen meines Sohnes*
- *Er wird Dich akzeptieren, komplett*

Lila:

- *Er ist offensichtlich wie sein Vater: ein wundervoller, ehrenwerter Mensch.*

Mario:

- *Mit mir zusammen nach London zu kommen ist einfach die perfekte Idee, meinen Sohn zu treffen*
- *Ja, mein Schatz*
- *Ich habe ihn gelehrt, meine Entscheidungen zu respektieren*

Lila:

- *Unser neues Leben hat schon begonnen, mein Liebling*

Mario:

- *Er ist einfach ein perfekter, kleiner Junge*
- *Unser neues Leben hat in dem Moment begonnen, in dem Du uns während Deiner Telepathie-Reise miteinander verbunden hast*

Lila:

- *Und es ist so schön, dass tiefe Gefühl zu haben, dass diese Entscheidung einfach unser Schicksal ist und von Engeln gemacht wurde*

Mario:

- *Ich liebe Dich*

Lila:

- *Ja, mein Liebling. Weißt Du was? Die Wahrsagerin hat mir auch noch erzählt, dass wir uns auf einer Reise treffen. Diese Reise war meine mentale Telepathiereise, um mit meiner großen Liebe in Kontakt zu kommen. Ich bin mir mittlerweile fast sicher, dass es so war.*
- *Und ich bin so stolz, dass ich meinen eigenen Gefühlen einfach gefolgt bin und nicht mit einer Freundin, sondern mit DIR den Kontakt gesucht habe*
- *und es ist so unglaublich, dass das alles passiert ist. Ich habe mir das wirklich so sehr gewünscht und dann bist Du direkt vor mein Herz gefallen*

Mario:

- *Verbindung im Herzen und in der Seele. Du hast uns in Deiner Vision verbunden und die Realität folgte in dem Moment, wo wir uns in der echten Welt miteinander verbanden.*
- *Baby, ich muss zurück zur Arbeit*
- *meine freie Zeit ist um*

Oh ja. Lila schaute auf die Uhr. Es war schon zehn nach acht. Sie musste auch dringend los. Sie wollte heute Isa von ihren Eltern abholen und sie dann 100 Kilometer weiter in Hamburg ins Reitercamp bringen,das Isa nun schon seit vielen Jahren besuchte in den Sommerferien. Vier Stunden würde sie zu ihren Eltern brauchen. Kurz essen. Und um 15 Uhr musste Isa dann im Camp sein.Sie musste sich ran halten, wenn sie nicht total hetzen wollte.

Und so packte Lila ihre Sachen zusammen, schminkte sich und fuhr los. Die ganze Autofahrt hörte sie Deva Premal und Miten. Und wie im Fluge verging die Zeit. Eine kurze herzliche Begrüßung, ein schönes Mittagessen. Ihre Mutter hatte Hühnerfrikassee frisch zubereitet. Das mochte Lila so gerne. Und heute abend würde es- extra für sie- wieder Krabbenbrot geben. Das machte ihre Mama jedes Mal, wenn Lila kam. Lila liebte die Nordseekrabben. Und auf einem frischen Schwarzbrot mit Schinken und Spiegeleiern war das Essen jedes Mal ein Gedicht.

Leif sah Lila mittags gar nicht. Der war bei ihren Schwiegereltern 12 Kilometer weiter. Aber den würde sie auf dem Rückweg von Hamburg auflesen. Und dann würden sie die Nacht bei ihren Eltern verbringen. Der süße Leif. Ob er sich wohl wieder so langweilen würde wie letztes

Jahr? Wolf arbeitete den ganzen Tag in Hamburg. Und kam nur 2 Tage in der Woche zu seinen Eltern. So ein Blödmann, dachte Lila. Nicht einmal die Woche, die Leif dort war, kam er jeden Abend. Eigentlich hatte Lila gedacht, dass Wolf nicht mehr mit seiner Freundin, von der er nun eine einjährige Tochter hatte, zusammen war. Aber dass er paar Abende nicht kam, deutete auf Versöhnung hin. Naja. Sie musste da los lassen. Das ging sie nichts an.

Isa freute sich schon sehr auf das Camp. Diese kleine Lady, sie war so gar kein kleines Mädchen mehr, wie sie da mit ihren kleinen Brüstchen, die sich durch ihr T-Shirt abzeichneten und ihrer langen blonden Mähne vor ihr stand. Nein. Isa war eine richtige Teenagerin und voll in der Pubertät... und sooooo hübsch.

Auch dieses Jahr würde Isa wieder im Zelt schlafen. Da schliefen „ die Großen" des Camps. „ Die Kleinen" schliefen auf Strohballen mitten im Pferdestall mit Pferden, Hunden, Katzen und geschätzten 5 Millionen Fliegen drum herum. Abgeduscht wurden sie morgens per Riesen-Gartenschlauch. Das war wirklich ein Pippi-Langstrumpf-Camp. Isa liebte das dort sehr und war immer die einzige, die keine Minute Heimweh hatte. „ Meine Tochter", dachte Lila. Sie reiste eben auch gern und erkundete die Welt. Und außerdem hatte sie mal gehört, dass Menschen, die ein sicheres Zuhause haben, lieber in die Welt hinausgehen als welche, die Verlustängste hatten. Danach hatten ihre beiden Kinder ein sehr sicheres Zuhause, denn beide hatten noch nie Heimweh gehabt. Und das nach Trennung von ihrem Vater, nach dem Hausverkauf -dem Ort, wo Leif hineingeboren worden war- und den vielen widrigen Umständen.

Für Ende Juni war es ein durchwachsener Tag, 16 Grad, Wolken, es sollte abends noch regnen. Hoffentlich würde es vorbeiziehen, dachte Lila, und machte kurz ein paar Handbewegungen gen Himmel, um die Regenwolken zu verscheuchen. Sie hätte wetten können, dass das geklappt hatte. Tja, auch Sie war eine Hexe und konnte Wetter machen, wenn sie wollte.

Der Abschied im Camp war kurz und schmerzlos. Isa hatte jetzt genug damit zu tun, alle ihre Campfreundinnen, die sie größtenteils 1 Jahr lang nicht gesehen hatte, zu begrüßen und sich dort einzurichten.Lila wusste zu dem Zeitpunkt auch noch nicht, dass sie ihre Tochter erst 5 Wochen später wieder sehen sollte. Und deshalb wurde kurz geküsst, ganz kurz gewunken. Tschö mit Ö- wie der Kölner sagte. Das wars.

Noch bevor sie los gefahren war, hatte sie auf ihrem Handy facebook installiert. Und so fuhr sie nur einige wenige Meter weiter und hielt erst einmal am Straßenrand an, um zu schauen, ob Mario ihr gemailt hatte. Schließlich waren jetzt fast sieben Stunden vergangen ohne einen einzigen Mario-Kontakt. Das ging ja gar nicht! Wie sollte sie es bloß aushalten in London? Da saß sie bestimmt 13 Stunden im Seminar mit rund 1000 Leuten drumherum. Egal. Jetzt ging sie erst einmal auf facebook.

27.Juni, 12:00

Mario:

- *Hallo Schönheit*
- *Wo bist du gerade?*
- *Hoffe, Du fährst vorsichtig*

14:00

Mario:

- *Meine Süße, wo bist Du?*
- *Sprich mit Deinem Baby*

15:00

Mario:

- *Was tust Du?*
- *Baby, ich vermisse Dich*

Lila freute sich. Alle Stunde hatte er nun probiert, sie zu erreichen. Wie er das bloß machte? So ein Riesen-Frachter war doch mächtig groß. Und der Gang zwischen seinem Arbeitsplatz unten bei den Motoren und seiner Kabine musste doch eigentlich ganz schön lang sein. Und nun sah es fast so aus, als ob er regelrecht auf sie abbestellt war, als ob er gar nichts anderes zu tun hätte. Doch Einglück war es so. Sie hatte jetzt bereits echte Entzugserscheinungen. Wahnsinn, was der Körper so mit einem machte, wenn das Herz Purzelbäume schlug. Sie war wirklich wie von Sinnen.

Und so schrieb sie Mario in der Hoffnung, dass er schnell da sein würde:

27. Juni, 16:00 Hamburg:

Lila:

- *Mein Pirat, mein Loverboy: wo bist Du?*
- *Ich warte bitterlich... Kuss*
- *Die Mutter Deiner ungeborenen Kinder wartet.*

Und wirklich. Die Antwort kam prompt. Er hatte gewartet? Was machte Mario da auf dem Schiff?

Mario:

- *Ich bin hier. Bist Du jetzt bei Deinen Eltern?*

Lila:

- *Nein, bin gerade in Hamburg und habe Isa in ihr Reitercamp gebracht*

Mario:

- *Fährst Du?*

Lila:

- *Nein, ich parke am Rand, um mit Dir zu chatten*

Mario:

- *ich vermiss Dich, Baby*
- *was hast du an?*

Lila:

- *Ein Kleid, Stiefel, BH, Höschen. Lippenstift, Lederjacke. Es ist grau draußen*

Mario:

- *Lass mich Dir Deine Kleider ausziehen*
- *ich lege Dich jetzt hin*
- *und mache Liebe mit Dir*
- *wirklich heißen Sex*

Lila:

- *Oh ja, Liebling, Ich brenne und bin sooooo heiß*
- *mein Tiger*

- *was machst Du nur mit mir?*
- *Du bist meine Sex-Droge*

Mario:

- *Ich mach Dich heiß und high*

Lila:

- *Ja, das tust Du*

Mario:

- *Lass Deinen Körper brennen*

Lila:

- *Ich liebe Dich und fühle Dich zwischen meinen Beinen*

Mario:

- *Diese Message geht direkt an Deine Pussy*

Während Lila mit ihren grobmotorischen Fingern versuchte, möglichst schnell in dieses winzige iphone zu tippen und heiße Zeilen zu schreiben, fuhren jede Menge Eltern an ihr vorbei, die ihre Kinder auch gerade ins Camp gebracht hatten. Und sie hatte Sex am Straßenrand. Allein der Gedanke brachte sie zum Schmunzeln. Nein. Seit Mario war sie wirklich keine biedere Hausfrau mehr. Sie wusste zwar nicht, ob sie das jemals gewesen war, aber jetzt definitiv nicht! Was sagte ihre Tochter ihren Freundinnen immer?: „ Ich hab eine total durchgeknallte Mutter". Lieber durchgeknallt als langweilig, dachte Lila so bei sich. Sie war schließlich Künstlerin und wollte dieses biedere Leben ja noch nie.

Lila:

- *so, so nass*
- *nur wegen Dir*

- *mein Sex-Pirat*

Mario:

- *Ich liebe Dich, meine little witch, meine kleine Hexe*

Lila:

- *Ich liebe Dich, mein Loverboy*

Mario:

- *Ich geh jetzt zum Abendessen*

Lila:

- *O.k. mein Süßer, genieße Dein Essen. und wenn Du möchtest, kannst Du MICH später zum Nachtisch bekommen.*

Das Leben war doch schön. Allein die Vorstellung, den Traummann gefunden zu haben und auch sexuell passte es mit ihm, das war schon irre. Meist war immer irgend etwas an einer Beziehung gewesen, was nicht so toll passte. Sie hatte Wolf wirklich über alles auriebt. Und auch der Sex mit ihm war gut gewesen. Aber Delirium-Sex oder „ life changing Sex", wie es heute hieß, war es nicht. Besseren Sex hatte sie schon mit anderen Männern gehabt. Und jetzt sollte sich auch das noch fügen?

Lila machte wieder ganz laut ihre Deva Premal/Miten-CD an und fuhr nur 50 Minuten bis zu ihren Schwiegereltern oder genauer Ex-Schwiegereltern. Ihre Schwiegermutter, Addi, hatte die Trennung, die Scheidung, das andere Kind von der anderen Frau, nie wahr haben wollen. Jedes Jahr zu Weihnachten hatte sie gesagt. „ Das ist mir ganz egal, was ihr da draußen so treibt, hier bei uns zu Weihnachten ist alles so wie immer. Ich will nichts anderes hören". Lila musste schmunzeln bei dem Gedanken an Weihnachten. Da gab es immer viel zu viel zu essen und viel zu viel zu trinken. Und alles immer im Doppelpack: bei ihren Eltern und dann noch mal die volle Ladung bei ihren Schwiegereltern. Und Lila rollte immer von fast ganz alleine wieder nach Hause.

Aber ihre Kinder liebten ihre Omas und Opas. Lilas Vater war ja stark dement die letzten Jahre geworden und lebte schon in einer sehr anderen Welt. Und Leif fühlte sich eh wohler bei den Eltern von Wolf. Und so bekam Lila- wie immer- einen Sekt zur Begrüßung bei ihren Ex-Schwiegereltern und unterhielt sich mit Addi und Gerd noch ein Stündchen. Leif sah aus, als ob er die letzten 5 Tage, die er nun schon dort war, sich weder gewaschen noch die Zähne geputzt noch die Kleidung gewechselt hatte. Irgendwie verschlafen. Er begrüßte sie trotzdem ganz überschwänglich.. „ Mama, weißt Du was? Ich gehe morgen in ein Fußballcamp, mit richtigen Profifußballern als Trainern, direkt in Sankt Peter Ording am Strand. Ist das nicht toll? Das hat Papa gestern gebucht." Ja, Lila fand das toll. Leif saß sonst hier ausschließlich vor dem Fernseher. Gerd war über 80 und konnte ganz schlecht laufen, Addi hatte beidseitigen Fersensporn. Oh weiah! Die konnte man doch alle in die Tonne treten. Aber die Kinder liebten sie. Und wer weiß, wie lange diese Konstellation so noch gehen würde.

Sie nahm nur die Zahnbürste und einen Schlafanzug von Leif mit. Und dann fuhren sie 12 Kilometer weiter zu ihren Eltern. Ja, dachte Lila. So war das, wenn man seine große Liebe schon mit 18 kennengelernt hatte: Dann wohnten die Eltern meist nur wenige Kilometer voneinander entfernt.

Zuhause angekommen, wurde Lila ganz überschwänglich von ihrer Mutter begrüßt. Ihre Mama, bestimmt 100 Kilo schwer und so eine Liebe, Krebs vom Sternzeichen - 1 Schritt vor und drei zurück- immer wieder schön zurück in ihr dunkles, viel zu kleines Krebshäuschen. Aber jeder hatte so sein Packerl zu tragen. Und das einzige, was Lila tun konnte, war ihre Mutter zu lieben genauso wie sie war... und ihr Unterstützung anzubieten, wenn sie sie denn wollte.

„ Meine Süße, da bist Du ja endlich", umarmte und küsste ihre Mutter sie. Und Leif wurde gleich mit umarmt und geküsst." Mein Gott, siehst Du toll aus. Das ist ja ein wirklich hübsches Kleid. Und sag mal: Hattest Du schon immer so einen großen Busen?", begrüßte ihre Mutter sie. Lila musste grinsen. Ja, der Busen war immer schon so groß gewesen, nur hatte sie jetzt einen Push-up an und so wirkte er noch größer: Körbchengröße B, so groß war das nun wirklich nicht. Aber es stimmte: Lila sah in den Spiegel und fand ihre Brüste auch ganz schön mächtig. Das Kleid betonte offensichtlich die richtigen Stellen.

Es war immer schön für paar Tage in Epenwrusten-Moor mitten auf dem bäuerlichsten Land in der Einöde Schleswig-Holsteins. Um ihr großes Grundstück herum waren nur Wiesen und Weiden und drei Gehöfte, ehemalige Bauernhöfe, von denen einer noch aktiv war. Die anderen hatten sich Berliner und andere gekauft und lebten jetzt dort ihren Altenteil. Die Sonne wurde gerade ganz warm von ihrer Farbe draußen. Wie immer wehte ein ordentliches Lüftchen dort. Aber heute war es , wie so oft dort oben, zu kalt zum draußen sitzen. Es hatte fast was Herbstliches. Morgen um diese Uhrzeit würde Lila gerade im Flieger sitzen, dachte sie. Aber jetzt war erst einmal ein Abend bei ihren Eltern. Leif war ganz schmusig. Er legte sich sofort über sie, und sie zog sein Sweatshirt hoch und kraulerte ihn. Das liebte er, auf dem Rücken massiert zu werden. Er wippelte immer hin und her, ein richtiger

Zappelphilipp, dachte Lila so bei sich. Der arme Leif hatte vermutlich schon nervöse Zuckungen vom vielen Fernsehen.

Das Krabbenbrot schmeckte köstlich. Nun war es schon sieben Uhr abends und Lila war aufgefallen, dass sie kein internet dort hatte. Halt Epenwrusten-Moor... da fand keine einzige Welle hin, dachte sie. Es war wirklich ein schöner, aber definitiv ein Arsch der Welt, dieser Ort hier.

Als sie gerade an Mario dachte, klingelte ihr Handy. Anonymer Anruf. Sie ging ran.

„ Hi Baby, it`s me. Mario". Lila erschrak richtig. Seine Stimme: nein, beim besten Willen, die war scheußlich... hoch... richtig weibisch. Aber so war das nun mal. Obwohl sie es schon irgendwie komisch fand. So richtige Männer, große Hünen, mit viel behaarter Männerbrust, die hatten ordentlich Testosteron in ihrem Blut. Und das bedeutete meist auch eine sehr markante, tiefe Stimme. Das hatte ihr Mario wirklich nicht.

Lila rannte schnell vor die Tür. Die Verbindung war so la la. Und sein irischer Akzent machten die Verständigung auch nicht gerade leichter.

„ Hi my Tiger, nice to hear you.."

Mario: „ Baby, it`s terrible. I am crying here. I miss you so badly", „ baby, es ist fürchterlich, ich weine hier gerade, ich vermiss Dich so schrecklich". Ja, sie vermisste ihn auch, aber chatten hier war gar nicht möglich. Und die wenigen Stunden, die sie dort hatte, wollte sie sich auf ihre Eltern konzentrieren und sie mirt ihnen und ihrem Sohn verbringen. Sie wollte nicht telefonieren.

Das Telefonat lief stöckerig und auch sehr kurz.

Als sie wieder rein kam, sah sie ihre Mutter an. „ Na, Lila, bist Du verliebt? In einen total bescheuerten und doof aussehenden Iren? Isa hat schon ein bisschen erzählt", lächelte ihre Mutter sie an.

Isa, ja Isa. Lila konnte sich leibhaft vorstellen, wie Isa sich bitterböse über ihre Mutter bei ihrer Oma beschwert hatte. Und sie hatte ja Recht! Lila war die vergangenen zweieinhalb Wochen wirklich nicht anwesend gewesen.

„ Ja, Mama. ich bin wirklich total verliebt. Guck mal". Lila zeigte ihrer Mutter ein Foto von ihrem Mario. „ Findest Du nicht auch, dass er aussieht wie eine Mischung aus Papa und Wolf?" Das fand ihre Mutter zwar überhaupt nicht, aber sie freute sich sehr für Lila." Das ist schön, meine Süße. Das hast Du wirklich verdient."

Lila erzählte von Mario: wie charmant er sei, wie gebildet, wie großzügig, reich, und dass er sie heiraten wollte. „ Pah" lachte ihre Mutter auf. „ Wie kann denn das sein? Ihr habt Euch noch nicht einmal getroffen". Und Lila erzählte ihr, dass es wohl Schicksal war und dass ihr die Wahrsager ihn schon geweissagt hatten. „ Endlich mal ein Mann, der Dich auf Händen trägt. Das klingt doch alles sehr, sehr schön".Sie saßen da und redeten und redeten. Ihr Vater war- wie jeden Abend- schon kurz nach dem Abendessen- also immer zwischen 6 und 7 Uhr abends- schlafen gegangen. Leif ließ sich kraulern und spielte auf dem Nintendo, und gegen 23 Uhr gingen alle zusammen schlafen. Sie schlief mit Leif oben im Elfenzimmer. Keine Ahnung, warum das Zimmer so hieß. Das hatten sie und ihre Schwestern irgendwann mal so genannt. Ein Zimmer voller Dachschrägen und Balken. Und Lila hatte sich dort schon mehrmals den Kopf ordentlich gestoßen.

Mit Leif einzuschlafen war nicht möglich. Er zappelte rum, hin und her und her und hin, Stund um Stund. Es war zum Mäusemelken. „Leif, jetzt sei mal ruhig. Das ist ja fürchterlich", wetterte ihn Lila an. Aber Leif konnte nicht liegen. „ Mama... mein Popo juckt, ganz furchtbar doll".

Oh nein! Lila ahnte schon Böses: Leif hatte sich bestimmt die Tage bei seinen Großeltern null gewaschen, bestimmt auch nicht seine Unterhose gewechselt.Und keiner hatte sich darum gekümmert. Er hatte durch seine Milcheiweißallergie einen sehr empfindlichen Magen-Darm-Trakt: Kurzum: Er hatte bestimmt Würmer. Das war ja nicht das erste Mal. Sie machte die Nachttischlampe an. „ Leif, leg Dich mal mit dem Popo ins Licht". Mein Gott, dachte Lila so bei sich. Vor wenigen Stunden noch Sex am Straßenrand mit ihrem Lover gehabt und jetzt beleuchtete sie den Hintern ihres Sohnes und untersuchte ihn auf Madenwürmer... und wurde fündig.

Es war mittlerweile 3 Uhr nachts. Ihr iphone hatte keine Internet-Verbindung. Von daher konnte sie auch nicht nachsehen, welche Apotheke heute Nacht als Notapotheke auf hatte. Sie spürte in sich hinein und entschied sich, mit Leif in den Ort ihrer Schwiegereltern zu fahren und dort zur Apotheke in der Hauptstraße zu fahren. Leif saß wie ein Häufchen Elend neben ihr im Defender,war aber dankbar, dass er nicht liegen musste und dass er wippen durfte.

Die Entscheidung sollte sich als richtig erweisen: Die Apotheke in der Hauptstraße hatte Notdienst.

Total verschlafen mit abstehenden Haaren öffnete ihr der Apotheker. Ja, so war das in einer Kleinstadt. Da machte der Chef selbst Notdienst. Lila fragte ihn, ob sie ein rezeptpflichtiges Medikament bekommen dürfe, da das andere bei Leif nie half. Leif hatte bestimmt schon 7 oder 8 Mal Würmer gehabt. Er hatte halt einen sehr empfindlichen Magen und bekam sofort Würmer. Der Apotheker sah Leif, wie er da verzweifelt und todmüde hockte, und gab ihr das Mittel. „ Das dürfen sie keinem sagen, sonst stehe ich mit einem Bein im Gefängnis", sagte er. Wie nett, dachte Lila. Die Norddeutschen waren schon echt richtig sympathische Menschen. Sie kaufte auch gleich noch die kleinste Größe von Inkontinenzwindeln, da Leif auch aus seiner dreckigen Unterhose raus musste und sie nicht nachts um drei ihre Schwiegereltern wecken wollte, um den Schlüppi zu wechseln. Und dann fuhren sie nach Hause.

Leif nahm ohne Beschwerden das Mittel, zog sich diese Windel an. Und 3 Minuten später war er eingeschlafen. Ganz ruhig und still. Was für ein süßer Kerl, dachte Lila bei sich, als sie glücklich um halb vier nachts einschlief. Und was für eine Verwahrlosung! Keiner hatte sich darum gekümmert, dass Leif sauber war und sich wusch. Nein, Wolf war überhaupt nicht in der Lage, Kinder zu versorgen. Aber jetzt war alles gut. Sie schlief auch sofort ein und träumte von weißen Stränden mit Mario... und von weißen Würmern.

10. Kapitel

28. Juni, Epenwrusten-Moor:

Leif schlief bis um 11 Uhr in der Früh. Das Mittel half sofort. Er war wieder unter den Lebenden. Und sollte nun nachmittags um 5 ins Fußballcamp. Das war Timing, dachte Lila nur.

In der Zwischenzeit hatte Lila herausgefunden, dass draußen an einer bestimmten Ecke Internetempfang war. Sie war jetzt schon 2 Mal draußen gewesen und hatte kurz mit ihm gechattet. Jedes Mal ließ Mario ihrer Mutter die besten Grüße ausrichten. Und ihre Mutter freute sich darüber. Es war doch so leicht Frauen zufriedenzustellen, dachte Lila da bei sich. Höflich, aufmerksam und wertschätzend musste man sein. Und schon waren die Frauen glücklich. Sie hielt aber jedes Mal das Chatten kurz. In wenigen Stunden würde sie ihren geliebten Leif nicht mehr haben, und auch die Stunden bei ihren Eltern waren gezählt.

Sie frühstückten um 10 Uhr. Das Wetter war heute viel, viel besser. Und Lila freute sich noch um die paar Stunden hier bei ihren Eltern.Ihr Vater war frisch zurecht gemacht von einer Pflegerin, war klar im Kopf und weinte, als Lila ihm einen Kuss gab. Das war wohl in einem bestimmten Stadium der Demenz und Alzheimer so, dass die Menschen schnell anfingen zu weinen. Oh, sie liebte ihren Vater. Der war auch immer so ein Freigeist gewesen. Und er schien jetzt ganz glücklich. Er hatte sich in 17 Jahren Krankheit von einem agilen, sportlichen, messerscharf denkenden Mann langsam aber sicher wieder zu einem 4-

Jährigen zurück entwickelt. „Die arme Mama. Jetzt hatte sie schon wieder ein Kind", dachte Lila, als sie ihren Vater ansah.

Um halb vier Uhr machte sie sich auf den Weg nach Hamburg. Sie war 20 Minuten zu spät dran und konnte dort vor Ort partout keinen Parkplatz finden. Die Zeit wurde langsam knapp. Endlich wurde sie fündig, bestimmt einen knappen Kilometer vom Abfluggate entfernt. Sie hatte noch 50 Minuten. Mit einchecken und allem Drum und dran war nicht mehr viel Zeit. Im Marschtempo rollte sie ihren Trolly hinter sich her, und ihr wurde richtig heiß, ehe sie endlich am Flughafen war. Währenddessen hatte sie ihre Mutter angerufen: „ Lila, hier auf der Auffahrt ist ein dicker Ölfleck. Pass bloß auf. Ich glaube, den hat Dein Auto hinterlassen". Auch das noch! Aber dafür hatte Lila jetzt keinen Kopf. Sie musste zusehen, dass sie einchecken konnte und würde sich auf dem Rückweg darum kümmern.

Wahnsinn! In 3 Stunden würde sie in London sein. Und bereits verabredet mit ihrer Hotelzimmer-sharing-Partnerin Anne... in einem Pub. Es gab Fußball. Und heute spielte Deutschland gegen Italien. Toll. Sie hatte eine Verabredung in London...wie cosmopolitisch.

Das Einchecken ging reibungslos. Und sie war gerade mal am Gate angekommen, da kam schon die Ansage durch die Lautsprecher, dass jetzt das Boarding beginne. Während sie ganz hinten in einer langen Schlange stand, ging sie auf facebook.

Mario war sofort da, als sie wieder Empfang hatte.

28. Juni, Hamburg Flughafen, 17 Uhr:

Mario:

- *Wo bist Du nun? Bist du jetzt fertig, um zum Flughafen zu fahren?*
- *Ich vermiss Dich so sehr, meine little witch, meine kleine Hexe.*

Lila:

- *Honey, mein Süßer, ich check gerade ein, bin sehr spät dran, ich vermisse Dich*

Mario:

- *Ich liebe Dich, mein Herz*

Lila:

- *Ich liebe dich auch*

Mario:

- *Bist du jetzt am Flughafen?*

Lila:

- *Ja, Boarding hat gerade begonnen. Stehe hier in der Schlange und warte*

Mario:

- *Ich weine*
- *ich weine hier gerade*

Lila:

- *Nur ganz nebenbei: Meine Mutter freut sich, dass es Dich in meinem Leben gibt*

Mario:

- *Oh, das ist gut*

Lila:

- *Ja, wirklich*
- *ich hab ihr die Fotos von Dir gezeigt*

Mario:

- *Ich werde Deine Mutter treffen, wenn ich in Deutschland bin*
- *das ist gut*
- *das ist wirklich gut*

Lila:

- *Nein mein Schatz. du wirst ausschließlich MICH treffen: 24 Stunden... 7 Tage lang*

Mario:

- *Ok. alles, was du willst, mein Liebling... alles.*
- *Ich vermisse Deine nasse Pussy*
- *Lass uns schnell einen Quickie haben in der Flughafenschlange.*

Lila:

- *Du bist mein Loverboy*
- *Beeil Dich, Liebling! Nur noch 20 Meter bis zum Flugzeug*
- *Ich bin bereit*

Lila hatte wirklich nur noch wenige Meter vor sich zum Einchecken, und Mario fing schon wieder an.

Aber es hatte so was Flirrendes! So was Cosmopolitisches! Jet Set. Und immer Sex mit dem Mann, den man so begehrenswert fand, dass man sich keinen schöneren und tolleren Typen vorstellen konnte. Ja, so war das wirklich immer bei ihr gewesen: Wenn sie verliebt war, dann sah sie alles durch die Rosa- Brille.

Sie unterbrach kurz ihr „ tete a tete". Und checkte ein. Kurz vor dem Flugzeug bekam sie Ärger, obwohl sie mit ihrem Koffer bereits 3 Kontrollen passiert hatte und nur noch ins Flugzeug wollte. Die Typen wollten sie doch wirklich nicht mit ihrem Handgepäck einchecken lassen, weil sie ihre Handtasche dort rausgeholt hatte und jetzt 2 Gepäckstücke hatte, aber nur 1 Handgespäckstück zugelassen war. 50 Euro pro Extra-Gepäck! Oh, wie sie diese Billigfluglinien und das Billigtratra hasste! Lila akzeptierte das natürlich nicht und riss kurzerhand kommentarlos die Banderole, die ihr der Stuart wenige Meter zuvor einfach so an ihren Koffer geklebt hatte, wieder ab von ihrem Handgepäck. Kurzzeitig wurde es richtig hektisch. Der eine Security-Mann wollte sie nicht ins Flugzeug lassen und sprach aufgeregt in seinen gelben, großen Walky-Talky. Sie versprach, die Tasche sofort in den kleinen Koffer zu tun und sich einen Platz zu suchen und vom Gewicht sei doch alles in Ordnung. Und der Typ wusste ganz offensichtlich nicht, wie er sich verhalten sollte. „ Sie haben eben das Eigentum vom Flughafen abgerissen. Geben Sie mir den Koffer. Sonst können Sie nicht mitfliegen". Aber die Schlange schob sich weiter vor an ihm vorbei und mit ihr Lila. Sie ging einfach weiter. Es waren nur einige entscheidende Sekunden, die der Security-Mann nicht sofort reagierte. Und dann war sie plötzlich im Flugzeug. Und jetzt ging alles ganz schnell: In wenigen Sekunden war ihre andere Tasche im Handkoffer verstaut, sie auf ihrem Platz angeschnallt und der Kopf gesenkt. Jetzt würde sie der Security-Typ, falls er sie wirklich suchen würde, nicht mehr finden. Aber das war ja wohl die Höhe: Ein winziger Koffer, noch Platz darinnen. Und die spielten sich so auf! Nein. Schließlich war Lila Aszendent Schütze. Und die hatten in der Regel einen ausgeprägten Gerechtigkeitssinn. Lila fasste einen Entschluss: Sie würde nur noch im allernötigsten Notfall mit solchen Billiglinien fliegen. Das wurde letztlich doch meistens auch recht kostspielig. Und dafür so entwürdigende Aktionen wie eben. Nein danke! Nicht mit ihr.

In 10 Minuten würde die Maschine ablegen.

Und so holte Lila schnell noch mal ihr Handy raus und chattete Mario an:

Lila, 28. Juni, Hamburger Flughafen, 17:30 Uhr:

Lila:

- *Schatz, wenn Du nachher nichts mehr von mir hörst: ruf mich an, ja? Ich werde gleich, sowie ich dort angekommen bin, in einen Pub gehen und mir das Fußballspiel Deutschland-Italien anschauen*
- *Ich bin ganz verrückt nach Dir und weiß gar nicht, wie wir das handeln sollen.*

Mario:

- *Du gehst in einen Pub in London?*

Lila:

- *Ja*

Mario:

- *Du kannst doch das Fußballspiel auch in Deinem Hotelzimmer schauen!*

Lila:

- *Ja, aber es macht in einem Pub viel mehr Spaß*

Mario:

- *Bleibe in Deinem Zimmer und siehe dort Fern*

- *Bist Du mit Freunden in London?*

Lila:

- *Ja, eine Freundin aus München teilt mit mir das Hotelzimmer*

Mario:

- *o.k.*

Lila:

- *Wir treffen uns direkt im Pub*

- *Sie ist schon da*

- *Zweifel nicht an mir, Schatz: Du bist mein one and only*

Mario:

- *Ich vertraue Dir mit meinem Leben*

- *Pass gut auf Dich auf, ja?*

- *Wer sitzt gerade neben Dir?*

Was war das denn für eine Frage? Lila drehte sich für einen Hauch der Sekunde der Magen um. Er sei eifersüchtig, schrieb er noch schnell. Doch sie antwortete nicht mehr darauf und schaltete das Handy ab. Es kam gerade die Durchsage, dass alle Mobiltelefone jetzt ausgeschaltet oder auf Flugmodus gestellt werden sollten. Es ging los.

Na, das war ja ein Start nach London: Erst diese Fiesematenten von der Airline. Und jetzt dieses „ Bleib zuhause, sei brav, und guck ja keinen anderen an" von Mario. Oh weiah, oh weiah, oder um mal in Marios Gedankenwelt zu sprechen: „ oh my god". Gaaaanz langsam kamen bei Lila erste Zweifel. Sie wollte keine Klette, keinen eifersüchtigen Typen, der sie nicht atmen ließ. Das passte doch auch gar nicht zu einem Piraten. Erst nur eine einzige Frau genossen! Immer treu! In seinem Kummer zu einem total gottesfürchtigen Mann geworden. Das war nicht das Bild von einem Mann, den Lila spannend fand. Piraten waren wild. Da loderte das Feuer. Die hatten Spaß am Leben und versagten weder sich noch anderen das Vergnügen.

Naja. Sie tat diese Gedanken ab und freute sich auf London... auf das Seminar. Und auf das Fußballspiel heute abend.Ohne Mario.

London, 18:00:

Sie kam eine Stunde früher in London an. Stimmte ja. Greenwich-Zeit. Die Engländer hatten ja keine Sommerzeit. Sie war in Luton gelandet. Es waren bestimmt 5 Grad wärmer als in Deutschland. Und sie hatte das Gefühl, dass sie mitten auf einer Kuhwiese gelandet war. Wo war denn hier eine große Stadt? Von London weit und breit nichts zu sehen. Sie befanden sich hier nicht einmal im „ Speckgürtel" der Großstadt. Sie ließ sich überraschen. Es ging alles ganz easy. 1 Stunde würde der Flugzeugshuttlebus bis nach Earls-Court brauchen. Und wie sie schon herausgefunden hatte, war ihr Hotel gar nicht weit weg von der Shuttle-Busstation.

Sie setzte sich in den kleinen Bus und genoss die Fahrt rein nach London: Wow, war diese Stadt hübsch. Diese alten Arbeiterhäuschen, diese Pubs, der Flair dieser Stadt. Lila brauchte nicht 5 Minuten, um zu spüren: In London könnte sie ganz wunderbar auch leben. Allein der Busfahrer, ein grünäugiger, äußerst attraktiver Mittzwanziger, war schon einladend genug. Wie er sie ansah, als er ihren Koffer befestigte. Wie er ihr die Tür öffnete. Waren alle Engländer so? So unglaublich charmant und aufmerksam Frauen gegenüber? London war toll !!!

Sie schlenderte eine halbe Stunde durch die Straßen. Dann hatte sie endlich dieses entzückende Hotel gefunden. Wie niedlich! So richtig englisch. Überall weiße Häuser, ganz anders aneinandergereiht als in Berlin, hübsch, viel kleiner und verspielter. Als sie die Treppen hinauf zum Eingang ging, kam gerade Anne, ihre Hotelzimmerpartnerin raus. „ Hey Lila, toll, dass Du da bist. Gut schaust aus.Ich geh schon mal vor, ja? Das Fußballspiel ist im Hotel, wo wir morgen Seminar haben. Circa 20 Minuten Fußweg von hier. Ich versuch Dir einen Platz im Pub freizuhalten."

Lila bedankte sich. Doch sie wollte erst einmal nach oben, sich kurz duschen, umziehen und dann los. In einer halben Stunde würde das Spiel los gehen. Den Anfang schaffte sie sowieso nicht mehr.

Oben angekommen, ging es mit der Entzückung gleich weiter. Uralte, große, schwarze, verschnörkelte Holzbetten. Die sahen eigentlich eher wie aus 1001 Nacht aus, nur das ganze Drumherum war wirklich english-cotton-style: Geblümte Tapeten, anders geblümte Vorhänge, Dachschrägen, alles wirklich wie aus bead-and breakfast in Rosamunde-Pilcher-Variante.

Komischerweise hatte Lila an diesem Abend gar keine Lust mehr, mit ihrem Mario zu telefonieren.

Das „ Who is sitting next to you" hatte ihr irgendwie den Rest gegeben. Und rechtfertigen, wo und mit wem sie fernsehen wollte, das ging ihr zu weit. „ Bitte, liebes Universum, lass Mario ein Freigeist und Gentleman sein" wünschte sich Lila.

Sie ging duschen, zog sich ein hübsches -passend zur Tapete- geblümtes Kleid an und schlenderte zum Hotel.

Der Pub war proppevoll. Ein kleiner, hässlicher, käseweißer, rothaariger Kellner kam an ihr vorbei und grinste sie mit einer Selbstsicherheit an und fragte. „ hello darling-sweetheart, I will come in a second, o.k.?" Lila war begeistert. Toll. Selbst so hässliche Männer wie dieser Kellner hier waren charmant und aufgeschlossen. England war wirklich ein Traum für Frauen, fand sie: Die Männer meist bildhübsch und formvollendet, die Frauen allesamt hässlich und unattraktiv.

„ Oooooohhhhhhh"! Bestimmt 200 Leute machten ihrer Bestürzung Ausdruck: Italien hatte ein Tor geschossen.

Lila sah sich um. Inmitten von vielen Seminarteilnehmern, die Lila teils von einem anderen Seminar noch kannte, tummelte sich Anne, lachte, flirtete. Aber natürlich war kein Millimeter Platz mehr frei. Sie schaute sich um und direkt in die katzengrünen Augen von einem sehr hübschen Mann mit seinem etwa 8 Jahre alten Sohn auf seinem Schoss. Hinter ihm war ein winziges Stückchen Bank frei. Er ließ sie durch und rutschte ein Stück nach links, damit sie was sehen konnte. Was eine Asiatin fürchterlich ärgerte, die extra nach links gerutscht war, damit sie an ihm „ vorbei" fernsehen konnte und der er nun ihren Blick verstellte. Für die Asiatin war er ganz offensichtlich nicht zur Seite gerutscht. Er war Italiener, wie er ihr kurze Zeit später erzählte. Und obwohl sie Deutsche war, unterhielten sie sich über das Spiel. War das schön. Nur das Fußballspiel war ein Desaster. Deutschland flog raus. Das wars. Halbfinale ohne die Deutschen. Aber irgendwie war es in diesem Pub ganz anders als in Deutschland. Ganz viele Italiener saßen dort, ganz viele Deutsche, auch Spanier und natürlich Engländer. Und alle freuten sich über einen schönen Abend, egal, wer gewonnen oder verloren hatte.

Das Bier schmeckte herrlich. Und in der Halsbzeitpause bestellte sich Lila einen Caesars Salad. Was hatte Robert de Niro mal gesagt? Ein Tag sei kein guter Tag, wenn man nicht einen Caesars Salad gegessen habe... oder so ähnlich. Sie wusste, was er meinte. Dieser Salat war die Krönung.

Das Leben konnte doch so schön sein.

Als sie endlich zusammen mit Anne im Hotelzimmer ankam, war es auch schon kurz vor Mitternacht. Anne und sie verstanden sich ohne große Worte. Sie kannten sich eigentlich nur durch zwei workshops, die sie vorher miteinander besucht hatten. Und waren beide todmüde. Die Luft und das Licht hier in London waren ganz anders als in Berlin. Auch die Geräusche... ganz anders... schön... tolle Beleuchtung.

Es war warm im Zimmer. Stickig. Halt Großstadt im Sommer. Kein Lüftchen. Und auch das Öffnen des Fensters brachte keine rechte Erfrischung. Aber beide Frauen waren müde und wollten morgen früh um 7 Uhr schon wieder aufstehen, da sie sich eintragen mussten in die lange Liste der Teilnehmer von „Master your soul."

Sie schlief traumlos in dieser Nacht.

Kein Mario, kein gar nichts.

Und das war gut so.

11. Kapitel

London, 29. Juni: 6:00 Uhr

Lila stand sogar noch eine halbe Stunde früher auf als geplant, damit sie kurz mit Mario in Kontakt treten konnte. Sie schrieb und schrieb, während Anne unter der Dusche stand. Aber nichts.

Und ob es nun an ihrer generellen Lustlosigkeit lag oder daran, dass Mario anfing so komische Fragen zu stellen: Irgendwie hatte Lila so überhaupt keine Lust: weder auf das Seminar noch auf London, und wenn sie ganz ehrlich war, noch auf Mario. Oder schon gar nicht auf Mario.

Da kam Anne aus dem kleinen Badezimmer. „ Pass auf, wenn Du unter die Dusche gehst. Es kommt erst kochend heiß raus und dann innerhalb einer viertel Sekunde eiskalt. Das ist tricky, wenn Du hier heil und frisch wieder raus willst."

Lila fummelte ein wenig an dieser Dusche rum. Also so altmodisch wie das Zimmer eingerichtet war, so altmodisch waren auch die Badezimmeramaturen. Sie brauchte dennoch nur wenige Minuten, um sich fertig zu machen. Das Frühstück, welches es inclusive gab, hätten sich die Hotelbetreiber auch sparen können. Sehr spartanisch. Alles in Plastik eingeschweißt.. Und kaum Auswahl. Und so aß Lila ein kaltes, grünblaues Ei und einen pappigen Toast. Sie erinnerte sich an den deutschen Entertainer Robert Lemcke. Der hatte einmal gesagt, die Hölle auf Erden sei für ihn ein Ort, an dem Italiener Lastwagen bewachen, Engländer kochen und Deutsche Unterhaltungssendungen machen. Wie Recht er doch hatte. Das Frühstück hier war jedenfalls ein kleiner Vorgeschmack, wie die Essenshölle auf Erden sein könnte.

Das Wetter war durchwachsen, ihre Stimmung auch, als sie in dem größten Kongresshotel Londons ankam. Es war bereits morgens um 8 Uhr schon bummvoll. Bestimmt 600 bis 700 Leute allen Alters drängelten sich in allerlei Sprachen an den Registrierungsständen. In der Schlange der Deutschen stellte sich sofort ein sehr gut aussehender, aber leider viel zu kleiner Mann hinter Lila.Er hatte stechend blaue Augen, kurze dunkle Haare, war sportlich durchtrainiert, aber leider kaum größer als sie. „ Guten Morgen, schöne Frau. Wie geht es Dir? Ich bin der Toni," lächelte er sie mit einem sehr bayerischen Akzent an. Lila mochte die Bayern. Das waren so richtige Burschen, meist nicht so tiefgründig-depressive Charakter. Die mochten Schweinsbraten, Bier und fesche Frauensbilder. Und dieser junge Mann hier gehörte eindeutig dazu.Sie kamen ins Gespräch. Und wirklich: Er flirtete mit ihr, obowhl auch der „ Toni" bestimmt 10 Jahre jünger war als sie. Ach, dachte sich Lila dabei, so eine Ausstrahlung hat man also, wenn man verliebt ist. Und langsam fing sie an zu begreifen, dass lediglich die eigene Sicht auf sich selbst einen Menschen attraktiv macht oder eben auch nicht. Sie hätte wetten können: In ihren attraktivsten Jahren zwischen Mitte zwanzig und Mitte dreißig hatte sie nicht mehr Chancen gehabt bei Männern aller Altersklassen als jetzt mit knapp 50. Das war doch der absolute Wahnsinn! Und alles nur wegen ihrem Mario, der ihr gerade als kleiner, unverdaulicher Kloß im Magen lag und sich heute so gar nicht gut anfühlte.

„Ach", dachte Lila so bei sich. Er hat doch eigentlich gar nicht viel getan. Eigentlich nur gefragt, wer neben mir sitzt. Sie entschloss sich, es noch einmal kurz zu versuchen, um ihm einen schönen Tag zu wünschen.

Sie machte ihr Roaming an, nachdem sie sich registriert hatte, und setzte sich einfach in der Aufenthaltshalle unten auf den Teppichboden. 1 Minute, bevor das Seminar los ging, schrieb ihr Mario. Ganz kurz einen Kuss und liebe Worte, dann musste Lila rein. Sie konnte sich gar nicht so richtig konzentrieren. Da saßen nun 1000 Leute aus aller Welt in diesem riesigen, stickigen Raum, um an sich und ihren Lebensträumen zu arbeiten, und Lila hatte keine Lust. Sie war eh falsch eingebucht worden und saß inmitten der Spanier und Italiener an der genau anderen Ecke der Halle, weit weg von den Deutschen. Aber darum würde sie sich später kümmern. Erst einmal musste sie sich eh darauf einlassen, ganz bei der Sache zu sein und sich auf das Seminar und seinen Inhalt einzulassen.

Es ging am ersten Tag um die Macht der Gedanken, um das Vertrauen in die Führung. Und alles auf Englisch. Wie schön. Lila verstand jedes Wort und sprach fließend Englisch. Das hatte sie wirklich Mario zu verdanken.Trotzdem verging die Zeit schleppend. Sie hatte schöne Gespräche und auch viel Spaß und beteiligte sich dann irgendwann voll konzentriert an den Übungen, die sie zu den einzelnen Themengebieten machten.

Um 22 Uhr abends war das Seminar vorbei. Was für ein langer Tag. Und Lila war irgendwie leer. „ Lila, kommst mit? Mir geh`n noch in einen Pub um`s Eck und trinken a gscheites Bier", fragte Anne sie. Sie mochte dieses bayerisch, das war irgendwie ein Dialekt, der gesund und nach Lebenslust klang, fand sie Und außerdem erinnerte er sie an ihre Münchner Studentenzeit. Und das waren schöne und wilde Jahre gewesen. Sie hatte Lust auf ein Bier und auf einen geselligen Ausklang und ging mit.

Während die anderen überlegten, was sie essen wollten, kam Lila die Idee, Mario aus London anzurufen. Vielleicht klappte es ja von hier aus besser als aus Deutschland.Da war sie nicht ein einziges Mal durchgekommen. Sie wählte die Nummer, die sie sich extra eingespeichert hatte. Und sofort, wirklich sofort, war eine Verbindung da. „ Hello darling", sprach Mario mit seiner scheußlich piepshellen Stimme in den Hörer. Also, ob sie sich jemals an die Stimme würde gewöhnen können, Lila kamen echte Zweifel. „ Hi Darling, it`s me, Lila", sagte sie in den Hörer. Komisch: Eine Sekunde totale Funkstille. „ Hello? Darling?", fragte sie. Dann antwortete er. Er lächelte dabei fast verlegen, so hörte es sich durch den Hörer an. Er antwortete, dass es schön sei, ihre Stimme zu hören. Wenn Lila sich seiner Liebe nicht so sicher gewesen wäre, hätte sie wetten können, er hatte mit jemand anderem gerechnet und nicht mit ihr. Er wirkte regelrecht irritiert. „ Hhhhmuah, hhhmuah (Ein Kussgeräusch): „ Why dont you call me, honey?" fragte er sie. „ Why do you abandon me? Why dont you kiss me?"

Hähhhh? Jetzt war Lila total irritiert. Er wollte wirklich wissen, warum sie auf seine Küsse nicht antwortete, warum sie ihn „ verbannte"? und warum sie ihn nicht anrief? Langsam fand sie es anstrengend, dass sie alles immer und immer wieder erneut beantworten musste. Langsam fand sie IHN anstrengend. Er wusste doch, dass sie gerade in London war, dass es von hier aus ein Vermögen kostete, Internet zu nutzen oder zu telefonieren. Und nach drei Wochen intensivstem Chatting und Kontakt war es das allererste Mal, dass ihr „ihr" Mario auf die Nerven

fiel. Sie mochte das nicht. Dieses Hinterherfragen, diese Eifersüchte-
leien, diese Kontrollfragen. „Why do you abandon me?" Warum sie ihn
verbannte? Allein dieses Wort war ja zum Davonlaufen. Sie fand ihn
plötzlich nicht nur wegen seiner gruseligen Stimme unsexy.Richtig
klettig und doof. Einglück kamen gerade die 5 Leute aus dem Seminar,
mit denen sie hier war, zurück und sie beendete das Telefonat recht
zügig.

Und da saß sie nun: Lila, total verliebt in den Mann, den sie heiraten
wollte, obwohl sie ihn noch niemals gesehen hatte. In den Mann, der
ihr Traummann sein sollte. Und hatte einen Kloß im Bauch. Ein dicken,
sämigen Kloß, der sich so gar nicht gut anfühlte. Sie spülte ihre trüben
Gedanken mit einem herrlichen englischen Bier runter: Ja, so wenig
Talent die Briten beim Kochen hatten, so gut konnten sie Bier brauen.
Das hier war jedenfalls köstlich und ließ sie ihre Zweifel für einen kurzen Moment im Hellen ertrinken.

„ For your Health. Darling", dachte Lila und nahm einen anständigen
Zug aus dem Glas.

30. Juni, London, 7 Uhr:

Die Nacht war unglaublich heiß gewesen. Das Fenster viel zu klein, um
genügend frische Luft hinein zu lassen. Die Stadt urban und viel zu
laut. In England hatte die Polizeisirene so ein Geräusch wie in den
amerikanischen Filmen, wenn sie nachts Gangster jagen: Ein sehr
lauter, jaulender, in den Ohren schmerzender Ton. Und Lila hatte den
diese Nacht mindestens 5 Mal sehr nahe an ihrem Hotel vorbeifahren
hören. Nein: Inmitten einer Großstadt wollte Lila nie wieder leben. Das
war wirklich Einbuße von Lebensqualität.

Sie versuchte wieder, Mario per chat zu erreichen. Wenn sie täglich mit ihm telefoniert hätte, wer weiß, ob sie dann in diesem Verliebtheitsstadium gewesen wäre wie zu diesem Moment. Seine Stimme war wirklich ganz grauenhaft. Und Lila stand so auf Seebärenstimmen, so rauchige Rod-Stewarts. Und dann dieses Weibische. Sie strich diesen Gedanken weg. Und dieses Mal hatte sie Glück.

Mario, London, 7 Uhr:

- *Meine Liebe, guten Morgen, wie war Deine Nacht?*

Lila:

- *Guten Morgen, meine Liebe*

Mario:

- *Warum sendest Du mir keine Nachricht?*
- *Warum antwortest Du mir nicht?*
- *Was tust Du?*
- *Ich meine es ernst.*
- *Meinst Du etwa, dass Du nur antwortest, wenn Du vorher eine Nachricht von mir bekommen hast?*

Lila:

- *????????*
- *Liebling, habe ich irgendwas falsch gemacht?*

Mario:

- *Nein*
- *Ich habe auf eine Nachricht von Dir gewartet*
- *Ich habe mir solche Sorgen gemacht*
- *weil ich nie eine Nachricht von Dir bekomme*

Lila:

- *Wann hast Du gewartet?*

Mario:

- *Heute morgen. Ich war gerade zuvor schon einmal online*

Lila:

- *?????????????*
- *Ich habe Dir zig Nachrichten gestern geschickt*
- *Liebling. Bitte... tu das nicht!*

Mario:

- *Ich habe keine Nachrichten von Dir gesehen. So habe ich mich entschlossen, wieder zu arbeiten*
- *Mein Liebling, Du weißt, ich bin besorgt*
- *weil Du in einem Hotel bist*
- *Deshalb solltest Du mir die ganze Zeit Nachrichten zuschicken, weil ich wissen möchte, dass Du sicher bist in Deinem Hotelzimmer*
- *ja?*
- *Wie war Deine Nacht*

Lila:

- *Was ist beunruhigend an einem Hotelzimmer?*
- *Ich kann Dir unmöglich die ganze Zeit Nachrichten schreiben. Ich bin Stunden um Stunden in einem Seminar!*

Mario:

- *Für Deine Sicherheit*

Lila:

- *Schätzchen, ich bin 48 Jahre alt. Ich bin durchaus in der Lage, auf mich selbst aufzupassen.*

Mario:

- *Wie war Deine Nacht, meine kleine Hexe?*
- *Ich weiß, Du hast Recht, aber*
- *Ich bin eben ein eifersüchtiger Liebhaber*

Lila:

- *Darling, ich möchte, dass Du weißt, dass ich mir ein komplett freies Leben wünsche*

Mario:

- *Ich möchte Dich einfach sicher für mich haben*

Lila:

- *Ich möchte nicht, dass Du eifersüchtig bist*

Mario:

- *Ich liebe Dich so wahnsinnig*
- *Habe ich Dir das heute schon gesagt?*

Lila musste erst einmal tief Luft holen. Ihr Mario war wirklich ein eifersüchtiger Kontrollfreak. Ein Typ, der es nicht mochte, wenn sie woanders als allein zuhause war. Das konnte doch nicht sein! Nein, das durfte nicht sein. Ihr Pirat! Auf allen Weltmeeren unterwegs... eine Klette? Ein eifersüchtiger Typ ohne Freunde? Ein einsamer, gottesfürchtiger Mann, der seinen Frieden in Askese und Gebeten fand? Was für eine Antivorstellung von dem, was sie sich wünschte! Lila war sich nicht sicher, ob es an den frühen Morgenstunden und dem wenig Schlaf lag oder daran, dass er jetzt sein wahres Gesicht zeigte, aber sie musste darauf antworten. Jetzt:

Lila:

- *Es ist immer und zu jeder Zeit MEINE Entscheidung, dass ich Deines bin*
- *Immer!*
- *Und diese Entscheidung ist komplett freiwillig entstanden*
- *Nochmal: Liebe ist ein Kind der Freiheit*

Mario:

- *richtig*
- *Aber Deine Entscheidung ist endgültig*
- *Ich werde Dir gegenüber immer loyal sein*
- *Ich werde ehrlich zu Dir sein bis zum Rest unseres Lebens, welches wir zusammen verbringen werden*

Lila:

- *Meine Entscheidung ist frei*
- *und niemals endgültig*
- *Ich werde Dich jeden Tag so lieben als wäre es der erste*

Mario:

- *Ich meine nur: Ich folge Dir wo immer Du hin möchtest und was immer Du entscheidest*
- *Ich liebe Dich mehr als Du mich, meine Königin*

Lila:

- *Ich möchte eine Liebe, die voller Respekt, Liebe und FREI ist*

Mario:

- *Freiheit ist nur ein Wort, mein Schatz*
- *Wie war Deine Nacht?*

Lila:

- *Ich bin wirklich irritiert, mein Liebling*

- *Du bist ein Pirat, Du bist sehr oft auf hoher See.*
- *Dann will ich mein eigenes Leben mit meinen Freunden und meinen Kindern und meinen Hobbies undsoweiter leben*

Mario:

Ich habe gerade meinen Ruhestand eingereicht, mein Liebling

„Liebling, ich habe gerade eben meinen Job quittiert, ich gehe jetzt in Rente, um für immer Deins zu sein". Was für ein Schock!. Lila musste sich setzen. Das konnte doch nicht sein. Er hatte seinen Job quittiert, um in Rente zu gehen? Erstens stolperte sie über das „ retire"..." in Rente gehen". Oh nein. Sie hatte einen Opa als Lover, das war gruselig. Aber was sie noch viel schlimmer fand, war, dass er kein Wort mit ihr darüber geredet hatte. „ Ich werde jetzt immer Zeit für Dich haben, mein Liebling. Damit wir ein ganzes Leben in „ each other arms" verbringen können.

Lila bekam einen eiskalten Schauer am ganzen Körper.Rückwärtsgang . Fluchtinstinkte. Nur weg.Sie wollte einfach nur weg. Weg von ihm.

Sie konnte überhaupt nicht mehr klar denken. Das war so gar nicht das, was sie wollte. Das war bieder... langweilig. Und schon wieder in irgend so ein Gerüst eingequetscht.. Oh mein Gott. Lila drehte sich der Magen um. Hiiiiiiiiiilfe!!!, schrie es ganz laut in ihrem Inneren. Aber im Äußeren kam kein Ton heraus. Sie war stumm vor Schmerz. Sie war einfach nur wie betäubt. Und wie in Trance schrieb sie in ihr kleines iphone:

Lila:

- *Ich möchte fliegen*
- *frei*

- *akzeptier das*

Mario:

- *Ich habe bereits meinen Abschied beim Kapitän eingereicht*
- *Ich habe ihm mitgeteilt, dass dies hier meine letzte Fahrt ist mit diesem Schiff und dieser Crew für mich*

Lila:

- *Bitte lass doch unsere Herzen entscheiden, was wir tun*
- *Tu das nicht, Liebling, bitte tu das nicht*

Mario:

- *Mein Schatz, mein Herz hat sich entschieden, mit Dir für immer zusammen zu sein*
- *für immer und ewig*
- *deshalb hab ich entschieden, meinen Job an den Nagel zu hängen, damit ich die ganze Zeit mit Dir zusammen sein kann.*

Lila:

- *Wir müssen noch so viele Dinge miteinander herausfinden*
- *ich möchte da frei entscheiden können*

Mario:

- *Ich habe mich entschieden, in den Ruhestand zu gehen, um ganz bei Dir zu sein*

Lila:

- *Ich möchte es halt einfach fließen lassen*

Mario:

- *Aber ich dachte, ohne Dich auf hoher See zu sein, ist die pure Hölle*
- *Warum?*

Lila:

- *Ich brauche einfach Platz*

Mario:

- *Ich habe bereits mein Kündigungsschreiben abgegeben*
- *Was für einen Platz?*

Lila:

- *Ich möchte selbst entscheiden*

Mario:

- *Aber ich habe meine Entscheidung bereits getroffen*

Lila:

- *Ich möchte, dass Du akzeptierst, dass ich einen freien Willen habe*

Mario:

- *Kein Problem*
- *Du bist frei jede Nacht*

Lila:

- *Du hast das nicht mit mir entschieden*
- *Du hast das allein entschieden*

Mario:

- *Meine Süße, vielleicht weißt Du nicht, welche Gefühle gerade in mir sind*
- *dieses brennende Verlangen in mir*

Lila:

- *Liebling, ich muss jetzt los*

Mario:

- *Die Liebe, die ich für Dich empfinde.*

Lila:

- *Ich bin total irritiert*
- *total...*

Mario:

- *Warum?*

Lila:

- *Bitte tue solche Sachen nicht, bevor wir uns das erste Mal gesehen haben*

Mario:

- *Bist du ärgerlich auf mich?*

Lila:

- *Honey, ich muss los.*
- *nicht ärgerlich, nur traurig und sehr irritiert.*

Mario:

- *Du bist ärgerlich auf mich, weil ich mich dazu entschlossen habe, meinen Ruhestand einzuleuten, damit ich mit Dir zusammen sein kann für den Rest meines Lebens?*
- *traurig und irritiert aus was für einem Grund?*

Lila:

- *Ich bin traurig, weil es Deine Entscheidung ist, nicht unsere*

Mario:

- *Meine Liebe*
- *Ich habe es aus Liebe getan*
- *für unsere Liebe*
- *um Dir zu beweisen, wie sehr ich den Rest meines Leben mit Dir verbringen möchte in unseren Armen vereint*

Lila:

- *Kein guter Start für eine Liebe.. Sie sollte auf Respekt und Freiheit aufgebaut sein*

Mario:

- *Meine Süße, ich kann nicht immer weg von Dir sein*

Lila:

- *Ich möchte nicht, dass Du in Ruhestand gehst.*
- *bitte lass uns das GEMEINSAM entscheiden*
- *ich möchte die Möglichkeit haben, nein zu unserer Liebe zu sagen, wenn sie nicht funktioniert, Liebling*
- *es ist sehr wichtig für mich zu wissen, dass ich frei bin in meiner Liebe zu Dir*

Mario:

- *Die Möglichkeit, nein zu sagen zu unserer Liebe, wenn es nicht funktioniert?*
- *Warum bist Du so negativ?*
- *Ich kann wirklich nicht verstehen, was Du hier gerade sagst.*

Lila:

- *Honey, ich muss los.*
- *Sorry, ich denke, es ist sehr wichtig, dass wir darüber reden, aber ich muss jetzt los. Wir müssen das später tun.*

Sie schaltete einfach ihr Roaming aus und wartete nicht mehr auf eine Antwort. Sie hatten jetzt halb acht in der Früh, und alles war anders als noch ein paar Stunden zuvor.

Sie war total durch den Wind, als Anne aus der Dusche kam. „ Was ist denn mit Dir los?", fragte Anne, die sofort ihren veränderten Gemütszustand bemerkt hatte.

„ Mario hat gekündigt und geht jetzt in Rente, damit er immer Zeit für mich hat", antwortete Lila leise und geistesabwesend.

„ Ja, aber das ist doch wundervoll", antwortete Anne. „ Nein", sagte Lila. „Nein, das ist es nicht. Es ist weder abgesprochen noch in meinem Sinne. Ich will wirklich keine Klette zum Mann und schon gar nicht 24 Stunden am Tag."

Anne forderte Lila auf, jetzt Mario mal Mario sein zu lassen und sich voll und ganz auf das Seminar zu konzentrieren. „Du nimmst Dir doch wirklich was, wenn du jetzt nur mit halben Herzen und mit einem achtel Verstand bei der Sache hier in London auf dem Seminar bist. Das war ja schließlich teuer genug."

Recht hatte sie, dachte sich Lila. Und Einglück lag es ihr ohnehin nicht, tagelang Trübsal zu blasen. Dafür war sie viel zu sehr „highhoper", ein unverbesserlicher Optimist. Sie zwang sich, jetzt nicht mehr an Mario zu denken, und dann gingen sie los und kauften sich auf dem Weg noch ein riesiges Croissant und einen leckeren Kaffee.

London, 30. Juli, 9 Uhr:

Es gab ja keine Zufälle. Davon war Lila tief und fest überzeugt. Und so war es für sie wie ein „ miracle", ein Wunder, dass genau an diesem Tage die Zweifel und dunklen Gedanken Hauptthema des Seminartages waren.

- *„ Das Universum ist lediglich ein Spiegel Deines Inneren. Das, was Du im Innen siehst, wird im Außen reflektiert."*
- *„ Das Universum ist ein leerer Container. Alles ist neutral. Das Werkzeug ist Dein Geist. So, wie Du daran glaubst, dass es sich entwickelt, so entwickelt es sich."*
- *„ Die einzige Zeit, in der wir wirklich leben, ist im JETZT. Der Moment hat seine eigene Zeit. Was tust Du gerade? Was denkst Du gerade? Sei ganz im Hier und jetzt! Sei ganz da, wo Du gerade bist."*

Undsoweiter undsoweiter. 75 Prozent aller Gedanken seien negativ. Und wir allein hätten die Möglichkeit, uns diesen miesen Gedanken zu unterwerfen oder nicht. „ Fange endlich an, Deine eigenen Gedanken zu kontrollieren."

Oh, wie recht doch die Redner hatten. Und was für ein schlechtes Gewissen Lila auf einmal. Sie hatte wirklich nur negative Gedanken gehabt, als er ihr heute Morgen die Mitteilung über sein „ retirement" gemacht hatte. Da hatte Mario doch wirklich seinen Job an den Nagel gehängt, um mit ihr das gemeinsame Glück auf Mallorca zu finden. Und sie wollte nur noch weg und hatte Fluchtgedanken. Lila war traurig und ein wenig irritiert, auch über ihre so schroffe Reaktion. Da war sie wirklich ein gebranntes Kind. Nie wieder eingesperrt sein, nie wieder nur funktionieren müssen, nie wieder fade Langeweile und prüde Moralvorstellungen. Wie sie das alles satt hatte. Aber war sie nicht zu hart gewesen? Zu undiplomatisch? Und plötzlich kamen ganz warme Gefühle für ihn auf... für den Mann, der sie schon so oft auf Händen getragen hatte, zumindest verbal. Für den Mann, der sich so eindeutig und so sofort für sie entschieden hatte. Für den Mann, der diese wunderbare Mischung aus wildem Kerl und sanftem Romancier darstellte. Und da vermisste sie ihn plötzlich und auf einmal wieder.

Kaum war Mittagspause, machte sie ihr Roaming wieder an.
„ Mario, Schätzchen, wo bist Du? Wir haben Mittagspause... und ich bin sooooo hungrig... auf Dich."
Es dauerte nicht lange, dann war er wieder online.
„ Süße, bin schon da und bereit: Komm, iss mich auf."
Und während eine Riesen-Schlange darauf wartete, sich am leckeren Buffet zu bedienen, hatte Lila schon wieder Riesen- Appetit auf heißen Cyber-Sex mit ihrem Mario. Versöhnungssex sozusagen. Und der war ja bekanntlich immer der Schönste. Das war schon Wahnnsinn, was da durch die Luft an Vibrationen zwischen den Meeren flog. Jede Sekunde, die Lila frei hatte, chattete sie an diesem Tag mit Mario. Sie entschuldigte sich für ihre Zweifel. Und wurde mit jedem Satz im Seminar bestärkt, an die wahre Liebe dieser beiden Seelen zu glauben.
„Diese Nachricht macht mich gerade zum glücklichsten Menschen auf der Welt.", schrieb ihr Mario daraufhin.
Sie zählte jetzt die Stunden. Es waren nur noch 3 Tage und 3 Nächte, dann würde sie ihn endlich riechen, sehen, spüren, haben. Die Sehnsucht stieg. Und die Liebe auch, vielleicht auch, wenn Zweifel vom Tisch gefegt werden und man wieder einmal die Chance hat, sich tiefer kennen zu lernen und zu lieben. Ja, die Liebe. Die machte aus ihr einen neuen Mensch, eine Frau durch und durch.

Lila war eh in diesen Tagen in London ein regelrechter Männermagnet. Der Toni-Bayer hing ihr wie eine Klette am Bein. Und besonders die jüngeren Seminarteilnehmer, vor allem die Italiener und die Spanier, flirteten rauf und runter mit Lila. Aber sie hatte nur einen einzigen im Kopf: ihren Mario, an dem sie so gezweifelt hatte. Wie hatte sie nur können? Was war bloß in sie gefahren?

Sie dankte dem Universum dafür, an diesem Seminar teilzuhaben. Sie dankte dem Universum dafür, dass ihr an diesem Tage ihre Zweifel, die seit dem Flug nach London in ihr gewachsen waren, wieder genommen hatte. Sie dankte dem Universum dafür, dass sie das alles erleben durfte. Sie wurde geführt. Und wenn man geführt wurde, war plötzlich alles so einfach. Und berauscht vor Liebesglück war auch dieser Tag wieder einer, wo Lila sich voll und ganz dem Glauben an das Gute hingegeben und die Zweifel einfach beiseite geschoben hatte.

01. Juli, London, 20 Uhr:

Der letzte Tag mit all den netten Menschen aus aller Welt war ange-brochen. Das Seminar war am Abend zu Ende gegangen. Jetzt begann das Finale der Europameisterschaft. Italien gegen Spanien, die amtie-renden Weltmeister.

Und eigens den vielen Seminarbesuchern zu Ehren wurde der große Konferenzraum mit einer riesigen Vidi-Wall ausgerüstet und einer Bar, damit alle zusammen das Finale sehen konnten.

Lila trug- wie an allen Tagen davor- wieder ein Kleid. Und – wie eben-falls an allen Tagen zuvor- kam sie irgendwo rein und die Männer, vor allem die jungen, warfen ihr heiße Blicke zu. Lila konnte es immer noch nicht glauben: Aber ihr machten wirklich die hübschesten Männer

Avancen: Ihr!!! 48 Jahre alt, üppig, Mutter zweier Kinder. Wenn sie es nicht wirklich jeden Tag wieder erfahren hätte, sie hätte es nicht geglaubt. Aber es war so!!! Es war genauso! Sie wurde begehrt und sie fühlte sich hübsch. Und das alles nur, weil sie der Liebe ihren vollen Raum zur Verfügung gestellt hatte. Egal, dachte sie. Egal, was mit Mario wird, er ist jetzt bereits ein Geschenk des Himmels: Zu erfahren, dass das Leben wirklich noch alles zu bieten hatte: Wer machte diese Erfahrungen schon? Sie ging ganz verzaubert an den Bier-Stand, um sich ein Bier fürs Fußballspiel, was mittlerweile begonnen hatte, zu kaufen. Und da stand er vor ihr: ein grünäugiger Endzwanziger, Hugh Grant in jung, nur hübscher. „Hallo schöne Lady, was kann ich für Dich tun?" Wow, sah dieser Typ gut aus. Wirklich wie Hugh Grant, nur hübscher, jünger und grünäugiger. Und er hatte sie gerade „beautiful Lady" genannt. Wow!

Sie bestellte ein Bier, und er gab die Bestellung einfach an seinen Kollegen weiter und sah ihr ungeniert in die Augen. „Kann ich sonst noch was für Dich tun?", lächelte er Lila unverfroren an.

„Ja", sagte Lila. „Du kannst mir Deinen Namen sagen". Der grünäugige Hotspot aus England lächelte sie an. „Ich heiße Juri." Lila kannte den Namen, da ihre Ex-Nachbarin und Freundin, die ursprünglich aus Estland stammte, einen Bruder namens Juri hatte. Er war beeindruckt, denn seine Vorfahren kamen allesamt ebenfalls aus Estland. Sie lächelte ihn an und bestellte sich nur wegen ihm eine halbe Stunde später noch ein zweites Bier. Sie flirteten. Und wenn sie nicht so verliebt in ihren Mario gewesen wäre, ja, wer weiß. Vielleicht hätte sich Lila an diesem Abend auf den Engländer eingelassen. Doch so entschied sie sich, mit der gesamten deutschen Truppe, die sich dort in der Halle getroffen hatte, noch hoch ins Pub zu gehen, um dort den letzten Abend in dieser wundervollen Stadt nach diesem wundervollen Seminar ausklingen zu lassen.

Otis, ein Anfang Dreißigjähriger, Typ David Bowie mit längeren Haaren, brachte ihr sofort ein Bier. Sie stand auf, um sich Erdnüsse zu kaufen, da war der kleine Bajuware Toni da. Sie gesellte sich zu Anne, da kam ein Jean-Claude aus Luxemburg auf sie zu. Es war wirklich nicht zu fassen. Konnte es wirklich sein, dass die Ausstrahlung der Liebe so eine Wirkung auf Männer hatte? Jeder einzelne mindestens 10, manche locker 20 Jahre jünger als sie? Gegen 1 Uhr nachts ging Lila nach Hause. Anne war schon eine Stunde früher gegangen. Anne flog am nächsten Morgen schon um 7 Uhr und musste um 5 Uhr aufstehen. Und so schlenderte Lila, 4 Bier intus, nachts bei lieblichen 22 Grad durch die einsamen und leeren Straßen Londons zu ihrem Hotel. In der zweiten Straße kam ihr ein algerisch aussehender Mitzwanziger entgegen. „Hello" lächelte er sie an. Und sie lächelte zurück: „Hello". Das war alles. Mehr tat sie nicht. Lila wusste gar nicht, wie ihr geschah. In dem Moment schnappte sich der Algerier Lila und legte sie in seinen Armen nach hinten und drückte ihr einen leidenschaftlichen Zungenkuss auf den Mund. Was war das denn? „Please give me just one hour of your time to make love with me, please."

„Bitte schenke mir nur eine Stunde Deiner Zeit, um mit mir Liebe zu machen". Lila war wirklich sprachlos. Sie hatte nur zurückgelächelt und hello gesagt. Er war fordernd, und sie merkte seine Erektion. Und trotzdem hatte diese Situation irgendwie nichts Bedrohliches für sie. Lila dankte freundlich, aber sehr ruhig und bestimmend ab und meinte, sie würde jetzt allein in ihr Hotel gehen. Er bat sie inständigst, sie begleiten zu dürfen. Und Lila ließ ihn gewähren. Umarmt schlenderten sie bis zum Hotel. Er roch nach Imbissbude, nach orientalischem Essen, nach Falafel oder so. Bestimmt noch zwei oder drei Mal flehte er sie regelrecht an, sie möge doch kurz mit ihm in einer Ecke verschwinden und sich ihm hingeben. Dieser glutäugige junge Mann war maximal 25... und total wild auf sie! Keine Sekunde in dieser Situation dachte Lila daran, dass er hätte brutal oder gewalttätig werden können. Und auch dieses Erlebnis reihte sich in die Erfahrungen der letzten Tage auf ihre Ausstrahlung bei Männern ein. Sie lächelte ihn einfach an, sagte auf ihre charmanteste Art nein. Und der junge Algerier machte sich allein auf den Weg nach Hause. Auf den Weg zu seinem zuhause. Mit einer riesen Erektion.

Sie schlief mit einem Lächeln ein. Und roch leicht nach Falafel, als sie in ihre Träume glitt.

12. Kapitel

02. Juli, London

Morgens um 5 Uhr ein kurzes Adieu zu ihrer Hotel-Sharing-Partnerin Anne. „ Tschüss, Lila.. und grüß mir Deinen Supermario. Und lass mich wissen, was draus geworden ist und wo ihr geheiratet habt", sagte sie in ihrer coolen, dunklen Stimme mit bayerischem Akzent. Lila fiel noch einmal für 3 Stunden in einen tiefen Schlaf. Und dann stand sie auf, aß wieder eines dieser grünblauen Eier und ein pappiges Toast und freute sich auf den Rückflug.

Es regnete draußen, typischer englischer Regen, so, wie man das in jedem Lehrbuch nachschlagen konnte. Ja: London weinte, weil sie ging. Sie mochte diese Stadt auch bei Regen. Dieser Flirtfaktor hier. Auch München war so gewesen. So... ja, wie konnte man es nennen? so „ flirtig"? Da flirteten alle auf der Straße. Und Berlin? Wenn man da unkonzentriert über einen Fahrradweg ging, dann wurde man überfahren von den allerhübschesten Typen. Nichts mit heißen Blicken und charmanten Bemerkungen. Berlin war, was den Flirtfaktor anbelangte, eine öde Wüste. Und wirklich. Im Regen schlenderte Lila kurz nach 11 Uhr aus dem Hotel los, ihren Trolly hinterherschiebend. Um 14 Uhr würde ihr Flug gehen. Wieder von Luton aus. Und sie wollte den Shuttle-Bus nicht verpassen und lieber noch die Wartezeit am Flughafen verbringen. Auf dem Weg zum Shuttlebus wurde sie doch glatt- trotz Nieselregens- wieder angesprochen von einem algerisch aussehenden Mitdreißiger, ob er sie zu einem Kaffee einladen dürfe. Wieder auf eine sehr charmante Art. Und wieder von einem Südländer, der einen eigenen Friseursalon betrieb. Sie winkte ab, kam aber für einen Moment mit ihm ins Gespräch. Sofort gab er ihr seine Visitenkarte und sprach eine Einladung aus: Wann immer sie wieder nach London käme, sie möge sich doch bitte bei ihm melden. Und lächelte sie mit seinen strahlend weißen Zähnen an.

Das war London. In der Stadt könnte sie leben, dachte Lila. Sie liebte England, und davon besonders die Engländer... männlichen Geschlechts, versteht sich.

Was für eine intensive Zeit.

Doch mittlerweile dachte Lila nur noch daran, dass übermorgen ihr Mario endlich in Berlin sein würde.

Nur noch wenige Stunden und sie würden sich über den Dächern Berlins in einer Traumsuite in „ each other arms" liegen und den Tag zur Nacht und die Nacht zum Tage machen, um sich endlich, endlich auch körperlich lieben zu können. Wie sie sich danach sehnte. Alles in ihr brannte.

Mario hatte sie morgens noch schnell ein Küsschen rüber geschickt, dann aber ihr Roaming ausgemacht. Aber das war auch nicht schlimm. Je schneller die Zeit verging, desto schneller würde er endlich da sein.

Sie checkte ohne Probleme in Luton ein, bestellte sich einen Latte Machiato Caramel und aktivierte noch einmal kurz ihr Roaming, um zu sehen, ob sich Mario gemeldet hatte.

Was sie las, nahm ihr fast die Luft zum Atmen. Sie verstand es gar nicht richtig beim ersten Durchlesen. Mit klopfendem Herzen las sie „ Piraten... Angriff... Motorschaden.. Gebete.. Ich liebe Dich... Du musst gar nichts für mich tun außer für mich beten". Und sie las es sich immer und immer wieder durch.

Mario:

- *Meine Teuerste*
- *wie war Deine Nacht?*
- *Ich schätze, Dir geht es gut.*
- *Ich brauche jetzt alle Gebete, die Du hast, von Dir.*
- *Wir befinden uns gerade bei Labuan Island nahe Malaysia und unser Schiff hat ein riesen Problem mit dem Motor*
- *Wir mussten uns sehr langsam an einen sicheren Platz bewegen.*
- *Unser Schiff wurde attackiert von See-Piraten.*
- *2 Crew-Mitglieder wurden getötet.*
- *Bitte, Honey, ich muss sicher sein, dass Du bei mir und mit mir bist.*
- *Ich liebe Dich sehr und sorge mich um Dich.*
- *Ich werde Dich auf dem Laufenden halten, wie es hier mit dem Schiff weiter geht.*

Lila war wie gelähmt. Was? Überfallen von Piraten? Diese Geschichte war so absurd, dass es zum Himmel stank. Eigentlich konnte die nur wahr sein. Sie war vor Jahren mit Wolf in der malaysischen Region gesegelt. Und dort hatte es vor 20 Jahren schon von Piraten gewimmelt. Aber das klang alles so hahnebüchend. Sie fühlte in sich hinein. Und konnte keine Gefahr für ihn spüren.

Sie entschied sich, schnell Ippy anzurufen, um die Lage auch per Pendel abzuchecken.

Einglück war Ippy direkt dran.

„Hallo Ippy, ich sitze hier in Luton und steige in einer halben Stunde in den Flieger ein. Mario hat mir geschrieben. Er wurde angeblich von Piraten überfallen. Ist das wahr? Oder ist er doch ein Betrüger? Irgendwie klingt diese Nummer wirklich absurd. Ich weiß nicht, was ich davon halten soll?"

Ippy hatte sofort ihren Mercedes Kombi am Straßenrand angehalten und ihr Pendel gezückt.

„ Mach Dir keine Sorgen, Mario ist in Sicherheit. Das Pendel fühlt sich gut an und: nein, er ist kein Betrüger. Das scheint wirklich so zu sein."

Da saß Lila nun. Es war klar, er würde nun nicht in 60 Stunden bei ihr sein.Und war er wirklich kein Betrüger? Oder rollte da jetzt das miese Ende eines eingeklügelten Planes an? Wenn Ippy ihr nicht so klar gesagt hätte, dass die Geschichte wahr sei, ja, dann, was dann? Lila war verunsichert.

Und zwang sich, sich nicht um Mario zu sorgen: Gesetz der Anziehung. Sie schloss die Augen und schickte ihm einen Schutzengel rüber..

Lila:

- *Honey, ich bete für Dich mit all meiner Liebe*
- *Mit dem tiefen Glauben, dass die Schutzengel alle bei Dir sind und bei Deiner Crew*
- *Meine große Liebe, ich möchte, dass Du sicher bist*
- *und ich bete und bete und bete für Dich und schicke Dir Frieden. Konntest du die Polizei informieren?*
- *Honey, ich liebe Dich so unsagbar*

Es dauerte nicht einmal 10 Minuten, dann antwortete er ihr. Einglück. Lila war schon etwas beunruhigt.

Mario:

- *He meine Liebe*
- *Hello Love*
- *Wo bist Du gerade?*
- *Meine Teuerste,*
- *egal, in welcher Situation ich mich in meinem Leben befunden habe: Ich habe immer Kraft und Frieden in Gott gefunden. Bitte: Ich brauche Deine Gebete*
- *Honey, ich brauche Deine Hilfe:*
- *Unser Schiff hat einen kapitalen Fehler im Motor. Wir mussten auf hoher See andocken, um das Problem wieder in den Griff zu bekommen. Unser Kapitän hat alle aufgefordert, das Schiff zu evakuieren und die gesamten Wertsachen von Bord zu nehmen, bis alles wieder in Ordnung ist. Der Grund ist auch, dass uns die Piraten jederzeit wieder angreifen können.*
- *Meine Königin: Ich habe Dir noch gar nicht verraten, dass ich ebenfalls als Ölhändler in Australien tätig bin und diese Reise eine große Summe an Bargeld dabei habe. Mein hart verdientes Geld, was ich in meinem ganzen Leben verdient habe, ist hier mit mir an Bord. Mein Plan war eigentlich, Öl aus Australien in Öltonnen nach Mexiko zu transportieren. Ich habe dort bereits gute Kontakte und Verträge mit Händlern.*
- *Liebling, als Direktor des Operating-Teams ist es natürlich nicht möglich für mich, mit den anderen Personen von Bord zu ge-*

hen. Ich muss dafür Sorge tragen, dass wir das Problem so schnell wie möglich fixieren.

- Es sind gerade so viele Security- Companies hier an der Küste, und ich überlege nun, was ich tun soll. Ich bin mir nicht wirklich sicher: Ich möchte Dir das Geld schicken, so dass Du mir helfen kannst, das Geld aufzubewahren und zu sichern, bis ich die Chance habe zu Dir zu kommen so schnell wie irgend möglich. Ich weiß, wir haben uns vorher noch nicht gesehen: Aber ich vertraue Dir voll und gebe mein Herz und mein gesamtes Vermögen in Deine Hände. Ich weiß, dass du mich nicht enttäuschen wirst oder mir weh tust. Wir sind bereits zwei in einer Haut. Ich habe gelernt, das Leben so zu nehmen wie es ist, und glaube, dass alles aus einem bestimmten Grund passiert.

- Ich habe hier mit einer Security-Firma gesprochen. Sie werden die Lieferung umgehend losschicken, sowie ich eine Bestätigung von Dir habe, die mir sagt, wie das Geld zu Dir gelangt. Es gibt hier halt keine Bank. Und ich möchte das Geld nicht an die Piraten verlieren, da ich so hart dafür gearbeitet habe.

- Schatz, sende mir so schnell wie möglich all die benötigten Informationen, so dass ich Dir das Geld senden kann durch eine weltweit agierende Security-firma. Ich brauche:

- Deinen vollen Namen
- Deine Adresse
- Telefonnummer
- e-Mail-Adresse
- Bitte setze Dich mit mir in Kontakt so schnell wie möglich.

Als sie das las, stand sie bereits in der Schlange zum Einchecken. Ach Du meine Güte! Er wollte ihr Geld schicken und brauchte jetzt ihre Adresse. Irgendwie beruhigte sie das. Die Zweifel, dass er ein Betrüger sei, wurden mit dieser Aussage revidiert, denn nicht ER wollte Geld von ihr, sondern er schickte jetzt Geld an sie und musste also ihr vertrauen..

Sie schickte ihm all ihre Daten.

Lila:

- *Lila Springe, Seeparcours 122, 15678 Berlin; lila@springetvberlin.de*
- *Liebling, Ich liebe Dich und ich vertraue Dir auch voll*
- *Bitte pass auf Dich auf und darauf, dass alles gut geht*
- *Ich sitze jetzt schon im Flugzeug und bin gleich weg*
- *Was brauchst Du noch?*
- *Meine Telefonnummer lautet: 00491797979332215*
- *Was kann ich jetzt noch für Dich tun? Ich liebe Dich*

Mario:

- *Liebling, ich organisier hier jetzt alles, um all meine Wertsachen zu Dir zu senden, dass Du mir helfen kannst, sie in Sicherheit zu bringen für mich. Der Kapitän unseres Schiffes hat gesagt, es sei gut möglich, dass die Piraten noch einmal angreifen. Wir haben den nächsten Radar in Asien ausfindig gemacht, und sie haben uns erzählt, dass die Security Firma geschützt wird durch sie, so dass wir all unsere Wertsachen zu unseren geliebten Menschen bringen können. Da die Chance besteht, dass wir in*

dem Zustand, in dem wir uns hilflos mitten auf dem Meer befin-
den, noch einmal angegriffen werden.

- *Mein Schatz, alles, was ich jetzt von Dir brauche, sind Gebete*
- *Ich brauche Deine Gebete und Deine Liebe, damit ich stark bin*
  in dieser fürchterlichen Situation
- *Auch die Verbindung hier im Schiff ist nicht stabil. Es war sehr*
  schwierig für mich, Dich über facebook zu erreichen. Aber ich
  tue mein Bestes und will dafür sorgen, Dich auf dem Laufenden
  zu halten.
- *Ich werde Dich auch wissen lassen, wie und wann meine Wert-*
  sachen über die Security-Firma zu Dir gelangen. Bitte, mein
  Schatz, bete für mich.

Dass war ja was. Lila hatte sich so gefreut. So sehr auf ihren Mario. Es waren nur noch 48 Stunden hin gewesen, eine Stunde für jedes Jahr ihres Lebens. Und nun verschob es sich alles wieder... um Tage, wenn nicht gar um viele Tage? Und irgendwie gab es doch ganz tief im Inneren Zweifel, ob diese Geschichte nicht doch eine große Lüge war. Er hatte kein einziges Mal mehr erwähnt, dass zwei seiner Crewmitglieder umgebracht worden waren. Irgendwie war das alles komisch. Aber was wusste sie schon über solche Situationen, wo man dem Tod vielleicht direkt in die Augen schaut? Sie wischte die Zweifel- wie so oft in diesen Tagen- einfach wieder beiseite und stieg in den Flieger.

02. Juli, Hamburg, 17 Uhr:

Der Flug war reibungslos verlaufen. Lila hatte sogar für 20 Minuten die Augen geschlossen und versucht, an gar nichts zu denken.

Angekommen in Deutschland, wurde sie von einem wundervollen schleswig-holsteinischem Sommerabend begrüßt: Mitte 20 Grad, ein leichter Wind und Sonne.

Sie schleppte ihren Trolly wieder 3 Kilometer bis zu ihrem Auto. Und machte in der Zwischenzeit wieder ihr Handy an.

„ Bin wieder in Deutschland und erreichbar, Liebling" schrieb sie.

Als sie endlich an ihrem Defender angekommen war, sah sie schon von Weitem einen großen dunklen Fleck unter ihrem Auto. Ach ja. Das hatte sie ja ganz vergessen, dass ihre Mutter ihr gesagt hatte, dass das Auto Öl leckt. Es stimmte. Es war eine große Öllache unter dem De-fender. Und was machte sie nun? Es war jetzt kurz nach 17 Uhr, die meisten KFZ-Werkstätten hatten zu. Und 300 Kilometer mit einem Öl leckenden Auto nach Berlin fahren, das war ihr zu riskant.

Sie entschloss sich kurzerhand, nur 100 Kilometer weiter zu ihren El-tern zu fahren und das Auto morgen vor Ort reparieren zu lassen. Ja, das war die beste Lösung.

Sie ging kurz auf facebook. Und da warteten schon weitere Instruktio-nen von Mario.

Wenn das hier wirklich alles doch der Wahrheit entsprach, dachte Lila, dann befand sie sich inmitten des Abenteuers ihres Lebens. Das war ja hier wie „ Auf der Suche nach dem grünen Diamanten" mit Michael Douglas und Kathleen Turner: Sie sah es wie im Film vor sich: Ein edler Seemann, der sich in eine Berliner Künstlerin und Schrifstellerin verliebt, wird von Piraten überfallen. Er selbst ein Öldealer, der mit Millionen spielt, ansonsten aber ein treusorgender irischer Mann und Vater ist, muss nun noch einmal in den Kampf seines Lebens ziehen, um seine Millionen und sein Leben zu retten und dann zu seiner holden Maid zu gehen, mit der er sich eine Luxusfinca auf den Balearen kauft. Das Ende wäre natürlich eine blutorangerote Abendsonne und sie mit ihrer Segelyacht und einem Champagner in der Hand in „ each other arms" vereint.Und bis dahin natürlich jede Menge Abenteuer und erotische Momente.

02. Juli, Hamburg, 17:30 Uhr:
Mario:

- *Danke für Deine Unterstützung. Ich kann sie wirklich sehr gut gebrauchen. Ich habe jetzt alle meine Wertsachen an Dich gesendet über die Securityy-Firma: Sie heißt Security Air Express. Sie werden Dich jetzt irgendwann kontakten, wenn mein Paket ihr Büro in Malaysia erreicht. Sie werden Dir vielleicht ein paar Fragen stellen, bitte sage ihnen einfach, dass es sich um persönliche Wertsachen von uns handelt, so dass sie das Paket umgehend an Dich senden.*

- *Baby, es sind 650.000 Pfund bar in der Kiste und dazu noch alle wichtigen Wertdokumente. Die Security-Firma weiß nicht, was sich in der Box befindet und bitte erzähle ihnen es nicht. Baby, bitte folge einfach meinen Instruktionen. Wenn Du das Wertpaket bekommst, verwahre es in einem Safe oder an einem sehr sicheren Platz für mich. Die Box hat einen Schlüssel-*

code, den nur ich kenne, aber wenn Du ihn brauchst aus irgend
einem Grund, werde ich ihn Dir sagen.

- Ich habe bereits alle Kosten gezahlt, dass die Wertbox aus dem
  Schiff durch Malaysia bis zum Flughafen kommt. Das war das
  nächste Land von hier. Ich habe sie gefragt, welche Kosten
  noch anfallen. Sie meinten, es sei lediglich ein kleiner Betrag,
  den sie benötigen für den Malaysischen Zoll und lokale Rech-
  nungen. Und dass sie das von Dir holen. Ich wollte wirklich bezahlen, aber sie sagten mir, dass sie nicht genau wissen, wie
  viel es wird und dass es direkt vor Ort ausgerechnet wird. Bitte,
  egal was sie von Dir haben wollen, bitte zahle es erst einmal für
  mich. Und sowie Du die Box erhälst, werde ich Dir den Schlüs-
  selcode geben, damit Du Dir das Geld, was Du vorgelegt hast,
  entnehmen kannst.
- Meine Königin, nur Du und ich wissen, was sich in der Box befindet. Bitte behalte es für Dich, weil Du niemals wissen kannst,
  wer wer ist und bitte helfe mir so, es zu sichern.
- Pass gut auf dich auf und sichere alles für mich, o.k.?
- Ich liebe Dich auf ewig.

Lila legte sich unter den Defender. So machten das die Experten in
Filmen immer. Sie würde das jetzt auch so machen. Und wer weiß, sie
hatte zwar von Autos so viel Ahnung wie eine Kuh vom Eier legen,
aber vielleicht sah sie ja was außer einer Riesen-Pfütze pechschwarzen Öls. Das Öl war vermutlich so alt wie ihr Defender, und der hatte
stolze acht Jahre auf seinem Geländebuckel, dachte Lila kurz, ihre
schwarzen Haare ganz dicht an der schwarzen Öllache. Da lag sie

nun. Und sah den Ölfleck und sinnierte, was zu tun war. Da kam eine facebookNachricht.

Mario:

- *Ich habe gerade versucht, Dich mehrfach über Telefon zu erreichen. Aber es scheint so, dass das Netz hier inmitten auf hoher See nicht wirklich funktionieren will. Ich versuche es weiter. Ich bewunder und verehre Dich, meine Süße. Liebe Dich wahnsinnig, meine little witch, meine kleine Hexe*

Lila kroch unter dem Auto vor. Sie konnte nichts sehen. Aber was hatte sie auch erwartet? Sie würde gleich zu einer Tankstelle mit angeschlossener Werkstatt fahren und danach zu ihrer Mutter. Das wäre vermutlich die beste Lösung.

Lila:

- *Oh mein Liebling, ich liebe Dich so sehr. Ich möchte wirklich, dass Du sicher bist. Sorge Dich nicht, Du kannst mir vertrauen. Ich bin doch die Mutter Deiner ungeborenen Kinder und möchte Dich heiraten. Ich liebe Dich, ich warte auf Dich und ich vertraue jetzt gerade auch in Gott und dass er Dich und Deine Crew sichert*
- *Baby, ich cancel die Suite später, oder soll ich sie umbuchen?*
- *Alles egal. Hauptsache Du bist sicher.*
- *Ich liebe dich soooooo sehr und bete für Dich, dass Du die Kraft, den Mut, das Wissen und die Sicherheit hast, so schnell wie möglich da durch zu gehen. Ich liebe Dich, Mario*

In dem Moment klingelte das Telefon. Mario war dran. Und dieses Mal nahm sie seine Stimme gar nicht wahr. Sie spürte nur hinein, ob er in Gefahr war, konnte aber nichts Bedrohliches feststellen. Er bat sie, ihn zu unterstützen und das Geld für den Zoll zu zahlen. Den Betrag würde er in Kürze erfahren. Sie stimmte zu und versprach, es so schnell wie es geht zu überweisen.

Mario:

- *Schön, dass ich Deine Stimme gehört habe, meine Superwoman*

- *Ich liebe Dich so sehr mit meinem Herzen und meiner Seele. Du bist einfach alles für mich. Und ich vertraue Dir aus vollem Herzen.*

- *Wo bist Du gerade?*

Lila:

- *Ich habe unter meinem Auto gelegen. Es leckt wirklich sehr stark Öl, und ich muss wohl jetzt zu einer KFZ-Werkstatt fahren.*

- *Ich liebe Dich auch so sehr, mein Liebling*

Mario:

- *Oh mein Gott, du hast unter Deinem Auto gelegen. Was ist damit?*

Lila:

- *Es leckt ganz schrecklich Öl*

- *Und ich bin 300 Kilometer von Berlin entfernt*

- *Ich kann so nicht nach Hause fahren*

Mario:

- *Was willst du jetzt tun?*

Lila:

- *Jetzt kannst Du mal für mich beten, dass ich meinen Motor ohne Öl nicht kaputt fahre*
- *Ich fahre jetzt zu einer Tankstelle*
- *und fülle Öl nach und schaue, ob es direkt unten wieder raus läuft*

Mario:

- *Mein Gott, das ist wirklich ernst: Was passiert hier gerade? Ich habe ein Problem hier im Schiff und Du hast eines mit deinem Auto*

Lila:

- *Tja, in der Tat sind das keine gute Zeiten für Öl und Motoren*
- *aber ich krieg das hier hin*
- *ich liebe dieses Auto*
- *deshalb muss es in gutem Zustand sein*
- *Das gleiche gilt für Dich*
- *Du musst auch sicher und in einem guten Zustand sein, weil ich Dich auch liebe, und weil ich mit Dir leben will*

Da rief Mario schon wieder an. Er bat sie nochmals, niemanden von dem vielen Geld zu erzählen. Eigentlich war Mario dafür, dass es bei ihm irgendwie um Leben und Tod ging, ganz schön cool, dachte Lila so bei sich. Aber wie sie nun einmal war, fand sie das natürlich auch wieder sehr anziehend. Denn welcher Mann hatte schon Nerven wie Drahtseil in solchen Situationen? Eben! Nur coole Piraten. Und eigentlich hatte er für so eine ernste Situation ganz schön viel Zeit mit ihr zu telefonieren. Aber vermutlich instruierte er seine Crew nur, und die machten dann die ganze Arbeit.

Sie wählte die Festnetznummer ihrer Mutter:

„ Mama? Ich bins, Lila. Ich habe einen Riesen Ölfleck unter meinem Auto und mag so nicht mehr nach Berlin. Zu Euch trau ich mich noch. Darf ich heute Nacht kommen und bei Euch schlafen?"

Ihre Mutter freute sich sehr über ihren Besuch. „ Oh mein Schätzchen, da muss ich ja gleich mal nachsehen, was ich noch Schönes für Dich zum Essen da habe", sagte sie und war gleich wieder geschäftig. Dafür liebte sie ihre Mama. Sie war wirklich mit Leib und Seele Mutter.

Lila fuhr zu einer Tankstelle um die Ecke und füllte einen halben Liter Öl nach und erkundigte sich an der Tankstelle, ob sie so noch zu ihren Eltern 100 Kilometer mit dem Auto fahren könne. „ Na, wenn das Auto nur ein wenig Öl leckt, dann geht das. Ansonsten würde ich an Ihrer Stelle lieber hier in Hamburg bleiben", sagte der Tankstellenmann zu ihr.Einglück schaute er nicht unter ihr Auto. Als sie wenige Minuten später, nachdem sie das Öl eingefüllt hatte, aus dem Shop kam, war schon wieder ein merkbarer Fleck dadrunter. Lila ignorierte das, sicherte das Auto mit dem Schutzzeichen, das sie in ihrer Hexenclub gelernt hatte und bat innerlich ihr Auto, genügend Öl da zu behalten, damit der Motor keinen Schaden nahm und machte sich auf dem Weg zu ihrer Mutter.

Sie war noch nicht ganz in Epenwrusten-Moor angekommen, da klingelte schon wieder das Telefon. Es war Mario. Er wollte ihr einen schönen Abend wünschen und nur noch einmal sicherstellen, dass alles mit der Überweisung morgen klappen würde. Er wisse jetzt auch den Betrag: „ Es sind 880,-€, Liebling", sagte Mario.

Lila schluckte kurz. Und für zwei Minuten überlegte sie, ob es nicht doch alles eine Riesengaunerei sei. 880,- Euro waren zwar nicht die Welt, aber es war trotzdem viel Geld. Geld für den Zoll? Ganz schön teuer eigentlich, dachte sie. Aber fast 4 Wochen täglich bis zu 7 Stunden chatten für 880 Euro? So viele Stunden? Das stand irgendwie auch in keinem Verhältnis. Und dann bat er sie noch, die Hotelbuchung um 4 Tage nach hinten zu verschieben. „ Bis dahin habe ich den Motor hier wieder fit gemacht und bin dann ganz schnell in Australien und dann bei Dir." „ Ja, Liebling. Ich werde morgen früh um Punkt 9 Uhr, wenn die Banken öffnen, das Geld überweisen. Nun habe ich schon so lange auf Dich gewartet, jetzt werde ich die 4 Tage auch noch überleben", lachte sie.

Als sie ausstieg, stand ihre Mutter an der Haustür.

Ihre Mutter war direkt nach dem Telefonat in ihr Auto gesprungen und hatte 5 Kilometer weiter von der Krabbenbude ein Fischfrikadellenbrötchen gekauft, damit ihre Lila es ja gut hatte. Lila schloss die Augen, als sie in das Baguette biss. Es schmeckte köstlich. Frisch, lecker. Und Einglück ganz ohne Öl. Und als das Telefon an diesem Abend noch einmal klingelte, ging Lila nicht mehr ran.

Für diesen Tag reichte es ihr an Öl, Motoren und auch an Mario.

13. Kapitel

3. Juli, Epenwrusten-Moor, 5:30 Uhr:

Der Zug ihrer Tante , die bei ihrer Mutter gewesen war, ging um Punkt 7 Uhr los. Deshalb stand Lila ganz früh auf, um sie zum Bahnhof zu bringen und danach gleich ihr Auto in eine Werkstatt. Die machten ja nicht selten schon um 7 Uhr in der Früh auf.

Bevor sie nach unten ging, machte sie noch einmal eben ihren facebook-Account auf:

Mario, 5:00 Uhr:

- *Guten Morgen, Prinzessin. Mir geht es gut. Deine Gebete wirken, und ich bin stark genug für dies alles hier. Alles, was ich von Dir brauche, sind Deine Gebete und Deine Liebe.*
- *Wo bist Du? Bist Du schon bei der KFZ-Station?*
- *Kannst du bitte das Geld noch bei Deiner Mutter vor Ort überweisen?*

Lila:

- *Wenn mein Auto fertig ist, gehe ich sofort zur Bank.*

Auch, wenn Lila es im Bewusstsein nicht wirklich mitbekam. Ihr Unterbewusstsein fing an diesem Morgen schon nach den ersten wenigen Worten mit Mario an zu zweifeln. Der Druck wuchs... und Marios Anrufe auch. Und bereits um 5 Uhr in der Früh lauerte er auf sie. Und die ganzen Liebesbekundungen waren nur noch so etwas wie eine Umrahmung: In all den Telefonaten ging es eigentlich um nichts anderes mehr als um diese dämliche Überweisung.

Sie frühstückte mit ihrer Mama und ihrer Tante recht hektisch, da ihre Tante viel zu spät dran war. Lila musste den noch halb offenen Koffer regelrecht in den Defender zerren, damit sich ihre Tante ins Auto setzte. Sonst hätten sie den Zug verpasst.

Um 6:55 Uhr waren sie an der Bahnstation. Die Schranke ging runter. Und ihre Tante schob den Koffer zum Gleis, schaffte es gerade noch in den Zug. Kurze Umarmung. Und war weg.

Da klingelte schon wieder das Handy. „ Mein Liebling. Bist Du schon bei der Bank gewesen? Ich möchte einfach, dass die Wertsachen mit dem vielen Geld so schnell wie möglich zu Dir kommen."

Lila stieg telefonierend ins Auto und klärte Mario -wie so oft in diesen Stunden- auf, dass es noch sehr früh war und noch keine Bank oder Post geöffnet habe. Er bat sie, per Western Union zu überweisen. Bar.

Lila fuhr 300 Meter weiter zu einer KFZ-Werkstatt, aber die machte auch erst um 8 Uhr auf. So nahm sie sich die Zeit und buchte die Suite um auf den 8. Juli. Was war das hier, dachte sie so bei sich, als sie im Defender auf die KFZ- Mechaniker wartete. Hatte Mario nichts anderes zu tun als mit ihr zu telefonieren? Es war wieder so ein wundervoller Tag. Wenn das Wetter da oben im Norden bei ihren Eltern mal mitspielte, war das schon auch eine sehr schöne Ecke Deutschlands, dachte Lila.

Da gingen die Türen von der Werkstatt auf. Der Defender hatte einen defekten Ölfilter. 80,-€ und eine halbe Stunde Warten, dann war ihr Auto wieder in Form. Sie fuhr in die Innenstadt und ging zur Post.

Ein junger Postangestellter bediente sie. Als sie ihm Daten und Western Union nannte, schaute er sie voller Zweifel an. „ Einen Moment bitte", sagte er und ging zu dem Mann, der hinter ihm saß. Der schaute darauf und kam zu Lila. „ Guten Morgen, Frau Springe. Darf ich fragen, wer das hier in Auftrag gegeben hat?", sagte er. „ Mein Freund. Er ist gerade auf einem Schiff nach Australien unterwegs", antwortete sie. „ Sind Sie ganz sicher, dass Sie seine Stimme erkannt haben und dass es sich bei dem Anruf auch wirklich um Ihren Freund handelt?", hakte der Postangestellte nach. „ Ja, bin ich" sagte Lila. Aber ganz langsam im Inneren rutschte ihr die Zuversicht in die Magengrube. „ Entschuldigen Sie, wenn ich das hier so direkt sage: Aber bei einer Überweisung per Western Union ist das Geld weg. Das kriegen Sie nie wieder. Und das hier stinkt nach Betrug. Das ist eine sehr unseriöse Transaktion. Wir haben Betrugsfälle mit genau dieser Masche leider die letzten Monate öfter gehabt. Und ich muss Ihnen sagen, dass es sich so anhört, dass Sie hier Opfer einer Betrugsmasche großen Stils zu werden scheinen. Sind Sie ganz sicher, dass Sie das Geld auf diese Art und Weise überweisen wollen?". Er sah sie lang und forschend an.

Lila hatte sich schon entschieden: „ Nein, danke für Ihre Informationen. Ich überweise erst einmal nicht. Ich danke Ihnen".

Als sie die Post verließ, sah sie, wie die beiden Angestellten ihr hinterherschauten, und sie sah auch diesen Blick in ihren Augen. Dieser Blick, den Männer einer Frau schenken, die sich von anderen Männern ausnutzen lässt.

Ja. Sie wurde betrogen. Über den Tisch gezogen. Einem Heiratsschwindler aufgesessen. So schauten sie ihr hinterher. Und so fühlte sie sich auch. Und auch wenn ihr Ippi was anderes gesagt hatte und es sich anfangs alles so perfekt angefühlt hatte, eigentlich waren diese Zweifel seit London nie wieder ganz weg gegangen.

Lila fühlte sich gedemütigt und unendlich traurig, als sie sich in ihr Auto setzte. Es klingelte schon wieder das Telefon. Es war Mario. Aber sie ging nicht ran. Sie wusste nicht, ob sie jemals noch mal ran gehen würde.

Mario war ein Betrüger. Alles Lug und Trug. Alles ein groß eingefädelter Liebesbetrug. Für 880 kleine Euro wollte oder hatte er ihr das Herz gestohlen und war gerade dabei auch noch drauf zu treten.

Lila war so benommen, dass überhaupt keine Gefühle in ihr hoch kamen. Sie konnte gar nichts denken... und auch nichts fühlen. Und fuhr wie ferngesteuert zu ihrer Mutter, um dort noch kurz ihre Sachen abzuholen und sich dann auf den Weg nach Berlin zu machen. „ Mama. Mein Mario scheint ein Betrüger zu sein. Die von der Bank haben mich gewarnt und eindringlichst gebeten, nicht zu überweisen. Ich habe nicht überwiesen. Und fahre jetzt nach Hause. Ich muss erst einmal darüber nachdenken. Kann jetzt gar nichts dazu sagen".

Ihre Mutter, die eigentlich das Taktgefühl nicht mit in die Wiege gelegt bekommen hatte, sagte gar nichts. Und Lila war ihr in diesem Moment unendlich dankbar dafür .Sie drückten sich tief und innig.

Und dann machte Lila sich auf den Weg. Und als ob nicht alles schon schlimm genug wäre, ging die Deva Premal/Miten-CD ganz automatisch an. Sie ließ sie laufen. Genau wie ihre Tränen, die plötzlich aus ihr herausbrachen.

Wie ein Sturzbach floss es aus ihr heraus. Lila weinte und weinte und weinte und weinte. 400 ganze Kilometer lang. Vier Stunden ununterbrochen. Sie weinte um ihre große Liebe. Um ihren verlorenen Traum.

Um die Demütigung, um die schönen Stunden, die es jetzt nicht mehr geben würde. Sie weinte, weil sie so unendlich traurig war. Sie weinte, weil es so unendlich weh tat.

Ja, sie hatte ohne Sicherheitsgurte und Netz in die hohen Höhen der ganz großen Gefühle fliegen wollen. Und nun war sie abgestürzt und böse gefallen. Und hatte sich verletzt. Tief und stark.

Ihr Supermario... der Supergau!

Sie weinte und weinte und weinte und weinte. Und während sie fuhr und weinte, klingelte ununterbrochen das Telefon. Immer und immer wieder. Aber Lila reagierte nicht darauf.

3. Juli, Berlin, 14 Uhr:

Als sie in Berlin ankam, war ihr gesamtes Gesicht aufgedunsen. Auf einen halben Kilometer Entferung konnte man sehen, dass Lila geweint hatte.

In drei Stunden würde sie Sport haben mit ihrem hübschen Personal Trainer Markus und Ippy.

Die rief Lila sogleich an und erzählte ihr, was alles passiert war.

Sie wollte trotzdem- oder erst recht- Sport machen und einfach erst einmal kurz runter in ihr Appartment und tief ein und ausatmen.

Und dann ging sie an ihren Computer. Sie hatte ein ganz flaues Gefühl. Aber durch die stundenlange Weinerei war sie geschwächt und ganz dumpf. Irgendwie fühlte sie gerade nichts außer ihrer tropfenden Nase und den aufgeschwollenen Augen. Mario hatte stundenlang versucht, sie zu erreichen:

Mario:

- *Meine Süße*

- *Wo bist Du jetzt? Konntest Du Deinen Defender wieder in Ordnung bringen?*

- *Was haben die Mechaniker gesagt: Was war kaputt?*

Mario:

- *Meine kleine Hexe, konntest Du den Defender reparieren? Ich habe Dich mehrfach versucht anzurufen, aber Du bist nicht ans Telefon gegangen. Ich mache mir Sorgen.*

Mario:

- *Meine Süße, wo bist Du jetzt? Mutter meiner ungeborenen Kinder, wo bist Du?*

- *Ich hoffe, Du bist in Sicherheit und Dein Defender ist wieder heil.*

Mario:

- *Meine Süße, wo bist Du?*

- *Rede mit mir, meine kleine Hexe*

- *Wo bist Du? Ich hoffe, Du bist sicher, meine Prinzessin*

- *Ist Dein Defender jetzt wieder in Ordnung?*

Mario:

- *Hallo Love*

Mario:

- *Meine Süße, wo bist Du?*

- *Deine Stille macht mir Sorgen. Ich mache mir Sorgen um Deine Sicherheit. Ist Dein Defender heil? Ich weine hier gerade.*
- *Meine Prinzessin, bitte rede mit mir. Ich mache mir solche Sorgen.*

Mario:

- *Meine Süße, ich hoffe, Du bist sicher. Ich mache mir größte Sorgen. Ich weine hier.*

Mario:

- *Honey, wo bist Du? Ich breche hier gleich zusammen, da ich nichts von Dir höre.*
- *Mein Herz zerplatzt gleich und meine Tränen laufen über.*
- *Bitte lass es Dir gut und sicher gehen. Ich kann nicht ohne Dich sein. Mein Herz zerbricht und ich habe Herzattacken, wenn ich nichts von Dir höre, meine little witch.*
- *Ich bete hier jede Sekunde für Deine Sicherheit. Ich weiß, Du wirst keinen Unfall gehabt haben. Du wirst sicher sein.*
- *Bitte, meine Süße, komme online oder geh ans Telefon.*
- *Ich weiß noch nicht einmal, wie ich Deine Mutter kontaktieren kann und sie fragen könnte, ob sie mit Dir in Kontakt ist. Ob sie weiß, ob Du gut in Berlin angekommen bist.*

Mario:

- *Was ist passiert, mein Liebling?*
- *Ich hoffe, es geht Dir gut.*

Lila saß wie betäubt vor dem Computer und las sich seine Zeilen durch. Er hatte nicht mit einem Wort nach der Überweisung gefragt.

Sie setzte sich hin und schrieb:

Lila:

- *Hallo mein Lieber, Ich bin sehr, sehr traurig, Honey. Ich war in der Bank vor ein paar Stunden, und sie haben mich gewarnt. Sie haben mich gefragt, ob ich ganz sicher sei, dass es sich dabei um meinen „ Boyfriend" handele und ob der auch wirklich auf einem Schiff sei, dass das alles sehr unseriös sei.*
- *Und weißt du was? Ich wusste, sie haben Recht!*
- *Honey: WER bist Du? Und war alles, was Du mir gegeben hast in den vergangenen Wochen, wegen lumpiger 880,-€?*
- *Ich weiß nicht einmal, ob du wirklich aussiehst wie der Mann auf dem facebook-Foto. Und ob das hier Dein richtiger Name ist? Und was Du wirklich tust?*
- *An den Mann, der mir all diese unglaublich schönen Dinge geschrieben hat: Ich danke Dir von Herzen für all das. Du hast mein Herz tief berührt und meine Seele auch. Danke Dir, mein Pirat, für all die intensiven Stunden mit Dir zusammen. Ich habe wirklich für eine kleine Weile den Himmel berührt.*
- *Danke für den wundervollen Sex, und danke, dass du mir gezeigt hast, wie tief ICH in der Lage bin zu fühlen.*
- *Für ein paar Tage hast Du mir das unglaublich schöne Gefühl gegeben, dass alle meine Wünsche, meine Vision, wie Du immer sagst, runter kamen direkt vom Himmel auf die Erde und wahr wurden.*

- *Du hast wirklich tief mein Herz und meine Seele berührt, und leider berührst Du immer noch sehr stark mein Herz, bloß dass es jetzt so furchtbar weh tut, dass ich es fast nicht ertragen kann*
- *Honey, ich bin so unendlich traurig. Ich weine nun ununterbrochen seit vielen Stunden*
- *Ich cancel jetzt unsere Honeymoon-suite. Goodbye, my Love*

Sie weinte und weinte. Die Antwort kam prompt:

Mario:

- *Was?????*
- *Wie bitte?*
- *Du meinst, du glaubst mir nicht, meine kleine Hexe?*
- *Oh mein Gott*
- *Du meinst, Du glaubst eher den Leuten aus der Bank? Das ist verrückt*
- *Vielleicht sollte ich ins Meer springen und Selbstmord begehen für Dich.*
- *Meine Süße, wie um Himmels Willen kannst Du an unserer Liebe zweifeln?*
- *Meine Prinzessin: Denk an Deine eigene Vision. Bitte!!!*
- *Ich kann ohne Dich nicht leben, und das weißt Du, meine Königin.*

Lila weinte und weinte. Und der Satz, sie würde die eigene „Vision" verraten, ihre Weissagung. Das traf sie. Verriet sie wirklich ihre eigenen Träume?

Lila:

- *Ich kann Dir nicht antworten. Ich bin total durcheinander.*

Mario:

- *Bitte verrate nicht unsere Liebe*
- *Alles, was wir miteinander hatten*
- *Du meinst, dass du unsere Liebe aufgibst wegen jemanden, der nichts von uns weiß, und Dir irgendwas in der Bank gesagt hat?*

Lila:

- *Honey, Du hast alle Informationen der Security-Firma. Du kannst den Zoll selber bezahlen.*
- *Ich bin sehr durcheinander und sehr, sehr unglücklich. Ich habe so starke, tiefe Gefühle. Ich habe noch nie so tief gefühlt. Du hast mich zum Erblühen gebracht.*
- *Bitte, Liebling, sage mir: Existierst Du wirklich?*

Mario:

- *Ich habe der Security-Firma 650.000 Pfund gegeben, die sie an DICH senden sollen und Du traust mir nicht?*
- *Meine Süße, hast Du vergessen? Ich sitze fest auf hoher See.*
- *Auch die Security-Leute sind weg von hier, und ich habe keine Gelegenheit mehr zu zahlen, so dass meine Wertsachen zu meiner Prinzessin kommen.*
- *Meine Süße, was tust Du mir an? Das ist unfassbar*
- *Bitte, meine Süße, lass uns telefonieren.*

Lila:

- *Mario, Du musst mir wirklich versprechen, dass Du es ernst mit mir meinst. Du brichst mir sonst wirklich das Herz. Das könnte ich nicht verkraften.*

Mario:

- *Mutter meiner ungeborenen Kinder: Bitte gehe ans Telefon, bitte lass uns telefonieren.*

Lila:

- *O.k.*

Es dauerte nicht einmal 30 Sekunden, dann klingelte Lilas Handy. Sie weinte immer noch, als sie den Anruf annahm. „ My love, meine Süße, wie kannst Du an uns zweifeln?" Mario weinte ihr in den Hörer. „ Ich liebe Dich so ununendlich doll. Und Du glaubst doch wohl nicht im Ernst, dass ich das wegen 880,- € Euro mache? Ich habe genug Geld. Ich habe 650.000 Pfund bar in der Box. Meine Süße. Ich bin ein sehr wohlhabender Mann. Die haben keine Ahnung auf der Bank. Western Union geht einfach am Schnellsten. Du bekommst alles sofort wieder, sowie Du meine Box erhälst. Ich verspreche es bei meinem Leben und dem Leben meines Sohnes Enoch. Dass ich Dich über alles liebe und dass Du alles wieder bekommst. Auch das Geld für die Suite. Alles, mein Schatz. Ich werde Dich auf Händen tragen. Ich werde Dich zur glücklichsten Frau machen, die es auf Erden gibt. Verrate nicht Deine eigene Vision. Deinen eigenen Traum". Er schluchzte die ganze Zeit dabei. Und sie war einfach nur sprachlos und bekam kein Wort heraus.

Lila konnte später gar nicht mehr sagen, was es war. Aber vermutlich war es eben dieser eine Satz, dass sie sich selbst verriet, dass sie ihre eigene Vison verriet, wegen 880,-€. Sie gab sich einen Ruck:

„ O.k., Schatz, ich fahre jetzt los und überweise Dir das Geld. Ich habe noch anderthalb Stunden, dann habe ich Sport. Bis dahin schaffe ich es."

„ Ich liebe Dich, Darling. Du wirst es nicht bereuen. Zweifel nicht an uns. Die Engel haben uns zusammengeführt. Es ist von Gott gewollt.", sagte Mario noch.

Von Gott gewollt. Ja. So war es. Schließlich hätte sie niemals auf seine facebook-Anfrage geantwortet, wenn nicht so, so viele Eckdaten genau auf ihn gepasst hätten. Dann fuhr Lila los.

Sie musste in die Hauptfiliale der Post nach Potsdam. Und sie musste vorher bei der Bank Bares abholen. Es lief alles reibungslos. Alles wunderbar. Es dauerte 25 Minuten. Dann waren 940 Euro inclusive aller Bearbeitungsgebühren über den Postthresen gegangen. Und auch wenn sich immer noch eine oder sogar zwei oder drei Stimmen im Inneren rührten, so wusste Lila doch, dass sie die richtige Entscheidung getroffen hatte. Dieser Restzweifel, dass sie eventuell ihre eigenen Träume für 880, € verraten hätte, das hätte ewig bei ihr einen wunden Punkt hinterlassen.

Es war halb fünf am Nachmittag. In einer halben Stunde würde sie Sport haben.

Sie fuhr mit Übergeschwindigkeit in ihren Keller, zog sich um und dann traf sie Ippy und Markus. Beide sahen auf den allerersten Blick, dass sie geweint hatte. Lila sollte noch den gesamten nächsten Tag aufgeschwollene Lymphe haben. Aber beide sagten kein einziges Wort. Sie wusste es wirklich zu schätzen. Und machte bei den Sportübungen mit, als ob es kein morgen gäbe.

Als sie nach unten kam, warteten schon wieder einige Nachrichten von Mario auf sie:

Mario:

- *Ich werde dem Banker eine reinhauen, der Dir gesagt hast, Du sollst mir misstrauen*
- *Was ist bloß los mit diesem Banker?*

Lila:

- *Bitte, mein Liebling, liebe mich einfach*
- *ehrlich und wahrhaftig*
- *das ist alles, was ich will*

Mario:

- *Er wollte meine große Liebe wegspülen*
- *meine zukünftige Frau*
- *Mutter meiner ungeborenen Kinder*
- *meine kleine Hexe*
- *Ich werde Dich so hart ficken in Deinem Defender auf dem Weg vom Flughafen in die Suite, nur weil Du an mir gezweifelt hast*

Lila:

- *Oh mein Darling, ich kann endlich wieder durchatmen. Ich bin wirklich fast gestorben. Die letzten Stunden waren die schlimmsten, die ich je hatte.*

Mario:

- *Bitte, mein Schatz. Das ist der Grund, warum ich Dich gebeten habe, keinem von dem Geld zu erzählen, dass ich zu Dir sende*

- *ich vertraue Dir und nur Dir*
- *Ich habe Dir heute Morgen gesagt, dass wir es für uns behalten sollten*
- *aber Du bist zur Bank gegangen und hast Dir Fragen stellen lassen*
- *Du hast an mir gezweifelt und ich wollte mich umbringen, als ich deine Nachricht bekommen habe*
- *ich habe Dir über 50 Nachrichten gesendet und Du hast nicht geantwortet*
- *Ich habe mir solche Sorgen gemacht*
- *Ich dachte, Dir sei was passiert.*

Lila:

- *Ich war dabei zu zerbrechen..*

Mario:

- *Aber als ich dann endlich eine Nachricht von Dir bekam, war ich so schockiert, dass ich direkt ins Meer springen und mich umbringen wollte.*
- *Für diese Aktion wirst Du zahlen müssen*
- *Ich werde zwei Tage lang ununterbrochen Sex mit Dir machen ohne eine einzige Pause als Strafe für Deine Zweifel*
- *Du wirst nicht einmal Wasser oder Essen im Hotel zu Dir nehmen können*

An diesem Abend stieg Lila nicht mehr ein. Sie hatte das erste Mal, seit sie mit Mario in Kontakt war, keine Lust auf Sex. Lila war wie ausgesaugt. Fühlte sich wie eine ausgedrückte Zitrone: Matt, ohne Lebenskraft, ohne große Gefühle. Sie war froh, als der Tag endlich vorbei war

und schlief sofort ein. Sie träumte von Bankräubern und Banknoten...
und von Menschen mit komisch verquollenen Augen.

Berlin, 5. Juli, 8:00 Uhr:

Mario:

- *Königin meines Herzens: Unsere Gebete wurden gehört. Der
  Kapitän hat mir die Erlaubnis gegeben, von Thailand über
  Frankreich nach Deutschland zu fliegen. Das heißt, ich gehe
  Samstag dort von Bord und bin Sonntag da. Ich habe dem Kapi-
  tän erzählt, dass du Dich nicht fühlst und dass Du mich an Dei-
  ner Seite brauchst. So hat er entschieden, dass ich schon in
  Thailand von Bord kann.*

Mario:

- *Meine Süße, ich werde bei Dir sein am Sonntag. Du solltest
  Dich darauf vorbereiten, mich in Deinen Armen zu haben ab
  Sonntag. Sei bereit für volle action ab Sonntag.*
- *Alles wird heiß und heißer am Sonntag. Es wird Vollmondnacht
  sein am Sonntag*
- *Weil unsere Hitze leuchten und explodieren wird am Himmel in
  Deutschland.*
- *Ich liebe dich so sehr, meine kleine Hexe.*
- *Ich hoffe, Du kannst meinen großen Schwanz händeln.*
- *Es wird explosiv... also bereite Dich darauf vor.*

366

Mario:

- *Meine Süße, schläfst Du etwa noch?*
- *Wie war Deine Nacht?*
- *Guten Morgen, meine little witch, meine kleine Hexe.*

Mario:

- *Wo bist Du, mein Schatz?*

Mario:

- *Erzähl mir nicht, dass Du noch schläfst*

5. Juli, Berlin, 9 Uhr:

Lila:

- *Guten Morgen, Liebster*
- *Ja, ich habe in dem Moment meine Augen aufgemacht.*

Mario:

- *Wie geht es Dir, meine hübsche Königin*

Lila:

- *Es ist wundervoll*
- *wundervoll, dass Du Sonntag kommst*

Mario:

- *Ich liebe Dich so sehr, meine Königin*
- *Ich verdanke Dir mein Leben*
- *Meine kleine Hexe*
- *Ich möchte, dass Du weißt, dass ich dich aus tiefstem Herzen und aus ganzer Seele liebe*
- *Du bist die Welt für mich*

Lila:

- *Mein Tiger, alles ist jetzt organisiert und auf dem Weg. Ich schicke Dir die Bestätigung per Scan. Das solltest Du in wenigen Minuten haben.*
- *Ich liebe Dich auch.*
- *Mein Süßer, jetzt, wo wir ein bisschen Zeit haben, erzähl mir noch ein wenig von Dir: Bist Du eher der ruhige Typ? Wie ist Dein Temperament?*

Mario:

- *Ich bin wild und stark*
- *ruhig und freundlich*

Lila:

- *Ist Dein Glas halb voll oder halb leer?*

Mario:

- *komplett voll*

Lila:

- *Ich liebe Dich, mein Süßer. Es scheint ja wirklich so zu sein, dass ich einen Piraten mit einem guten Herzen gefunden habe*

Mario:

- *Du bist die Allerbeste*
- *die süßeste und meist geliebte Frau und Mutter auf der Welt*

Lila:

- *Es scheint, als ob ich wirklich einen starken Mann gefunden habe, der voller Zärtlichkeit und Sensibilität ist*
- *einen wilden Tiger, der die Welt durch seine Worte verändern kann*

- und der wahrscheinlich mein Leben verändert, wenn er mich berührt

Mario:

- Die erste Berührung von mir, und Du wirst nach mehr und mehr betteln

Lila:

- Ja,, Liebling, es wird vermutlich so sein wie Du schreibst.
- aber vielleicht wirst Du der erste sein, der nach mehr und mehr bettelt.

Mario:

- warten wirs ab

Lila:

- Wir werden sehen, Honey, wir werden sehen

Mario:

- Du wirst definitiv um mehr betteln, meine Süße.. definitiv

Lila:

- Das werden wir sehen, Liebling, aber es hört sich gut an
- Was machst Du gerade, Liebling? Das dauert so lange, bis Du antwortest.?

Mario:

- Ich mach mir gerade einen Kaffee

Lila:

- Das ist ja lustig, ich nämlich auch. So werde ich meinen ersten Kaffee jetzt mit Dir zusammen trinken... schöne Vorstellung
- Wie trinkst du Deinen Kaffee? Was bevorzugst Du?

Mario:

- heiß

Lila:

- und schwarz und stark... genauso wie ich.
- du bist ja frech.

Mario:

- So, jetzt ist der Kaffee fertig.
- und ich bin bereit Dich jetzt zu haben

Lila:

- Okidoki
- ich bin bereit

Mario:

- Was hast du an?
- Ich bin bereit, jetzt guten und wilden Sex mit Dir zu haben

Lila:

- kann losgehen
- ich bin heiß
- wechsel gerade eben noch von der Mutter zur geilen Schlampe
- Und zieh Dich schon mal langsam aus

Mario:

- Ich möchte, dass Du Dich ganz ausziehst
- weil ich Dich in Stücke reißen will
- Deine Brust liebkosen so hart und so wild

Lila:

- Kannst Du meine heißen und feuchten Küsse spüren, die ich Dir gerade auf Deinen Nacken gebe?

Mario:

- lass meine Finger überall über Deinen Körper gleiten

- *yes, Baby*

Lila:

- *wow, ich kann es fühlen*
- *Ich liebe Dich... ich bin soooo heiß*

Mario:

- *ich stecke jetzt meine Finger in Deine feuchte Muschi*

Lila:

- *Die Temperatur steigt jetzt gerade sekündlich*

Mario:

- *halte bitte nicht meine Finger zurück.*

Lila:

- *Honey, Du bringst mich hier zum Stöhnen*

Mario:

- *Ich möchte jetzt meine Finger in Deine nasse Muschi tun. Jetzt*

Lila:

- *Ich halte nichts zurück, Schatz.. Ich liebe, was Du da gerade tust*

Mario:

- *Bitte , spreize Deine Beine für mich. Mach sie ganz weit auf. Ich möchte jetzt mit meinen Fingern in Dich eindringen*

Lila:

- *o.k... sei vorsichtig*
- *hhhhmmmmmmmmmmmm*

Mario:

- *mach sie ganz weit auf, weil ich alles sehen möchte*

Lila:

- *Ja, mein Liebling, sieh Dir alles an*
- *und tue mit mir, was Du willst*

Mario:

- *spreize sie weiter und weiter*
- *Ich komme jetzt,um Dich zu haben*

Lila:

- *bitte dringe jetzt in mich ein mit Deinem großen Schwanz, Liebling*
- *ich warte*
- *bereit um zu betteln*

Mario:

- *Bitte lecke jetzt an mir, dass mein Schwanz so hart und stark wird, um ganz in dich einzudringen*
- *bitte lutsche meinen Schwanz, damit wir gemeinsam das Ziel erreichen*

Lila:

- *o.k.. ich bück mich jetzt runter und beginne Deinen Schwanz zu lutschen... auf und ab.*

Mario:

- *Ich möchte es gerade hart und fest*

Lila:

- *und sehr feucht*

Mario:

- *Wow*

Lila:

- *Meine Augen sind gerade weit geöffnet. Ich sehe Dich an. Und genieße es, dass Du mir dabei zuschaust, während ich Deinen Schwanz küsse*
- *und dabei stöhne*

Mario:

- *wow*
- *stöhnen und laut ächzen*

Lila:

- *Darling, nimm mich. Jetzt!*
- *ich möchte mich jetzt auf den Tisch legen*
- *bitte Schatz*
- *ich will Dich IN mir.*

Mario:

- *ich führe ihn jetzt in Deine nasse Pussy ein*

Lila:

- *hhhhmmmmmmmmmmmm*
- *ja, ja,ja*
- *bitte höre niemals damit auf*

Mario

- *reibe ihn behutsam in Dir*
- *dringe ein und aus in Dich*
- *werde jetzt ein wenig schneller*
- *stoße in dich hinein*
- *und werde jetzt schneller und schneller*

Lila:

- *ich bin schon im Himmel.*

Mario:

- *während Du die ganze Zeit meinen Namen spricht*
- *so wild und schnell*
- *wildddddddddddddddddddddddddddddddddddddddddddddddd*

Lila:

- *ich schließe gerade meine Augen.. und fühle nur.*

Mario:

- *hmmmmmmmmmmmmmmmmmmmmmmmmmmmmmmmmm mmmmmm*

Lila:

- *wowowowowowowowowowowowowowowowowowow*
- *Mario, Mario,Mario*
- *lieb Dich*

Mario:

- *Lass uns die Position wechseln*
- *Ich möchte Dich auf mir drauf*

Lila:

- *o.k.*
- *ich drehe mich jetzt um und setze mich auf Dich*
- *und fühle, was Du mir zu geben hast*

Mario:

- *Bitte nehme jetzt meinen großen Schwanz*

Lila:

- *o.k.*
- *ist er groß?*
- *wie groß?*

Mario:

- *sehr groß*

Lila:

- *hhhhhhhhmmmmmmmmmmmmm*

Mario:

- *sehr groß, meine kleine Hexe*
- *Du wirst wegschwimmen*

Lila:

- *Du bist Mister Perfekt. Das passt ja wirklich ALLES perfekt*

Mario:

- *reit auf mir jetzt*
- *schüttel und ruckel hart an mir*

Lila:

- *Ja, ich bringe Dich jetzt zum Paradies*
- *und begleite dich dabei*

Mario:

- *Ja, komme zusammen mit mir, meine Heldin*

Lila:

- *Es ist soooooooo gut*
- *Du bist der Beste*
- *so stark und standhaft*
- *so wild und sinnlich*

Mario:

- *ich mach weiter und weiter*
- *liebevoll und wild zugleich*

Lila:

- *Ich liebe Dich, Baby*
- *Ich liebe Dich sooooo sehr*
- *es kommen mir gerade Tränen vor Glück*

Mario:

- *grabe mich in Dich ein und aus*

Lila:

- *Das ist wirklich das Paradies, Sex mit Dir zu haben*

Mario:

- *ficke Dich so süß*

Lila:

- *wie wird das erst sein, Dich live zu haben?*

Es dauerte einen Moment, ehe sich Mario wieder meldete.

Mario:

- *Baby, ich habe gerade eben einen Orgasmus gehabt*
- *Ich habe meinen Dick so sehr gerieben*
- *ich hatte eben gerade einen Orgasmus*

Lila:

- *wundervoll, Darling*
- *ich genieße es mit Dir*

Versöhnungssex war der beste von allen, sagt man. Aber dass es auch beim Cybersex so schön sein konnte, das hätte Lila nicht gedacht. Sie war richtig heiß geworden, während die beiden miteinander gechattet hatten. Und Mario hatte einen Orgasmus gehabt.

Was ist die Welt bloß ohne Liebe? Und ohne Sex? Fad und langweilig, fand Lila.

Sie verabschiedete sich von ihrem Mario und wollte noch ins Designer-Outlet-Center fahren, um sich ein paar schöne Dessous für ihn zu kaufen. Morgen hatte sie noch einen Friseurtermin und war dann mit Gitta zum Sektfrühstück verabredet. Und dann würde er ja bald auch schon kommen. Wenn jetzt alles gut ging, würde ja eh morgen das Paket von ihm per Security-Firma kommen. Irgendwie dachte Lila immer noch , dass die ganze Geschichte unrund und unsauber war, aber 880,-€ waren einfach zu wenig.

Sie fand wundervolle Unterwäsche. Oh ja, in feuerrot mit Spitze . Sie würde ihren Mario nach aller Kunst verführen. Sie freute sich so auf realen Sex mit ihm.

Als sie gerade wieder zuhause ankam, bekam sie einen Anruf.Die Nummer war lang und begann mit 0060. Wie sie später herausfand, war das die Ländervorwahl von Malaysia. Sie nahm ab.

„ Hallo Madame, mein Name ist Yong Fee von der Security-Firma. Bitte: Wir haben ein großes Problem am Flughafen. Können Sie bitte unverzüglich Ihre Mails checken und mir sofort antworten? Es geht hier um Minuten!"

Eigentlich hatte Lila ab dem Moment gewusst, dass doch alles ein eingefädelter Betrug war, aber wie hieß schon der Western: Die Hoffnung stirbt zuletzt. Mit flauem Gefühl ging sie runter an ihren Computer.

Mario war sofort da..

Berlin, 04. Juli, 16 Uhr:

Mario:

- *Hallo Love*
- *Bist Du vom Shoppen zurück?*

Lila:

- *Ja, Liebling, ich habe mir Schuhe, Dessous, Kleider gekauft.*
- *Warte einen Moment. Die Security-Firma hat mich eben angerufen. Da gibt es am Flughafen Probleme. Ich muss eben meine Mails checken*

Mario war in höchster Aufregung..

„Was, was für Probleme? Oh nein, hoffentlich haben sie das Geld nicht gefunden. Das könnte ich jetzt nicht ertragen", schrieb er ihr. Aber Lila wollte jetzt selbst erst einmal wissen, was dort drin stand.

Sie machte die Mail auf. Mit Stempel und hoch offiziell und Telefonnummern und allem pipapo meldete sich die Security-Firma aus Malaysia: Danach hatten sie extreme Probleme am Flughafen, da der Zoll entdeckt hatte, dass dort Geld in dem Paket sei. Sie würden jetzt alles tun, um das Paket nicht an die Zollbeamten zu verlieren, die dort allesamt korrupt seien. Die Firma sei sehr daran interessiert, die Interessen ihrer Kunden zu wahren. Sie bräuchten jetzt zwingend eine „ international monetary certification" und eine „ anti-drug"-Certification. Und das würde jetzt 2578,-€ kosten, die sie bitte am besten sofort überweisen sollte. Sie leitete die Mail an Mario weiter.

Lila saß erst einmal da...bewegungslos... gefühllos. Und nicht wirklich in der Lage zu realisieren, was da gerade passierte. Erst gestern hatte sie nach stundenlangem inneren Kampf 940,-€ überwiesen. Erst vor wenigen Stunden hatten sie Cybersex gehabt. Und jetzt ging es erst richtig los. Ununterbrochen war das facebook-Blubbern von Mario zu hören.

Das stank doch alles zum Himmel. Und mit diesen 2600,- kam man jetzt auch auf einen Betrag, der sich lohnte. Das war eine Summe, wo sich 4 Wochen Chatten doch schon rentierten. Was waren Mario (und sein Team?) doch geschickt. Erst schickte er ihr angeblich Geld, dann brauchte er nur eine kleine Summe für den Zoll, die sich schließlich auf knapp 900 Euro läpperte. Und jetzt kam der nächste Betrag. Wer einmal bezahlt hatte und dabei aufs falsche Pferd gesetzt hatte,der würde das auch ein zweites Mal tun. Damit rechneten DIE, ja: DIE! Denn mittlerweile war Lila fast sicher, dass es sich, wie die Banker schon gesagt hatten, wirklich um einen groß angelegten Betrügerring handelte.

Lila wusste, das Spiel war aus, Mario doch ein Betrüger.Sie war wie benommen. Und doch blieb immer noch eine Resthoffnung. Wenn er trotzdem kommen wollte, ohne dass sie nochmals und jetzt den dreifachen Satz bezahlte, dann würde sie ihn mit offenen und liebenden Armen empfangen. Er war ein Betrüger, ja. Aber irgendwas in diesem Mann war auch mit ihr verbunden und fühlte was für sie. Das hatte sie die letzten Wochen so oft raus gelesen. Wie oft hatte er stundenlang auf sie gewartet. wie oft ihr so schöne Sachen geschrieben. Lila setzte sich jetzt ran und nahm wieder Kontakt mit Mario auf:

Mario:

- *Ich habe mir die Mail durch gelesen*
- *da gibt es ein Problem am Flughafen*

- *Die security-Firma sagt, die Behörden haben den Tresor einge-scant und dabei entdeckt, dass sich Geld darin befindet*
- *Meine Süße, im Tresor ist alles, was ich besitze*
- *Ich habe keine Ahnung, was zu tun ist im Moment*
- *Ich bin so irritiert und frustriert gerade*
- *Meine Süße*
- *Das ist einfach gerade zu viel für mich... mehr, als ich vertragen kann*

Lila:

- *Liebling, Du musst jetzt selber zum Flughafen gehen und es direkt dort vor Ort klären*
- *ich kann es von hier nicht bestätigen*
- *die Security-Firma sind Betrüger*
- *Bitte geh so schnell wie es geht zum Flughafen*
- *sie sollen so lange Deinen Tresor dort aufbewahren*
- *es ist sehr irritierend*
- *Mario?*

Mario:

- *Honey, sie sagen, wir müssen 2578 Euro bezahlen, um das Wertpaket auszulösen*

WIR müssen 2578 Euro bezahlen! Dieser Mann war wirklich geschult. Und langsam fielen Lila alle diese kleinen psychologischen Feinheiten auf, mit denen Mario -oder wie auch immer dieser Mann hieß- sie bearbeitete. Er war richtig gut..

Lila:

- *Ich kann das nicht bezahlen*

Mario:

- *wenn nicht, werden sie den Tresor konfiszieren*

Lila:

- *Ich kann das nicht bezahlen, Darling*

Mario:

- *Das ist alles, was sie brauchen*
- *Oh mein Gott*
- *Das ist alles so konfus und frustrierend*

Lila:

- *Wenn Du das Schiff in Thailand verlässt, gehe bitte direkt zum Flughafen nach Malaysia, das ist nicht weit weg von dort.*

Mario:

- *Honey, Du musst verstehen, was in der Mail steht*

Lila:

- *ich habs schon verstanden*

Mario:

- *Mich von Thailand nach Malaysia zu schicken, ist gar keine gute Idee*

Lila:

- *Das ist alles total unseriös, Liebling*
- *Dir traue ich, aber nicht der Company. Ich weiß gar nichts über sie*

Mario:

- *Mein Liebling, ich möchte das Geld nicht verlieren*
- *da ist mein gesamtes Vermögen drin*

- *ich weine und bin total durcheinander*
- *lass uns bitte am Telefon sprechen*
- *Mein Liebling, ich hasse es, wann immer Du an mir zweifelst*

Es klingelte. Anonymer Anrufer. Das war Mario. Der gab jetzt richtig Gas. Da saß Lila, ihre Augen immer noch geschwollen von gestern. Und registrierte Millimeterchen für Millimeterchen, dass das hier alles wirklich eine große Seifenblase war. Noch redete sie sich ein, dass eventuell nur die Security-Firma Betrüger waren, aber ihr Unterbewusstsein wusste es bereits.

Was sollte sie jetzt machen?

Da fiel es ihr wie Schuppen von den Augen. Warum hatte sie ihn nicht schon vor der ersten Zahlung gebeten, ihr seinen Ausweis und seine Adresse in London und die von seinem Anwalt einzuscannen? Aber sie war ja ganz betäubt gewesen, wie hieß es noch so schön: blind vor Liebe!

Sie ging ran.

„Hallo mein Liebling", weinte es in hoher Stimme auf der anderen Seite. „Ich bin so unglaublich traurig. Ich springe hier gleich von Bord und nehme mir das Leben.

Wie kannst Du an mir zweifeln? Wie kannst du jetzt aufgeben? Ich werde in 4 Tagen in Deinen Armen liegen. Aber es ist alles auf den Weg gebracht. Auf den Weg zu Dir. Ich kann jetzt nicht mehr zurück. Bitte zahle den Betrag." Er weinte und weinte.

Lila blieb irgendwie unberührt von seinem Schluchzen. „Honey, bitte scanne mir Deine ID-Card, Deinen Ausweis ein und schicke ihn mir, bitte Deine Adresse in London, den Namen und Kontaktdaten Deines Anwaltes, einfach alles, dass mir zeigt, dass Du echt bist."

„ Wie kannst Du an mir zweifeln? Wie kannst Du mir nur misstrauen?" weinte er.

„ Liebling, wenn alles echt ist, dann ist das doch gar kein Problem. Scan mir das alles rüber, und ich setze mich sofort in den Defender und zahle die 2600,- €", sagte Lila.

Und wieder behauptete er, er habe die gesamten Papiere, auch den Ausweis, mit in den Tresor gelegt. Lila wurde langsam fast ärgerlich.

„ Darling, nicht einmal James Bond kann ohne Ausweis um die Welt reisen. Bitte schicke mir Deine Unterlagen." Er weinte. Kein Wort, wie sehr er sie liebte. Aber seidenweich seine Stimme. Und wirklich traurig.

Die Verbindung war schlecht. Lila legte auf.

Und da war er auch gleich wieder am Chatten.

Er wurde immer fordernder. Doch irgendwann versprach er ihr, den Ausweis einzuscannen.

Lila rief Ippy an. „ Ippy, jetzt will die Security-Firma 2600 Euro von mir haben. Das ist doch alles Betrug hier. Ich habe Mario gebeten, mir seinen Ausweis einzuscannen. Und wenn er das wirklich macht, dann fahre ich noch mal los und überweise." „ Nein, um Gottes Willen, das tust Du nicht", antwortete Ippy. „ Ich bin heute abend eh alleine. Willst Du nicht zum Essen kommen? Du bezahlst und überweist erst einmal gar nichts, hörst du? Und sowie du seine ganzen Daten hast, kommst du her und wir recherchieren die mal im Internet".

Ja, so wollte Lila es machen.

Sie hatte noch nicht ganz aufgelegt, da klingelte schon wieder ihr Telefon. Anonymer Anrufer... Mario.

Und wieder.

Und wieder.

Lila ging nicht ran. Sie wollte jetzt erst einmal die Bestätigung haben und auf seinen Ausweis warten.

Er chattete.

Mario:

- *Meine Süße, ich kann den Ausweis auf meinem USB-Speicherstick nicht finden*
- *ich fühle mich so von Dir zurückgewiesen, weil du nicht ans Telefon gehst*
- *es macht mich wirklich traurig, dass Du meine Telefonanrufe verweigerst*
- *Ich denke darüber nach mich umzubringen*
- *vielleicht würde dich das glücklich machen*
- *wenn ich ins Meer springen würde und Selbstmord begehe*

Lila:

- *Honey, was ist daran so schwierig, einen Ausweis einzuscannen?*
- *Ich kann ohnehin heute nichts mehr überweisen. Die Banken haben alle schon zu*
- *Wenn Du echt bist und wenn Du mich wirklich liebst, dann sende mir Deinen Ausweis und scan auch gleich noch Deine Flugbestätigung mit ein*

Immer und immer wieder beteuerte er ihr, dass er seinen Ausweis nicht finden würde. Was war das denn für ein ausgemachter Humbuk? Innerlich hoffte sie immer noch, dass er ihr wirklich einen Ausweis schicken würde, aber das war hier wirklich der absolute Schmarrn. Es dauerte eine Weile, bis er sich wieder meldete.

Per Mail schickte er ihr seinen „Ausweis". Und als sie den sah, war ihr klar, warum er sich eine knappe Stunde nicht gemeldet hatte. Dieses Ding war eindeutig eine Fälschung. Das Foto das Gleiche wie auf facebook, nur in die Breite gezogen. Da stand in kleiner, zarter, grauer Schrift Mario Anthony und das Datum des Ausstellens und der Gültigkeit, und in anderer, schwarzer, viel größerer Schrift, British Citizen, United Kingdom usw. Eine Mogelpackung... eine richtige Mogelpackung. Ihr Pirat ein Sex-Pirat, der verliebten Frauen das Geld und ihr Herz stahl. Vermutlich hing ein ganzer Ring dahinter, die Möchtegern Security-Firma alles schön eingeklügelt. Das einzige, was scheinbar wirklich war, war der Standort Malaysia. Vermutlich war ihr hübscher Mario Anthony ein kleiner, dicker, käseweißer Glatzkopf, der seine Mutter oder seine Kinder oder wen auch immer umgebracht hatte und der sich jetzt nach Malaysia hatte absetzen müssen, um dem Gefängnis zu entgehen.

Lila war unendlich traurig. Gar nicht so sehr, dass sie über 900,-€ an ihn überwiesen hatte und auch die Suite, die sie noch stornieren musste, die knapp 1500,-€ gekostet hatte. Sie war unendlich traurig, dass es diesen Mann gar nicht gab. Er eine Seifenblase. Ein Betrüger. Und dennoch wünschte sie sich ihn sehnlichst herbei. Sie hatte sich so auf das Leben an der Seite dieses Mannes gefreut. Und die letzten dreieinhalb Wochen waren mit die Schönsten und spannendsten in ihrem Leben gewesen. Aber das stank zum Himmel. Und trotzdem: Wenn es ihn gab, auch wenn er ein Betrüger war, sie würde ihn in Berlin begrüßen. Er konnte immer noch kommen. Sie würde kein Geld bezahlen, aber ihn empfangen.

Und so setzte sie sich hin und schrieb noch einmal an ihren Mario: Und natürlich war er sofort wieder da und hatte ihr mindestens 10 Mails geschrieben

Berlin, 5. Juli, 19 Uhr:

Lila:

- *Du hast mir gestern versprochen, nicht mein Herz zu brechen*

Mario:

- *Ich werde Dir niemals das Herz brechen*
- *ich werde mir eher das Leben nehmen als Dein Herz zu brechen*
- *Du bist mein Leben*
- *mein Traum*
- *meine Heldin*
- *meine Welt*
- *mein one and only*
- *die Mutter meiner ungeborenen Kinder*

Lila:

- *Danke Dir Liebling. Ich habe den Ausweis bekommen. Bitte sende mir noch die Flugbestätigung zu.*
- *Honey, wenn Du mich wirklich liebst, wenn Du wirklich existierst und so aussiehst wie auf dem Foto, bitte dann komme am Sonntag. Das ist alles, was ich mir wünsche*

Mario:

- *Ich habe Dir die Flugdaten doch schon zugeschickt*
- *ob ich wirklich existiere?*
- *Deine Worte machen mich unendlich traurig*
- *Ich glaube, ich bringe mich um, das würde dich vielleicht glücklich machen*
- *ich hätte das alles nie von Dir erwartet*
- *Warum willst Du mein Herz brechen?*
- *Wo ist Dein Glaube und Dein Vertrauen?*
- *Warum bist Du so gemein zu mir?*
- *Meine große Liebe*
- *Ich habe Dir alles zugesendet*
- *Dann lass mich eben das gesamte Geld verlieren*
- *Ich möchte, dass Du weißt, dass ich Dich mehr brauche als mein ganzes Geld*
- *Du bist die Welt für mich, Mutter meiner ungeborenen Kinder*
- *Aber ich glaube, ich brauche fast noch mehr Vertrauen*
- *Ich hätte nie gedacht, dass Du Dich so kalt gegenüber mir verhalten kannst*
- *Ich denke, ich sollte Selbstmord machen und ins Meer springen*
- *ich werde Sonntag da sein, egal, was jetzt mit dem Tresor passiert. Du bist mein Leben und meine Welt.*

Mario:

- *Meine kleine Hexe*
- *Mein Juwel*
- *mein Trost*

- *meine Königin*
- *Mutter meiner ungeborenen Kinder*

Mario:

- *meine wilde,geile Hure*
- *Deine Taten und Reaktionen bringen mich um*
- *weißt Du eigentlich, wie schwer es für mich ist, wenn Du schreibst, dass Du mir nicht traust?*
- *Ich zerbreche und will mich nur noch umbringen*

Mario:

- *Meine große Liebe*
- *bringst du mein Herz zum Zerschmelzen mit Deinen Aktionen?*
- *Du machst mich ganz verrückt*
- *Du machst die gesamte Situation so hart und kritisch für mich*
- *Bitte erinne Dich an Deinen eigenen Traum, an unsere Vision*
- *was Du auch im workshop in London visualisiert hast*
- *Unser Zusammenleben*
- *unsere Segelyacht*
- *unsere Träume*
- *unsere Zukunft*
- *unsere Kinder*
- *Enoch, Isa und Leif*
- *unsere ungeborenen Kinder*
- *unsere Zweisamkeit*
- *wir ziehen nach Mallorca, um dort den Rest unseres Lebens glücklich zusammenzuleben.*
- *Das mit uns wurde im Himmel gemacht*

Lila saß da und weinte. Sie weinte und weinte und weinte. War es das jetzt wirklich? Sie liebte diese Vision. Und das konnte doch nicht sein. So viele Wahrsagerinnen, so viele Eckpunkte. Und alles doch nur ein Fake? Was hatte das Universum bloß mit ihr vor? Warum musste sie diese bittere Pille erfahren? Gab es denn ihren herbeigesehnten Piraten, ihre große, große Liebe, ihren „ one and only" nicht?

Lila:

- *Liebling, du sprichst von Glauben und Vertrauen.. Ich bin vertrauenswürdig und gutgläubig*
- *aber ich weiß, dass da so einige Sachen nicht echt sind*
- *ich bin nicht unfair*
- *ich habe bereits Geld gezahlt. Für Dich... aber sorry, wenn ich das sage: Der Ausweis ist ein Fake! Eine Fälschung! Das Foto ist das von facebook, klar und deutlich, British Cititzen, United Kingdom etc. in verschiedenen Schriften und Schriftgrößen, man kann die Adresse nicht lesen, manche Sachen sind richtig verschwommen..*
- *sorry, Honey, aber ich brauche jetzt definitiv die Buchungsbestätigung deiner Flüge*
- *ich muss jetzt mein Herz retten*
- *du bist gerade dabei, es mir herauszureißen*
- *Fast 1000 Euro, das ist ärgerlich, aber es wird mich nicht umbringen*
- *Was aber wirklich schrecklich für mich ist, dass Du so tief in meinem Herzen bist, dass ich mich Dir zu 150 Prozent geöffnet habe, dass ich Dich gestern inständigst gebeten habe, einen*

Cut zu machen, wenn das hier alles eine Lüge ist, dass Du nach Isa und Leif gefragt hast, dass Du mir über Deine verstorbene Frau berichtet hast, über Deinen Sohn, so viele Dinge, die so tief und gut waren

- *Ich kann wirklich nicht glauben, dass irgend ein Mensch auf dieser Welt das tun kann*
- *ich liebe Dich von ganzem Herzen und habe Dir mein ganzes Herz geschenkt*
- *es tut so unendlich weh, so un-unendlich weh*
- *und das alles war nur ein Schwindel? Ich habe wirklich gefühlt, dass Du mich liebst und ich glaube, irgendein Teil von Dir hat das vielleicht auch wirklich getan*
- *aber das stinkt hier zum Himmel*
- *Ich bin tief verzweifelt und unendlich traurig*
- *Doch Du bist immer noch willkommen bei mir in Deutschland..*
- *ich werde jetzt gleich die Suite canceln*
- *ich habe bereits mit Visacard gezahlt*
- *ich bin zutiefst durcheinander und so unglaublich traurig*
- *und ich kann nicht glauben, was hier gerade alles passiert*
- *Darling: Ich kann es wirklich nicht glauben*
- *Ich habe immer noch ein kleines bisschen Hoffnung, dass es ein Happy End unserer Geschichte gibt*
- *aber diese gesamte Ausweisnummer ist auch wieder nur eine... Seifenblase?*
- *Ich bin verzweifelt*
- *Mein Süßer, ich bin so verzweifelt.*

Das Telefon klingelte, wieder und wieder. Lila saß da wie ein Häufchen Elend. Sie hockte auf dem Sofa unten in ihrem Keller und weinte. Sie war kraftlos. Und sehnte sich so nach ihm. Und dann ging sie ran.

Mario spielte mit ihr wie mit einem Pingpongball. Die volle Klaviatur der Gefühle. Er war, das wurde ihr erst viel später klar, psychologisch geschult. Er wurde gemein, richtig kalt, er sagte ihr „ Im pissed of of you" , du kotzt mich an. Er sagte, dass es kein Wunder sei, dass Wolf sich ihr gegenüber so benehme. Sie sei berechnend und gemein. Und dass sie ihm das antue, spreche von einer riesigen Gefühlskälte ihrerseits. Sie habe ihre eigenen Träume verraten, sie würde ihm gerade das Herz raus reißen, nur weil sie ihm nicht vertraue.

Und dann wurde er wieder lieb. Sie sei sein ein und alles, das fehlende Glied in der Kette, alles, was er sich jemals gewünscht habe. Er liebe sie mehr als alles andere auf der Welt. Mehr als seinen Sohn und auch seine verstorbene Frau. Er wolle sie heiraten. Und sie solle doch bitte Vertrauen haben.

Lila weinte. Sie war nicht mehr in der Lage zu sprechen. Sie hielt dieses Handy krampfhaft fest. Als ob die gesamte Liebe und ihr Leben an diesem Handy hingen.

Er redete 10 Minuten auf sie ein. Er weinte. Und wurde wieder kalt. Und dann machte er ihr wieder Komplimente. Und wurde wieder kalt „ Das würde Dir wohl gefallen, wenn Du mich gestrandet und am Boden liegen siehst, bloß weil ich mein ein und alles, mein gesamtes Vermögen zu Dir schicken wollte", flüsterte er ihr kalt ins Ohr. Und dann wurde er wieder lieb . „ Aber ich will und kann nicht ohne Dich leben. Ich habe Geld. Sehr viel Geld. Ich möchte das mit Dir teilen". Lila weinte.

Sie sagte kein Wort. Sie konnte nicht. Sie weinte. Es brachte sie fast um. Und schließlich knickte sie ein.

„ Gut mein Liebling, ich tu es. Morgen früh werde ich das Geld überweisen. Morgen früh gehe ich los", schluchzte sie ins Telefon.

Er sendete ihr 1000 Küsse durch den Hörer. „ Du bist meine Queen, mein ein und alles. Du bist das Beste, was mir je passiert ist. Ich liebe Dich. Du wirst es nicht bereuen."..

Es war jetzt schon 20 Uhr. Und Ippy rief an. „ Wann kommst Du denn?" fragte sie. „ Jetzt", sagte Lila.

Sie strich sich ihre Lippen kurz nach, nahm sich den ausgedruckten, gefälschten Ausweis mit und fuhr zu Ippy.

Es war ein frischer, kalter Abend. Als ob sich der Hochsommer von einer Minute zur anderen in den Herbst verwandelt hatte. Passt ja prima zum Geschehen, dachte Lila.

Ippy war betrübt. „ Ich fühle mich irgendwie mit schuldig", sagte sie. „ Ich habe das alles ausgependelt. Und dann das jetzt. Ich lege mein Pendel jetzt mal beiseite und lass mein Pendel mal Pendel sein", sagte sie. Sie war richtig traurig und fast ebenso durchgeschüttelt wie Lila. „ Ich habe die Gefühle von ihm wirklich gespürt", sagte Ippy fast ungläubig. „ Das hat sich alles so gut angefühlt, so echt, und so voller Respekt und Liebe. Und jetzt dieser Betrüger. Du wirst auf jeden Fall nicht zahlen".

„ Ach Ippy", saß Lila da. Doch ihre Tränen waren versiegt. „ Was mache ich jetzt bloß? Das ist ja alles so schrecklich. Ich werde hier wahnsinnig. Theoretisch wäre er in 2 Tagen hier", sagte Lila.

„ Jetzt isst Du erst einmal was, und dann recherchieren wir mal ein wenig im Internet."

Es gab Spaghetti Bolognese. Und auch wenn Lila nicht so der Nudeltyp war, es schmeckte gut und nahrhaft. Und etwas gute Nahrung konnte sie gerade wirklich gebrauchen.

Die Internet-Recherchen ergaben fast nichts. Seine Adresse, die er angegeben hatte, da war kein wirkliches Haus zu sehen. Die Telefonnummern, die er hinterlassen hatte, wirkten wie tot. Es ging keiner ran. Die MS shipping Company, da war sein Name nicht zu finden. Es drang wirklich erst viele, viele Stunden später in Lilas Bewusstsein ein, dass nicht nur die Security-Firma ein Betrüger war, sondern er auch.

Bevor sie an diesem Abend schlafen ging, fasste sie einen Entschluss. Sie würde ihn nach wie vor speisen mit den Informationen, dass sie ihm das Geld überweisen würde. Dabei würde sie ihn noch ordentlich ein paar Stunden zappeln lassen. Und morgen würde sie ihren Mario dann bei der Polizei melden und ihn auch bei facebook auffliegen lassen.

Goodbye, Du Sex-Pirat. Hoffentlich kriegen sie Dich!

Sie wusste zwar noch nicht, wie sie diese Liebesgeschichte verarbeiten würde. Aber es war klar: SIE würde das überleben. Doch wie war das mit all den anderen Frauen, die auf ihn, seine Crew und auf die schönen Worten hereingefallen waren? Sie musste handeln, auch für die anderen Frauen.

Bevor sie ins Bett ging, schlug sie ihre Morgenseiten auf und schrieb hinein:

- „ *Die große Liebe meines Lebens, mein Soul-Partner, der mir wer weiß was versprochen hat, ist eine soap-bubble, eine Seifenblase, ein Riesen –Betrüger, ein Sex-Pirat, der nur Geld von* mir haben will. Er stalked mich gerade richtig und ruft ununterbrochen an und will Geld von mir. Ich wünsche ihn sehnlichst herbei, ich würde mir zu sehr ein Leben mit diesem Mann, so wie er auf facebook aussieht mit dem, was er schreibt, mit der Geschichte, die er vorgibt gelebt zu haben, wünschen, aber das ist alles erstunken und erlogen.

- *The story stinks...Das stinkt zum Himmel. Und ich bin echt durchgeschüttelt. Was, Universum, was willst Du mir damit sagen? Was ist meine Lernaufgabe? Muss ich solche Scheiße wirklich erleben? Das kann doch nicht sein!*

- *Kann nicht irgendwann mal irgendwas Schönes kommen?*

- *Gibt es ihn doch nicht, meinen geliebten Piraten mit viel Geld, den Iren, der auf allen Weltmeeren unterwegs ist und mich über alles liebt? Meinen Seelenpartner, der mir das pure Glück auf Erden schenkt? Das ist so abgrundtief gemein, wenn er das nur tut, um Geld zu bekommen. Und wer weiß, mit wie viel anderen er noch Kontakt hat. Ich glaub dem gar nichts mehr. Ich bin wirklich tief verletzt, tiefer geht`s fast nicht. Es wird mich nicht umbringen, aber wo ist sie denn? Die große Liebe, die mir geweissagt wurde? Der ältere Mann, den ich auf meiner Telepathie-Reise gesehen habe? Ich werde gleich die Suite canceln. Und dann mal schauen.*

- *Alles ein Schwindel! Ein großer, großer Schwindel! ein Riesenbetrug!*

- *Er kann immer noch kommen, er kann immer noch alles rumreißen, aber er versucht einfach immer wieder, mich in die rich-*

tige Schwingung zu bringen, ins liebende, sich schön anfühlen-
de Gefühl zu bringen, und dann geht`s wieder los

- Er kriegt das Geld nicht
- Vielleicht steht er selbst so unter Druck, dass er gar nicht an-
  ders kann
- Irgendwas oder besser ganz viel von dem, was er schreibt,
  meint er auch so. Da scheint so viel Liebe durch
- Aber er ist ein Betrüger, ein ganz mieser Internet-Pirat, der
  Frauen das Herz raus reißt für 4000,-€... wie furchtbar
- Passiert das mit Menschen, wie ich es bin, die diesen uner-
  schütterlichen Glauben an das Gute im Menschen haben? Ist
  das das Ziel? Mich zu brechen? Ist mir das Glück in diesem Le-
  ben nicht gegönnt?
- Ich verstehe es nicht. Und ich empfinde es als total gemein
- Aber ich muss wohl in Annahme gehen
- Mann , was für ein Kack.

An diesem Abend schlief Lila erschöpft und leer ein. Es war eine dunkle Nacht draußen. Und auch im Inneren fühlte Lila nur Dunkelheit.

14. Kapitel

06. Juli, Berlin, 9 Uhr:

Lila saß bereits beim Friseur. Sie hatte lange überlegt, ob sie den Friseurtermin absagt, da klar war, dass ihr Mario nicht mehr kommen würde. Aber sie hatte sich entschlossen, doch zu gehen. Schließlich machte sie sich auch für sich schön. In 2 Stunden war sie mit Gitta verabredet. Zum Sektumtrunk. Die wusste von diesem ganzen Desaster noch nichts. Und würde bestimmt mit den Augen rollen und mit dem Kopf schütteln, wenn sie erfuhr, dass es sich bei Mario um einen Betrüger handelte, den es so, wie er vorgab, noch nicht einmal gab. Aber Lila hatte es ja auch darauf ankommen lassen. Und es war passiert. Selbst verschuldet. Ohne Sicherheitspaket. Das hatte sie ja schließlich ganz bewusst abgelehnt, um wirklich hoch und frei fliegen zu können in den höchsten Lüften der Gefühle. Als sie beim Friseur saß, ging sie auf facebook. Er hatte ihr schon wieder geschrieben. Die Nacht durch.. immer wieder. Mario war jetzt dran an ihr, dass sie auch ja das Geld überwies. Sie würde ihn jetzt Stund um Stund zappeln lassen und erst am Nachmittag zur Polizei gehen. So war der Plan.

Mario (Stunden vorher, 4 Uhr):

- *Guten Morgen, meine Süße*
- *Ich weiß, du schläfst noch. Aber ich möchte, dass Du weißt, dass ich Dich zutiefst liebe und verrückt bin vor Liebe nach Dir, meine Königin*

- *Ich werde Sonntag bei Dir sein und wir sollten unsere Liebe und unsere Zweisamkeit feiern*
- *Ich bin so verrückt nach Dir, Du bist mein ein und alles.*

Mario: (9 Uhr)

- *Guten Morgen, meine Süße*
- *wie war Deine Nacht, meine Prinzessin*
- *meine kleine Hexe*
- *schläfst Du etwa noch?*
- *sprich mit mir, Baby*
- *Du schläfst viel in diesen Tagen*

Mario (9:30 Uhr):

- *Hallo Honey*

Mario (9:45 Uhr):

- *Honey*
- *Wirst Du so viel schlafen, wenn wir uns Sonntag sehen?*
- *Du schläfst viel*
- *Honey*
- *Wo bist Du gerade?*
- *Ich hoffe, Du hast gestern nicht zu viel getrunken, als Du zu Deiner Freundin gegangen bist*

Mario (9:55 Uhr):

- *Hallo meine Süße*
- *wo bist Du?*

Lila (10 Uhr):

- *Guten Morgen, mein Süßer. Ich bin schon wach und unterwegs. Sitze gerade beim Friseur. Danach gehe ich zu einer Früh- stückseinladung und danach zur Bank..*

- *Wie geht es Dir?*
- *Kuss*
- *Guten Morgen, Sweetheart*

Mario:

- *Mir geht's gut*
- *Ich sitze hier gerade auf dem Schiff und denke über all das und über uns nach*

Lila:

- *Ja, Darling, mir geht es genauso. Ich denke auch die ganze Zeit an uns*

Mario:

- *Meine Süße, kannst Du nicht erst zur Bank und danach zum Frühstück gehen, damit die Zahlung schnell raus geht?*

Eigenartigerweise empfand Lila bei diesem Spielchen so etwas wie Vergnügen. So sehr sie auch durchgeschüttelt und von ihm enttäuscht war, es machte ihr Spaß zu sehen, wie sehr er sich bemühte, damit sie nur ja schnell das Geld überweisen würde.

Na, der sollte sich wundern! Sie konnte auch anders. In der Ruhe liegt die Kraft, mein Lieber. Und die nehme ich mir jetzt, dachte sie.

Lila:

- *Liebling, ich muss da zuerst hallo sagen. Es ist eine große Brunchparty, und die startet um 10:30 Uhr. Ich muss mich da erst blicken lassen, bevor ich zwischendurch zur Bank fahre, um dann wieder zurückzukehren.*

Mario erkundigte sich nach dem Wohlbefinden von Isa, von Leif, von ihrer Mutter. Er war formvollendet aufmerksam. Sie brach ab, weil ihre Haare nun geschnitten werden sollten..

„ o.k., meine Süße, trink nicht zu viel später", warnte er sie noch.

Dann war erst einmal Ruhe. Aber nicht lange. Immer wieder versuchte er sie zu erreichen, telefonisch als auch per facebook.

Und kurz bevor sie den Friseursalon verließ, schrieb sie ihm noch einmal:

Lila:

- *Honey.Sie beginnen jetzt damit, mein Haar zu waschen.. Wir hören voneinander*

Mario:

- *o.k. my Love*
- *ich liebe Dich so sehr.*

Und dann kamen fast im Viertelstundentakt seine Mails. Und im Zehnminutentakt seine Anrufe. Sie irgnorierte beides. Der würde sich noch wundern.

Mario:

- *Hallo meine Süße*
- *Wo bist Du?*

Mario:

- *Hallo Süße*
- *wo bist Du????*

Mario:

- *Honey, wie war die Frühstückseinladung? Warum gehst du nicht ans Telefon? Ich hoffe, es ist alles in Ordnung*

Mario:

- *Meine Süße, wo bist Du?*
- *Das beunruhigt mich hier schon wieder*
- *Meine Süße*
- *wo bist Du?*
- *sprich mit mir*
- *wo bist Du?*
- *Erzähl mir bitte nicht, dass Du den ganzen Tag trinkst*
- *meine Süße*
- *wo bist Du?*

Mario:

- *Wenn Du es böse mit jemandem meinst, den Du vorgibst zu lieben*
- *dann ist es wie gerade jetzt: immer, wenn diese Person online geht oder mit Dir in Kontakt treten will, wendet sie sich ab*
- *Ich danke Dir sehr für alles*
- *Ich dachte, Du bist die besondere Person für mich. Ich war verrückt nach Dir und wurde von Dir in die Irre geführt*
- *Ich habe Dir all mein Vermögen gegeben, alle Dokumente*
- *Aber Du hast Dich schon wieder von mir abgewendet, so dass ich jetzt alles verlieren werde*
- *Gott ist meine Stärke und meine Rettung*
- *Er zeigt mir den Weg, wenn ich keinen Ausweg mehr sehe*
- *Mein Leben ist in Gottes Hand*

- *Er wird mich niemals ins Meer springen lassen, damit ich mich umbringe wegen all Deines Betruges und Deiner Aktionen*
- *Ich glaube, Du bist es nicht wert sich umzubringen*
- *Ich werde definitiv meinen Weg weiter gehen und versuchen, jetzt doch meinen Vertrag auf dem Schiff zu verlängern.*
- *Vielleicht akzeptieren sie meine Entschuldigung*
- *Ich danke Dir für alles*
- *Viele Grüße auch an Isa und Leif*
- *Sag Isa und Leif, ich liebe sie und sorge mich um sie*
- *Sag Deiner Mutter und Deiner Wahrsagerin, dass ich ihnen mein Leben verdanke*

Mario:

- *logge Dich wieder aus, wenn Du siehst, ich bin online, meine kleine Hexe*
- *Du loggst Dich immer aus, wenn Du siehst, dass ich online gehe*
- *Mutter meiner ungeborenen Kinder*
- *mein Juwel*
- *meine Heldin*
- *meine geile Schlampe*
- *meine Wildkatze*
- *meine Superwoman*

5. Juli, Berlin, 14 Uhr:

Während immer wieder das Telefon klingelte, und Mario die vielen, vielen Mails schrieb, setzte sich Lila im Auto mit der Polizei in Verbindung. Das wollte sie noch schnell klären, bevor sie zu Gitta fuhr.

„ Guten Tag, mein Name ist Lila Springe. Ich möchte einen Betrüger melden, der auf facebook sein Unwesen treibt."

„ Wat woll'n se?", fragte ein typischer Berliner auf der anderen Leitung. Lila erklärte kurz den Sachverhalt. Aber der winkte ab. „ Das können wir hier in Berlin nicht. Da müssen Sie sich an die Botschaft wenden." Lila fiel fast vom Glauben ab. Wo lebten wir denn heute? In James Bond und Tatort und anderen Filmen konnten Fälschungen sofort als solche ausgemacht werden. Jedes kleine Billighandy war heute zu orten. Aber sie konnte einen Engländer nur über die Botschaft anzeigen? Lila schüttelte den Kopf und probierte es dort. Mittlerweile war es jetzt 14 Uhr. Sie musste dringend zu Gitta.

Erst nach 10 Minuten ging überhaupt jemand ans Telefon. „ Es tut mir leid, Frau Springe. Aber das machen wir hier nicht. Aber es gibt eine Organisation, die sich mit internationalen Verbrechen und auch mit Internetbetrügern befasst. Sie nennt sich action frault. Versuchen Sie es bei Ihnen." Lila dankte. Und fuhr los. Erst einmal würde sie jetzt zu Gitta fahren.

Dort angekommen, stand Gitta bereits mit 2 Sektgläsern in der Hand an der Tür. „ Na, Lila. Hast Dich schön gemacht für Deinen Mario? Freust Dich schon auf ihn?" Lila sah Gitta nur an und meinte. „ Er kommt nicht. Er ist ein Betrüger. Ihn gibt es gar nicht."

„ Nein, bitte nicht, Lila. Erzähl mir bitte nicht, er ist von Piraten überfallen worden. Und Du solltest ihm jetzt helfen."

Lila war fassungslos. „ Doch, genau so wars". „ Oh, so ein Mist", sagte Gitta. „ Das habe ich vor ein paar Wochen erst gelesen, dass es solche internationalen Ringe gibt, die sich auf diese Art von Abzocke spezialisiert haben. Da gibt es noch ganz andere Geschichten. Aber ich durfte ja nichts sagen. Du hast uns allen ja einen Maulkorb verpasst. Ach Lila, das tut mir so leid für Dich. Du hättest es wirklich mehr als verdient, endlich mal aus dem Vollen zu schöpfen und eine schöne Zeit zu haben."

Die Sonne war mittlerweile durch die Wolken gekommen und es wurde wieder ein schöner Sommertag.

Beide setzten sich sofort an den Computer und organisierten sich die Nummer von Action frault. „ Hello, my Name is Andrew Porter. What can I do for you, lady?" fragte wieder auf so charmante Art und Weise ein Engländer. Lila erzählte ihm alles. „ Ja, das ist der typische Verlauf. Das haben Sie gut gemacht, dass Sie sich mit uns in Verbindung gesetzt haben. Und 880,–€ sind jetzt zwar auch viel Geld, aber da haben wir schon ganz andere Summen gehabt. Sie handeln genau richtig. Zweifeln Sie keine Sekunde. Das ist ein betrügerischer Ring, der von Malaysia aus agiert. Wir haben auch welche aus Afrika und Südamerika und aus Ägypten. Es werden immer mehr." Sie bekam eine „ crime number": NFRC120700378187. Sie notierte sich alles. Er bat sie des Weiteren, diesen Fall auch bei facebook zu melden und ihn dort unter „ gibt vor, jemand anderes zu sein" anzuklicken. Das Gespräch dauerte bestimmt 1 Stunde. Und Lila fiel erst im Nachhinein auf, dass sie die ganze Zeit fließend Englisch gesprochen hatte und den Engländer mit Akzent ganz wunderbar verstanden hatte. Dieser Andrew Porter war sehr charmant und einfühlsam mit ihr gewesen. Irgendwie war es auch gar nicht so peinlich, wie sie dachte. Sie trank die gesamte Flasche Prosecco mit Gitta leer. Und kaum war ihr Handy wieder frei, klingelte es: Anonymer Anrufer... Mario... Sie ging nicht ran. Sie würde nie wieder ran gehen. Oder doch?

Soooooo viele Gefühle.. sooooo viel Geld... und alles nur ein Schwindel. Lila war im letzten Winkel ihres Herzens immer noch nicht bereit das anzunehmen. Aber es war Fakt. Und nach dem Telefonat mit Action frault gab es überhaupt keinen Zweifel mehr daran, dass es sich hierbei um eine betrügerische Nummer handelte. Als sie wenige Stunden zuvor bei einem befreundeten Polizisten angerufen hatte, der allerdings nicht da gewesen war, hatte seine Frau gleich danach einen Artikel über solche Betrügerbanden rüber gemailt. Oh weiah. Da gab es den englischen Arzt, der nach Ghana gefahren war, um dort ein Anwesen zu kaufen und einen schweren Unfall hatte und nicht ins Krankenhaus aufgenommen würde ohne Vorableistung und jetzt von seiner Geliebten erst einmal Geld brauchte.. usw.usw. Sie war also kein Einzelfall.

Es musste noch sacken. Sie verstand es einfach nicht. Das konnte doch nicht sein. Das Universum war doch nicht gemein. Oder doch? Gott ein gemeiner alter Sack, der Frauen wie ihr das Leben schwer machte? Nein, das war er nicht, das war es- das Universum- nicht! Aber was, um alles in der Welt, wollte es ihr damit sagen? Was? Sie wäre nie und nimmer so eingestiegen in diese Love-Story, wenn nicht sooooooo viele Eckdaten gestimmt hätten.

Der Mann, der das Meer genau so liebte wie sie, der wunderhübsche graublonde Mann aus der Telepathiereise,dem seine Frau bei einem Autounfall ums Leben gekommen war, der Ire oder Schotte, der Witwer, der Name Mario, der Abenteurer, der Seelenpartner, der reiche, edle Ritter aus neuer Zeit, der kinderlieb ist und dessen Name mit „ A" beginnt! Tja, dachte sich Lila. Vielleicht hätte sie sich keinen Piraten wünschen sollen. Die beraubten und bestohlen Menschen. Vielleicht hätte sie sich einfach nur einen wilden Kerl wünschen sollen, der groß, stark, reich und potent ist und das Geld schon hat, ohne es anderen stehlen zu müssen. Sie wusste, irgendwie hatte sie sich das alles hier selber kreiert. Und danach gab es diesen Mann da draußen noch. Es war zwar nicht Mario und auch nicht diese Geschichte. Aber was soll`s , dachte sich Lila. Irgendwie wird das Leben schon weiter gehen.

„ Prost Gitta", lächelte Lila ihre Freundin an. „ Auf die wilden Kerle dieser Welt, die in der Lage sind zu lieben. Und auf die Freiheit, und auf die Freundschaft." Gitta sah Lila lange an. „ Du bist schon eine Nudel. Ich fasse es nicht, wie cool Du damit umgehst. Vor einem Tag war Dein Leben noch komplett anders geplant. Ich bewundere Dich irgendwie dafür. Ich könnte das nicht", sagte sie. „ Aber ich wäre ja auch niemals darauf eingestiegen. Das ist schon so ne typische Lila-Geschichte".

Die beiden umarmten sich herzlich. Und immer wieder klingelte das Telefon.

Es war jetzt 5 Uhr nachmittags. Und Lila hatte nicht im geringsten Lust, nach Hause in ihr einsames, dunkles Kellerloch zu fahren und womöglich das facebook-Blubbern zu hören. Denn Mario würde bestimmt nicht so einfach aufgeben.

Tja, aber so war es, wenn eine eigentlich kluge Frau dann irgendwann doch ihren Verstand einschaltete: Sie war zwar bis unter die Haarwurzeln verliebt (gewesen!), aber sie war keine unsichere Frau, die sich selbst in der Liebe verlor.

Nein! Das war sie nicht. Und sie war auch keine Frau, die sich ihre Liebe unbekannt im Internet suchen musste, da sie im realen Leben keine Chancen hatte.... Nein, das stimmte... zumindest seit ein paar Wochen... gar nicht mehr.

Der Tag war noch jung. Es schien mittlerweile die Sonne mit ihrer vollen Kraft. Und die Temperaturen stiegen in Richtung 30 Grad.

Sie würde zu Ippy fahren und erst einmal einen richtig starken schwarzen Kaffee trinken. Und dann würde sie sehen, wie sie die kommenden Tage und Nächte und diesen Abend verbrachte. Eines war sicher. In Berlin würde sie nicht bleiben. Mario würe theoretisch in 48 Stunden hier sein. Das konnte sie nicht ertragen. Aber darüber würde sie sich morgen Gedanken machen. Sie würde in ein Reisebüro gehen und spontan entscheiden, wo sie hin fuhr. Und da kam ihr die Idee. Vielleicht war das der Grund, dass sie das alles hier erleben sollte. Vielleicht sollte sie diese Geschichte aufschreiben und so endlich ihren lang gehegten Traum ein Buch zu schreiben, wahr werden lassen. Ja, dachte sie so bei sich, als sie in ihrem Defender zu Ippy fuhr. Ja, das könnte es irgendwie sein, dann hätte dieser ganze Mario-Supergau irgendwie auch einen Sinn.

Als sie ausstieg, stand Ippy schon an der offenen Tür. „ Willkommen zurück in der Freiheit", sagte sie mit leicht gedämpfter Stimme. Ippy hatte richtig ein schlechtes Gewissen. All ihre Vorhersagen: Der Name Mario, der Heiratsantrag, dass er KEIN Betrüger sei, dass er tief verbunden mit dem Meer sei und und und.. das hatte alles SIE vorausgesagt und ausgependelt. Das war alles nur eine Seifenblase, eine soap bubble, ein Fake. „ Ich versteh das auch nicht. Und das ist ja sooooooo schade..".

Ippy war ihr in all der Zeit als eine ihrer engsten Freundinnen ans Herz gewachsen. Und Lila wusste, dass sie es wirklich bedrückte. Vermutlich hatte sie einfach die Energien und Schwingungen, die während der gesamten Zeit herum geschwirrt waren, aufgenommen. Auch Riana, ihre Hexenmeisterin, hatte ja in den Karten gesehen, dass Lila bald in das Energiefeld ihrer großen Liebe eintreten würde, ihn aber vielleicht gar nicht kennen lernen würde? Ihren Seelenpartner.

Vielleicht hatte Lila sich ja genau das gewünscht. Vielleicht wollte sie die bedingungslose Liebe in totaler Freiheit...

Das Telefon klingelte und klingelte, mittlerweile nicht mehr im 10 Minuten-Takt, sondern nur noch alle halbe Stunde. Jetzt wurde Mario wohl langsam klar , dass sie dass das Geld nicht mehr überweisen würde.

Adios Mario, Du Betrüger, dachte sie. Adios. Du heißer Pirat, mit dem ich den tollsten Cybersex hatte, der möglich ist.

Adios, Du gemeiner Betrüger, und trotzdem danke. Lila leuchtete noch immer und war immer noch in dieser Schwingung. Und leider hatte sie so eine Lust, ihre Liebe und Leidenschaft auch körperlich auszuleben. Ja. Lila hatte Lust auf langen und guten Sex. Und nun würde er nicht kommen.

Während sie den vielen tollen Stunden, die hätten kommen sollen, nachsinnierte, bekam sie eine sms.

Es war Peter:

„ Was machst Du heute? Hast Du Lust auf einen schönen Wein? Auf Sonne und mehr auf der Terrasse? Ich bin bis heut spät abend allein zuhause und würde mich über Deine Gesellschaft sehr freuen."

Sie sah Ippy an. „Es ist Peter. Er will mich sehen. Der kommt gerade im richtigen Moment und darf mir jetzt meine Tränen wegküssen und mich trösten."

Ippy umarmte Lila lange und fest.

„ Ich wünsche Dir viel Spaß, und dass Du auf andere Gedanken kommst."

Lila fuhr ganz schnell nach Hause, schrieb derweil Peter eine sms, dass er den Wein schon mal kalt stellen solle, duschte sich, zog sich ein rotes Kleid mit einem tiefen Ausschnitt an und fuhr zu Peter.

Der lag, so wie ihn Gott geschaffen hatte, auf der Terrasse und sonnte seinen ohnehin schon gebräunten Körper. Er roch ein wenig nach Schweiß... sehr gut, angenehm, männlich, nach Moschus. Sie küssten sich lange und fordernd. „ Möchtest Du einen Wein trinken?, fragte er sie, während er ihr das Kleid auszog und sie auf ihre Brustwarzen küsste.

„ Ja, gerne", lächelte ihn Lila an und legte sich auf ihn. Er hatte eine Erektion. Und steckte ihr seine Zunge tief in den Rachen. Hmmmmm, Lila war erregt.

Und bevor er ihr einen Wein holte, war er bereits in sie eingedrungen. Lang und fordernd und kreisend waren seine Bewegungen. Und Lila schloss einfach nur die Augen und genoss jede Sekunde. Eng umschlungen liebten sie sich schnell und heftig bei 30 Grad. Und dann holte er ihr einen eisgekühlten Riesling von dem Weingut, von dem Peter immer bestellte.

„ Er stellte ihr das Glas auf den Teakterrassentisch. „ Hier, eine kleine Abkühlung. Er nahm einen Schluck des Weines und küsste ihn ihr in den Mund." Hmmmm, auch Peter war sinnlich. Und er war heiß.

Im Nu hatte sich Lila umgedreht und räkelte sich auf dem Tisch. Und dann liebten sie sich wieder und wieder. Er war dieses Mal sehr fordernd. Und genau das wollte Lila in diesem Moment. Und während des Liebesspiels dachte sie keinen Moment mehr daran, dass ein Mario ihr gerade das Herz aus dem Leibe gerissen hatte. Nein, das hatte er ja gar nicht, ihr Herz war noch da. Es war sogar größer und empfangender als vor Mario. Lila stöhnte und genoss den Abend, der mit dem besten Salat aller Zeiten ausklang. Peter hatte selbst gezogenen Salat aus dem Garten gepflückt. Dazu gab es Halumi, Bioschwein, ein weiteres Glas Weißwein und noch einen Abschluss-Sex.

15. Kapitel

7. Juli, Berlin:

Am Morgen stand Lila auf und wollte eigentlich gleich in ein Reisebüro fahren und irgendetwas buchen. Wo wollte sie hin? Sie hatte keinerlei Lust, nach Mallorca zu ihren Schwestern und dem doofen Freund ihrer Schwester zu fliegen. Sie hatte auch keine Lust auf ein Segelboot oder auf eine Vergnügungsreise. Sie wollte einfach nur ans schöne Meer und schreiben. Und dies alles hier verarbeiten. Und am besten alleine ohne irgend eine gierige Urlaubstruppe um sie herum.

Es hatte schon wieder 2 Mal das Telefon geklingelt. Und als sie aus der Dusche kam, entschied sie sich, doch noch einmal auf facebook zu gehen. Sie hatte bestimmt 50 Mails von Mario bekommen. Er hatte sie beschimpft, geweint, gebettelt und immer wieder darum gebeten, sie möge sich melden.

Und so setzte sich Lila hin, immer noch einen klitzekleinen Restanteil Hoffnung in sich, dieser Mann, dem sie ihr Herz geschenkt hatte, würde doch noch kommen, auch wenn er ein Betrüger war, und schrieb:

Lila:

- *Honey, eines verstehe ich wirklich nicht: Ja, es ist möglich, sich in einen Mann zu verlieben, den man über facebook kennenge- lernt hat. Es ist auch möglich, dass das alles hier nur eine Sei- fenblase war... Aber was ich beim besten Willen nicht verstehe, ist, dass mir das alles geweissagt worden ist.. alles: Was ich in meiner eigenen Telepathiereise gefühlt habe*

- *Ich glaube nicht an Zufälle, ich glaube wirklich, alles hat seinen Sinn und passiert aus einem bestimmten Grund.*

- *Und dann kamst Du in mein Leben... der mir vorausgesagte irische Kerl, der Reisende, der Mann, der die Hälfte seiner Zeit auf hoher See verbringt. Ich kann es immer noch nicht glauben: der Mann, mit dem ich mich verband und dessen tiefe Traurigkeit ich fühlen konnte, weil seine Frau bei einem Autounfall ums Leben gekommen war... und dann hast Du mir all das geschrieben, ohne davon zu wissen!*

- *Ich bin eine Frau, die so tief fühlen kann und die an solche Dinge glaubt.*

- *Ich bin außerdem eine Frau, die auf ihre Intuition achtet und auch ihren Verstand einsetzt.*

- *Und das begann, als Du mich nach Geld gefragt hast.*

- *Ich bin mir ganz sicher, dass manches von dem, was Du mir geschrieben hast, echt war und ehrlich. Ich kann wirklich immer noch nicht glauben, dass das hier alles vielleicht Dein Job ist: In Kontakt mit Frauen zu kommen und damit Dein Geld zu verdienen. (Du siehst, das war der Womanizer-Aspekt meiner Voraussagungen, den Du damals vehement abgestritten hast)*

- *Ich weiß nicht, was in Deinem Leben passiert ist. Du wirst Deine Gründe haben. Und ich bin immer noch tief beeindruckt von Deiner Intelligenz und Deinen poetischen Fähigkeiten, über Deine Sinnlichkeit...*

- *Ja, auch darin habe ich mich unsterblich verliebt: in Deine Worte*

- *und deshalb glaube ich auch, dass ich mich schon in einige Teile von DIR verliebt habe, DIR, dem Mann, der mit mir jetzt fast 4 Wochen in Kontakt war*

- *aber ich weiß nun leider auch, dass der Mann, der sich Mario Anthony auf facebook nennt, NICHT echt ist. Das ist der Grund, warum ich Dich erst hier haben wollte, bevor ich zahle..*

- *Honey, in 2 Stunden hätte ich Dich theoretisch am Flughafen abgeholt, die Suite war gebucht. Ich muss dafür jetzt zahlen. Und Du hast kein schlechtes Gewissen? Das ist schon richtig mies... und sehr, sehr abgebrüht. Ich verstehe nicht, was das Universum mir damit sagen will. Ich bin immer noch sehr traurig, ich habe immer noch diese starken Gefühle,*

- *so werde ich jetzt in die Ferien fahren und mir einen schönen Platz direkt am Meer buchen..*

- *Ich werde in Rückzug gehen und die Zeit ohne Isa und Leif nutzen, um darüber nachzudenken, was der süße und der bittere Nachgeschmack dieser Geschichte mir sagen soll*

- *Kuss, mein Pirat meiner Träume. Es ist zu schade, dass das hier alles nur ein Traum war.. wirklich zu schade...:-(*

Er war nicht online, das konnte sie sehen. Sie machte ihren Computer zu und ging nach draußen und legte sich auf die Liege unter einer schattenspendenden Fichte.

Wo sollte sie jetzt hin? Was war der Platz für sie? Wo sie diese Gefühle verarbeiten konnte und schrieb? Wo? Und während sie darüber nachdachte, kam ihr Ibiza in den Sinn. Nur eine einzige Freundin kannte sie, die immer auf Ibiza war. Bei ihrer Cousine. Einer Künstlerin, die direkt am Meer leben sollte. Wo Arielle schon mehrfach gewesen war und sie auch eingeladen hatte mitzukommen.

Wenn, ja wenn Arielle gerade da war, dachte Lila, und wenn es dann noch einen Platz für sie zum Schlafen und Schreiben gab, dann würde sie dort hin buchen. Egal wie teuer. Sie würde dann dort hin fliegen, am besten schon morgen.

Sie rief Arielle an. „ Hallo meine Süße, wo bist Du?" „ Hallo Lila, ich liege hier noch im meinem Tausend und eine Nacht-Bett bei Sasa auf dem Balkon und bin gerade vom Schwimmen aus dem Meer gekommen. Ich bin auf Ibiza. Warum fragst Du?"

„ Hast Du noch einen Platz frei? Ich will kommen. Mario ist ein Betrüger, den gibt es gar nicht. Und ich werde hier in Berlin wahnsinnig. Ich würde gerne zu Euch kommen und dort anfangen, mein Buch über diese Geschichte zu schreiben."

„ Nein... oh nein...", brach es auf der anderen Leitung aus Arielle heraus mit ihrer typisch weichen, sehr edlen und charmanten Stimme. „ Das ist ja schrecklich. Ganz fürchterlich, ach Du meine Güte, wie furchtbar. O.k... gib mir 2 Stunden. Hier bei Sasa geht es nicht. Aber ihre Freundin und Yogalehrerin wohnt direkt über uns. Die vermietet in der Saison ihre Wohnung. Ich frag mal nach."

Es dauerte nicht eine halbe Stunde, da meldete sich Arielle bereits zurück. „ Du kannst hier wohnen, bei Armanda oben. Sie räumt Dir für 50 Euro die Nacht ihr Schlafzimmer frei und Du kannst dort wohnen. Das ist ja schön, dass Du kommst, meine Liebe. Sage mir nur wann, dann holen wir Dich vom Flughafen ab. Brauchst Dir kein Auto mieten. Ich habe eines da. Und das reicht für uns alle."

Arielle war eine tolle Frau. Eigentlich anfangs nur die Mutter von der besten Freundin von Isa. Aber sie hatte sich in den 11 Jahren, die sich ihre Kinder jetzt kannten, mit ihrer Art in ihr Herz genistet. Ja. Arielle war eine richtige Freundin von Lila geworden.

Und sie freute sich.

Während sie unten den Flug buchte, blubbte facebook auf. Es war Mario:

Mario:

- *Ich werde bis zum Ende der Woche bei Dir sein, meine Süße.*
- *Du hast mich belogen und mir misstraut. Aber ich bin immer noch der Pirat, in den Du Dich verliebt hast. Ich bin nur total aus der Fassung geraten und habe entschieden, heute nicht nach Deutschland zu kommen, da alle meine Wertsachen bei den Flughafenbehörden beschlagnahmt wurden. Du musst das verstehen, ich bin total durcheinander.*
- *Du hast mir gesagt, dass Du alles tun willst, dass die Lieferung heil und sicher bei Dir ankommt*
- *Warum hast Du also Deine Meinung geändert?*
- *Du hast mich am Freitag zum Narren gehalten: Du hast mir erzählt, du bist beim Friseur, dann bei dem Frühstück und dann würdest du die Zahlung übernehmen. Und dann hast Du mich am Ende genarrt*

Lila:

- *Honey, ich hab Dich nicht zum Narren gehalten*
- *Ich liebe Dich und ich möchte mit Dir sein,wenn Du mich immer noch treffen willst bis zum Ende der Woche: Ich werde auf Ibiza*

sein. Ich habe einen Flug gebucht, nur einen Hinflug. Ich habe noch keinen Rückflug, es ist alles noch möglich... alles... alles auf Erden hat seinen Grund, jede Krankheit ein Kraut, was sie heilen kann und jeder Mensch eine Mission. Das ist ein schamanischer Satz. Was ist Deine Mission?

- Ich liebe Dich unsagbar doll. Deshalb: Komm zu mir. Ich bin immer noch Deine kleine little witch.
- Ich will Dir nicht weh tun.
- Ich möchte Dich einfach nur bei mir haben.
- in echt
- bei mir
- Du bist immer noch willkommen

Mario:

- Ich bin doch schon total in Dich verliebt. Du bist mein one and only! Mein Traum und meine little witch, meine kleine Hexe. Ich brauche Dich für immer.
- Lass uns einen Plan machen, wie wir das Wertpaket doch noch bis morgen zu Dir bekommen. Ich werde bald bei Dir sein.
- Meine Süße, ich habe noch einmal mit der Security-Firma sprechen können, wie wir das Paket zu Dir bekommen. Ich habe sie inständigst gebeten, einen Weg zu finden und gerade eben eine Rückmail von ihnen bekommen. Sie sagen, wenn Du nur 1500 Euro zahlen könntest, dann bekommen sie das Paket aus dem Zoll. Meine Süße, kannst Du mir mit dieser Summe aushelfen? Ich weiß, ich darf Dich das eigentlich nicht noch einmal fragen, aber Du bist alles, was ich habe. Wenn Du das für mich tun könntest, werde ich bis zum Wochenende bei Dir auf Ibiza sein.

Lila sah auf den Betrag. Ihhhhh... wie billig! Jetzt fing er sogar noch an zu handeln. Was musste dieser Mann bloß unter Druck stehen. Das war bestimmt so aufgebaut wie diese Drückerkolonnen, und wenn er nach vier Wochen nicht mindestens einen Betrag von sowieso ablieferte, gab es massiv Ärger.

Trotzdem beruhigte sie seine Mail irgendwie. Sie hatte ihm jedwede Tür aufgemacht, ihm alle Optionen offen gehalten. Und er wollte nur ans Geld heran kommen.

Sie schrieb ihm ein letztes Mal.

Lila:

- *Honey, es liegt an Dir: Ich bin gar nicht mehr zuhause. Ich kann Deine Wertkiste nicht annehmen. Ich liebe Dich ohne irgendwelche Bedingungen... bedingungslose Liebe. Das habe ich Dir und Du mir sehr oft geschrieben.*
- *Es liegt an Dir: Ich liebe Dich bedingungslos, aber ich kann Dir nicht helfen. Ich bin nicht da.*
- *Kuss, mein Pirat, Kuss*

Mario:

- *Den allerherzlichsten Dank. Das liegt genauso an Dir*
- *Hoffentlich findest Du Deinen Traum in Ibiza*

Lila:

- *Danke Dir*

Mario:

- *Du hast mich nie wirklich willkommen geheißen*

- *Wie kann jemand sagen, dass er einen liebt, wenn es ihn einen Dreck schert, was mit dem gesamten Vermögen des anderen passiert?*
- *Geh nach Ibiza*
- *Genieße Dich selbst*
- *Aber Du sollst wissen, ich werde Dir niemals verzeihen, weil Du mir alles genommen hast*

Lila antwortete nicht mehr darauf. Das war also das traurige Ende ihrer Liebe. Der Herz-Pirat hatte sich als ein Internet-Pirat, als ein Sex- Pirat entpuppt. Ein richtiger Pirat eben. Er hatte sie ausgeraubt und ihr das Herz gestohlen. Und nun war sie um eine Erfahrung, um viele, viele Tränen,um viele hundert Seiten Chatting-Kontakt reicher und um 2000 Euro ärmer. Bevor sie an diesem Abend ihren Computer dicht machte und noch drei weitere lange Mails von Mario bekam, druckte sie Seite um Seite von facebook aus. 500 Seiten ihrer Liebe und ihres Betruges. 500 Seiten schönste Formulierungen, heißester Sex und beste Unter- haltung. Sie packte auch diese in ihren Koffer.

Was wohl auf Ibiza auf sie warten würde? Was das Leben ihr wohl noch brachte?

Lila saß da und sinnierte: Ja, das Leben war schon spannend. Und dank Mario Anthony hatte es ganz neue Wendungen genommen.

Mal schauen, wo sie in einem Jahr sein würde...oder in zwei... oder in drei? Und mit wem? Ob es wohl einen neuen, aber dieses Mal echten Mario Anthony in ihrem Leben geben würde? Würde sie IHN noch tref- fen und lieben dürfen?

„Ich bin für alles bereit. Und jetzt fahre ich erst einmal nach Ibiza",
schrieb sie abends in ihr Tagebuch..

Ja. Sie war reif für die Insel...wirklich reif für DIE Insel oder besser reif
für Ibiza.

16. Kapitel

15. Juli Ibiza: amarillo beach: 8 Uhr

Nun war sie schon 5 Tage auf Ibiza und hatte ordentlich geschrieben...
Ja, was wollte ihr das Universum damit sagen? Dass sie eine der einigen wenigen war, die solche Erfahrungen positiv verarbeiten würden und dass sie über diese Fake-Liebesgeschichte auf neue Bewusstseinsebenen gelangen und noch viel mehr über sich erfahren würde? Langsam schlichen sich auch solche Gedanken in Lilas Kopf: Ja, es konnte sein.... Vielleicht war sie ja gar nicht der Typ Frau, der EINEN Mann an ihrer Seite haben wollte, vielleicht war sie so freiheitsliebend, dass jetzt ein völlig neues Konstrukt der Partnerschaft in ihr Leben kommen sollte und für das sie zu diesem Zeitpunkt noch gar nicht bereit gewesen wäre? Sie wusste es nicht. Sie wusste nur, hier- auf Ibiza- zu sein, war genau der Fleck Erde, wo sie sein wollte. Und hier würde sie die Chance bekommen, die Antworten auf all ihre Fragen zu bekommen.

Lila stand nach nur 5 Stunden Schlaf um 8 Uhr auf...

Heute war Samstag. Da gab es den berühmten Hippiemarkt in Las Dalias. Sie wollte unbedingt vorher noch schwimmen gehen und noch vor dem Mittaggssturm, wenn sich Hunderte Touristen durch den Markt drängelten, dort sein. Die See war glatt wie ein Babypopo, das Salzwasser fast samtig. Ein schöner Start in den Tag. Sie ließ sich von den warmen Sonnenstrahlen streicheln und trocknete so in der Sonne. Dann zog sie sich an und fuhr los. Sie kaufte sich auf dem Hippiemarkt ein Croissant und dazu einen leckeren Cafe con leche, wie hier der

Milchkaffee hieß. Der Hippie-Markt war einfach faszinierend, all diese tollen Sachen, die Kreativität, die hier in der Luft hing. Lila schaute sich die Menschen an. Manche Sachen änderten sich irgendwie nie: Die jungen Hippies, allesamt wunderschön mit ihren Blümchen im Haar und den knackigen Figuren mit Häkelhemdchen und Hotpants, frisch und gut aussehend, die alternden Hippies dagegen total verfaltet, verdrogt und verschrammelt. Hier auf Ibiza sahen manche 60-Jährige aus wie 103, und doch hatten sie etwas Starkes, eine unglaubliche Präsenz und auch eine zufriedene Ausstrahlung. Und schon morgens um 10 Uhr roch es dort an einigen Ecken nach Marihuana . Es war ein toller Ort. Herrlich! Das hier war Patti Smith, The Stones, Woodstock pur. Das hier war auch im 21. Jahrhundert noch immer Ibiza. Lila kaufte sich 2 Tunikakleider in leuchtendem Pink und buntem Schwarz, eine riesige Steinkette aus goldenem Bernstein und roten Perlen, Bikini, Blumenhaarspangen, eine Uhr, Räucherstäbchen und was nicht alles, und dann kam sie an einer Kartenlegerin vorbei. Eigentlich waren Arielle und Ava, die zwischenzeitlich auch auf den Markt gekommen waren, im Begriff zu gehen. Es war halb zwei, ein Tisch zum Essen am Meer reserviert, und um 15 Uhr wollten sie den berühmten Coach Mark Sands treffen, Bestellerautor, der schon so viele hundert Menschen in Wohlstand gebracht und glücklich gemacht haben sollte. Aber irgendwie hatte auch diese Wahrsagerin wieder etwas in ihrem Blick, das Lila magisch anzog. Und so setzte sich Lila an den Tisch von Cloè, einer sehr schönen Mittfünziger- bis Mittsechzigerin mit krausen Locken und stechenden Augen. Schon wieder solche Augen, dachte Lila.

Eigentlich hatte Lila alles über einen neuen Mann an ihrer Seite erfahren wollen, aber Cloè legte ihr andere Karten. „ Du musst noch warten,

Es ist erst einmal noch Chaos in Deinem Leben, du kannst nicht entscheiden, Du musst kämpfen, Du bist stark." Das hatte Lila eigentlich nicht hören wollen, aber nun gut." What is is". „ Es ist wie es ist".Doch dann sagte sie einen Satz: „ Der neue Mann wird „ in den kommenden 2 bis drei Jahren in Dein Leben treten, und es ist ein Mann „ from across the sea". Lila dachte, sie hört nicht richtig. „ From across the sea". Einglück konzentrierte sich Cloè wieder auf all das Warten und das Stark bleiben und nicht mehr auf den Mann, denn wenn sie jetzt auch noch von einem Iren gesprochen hätte, Lila hätte nicht gewusst, was sie dazu hätte sagen sollen. Auch die Aussagen deckten sich soweit mit allen anderen. Nur, dass die Warterei jetzt noch länger dauern würde als gedacht: Noch länger!!! Hörte es eigentlich irgendwann mal auf? Oder gab es womöglich noch einen zweiten Mario Anthony oder besser: ihren wirklichen Traummann da draußen?Lila wusste es nicht. Sie wusste es nicht.Und irgendwie war sie müde, immer und immer wieder zu hören, dass sie warten musste. Lila hasste Warten. Es war schlimm, dieses Warten. Dieses Vertrödeln von Lebenszeit. Jede Zelle in ihr wollte das Leben spüren, dabei sein auf dem Karussell des Lebens. Jetzt! Und nicht daneben stehen und WARTEN!!! Was sollte das? Warum musste es so lange dauern? Aber es hatte ja wohl alles seinen Sinn.

Und was hieß denn bitteschön für sie „ from across the sea"...dass er nicht aus Ibiza kam??? Dann könnte es theoretisch sogar ein Deutscher sein, denn der war hier definitiv auch „ from across the sea", aus Übersee. Egal.

Sie musste sich beeilen, gleich würde sie Mark Sands treffen. Er wartete schon auf sie, als sie im Hafen von Santa Eulalia ins verabredete

Cafe kam. Er sah sie lange und sehr intensiv an und dann sagte er: „ Du solltest sofort anfangen, Deine Biografie zu schreiben. Es gibt viele Frauen da draußen, denen Du damit sehr helfen kannst." Es ging bei ihm sofort etwas in Resonanz, als sie ihm erzählt hatte, dass sie ihre letzten vier Wochen verarbeiten wollte und sich entschieden hatte, endlich zu schreiben. Als Journalistin endlich anzufangen, ein Buch zu schreiben. Das, was jeder Journalist, der was von sich hielt, schon Jahre vorher getan hatte. Sie konnte schreiben. Das wusste sie. Ganz sicher nicht so poetisch wie ein Goethe, aber es war flüssig und rund: Journalistenschreibe halt. Mark Sands Bemerkung war für Lila eigentlich nur noch das Pünktchen auf dem i, das ihr wiederum bestätigte, endlich ihre Erfahrungen aufzuschreiben und sie weiterzugeben.

Und Schreiben machte ihr Spaß. Es war Heilung. Doch sie wusste, ab dem Moment, wo sie sich wieder mit Mario und diesem Gefühl verbinden würde, würde es weh tun. Besser als gar nichts mehr fühlen, dachte Lila. Besser ein wenig oder auch ein wenig mehr leiden und merken, dass man lebt, als vor sich hin vegetieren. Komischerweise musste sie an Wolf denken. Der hatte immer gesagt: „ Amputation ist besser als Siechtum". Recht hatte er, und kurz kam gerade mal ein recht zartes Gefühl für ihren Ex-Mann auf.

Das also war Mark Sands, der Super-Coach, der „ Guru" für sooooo viele Frauen auf der Suche nach sich selbst. Sie kaufte sich seinen Bestseller „ So lebst Du Deine Vision", mit dem er in Deutschland berühmt geworden war, ging an den Strand und begann zu lesen:

„ Sie träumen auch von einem selbst bestimmten Leben,von einem glücklich und erfülltem Leben, wissen aber nicht, wie Sie dahin kommen können?Es gibt einen Weg, wie Ihr Leben gelingen kann..."

Lila war auch nach der Erfahrung mit Mario Anthony immer noch gewillt das zu tun. Das war ihr Ziel, ihren Traum zu leben!

„ Doch menschliches Wachsen und Reifen ist ein schmerzhafter Prozess. Je höher Sie aufsteigen, desto schwieriger wird es. Und bei jeder Hürde, die Sie nehmen, machen Sie zuerst einmal einen Sprung ins Chaos, aus dem Sie dann erst wieder Ihre ureigene Ordnung erschaffen müssen. Um das Licht der Klarheit zu erreichen, müssen wir erst einen nachtschwarzen Tunnel der Verwirrung durchqueren. Verwirrung ist Teil der Wandlung", stand da. Wow, genau da befand sich Lila im Moment: Im absoluten Chaos, im Zustand der Verwirrung.

Aber das hatte sie alles als NLP-Trainerin gelernt: Schon Milton Erickson, der Begründer der Hypnotherapie, hatte immer gesagt, Irritation sei der erste Schritt zur Veränderung. Sie wusste, es stimmt. Und sie wusste, dass sie Mario dankbar sein musste, denn der hatte sie weiter wachsen und reifen lassen, auch wenn es weh tat. Und da sie – durch ihn- sehr weit oben geflogen waren, war der Schmerz jetzt um so größer. Und so beschloss sie, in Annahme zu gehen und einfach Ibiza und ihre Magie auf sich wirken zu lassen. Es hatte ja schon auch was Spannendes: Überhaupt nicht zu wissen, wie und mit wem und in welchem Lebenskonstrukt es weiter ging. Sie traute auf den Prozess und auch darauf, dass sie genau am richtigen Platz zur richtigen Zeit war. Schließlich nannte man Ibiza unter anderem auch die Insel der Piraten. Wo sollte sie bitteschön ein Buch über ihren Liebespiraten besser schreiben als hier? Wie konnte sie den Prozess des Lebens besser begreifen als über ihn zu schreiben? Sie war dankbar auf Ibiza zu sein. Und Ibiza schenkte ihr dafür traumhaftes Wetter und kreativen Output. Und auch, wenn sie seit dem Schock mit Mario einen andauernden Schmerzensgürtel um ihr Herz spürte, sie hatte das Gefühl, langsam wurde er zumindest um ein Loch weiter geöffnet und presste und schmerzte nicht mehr ganz so sehr. Ja, diese Erfahrungen waren tief. Es tat weh, sehr weh sogar, und trotzdem: Sie lebte, sie atmete, sie war offen... und irgendwie zwar verletzt, aber keineswegs zerstört... Und ganz langsam war Lila in der Lage, in ihr eigenes Wesen, in das Wesen einer sehr wilden, sehr naiven, sehr starken und auch lieben Seele zu schauen.

17. Juli, Ibiza, Sasa Beach, 14 Uhr:

Während Lila das aufschrieb, kamen ihr die Gedanken. Und dass es einen Grund gehabt haben muss, um so etwas zu erleben. Sie war ihm im Nachhinein dankbar. Und während sie das aufschrieb, wurde ihr klar: Mario war wichtig für sie, ganz, ganz wichtig, damit so etwas wirklich in ihr Leben treten konnte. Es war zwar schade, dass er nur der „Türöffner" für das Paradies war und nicht das Paradies selbst, aber auch diese Erfahrungen waren gut.

Sie lebte, sie konnte lieben, es war noch alles drin. Nur 2 Tage vorher hatte ihr auch Cloè vom Hippie-Markt geweissagt, dass der

Mann „from across the sea" kommen würde. Und dass es noch 2-3 Jahre dauern würde.

Da kam Sasa zur Tür herein.

„ Buenas dias guapa: Ich hab gar keine Zeit. Mein Auto ist schon wieder kaputt und ich muss noch viel organisieren: Aber hast Du nicht Lust mit auf die Beerdigung von Ernies verstorbener Freundin zu kommen?" Das ist heut Abend am Beniras-Beach und wird bestimmt schön"...

Was für eine Frage, fand Lila: Ob sie LUST habe, mit auf eine Beerdigung zu kommen, die dann auch noch schön werden sollte?

Auch wieder typisch Ibiza, dachte Lila. Da kann sogar eine Beerdigung ein lustvolles, schönes Fest werden. Abends sollte die Asche von der Lebenspartnerin ihres besten Freundes Ernie am Freakbeach Beniras bei einer besonderen Zeremonie ins Meer geschüttet werden. „Der Ernie hat um Beistand gebeten, und es ist gut, so viel Freunde wie möglich drumherum zu haben"."Ich bin doch gar keine Freundin von Ernie", hatte Lila versucht, kurz einzuwenden. Sasa hatte diese Bemerkung mit einer kurzen Handbewegung abgetan und einfach beiseite gewischt und sich erstmal genüsslich eine Zigarette angezündet, bevor sie mit ihrem coolen, uralten VW-Cabrio los fuhr. Und so ging Lila einige Stunden später auf eine Beerdigung von einer Frau, die sie nicht kannte.

Und alle fanden es fast wie selbstverständlich und richtig. Abgefahren. Ja, das war das richtige Wort, dachte Lila so bei sich. Das war abgefahren hier. Ibiza war abgefahren. Und wie jeden Tag war auch das ein Anlass mehr, dass sich Lila immer mehr in diese Insel verliebte. War das der Grund, warum sich mit Mallorca alles verschoben hatte? Weil es gar nicht Mallorca, sondern Ibiza sein sollte, wo sie künftig mit ihren

beiden Kindern leben würde? Weil es hier jede Menge tolle Piratentypen und Abenteurer gab? Und ihr die Menschen gefielen? Sie dachte
kurz an ihre Hexenmeisterin Rania aus Berlin, die ihr ja damals immer
und immer wieder gesagt hatte, sie wisse gar nicht, ob es überhaupt
Mallorca sei. Wie so oft in diesen Tagen konnte sich Lila auch diese
Frage nicht beantworten. Aber es war auch gar nicht wichtig.

So fuhr Lila mit und zog sich ihr buntestes Kleid an, was sie hatte. Es
war halt alles irgendwie anders hier auf Ibiza: Was für ein unglaublich
schöner Strand.Hier fanden sonntags immer Drummer-Treffen statt.
Bei Sonnenuntergang versammelten sich hier wohl hunderte Freaks
und trommelten die ganze Nacht für den Frieden.Jeden Sonntag.
Schon seit über 30 Jahren. WOW.

Dieser Platz hatte wirklich etwas ganz Spezielles: Dieser Drachenfelsen, der da inmitten dieser schönen Bucht mit dem weißen Sandstrand
aus dem Meer ragte, die Motor- und Segelyachten, die in der roten
Sonne hin- und herschwankten, und auch diese ganzen Freaks: unglaubliche Gesichter. Es waren viele jetzt am Montag extra für diese
Zeremonie gekommen. Sie mochte Freaks, ja es fiel ihr auf, dass sie
auch zu dieser Generation – zumindest irgendwie- gehörte. Die Freundin war 53 Jahre alt geworden, an Aids gestorben. Das gab es ja auch
noch, stimmt, dachte Lila. Sie hatte die letzten Jahre gar nichts mehr
von Aids gehört. Und die Freunde dieser Frau und Drummer, die kamen, um sie zu verabschieden, waren bunt gemischt, was das Alter
anbelangt, aber alle sehr markante Gesichter: Der eine hatte eine Glatze, aber hinten einen riesigen-Rasterfather-Pferdeschwanz, ein anderer lange, graue Haare, sehr markant, Pearcing in der Brust, bestimmt
schon 60 Jahre alt , unglaublich gute Figur, braungebrannt und voller

verknitterter Falten, aber sehr besonders, sehr hübsch. Jede Falte im Gesicht erzählte ihre ganz eigene Geschichte.Die meisten Frauen trugen weiß, Hippiekleider in allen Variationen. An diesem Abend waren alle gekommen, um diese besondere Frau zu verabschieden. Es war eine würdige und in der Tat sehr schöne Zeremonie. Die Asche hatten sie zusammen mit bunten Blumen mit Wasser vermischt und in einen Korb getan. Darauf wurden Kerzen entzündet. Und während die Drummer trommelten und die Sonne langsam hinter dem Drachenfelsen verschwand, wurde der Korb auf einem Surfbrett von einem jungen, hübschen, schwarzhaargien Mann zum Felsen gerudert und dort dem Meer übergeben.

So schnell war ein Leben vorbei. Erst gestern hatte Lila eine SMS von einer Freundin bekommen, die dringend Lilas Kinderfrau brauchte: Deren Nachbarin war gerade eine Stunde vorher der Mann beim Rasenmähen tot umgefallen: Mitte 40, 2 Kinder, tot, einfach so.

Lila hatte also Mario zu danken. Es war schwer, das alles aufzuschreiben, weil es so unglaublich schön gewesen war. Zu schön, um wahr zu sein. Sie hatte wirklich geliebt. Sie hatte geliebt und in besonderem Maße gefühlt, oder nicht? Sie wollte daran arbeiten, dass genau das in ihr Leben kommen würde und dass genau der Mann oder die Männer in ihr Leben kommen würden, die für sie bestimmt waren. Vielleicht wäre es Mario Anthony ja doch gar nicht gewesen: Der gottesfürchtige Ire, der erst mit einer Frau geschlafen hatte? Oder der Pirat, der Frauen die Seele und ihr Herz stiehlt... und vielleicht brauchte es ja doch noch ein paar Entwicklungsschritte bei ihr und bei ihrem Traummann, ehe diese hohe Ebene der Liebe überhaupt real gelebt werden konnte? Vielleicht wartete etwas ganz anderes da draußen in der Welt auf sie?

Und vielleicht oder vor allen Dingen sollte sie darüber schreiben. Und noch etwas: Sie lebte! Sie war VOLL da! Und noch nie war sie sich dieser starken Gefühle so bewusst... Das hier die vergangenen Wochen war tief gewesen, intensiv und auch wirklich schrecklich.

Ja, es ist wichtig zu fühlen. Es ist wichtig sich einzulassen. Und nein, es war kein Fehler, es ohne Sicherheitsgurte getan zu haben... Das wurde ihr klar, als der junge Mann mit der Asche hinter dem Felsen verschwand.

19. Juli Ibiza 23:29 Uhr:

Seit 10 Tagen war sie nun hier. ENDLICH war sie ihrem ersten Buch und ihrer Bestimmung ganz nahe. Was wollte sie mehr? Das alles hier wäre nie passiert, wenn Mario nicht in ihr Leben gekommen wäre. Jetzt saß sie auf der Nebeninsel von Mallorca... auf Ibiza: Und wie bei Mario war es bei dieser Insel genauso gegangen: Lila hatte nur einen Spalt ihr Herz für dieses Fleckchen Erde geöffnet, und die Insel hatte sie im Sturm erobert. Ibiza war magisch, die Menschen toll, die Männer kernig und hübsch. Ja, Lila war hin und weg von Ibiza. Mario war eine Seifenblase, ein ganz gemeiner, fieser, widerlicher Typ. Aber er hatte sie wachgeküsst. Ihm hatte sie zu verdanken, dass sie jetzt auf Ibiza war. Das war viel, viel toller als auf Mallorca. Gestern Abend erst hatte sie mit dem riesen Hünen und Holländer Markus ein kurzes Gespräch gehabt. Er war mit Frau und Kindern hier, und er hatte eigentlich das eine Mal, dass sie ihn vorher getroffen hatte bei Ernie, nur Augen für Sasa gehabt. Er war ein bildhübscher Kerl. Bestimmt 1.90 m groß, lange, glatte, pechschwarze Haare zu einem „Piraten-Pferdeschwanz" zusammengebunden, tolle Körperbehaarung, Typ großer, sinnlicher

Latin-Lover. Lustigerweise war ihr das erst aufgefallen, nachdem alle Frauen um sie herum ihr gesagt hatten, wie unglaublich attraktiv Markus sei. Er hatte auch kein großes Interesse an ihr gehabt, aber gestern Abend auf dem Weg zum Auto- sie hatte die Liebesseife Stunden vorher benutzt- da legte er plötzlich den Arm um sie, und als sie ihm sagte, dass sie lange bei einem Fernsehsender gearbeitet hätte und zwei Kinder hätte und jetzt umziehen wollen würde und jetzt ein Buch schreiben würde und total fasziniert von dieser Insel sei, da merkte sie, dass er in ihre Aura geschlüpft war. Er sah ihr in die Augen. Und da war wieder dieser Blick: diese glutäugigen Augen, die sie schon kannte. Er begehrte sie. Und: Ja, er sah gut aus: Diese pechschwarzen Haare, sogar der Vollbart, auf den sie sonst nicht stand, schlank, durchtrainiert, wirklich bildhübsch. Optisch absolut Typ Pirat. Warum war ihr das nicht vorher aufgefallen? Und er war Waage. Lila, selbst eine Waage, stand nicht auf Waage-Männer. Auf jeden Fall waren ihr diese Charmeure vorher in ihrem Leben nicht begegnet. Er war Fotograf, auch das noch- ein Künstler- und hatte diese Magie dieser Insel genau wie sie gespürt: Er wollte in spätestens 5 Jahren nach Ibiza ziehen. Er guckte sie an, und in dem Moment spürte sie, dass sie sich in ihn hätte verlieben können und dass sie sinnliche Stunden mit ihm hätte teilen wollen.Und nun umarmte sie dieser hübsche Mann, und die Umarmung war durch und durch sinnlich. Wie das Gespräch. Sie wusste ganz genau, wenn er nicht mit Kindern und Frauen da gewesen wäre, sie wäre in dem Moment mit diesem Modell, mit diesem Traum von Mann, irgendwo im Gebüsch verschwunden. Da kamen die Autos mit Ernie und Sasa. Markus fuhr am nächsten Morgen wieder nach Hause nach Holland zurück. Das wars. Nicht einmal ein kurzer Kuss, da die

Kinder ja dabei waren. So war das Leben. Aber auch dieser Moment war schön. Und auch davon konnte sie zehren.

Wow... guapa... Schönheit. Ibiza war toll. Was hatte das Universum bloß mit ihr vor? Der Mann, dem sie ihr Herz geschenkt hatte die letzten 4 Wochen, ein Betrüger, die Insel Mallorca, auf der sie gedachte leben zu wollen, einfach paar Meter neben IHRER Insel? Kein Platz zum Leben im Ort dort in Potsdam bei Berlin, keinen Mann. Komisch, während Lila daran dachte, blieb und war sie ruhig. Ja, sie war nicht panisch. Sie war sicher, dass sie sich bereits auf ihrem Weg befand und dass alles sich fügen würde, sie hatte bloß keinerlei Idee, wie das sein würde. Es würde schon alles werden. Sie hatte bloß „ right now" überhaupt keine Ahnung, was werden würde. Aber es verschob sich jetzt schon wieder. Und es verschob sich in die richtige Richtung. Irgendwie bekam sie ganz offensichtlich immer alles, was sie wollte, bloß ganz anders, als sie es gedacht hatte... Ja, so oder so ähnlich war es wohl!

Ibiza, 23. Juli:

Es war wie alle Tage vorher wieder ein herrlich sommerlicher Tag auf Ibiza. Es war ihr vorletzter Tag auf der Insel. Sie hatte knapp 100 Seiten geschrieben, ihr Zustand war stabil, und sie genoss einfach jede Minute. Heute Abend würde Kalotta eine Geburtstagsfeier geben. Und Lila war eingeladen. Lila war schon um 8 Uhr morgens aufgestanden, hatte bereits eine halbe Stunde Schwimmen im Meer hinter sich, hatte schon ein paar Seiten geschrieben und freute sich auf den Abend. Wie sie von Sasa erfahren hatte, sollte an diesem Abend auch dieser ominöse Riesen-Pirat namens Scott dort auftauchen. Sasa hatte ihr von ihm erzählt, denn er passte wohl auf die Beschreibung von ihrem Traummann wie die Faust aufs Auge. Lila war sogar ein wenig aufgeregt. Jetzt würde sie endlich den Scotch, den riesigen Piraten kennenlernen, und das auch noch auf einer Party, wo Zeit zum Reden sein würde.

Sie duschte sich und cremte sich am ganzen Körper mit der Liebesseife ein, die sie selber mit ihren Hexen angefertigt hatte und die angeblich die richtigen Männer sexuell extrem anzog. Sie zog sich einen winzigen Tanga an und darüber ihr pinkrotbuntes Tunikakleid, welches sie sich wenige Tage zuvor auf dem Hippiemarkt gekauft hatte, und steckte sich eine große rote Blumenspange ins Haar. Sie sah wirklich gut aus, sehr spanisch und sexy. Gegen halb zehn abends fuhren sie zu Kalotta. Das waren ibizenkische Zeiten. Kein Mensch ging vor 21 Uhr aus dem Haus. Man konnte hier in Restaurants auch nachts um 1 Uhr noch Essen bestellen. Als sie ankamen, war wieder die gesamte Sasa-Crew da.

„ Hola, mui guapa", hallo, wunderhübsch" begrüßte der attraktive Ernie Sasa und Lila. Mein Gott, sahen die alle gut aus. Aber kein Scotch. Gegen 23 Uhr realisierte Lila, dass er nicht kommen würde, dass auch Scotch eine Seifenblase in ihrem Leben bleiben würde. Sie hatte nun schon bestimmt eine Stunde auf dem hintersten Stuhl auf der Terrasse gesessen. Da das Blumenbeet so nah an der Terrasse war, konnte sie sich fast nicht bewegen und saß sehr eng an dem Stuhl davor, der eigentlich permanent besetzt gewesen war. Sie war richtig ein wenig abseits gewesen auf diesem Platz und hatte irgendwie gewartet... Auf was eigentlich? Irgendwie war die Party langweilig, und sie fragte sich, was der Abend ihr wohl noch bringen würde. Da stand auf einmal die

Spanierin auf dem Stuhl vor ihr auf, der Stuhl war leer. Und in dem Moment kam Tom, ein bildhübscher Engländer, braun gebrannt, Ende 40, schütteres, graues Haar, fast Glatze, aber ein Kopf, der Glatze sehr gut tragen konnte,   sehr markante Gesichtszüge, behaarte Männerbrust- das sah man durch sein Hemd- ,weiße, schöne Zähne, groß, gute Figur, sehr kernig, sehr durchtrainiert.

Er holte sich was zu essen, begrüßte ein paar Bekannte und setzte sich auf den freien Stuhl. Das konnte kein Zufall sein. „ Hi, my name is Tom," sah er sie mit seinen blauen Augen an. Sie begannen sofort ein Gespräch miteinander. Sie unterhielten sich über die Insel und ihren Charme. Er war ein Profi für Motorboote. Alles rund um Motoren war sein Ding. Er hatte selber 3 Boote und war viel mit Kunden unterwegs.Seit 10 Jahren lebte Tom nun auf der Insel. Er war hier damals angekommen, kannte niemanden und hatte sich sofort die alte Finca gekauft, in der er heute noch lebte. Toll. Ein Macher. Sie unterhielten und unterhielten sich.Und später sollte ihr Armanda erzählen, dass es allen auf der Party aufgefallen war, dass sie total in ihr Gespräch vertieft waren und gar nicht mit bekamen, was um sie herum passierte. Es war in der Tat so: Lila liebte es, Englisch zu sprechen. „ Your english is fucking good", hatte Tom ihr gesagt. Und ja. Es klappte wirklich prima. Wenn sie ein Wort mal nicht wusste, dann konnte sie es so gut erklären, dass prompt das richtige Wort von ihm kam. Auch dafür war Mario gut gewesen. Sie sprach wirklich gerne und gut Englisch mittlerweile. Tom und auch Lila standen mal kurz auf und holten sich was zu essen. Aber irgendwie war es völlig klar, dass die Stühle nebeneinander frei blieben und dass sie sich dort wieder trafen. Sie lachten viel und redeten viel. Und dieser- ja, wie konnte Lila das beschreiben- dieser typisch coole, trockene, männliche Engländerblick, den hatte auch Tom. Die Zeit verging wie im Fluge.

Zwar intervenierten ab und an Sasa und Kalotta." Hey Tom, komm doch auch mal zu mir. Wir haben uns so lange nicht gesehen", gurrte Kalotta ihn regelrecht an. Kalotta hatte zwar einen Freund, aber dass sie auf Tom stand, war nicht zu übersehen und zu überhören. Lila wollte sich in Gottes Namen nicht vordrängeln. Sie würde schließlich in etwas über 30 Stunden wieder nach Hause fliegen, und Kalotta hatte auch noch Geburtstag. Oh weih, wenn Lila daran dachte, dass sie in wenigen Stunden wieder in Deutschland sein würde, in dieser schrecklichen Kellerwohnung, allein, ohne Mario, ohne diese tollen Leute hier. Sie zwang sich, nicht daran zu denken. Kalotta lächelte und sah Tom direkt in die Augen. Er lächelte und antwortete brav, so wie das Engländer taten, wenn sich eine Frau um ihn bemüht. Aber er hatte ganz offensichtlich kein großes Interesse, das Gespräch weiter zu führen und widmete sich wieder Lila. Es war eine zauberhafte Nacht. Um punkt 12 Uhr Mitternacht- überall schienen die Lampions und Kerzen in den verschiedensten Farben- sangen alle für Kalotta und stießen auf ihren Geburtstag an. Kalotta hatte ihre kleine Casita mitten im Campo- im Inland von Ibiza- ganz wunderschön und stilvoll zurechtgemacht. Eine Löwe-Frau. Starke Ausstrahlung, sehr sympathisch. Aber irgendwie lief die Party für Lila- und offensichtlich auch für Tom- wie ein entfernter Film an ihnen vorbei.Es dauerte nur wenige Minuten, dann waren sie bereits wieder ins Gespräch versunken. „ I am a scorpion", antwortete ihr Tom auf die Frage, welches Sternzeichen er sei. Und er schien überhaupt nicht überrascht zu sein, dass sie ihn das fragte. Männer mochten diese Frage in der Regel nicht so sehr, das war jedenfalls Lilas Erfahrung. „ And Ibiza is the scorpion island... the island of the scorpions and of the pirates, and thats, why I am here"... „ und Ibiza ist die Skorpion-Insel und die Pirateninsel, und darum bin ich hier", lächelte Tom sie an. Ja, dachte sich Lila, das strahlt diese Insel aus. Eine starke Insel, die starke Menschen liebte. Eine Skorpion-Insel, eine Insel für Piraten.Sie waren total vertieft und ins Gespräch versunken. Lila hatte extra darauf geachtet, dass sie zu Beginn des Abends hauptsächlich nur Wasser trank, doch in dem Gespräch und über die Stunden war aus dem Wasser immer häufiger Wein geworden. Er benutzte ständig als Füllwort „ fucking". Alles war fucking nice, fucking ashole, fucking easy, fucking funny. Lila amüsierte sich darüber und meinte zu Sasa, die gerade vorbei kam, sie sollten mal eine Liste anfertigen, wie oft Tom „ fucking" benutzte. Er schaute sie ernst an und antwortete ihr, sie würde seine Sprache nicht verstehen. „ Doch, doch, das tue ich", lächelte Lila ihn an. Dabei berührte sie seine Hand, um ihre Aussage noch zu verstärken.Wosch!!! Das war Magie, vielleicht die Magie ihrer Liebesseife. Es sprühte Funken, als sie sich berührten. Wosh!!!!! Brrrrr! Wow!!!! Und dann sah er sie an, und hielt ihre Hand fest. Wie es sich dann im Einzelnen entwickelte. Lila konnte es am nächsten Tag gar nicht genau wiedergeben. Auf jeden Fall hielt er ihre Hand fest und sie strich ihm mit dem Finger über sein Hemd ... Wahnsinn. Eine kleine Gruppierung saß etwas weiter unter der Palme und war im Gespräche vertieft. Kalotta schlief draußen unter einer anderen Palme, viele waren schon gegangen. Doch diese Welt existierte in dem Moment für die beiden nicht.

Und ehe sich Lila versah, war sie hemmungslos am Knutschen mit Tom. Wow, allein schon das Küssen versprach wirklich Ekstase. Er konnte gut küssen, männlich, markant, fordernd. Seine Bartstoppeln kratzten ein wenig an Lilas Haut. Und seine Haare an den Armen machten sie ganz schwach. Sie liebte diese männlichen Attribute. Es war egal, wer sie jetzt sah: Auf jeden Fall war klar: Sie würden jetzt gehen und Sex miteinander haben.

Lila zog sich schnell ihre Lederjacke über ihre Tunika, sagte kurz Sasa Bescheid, dass sie jetzt mit Tom gehen würde." Ja, viel Spaß," sagte Sasa trocken, lächelte die beiden an und zog weiter an ihrer Zigarette. Ernie schaute kurz auf Lila, dann auf Tom und wünschte ihnen eine „ Gute Nacht". Die würden sie haben, dachte Lila so bei sich. Sasa war überhaupt nicht überrascht. Noch nachmittags hatte ihr Lila erzählt, dass sie so gerne eine kleine, feine Affäre gehabt hätte in diesem Aufenthalt. Und eigentlich waren sie beide davon ausgegangen, dass es an diesem Abend hätte passieren können, allerdings mit Scotch und nicht mit so einem dahergelaufenen Engländer.

Dass Lila nun nicht mit dem Scotch, sondern mit Tom verschwand, war einfach Schicksal. Und auch egal, denn auch Tom versprach Hochprozentiges.

Auf dem Parkplatz standen nur kleine, verbeulte, typisch spanische Autos. Und ein alter, total cooler Defender.

Der gehörte Tom. Das gab es doch nicht. Er hatte Boote- zwar Motorboote- und fuhr einen Defender. Wie sie. Und er war Engländer.

Tom fuhr den Defender nur etwa einen Kilometer weiter und bog auf den erstbesten Stellplatz direkt an der Straße ab. In Sekunden war ihr Tunikakleid , ihr String-Tanga und ihr BH aus und auch er nackt. Eigentlich stand der Wagen direkt an der Straße. Aber es war schon so spät, dass sie keiner mehr passierte. Sie küssten sich und ihre Zungen wanderten am anderen Körper auf und ab. Tom war sehr sinnlich, sehr innig in den Bewegungen. Er roch gut. Und er stöhnte immer ganz leise und rauchig. Er war sanft und wild zugleich.Sie bewegten sich durchs ganze Auto und die sperrigen Einbauten wurden einfach übergangen." Hhhmmmm, Baby... hhmmm."

Lila würde die Blutergüsse und Stellen, die sie sich dabei zuzog, noch mehrere Tage danach als süße Erinnerung an ihren one-night-stand behalten. Und nun war es nicht Mario, den sie hatte in ihrem Defender vernaschen wollen, sondern Tom, der ihr während des Liebesspiels in seinem Defender ab und an „ Baby" ins Ohr flüsterte. Wow. Es war magisch. Und sehr, sehr sinnlich.

Er war Skorpion. Und von Skorpion-Männern wusste man als astrolo-gisch versierte Frau, dass das im Bett heiß wurde. Skorpion war High End-Sex. So hieß es jedenfalls. Und so war es. Tom war sinnlich und feurig. Er genoss es richtig.Und er ließ sich Zeit. Sein Stöhnen, seine Berührungen, alles „hot".Sie genoss jede Sekunde mit ihm. Zwei Stun-den, zwei lange und intensive Stunden liebten sie sich im Auto ohne miteinander zu schlafen. Sie küssten und berührten sich überall und machten sich mehr und mehr Lust.Und es war immer noch längst nicht vorbei. Ihre nackten Körper verschmolzen miteinander. Sie verwöhnte ihn mit ihrer Zunge. Er sie auch. Sie streichelten und küssten sich überall. Um genau 5:41 setzte sich Tom wieder hinters Steuer, nackt, und fuhr mit Lila zu seiner Finca." Let`s change the place, baby. I would like you to join me to my place"..."Lass uns den Platz wechseln, Baby. Ich möchte gern, dass Du mit zu mir kommst", sagte Tom ganz be-rauscht von ihren Berührungen. Er fuhr maximal 20 km/h, und immer wieder stockte das Auto fast, da Lila nicht aufhörte, ihn auch bei der

Fahrt zu verwöhnen. Irgendwie wirkte das hier fremd und vertraut zugleich. Mit ihren Berührungen und Bewegungen waren die beiden fast symbiotisch. Es passte perfekt. Die Männer in Ibiza waren schon ein ganz anderer Schlag. Das wurde Lila spätestens in dieser Nacht klar. Wirklich viele gut gebaut, sonnengebräunt, wilde Typen, die überhaupt nicht angepasst lebten.

Tom hatte eine tolle Finca. Sie konnte es kaum glauben: Auf seinem großen Hof standen noch zwei weitere Defenders, ein Jeep und ein uralter Ford Mustang. Es war ein uraltes Landhaus mit einem schönen Steinanbau. Die Grillen zirpten. Es war sternenklarer Himmel. Als sie die Autotür öffnete, wartete Tom schon auf der Beifahrerseite auf sie. Sofort waren sie wieder eng umschlungen im Liebesspiel vereint. Sie bewegten sich in Millimeterschritten zum Haus. Er war sooo sinnlich. Er küsste sie. Und sie schloss einfach die Augen, während er mit seiner Zunge nach unten über ihren Körper wanderte. Lila musste unbedingt auf Toilette.Oh my god. Aber der viele Wein und das viele Wasser machten sich jetzt bemerkbar. Sie verschwand schnell in dem nagelneuen Bad. WOW. Das hatte Tom selbst gebaut. Alles aus diesem typischen Ibiza-Stein, sehr edel und schlicht. Sie liebte diesen Balearen-Flair. Was war Ibiza bloß schön. Tom war auch schön. Als sie raus kam, nahm sie Tom gleich wieder in Beschlag. Sie liebten und küssten sich durch den Flur des alten Gebäudes, durch die Küche, bis sie endlich in einem sehr weitläufigem, bestimmt 80 Quadratmeter großem alten Raum mit ganz hoher Holzdecke ganz hinten am Bett ankamen. Es dauerte bestimmt eine halbe Stunde, bis sie dort waren. Überall verwöhnten sie sich. Und dann drang er in sie ein, langsam, aber bestimmend, und sehr intensiv. Wow, dachte Lila. und schloss ihre Augen und genoss es einfach nur immer und immer weiter.

Es war der Hammer... ER war der Hammer. Um halb acht in der früh schließlich machten Lila und Tom eine Pause." I need a short rest, honey", „ Ich brauche eben eine kurze Pause, Süße", hatte Tom ihr ins Ohr geflüstert und sie dann eng umarmt in seine Arme geschlossen. Er war sofort eingeschlafen. Eng umschlungen lagen sie da, in Löffelchenstellung, ganz vertraut. Es war innig und sinnlich zugleich, ihre Körper waren regelrecht ineinander verschlungen. Sie lagen eng umarmt und ganz dicht wie zwei Zwillinge aneinander, die die absolute Nähe brauchen, um sich wohl zu fühlen.

Bis 9 Uhr. Dann bekam sie wieder Lust. Ihre Finger wanderten unter dem Hauch von Decke über seinen nackten Körper. Sie wollte ihn noch einmal haben und wusste, in wenigen Stunden würde das hier vorbei sein. Und so begann das Spiel der Verführung erneut.

Um halb elf standen sie schließlich auf. Tom stand unter Zeitdruck und hatte wichtige Erledigungen zu machen, das war jetzt sehr spürbar.

Nach der Dusche war Lila trotz anderthalb Stunden Schlaf topfit. So eine Nacht spendete Energie und nahm sie ihr nicht.

Er wurde jetzt busy, die Nacht und ihre Erfahrungen waren vorbei, und es war klar, dass es bei dieser Nacht bleiben würde.

Er telefonierte bereits, während er noch schnell einen Kaffee für sie aufsetzte, mit England, wegen irgend einem Motor, der auf die Insel musste.

Lila sah sich um. Das hier war eindeutig eine Männerbude. Überall dreckiges Geschirr, alles recht lieblos und ohne viel Chi-Chi.Hier war wochenlang, nein monatelang, nicht geputzt worden. Lila sah sofort, dass hier keine Frau in dem Haus waltete. Schon seit Jahren nicht.

Tom war wohl ein Kauz, wie ihr Sasa später erzählte. Ein Einzelgänger, der seit Jahren keine Freundin hatte. Er hatte wohl auch viele negative Erfahrungen mit Frauen gemacht . Und nicht wirklich Interesse an Frauen. Also doch die Liebesseife, grinste Lila in sich hinein. Die „little witch", wie Mario sie immer genannt hatte, hatte also auch diesen Einsiedler zumindest für ein paar Stunden verhext. Diese eine Nacht, die hatten sie sich beide geschenkt. Das wusste sie. Denn es war einfach schlicht und ergreifend wunderschön gewesen.

„What an awesome night, what a beautiful night. Thank you very much for that", „Was für eine unglaubliche, wundervolle Nacht. Ich danke Dir sehr dafür", hatte Tom ihr gesagt, bevor sie aufstanden. Die Engländer, die hatten definitiv was. Sich für eine Liebesnacht zu bedanken, das war neu für sie.

Sie nahm ihren Kaffee mit nach draußen und genoss den atemberaubenden Blick über seine große Wiese, die umsäumt von Pinien auch zu seiner Finca gehörte. Es war jetzt kurz nach halb zwölf, und die Sonne sengelte schon richtig. Direkt auf dem steinigen Innenhof stand ein alter Zitronenbaum mit vielen reifen Zitronen dran. Ein Zitronenbaum, wie schön, dachte Lila. Falls sie mal eine Finca auf den Balearen haben würde, wollte sie unbedingt auch einen Zitronenbaum haben. Lila pflückte sich eine ab, als Tom kurz raus kam und sich entschuldigte, dass er noch ein Telefonat führen müsse." Just take as much as you like", nimm Dir soviel Du möchtest", forderte er sie auf. Lila sammelte sich ein paar ein und nahm sie mit zu Sasa, die ohnehin nur Bio aß.Lila spürte beim Sitzen ihre Blutergüsse, die sie jetzt erst bemerkte. Mein

Gott. Sie waren paar Stunden vorher offensichtlich ganz schön durchs Auto getobt. Sie hatte es gar nicht mit bekommen. Aber das eine Bein war richtig lila-rot und angeschwollen.

Er fuhr sie nach Hause, sie hielten unverbindlichen smalltalk im Auto, ein schneller Kuss. Und weg war er. Das war also Tom.

24. Juli, Ibiza:

Tom sollte ein one-night-stand bleiben. Aber das war total o.k. Lila fand es sogar irgendwie gut. Ein wunderschöner Mann, eine wunderschöne Nacht. Und jetzt konnte wieder was Neues kommen. War es vielleicht das, was sie wollte? War sie etwa so ein wildes Weib, dass eine herkömmlich traditionelle monogame Bindung gar nicht mehr wollte? Egal: Sie war topfit und bestens gelaunt. Sie schwebte förmlich in ihren letzten Tag auf Ibiza hinein und befand sich auch jetzt noch immer auf Wolke sieben. Dieses Gefühl hatte ihr Tom geschenkt. Diese süße Nacht, diese so sinnliche Nacht. War es toll, einen sinnlichen Mann zu haben, der die Berührungen und Küsse genauso genoss wie sie. Es war wohl die sinnlichste Nacht, die sie je mit einem Mann verbracht hatte. Und wenn sie es nicht war, war es auch egal. Das spürte sie, als sie mittags wieder in Sasas Appartment ankam. An diesem Tage hatte Lila überhaupt keine Lust mehr, sich an ihre Mario-Liebesgeschichte ran zu setzen. Der war dank Tom jetzt noch viel weiter weg als ohnehin schon. Ja, Mario war wirklich ein Herzensöffner gewesen, der Lila ihre Sinnlichkeit wiedergegeben hatte.

In der Zwischenzeit hatte ihr Angelina geschrieben, dass Mario sie angeschrieben hätte auf facebook. „ I love your foto. You are beautiful. I would like to be your friend". usw. usw. Wie eklig. Das mit Mario bekam jetzt einen richtig unangenehmen, schalen Geschmack. Jetzt wilderte er in ihrem Account unter ihren Freundinnen herum.Er hatte sich gerade auch bei ihr noch einmal gemeldet. „ Why do you abandon me"? schrieb er: Warum verbannst Du mich? Aber Lila wollte sich gar nicht mehr um diesen Blödmann kümmern.

Lila hätte es genossen, auch den letzten Abend mit Tom zu verbringen. Warum einen wundervollen one-night stand nicht wiederholen? Aber er hatte bestimmt seine Gründe, warum er das nicht wollte. Sie kannte das Spiel. Sie würde ihm jetzt nicht hinterher rennen. Es war völlig o.k. so. Sie grinste bei der Erinnerung. Ja, diese eine Nacht war ein Geschenk gewesen, was sie auch noch mitnahm von Ibiza.

Ibiza war sinnlich, Sie hatte die Insel gerochen, geschmeckt, gespürt, ihre Schönheit gesehen, ihre Geräusche gehört und sie hatte sich in sie verliebt. Hier gab es die Piraten. Hier gab es die Abenteurer. Hier gab es das Leben, das sie führen wollte. Hier war gar nichts angepasst. Hier war alles frei, alles möglich? Hier wollte sie leben. Und genau einen Tag vor ihrer Abreise, 1 Monat, nachdem sie um vom Gericht eine Absage bekommen hatte und knapp 1 Monat nach Mario entschied sich Lila nach Ibiza zu ziehen. Hier wollte sie leben und nirgendwo anders.

Würde sie es schaffen, auf diese Insel zu ziehen und mit ihren beiden Kindern dort zu leben, zu werken, Geld zu verdienen und genau die Art von Liebesleben zu haben, dass für sie das Richtige war? Ganz schön viel auf einmal, dachte Lila. Aber das hatte sie immer gesagt: Sie wollte alles, nicht nur ein Häppchen vom Kuchen des Lebens. Sie wollte ihn ganz, und sie wollte ihn selber machen, den Kuchen selber gestalten, mit allen Zutaten, die sie liebte... Ibiza: te quero... ich liebe Dich.

Ihre Anwältin hatte ihr gerade ge-smst: „ Habe sehr gute Nachrichten. Habe ein BGH- Urteil gefunden, was unserer Linie voll entspricht. Wir müssen weiter gehen.

Das ist Einschränkung der Bewegungsfreiheit der Mutter". Wow. Gab es also doch dort draußen bei den Gerichten Menschen, die den Weg der Frau unterstützten? Ihr fiel wieder Cloè, die Kartenlegerin vom Hippie-Markt, ein, die gesagt hatte, sie müsse kämpfen und es würde nicht in ihrer Power liegen, jetzt zu entscheiden.

Jetzt würde sie erst einmal den letzten Tag, ohne Mario, dafür noch mit dem Geruch und den Berührungen von Tom auf ihrer Haut, auf Ibiza genießen.Und dann würde sich alles schon irgendwie richten. Wie bei Scarlett o Hara aus „ Vom Winde verweht". Die hatte auch immer gesagt, darum würde sie sich morgen kümmern.

Lila zog sich ihren Hauch von Bikini an, ging an den Strand, schwamm eine halbe Stunde. Sie sonnte sich 1 Stunde, schrieb ihre letzte Nacht ins Morgenseitenbuch und hatte dann eine Massage. Auch der Masseur sah richtig gut aus. Auf Ibiza war wirklich einer hübscher als der andere. Das hatte sie so lange nicht gesehen. Das Leben konnte soooo schön sein... so schön, auch einmal Zeit für sich zu haben.Und richtig guten Sex. Sie hatte ihre Kinder jetzt über 4 Wochen nicht gesehen. Und eigentlich hatte sie ihre Single-Zeit sehr genossen. Was hatte das Leben mit ihr vor?

Eines war sicher: In Deutschland unter der Knute von Wolf bleiben, das war insbesondere nach dieser Nacht jetzt erst recht Geschichte.

„ Na, begrüßte sie Sasa mit einem Grinsen". „ Hast ne schöne Nacht gehabt?"

Lila lächelte: „ Ich sag nur eines: Er ist Skorpion- Mann. Und das hat er jede Minute auch heute Nacht bewiesen". Sasa lächelte. Sie hatten sich lange darüber unterhalten, wie sexy und gut Skorpion-Männer im Bett waren. Sasa liebte Skorpion und Schütze-Männer. Und zur Studentenzeit hatte Lila mal einen süßen 5 Jahre jüngeren Skorpion-Studenten vernascht. Und auch er hatte ihr die ganze Nacht äußerstes Vergnügen bereitet.

Auch Armanda sprach sie an: „ Na Lila, schöne Nacht gehabt?" Lila sagte: „ Ja, und was für eine schöne. Ich habe sie mit Tom verbracht." Ja, das war klar, so wie ihr aneinander geklebt habt auf Kalottas Fest", antwortete Armanda. „Ihr wirktet richtig eingespielt und total verliebt. Und ihr hattet ja nur Augen füreinander."

Sasa grinste und rollte sich eine Zigarette. „ Die Lila", sagte sie im lächelnden Ton. „ Tut sich einfach Liebesseife auf den ganzen Körper, zieht sich ein heißes Teil darüber an und schleppt den Typen ab, der am schwersten abzuschleppen ist. Kannst Du mir die Seife nicht hier lassen?"Sasa zog genüsslich an ihrer Zigarette und zog sich bei der Frage für 3 Sekunden die Sonnenbrille von der Nase."Nein, das geht nicht", lachte Lila. „ Die haben wir Hexen mit all unserer Liebesmagie selber produziert, und ich habe nur eine davon. Aber wir können mal Liebesseife zusammen anfertigen. Das ist ganz leicht und die Wirkung offensichtlich da. Magic soap für magic rods?", lächelte Lila. Sasa und Armanda fanden die Idee großartig. „ Mach doch mal so`n Magie-workshop hier auf der Insel", schlug Sasa vor. „ Ich wäre sofort dabei. Und ich kenne einige, die das auch sofort buchen würden.Man sieht ja das Ergebnis. Keine Minute geschlafen, aber Rote Bäckchen und ein Strahlen über das ganze Gesicht. Ein voller Erfolg", lachte Sasa.

Tom hatte sie noch kurz vorher gesehen. Bei der „Liebeswanderung" durch seine Finca hatte sie ihr kleines Täschchen mit Bargeld verloren, was sie sich in ihre Tunikatasche gesteckt hatte. Er war mit einem großen Strohhut und Sommersandalen ins Appartment gekommen und sah niedlich aus, wirkte aber sehr busy.. „ Hi, How are you?", „ wie geht`s dir?", hatte er gefragt. " I have a client now. I have to hurry up"" Ich habe noch einen Klienten, muss mich beeilen",Und so gab er schnell das Täschchen ab, ein Küsschen rechts und links. Und dann war er wieder weg.

Aber irgendwie war das völlig o.k..

Daran hatte Lila die vergangenen Jahre auch intensiv gearbeitet: Es wurde immer unwichtiger, was andere über sie dachten, nur was sie über sich und ihr Verhalten dachte. Und sie hatte alles genossen bis in die letzten Züge.

Alles ist gut. Ich lasse mich führen, dachte Lila und atmete noch jede Sekunde dieser Insel ein, solange sie noch hier war.

Ibiza/Barcelona/Berlin: 25. Juli

Die letzten Minuten auf der Insel waren angebrochen. In 2 Stunden würde Lila zurück fliegen nach Deutschland. Jetzt war es sieben Uhr in der Früh. Das Taxi würde gleich kommen und sie zum Flughafen bringen. Alles schlief hier noch, obwohl die Sonne jetzt schon zeigte, dass es wieder ein heißer Tag werden würde. Was waren das doch tolle zwei Wochen dort gewesen.

Tja. Das war jetzt erst einmal vorbei. Lila wusste: Jetzt kam die anstrengende Zeit.

Sie würde in zwei Tagen ihre beiden Kinder wieder abholen und musste sich jetzt dringend um eine neue Bleibe kümmern. In diesem Kellerloch konnte sie es eh nicht mehr aushalten. Isa war richtig ausgeflippt die letzten Tage vor den Ferien: Ihre Mutter hatte dort ausschließlich chattend gesessen, es war alles eng und dunkel und piefig und kleinkariert. Nein, das waren sie alle nicht gewöhnt nach zwölf Jahren sonnendurchflutetem Haus direkt am See.

Ein beengtes Leben unter einer kontrollierenden Anwältin, die permanent ungefragt durchs Fenster lukte und schon böse guckte, wenn Leif mal ne kleine Runde Fußball im Garten spielte.

Sie mussten da dringend raus. Ihre Motivation sank in den Minusbereich, als sie daran dachte: Es würde einfach nichts als doofes Zeugs auf sie warten.

Außer Ippy. Die hatte ihr kräftig ge-simst. In Deutschland waren die letzten Wochen einfach fürchterlich verregnet und kalt gewesen. Und Ippy hatte tagein tagaus in Langeweile ihre Ferien – mal wieder nur mit Kindern ohne Mann- verbracht. Auf Ippy freute sich Lila. Auf den Austausch mit ihr und auf das Pendeln. Ob Ippy damit wieder angefangen hatte? Lila musste jetzt zusehen, wo sie unterkamen. Es würde schon alles gut werden. Sie musste spätestens am 31. August raus sein aus dem Kellerloch. Das hatte sie in einem Untermietvertrag mit ihrer Anwältin Sabrina vereinbart.

Jetzt war Ende Juli. Und sie konnte sich wieder nur eine Wohnung auf Zeit und unbedingt mindestens teilmöbliert anmieten, und das in dem kleinen Ort bei Potsdam. Es würde nicht leicht werden. Das wusste Lila. Aber irgendwas würde ihr schon einfallen.

Sie saß im Flieger und schaute, wie das Flugzeug sich von Ibiza abwendete und jetzt den Kurs über Formentera nach Barcelona nahm. Die Insel war auch von oben bildschön. Ja. Lila hatte sich verliebt von Kopf bis Fuß in Ibiza. Und irgendwie würde sie es schon hin bekommen, hier eine Zeit ihres Lebens zu leben. Aber wie Scarlett oh Hara aus vom Winde verweht wollte sie sich darum erst morgen kümmern.

„ Adios, Ibiza. Hasta luego... bis bald.Hasta pronto. bis ganz schnell bald". Ja. Lila war traurig. Sie wollte da leben. Sie wollte schreiben und malen und Spaß haben und Sex. Doch jetzt wartete erst einmal - ja, was eigentlich????- doofer Alltag auf sie...und leider kein Mario Anthony.

17. Kapitel

25. Juli, Berlin, 16 Uhr:

Und in der Tat: All ihre Freundinnen, die Kinder, alle waren im Urlaub. Leider ihre Anwältin und Vermieterin nicht. „ Hast Du schon eine neue Wohnung?", wurde sie von Sabrina begrüßt. Was für eine doofe Frage: Natürlich hatte sie noch keine neue Wohnung. „ Du weißt schon, dass ich die Ferienwohnung ab September vermietet habe. Ich brauch sie. Du musst raus." Sabrina war von der Optik die klassische Anwältin: Klein, gertig, zäh, tiefe, ruhige Stimme und knochentrocken. Mit der war nicht zu spaßen. Die konnte bissig werden, das sah man ihr auf 10 Meter Entfernung an. Sabrina war auch schon über 50. Aber ihr Typ war einfach zeitlos. Wenn sie Lila erzählt hätte, sie sei Ende 30, sie hätte es ihr geglaubt. Immer einen schlichten grauen Blazer oder eine Bluse an, war sie schon sehr erfolgreich als Scheidungsanwältin. Sabrina war auch allein erziehend, hatte zwar einen Freund seit Jahren, aber brachte sich und ihre Tochter finanziell und auch so komplett allein durch. Sie war schon eine harte Frau. Und sehr sortiert. Aber das waren zwei Attribute, die man quasi als Basis mitbringen musste, wenn man Erfolg als Anwalt haben wollte, dachte Lila so bei sich. Und erst recht als Frau.

Sabrina hatte irgendwie einen gewaltigen Groll auf Männer, Ex-Ehemänner, die ihre Ex-Frauen am langen Arm verhungern ließen. „ 99 Prozent aller Männer tun das nach der Trennung", hatte sie trocken gesagt, als Lila zu einem Erstgespräch zu ihr gekommen war. „ Bei Geld hört bei den Männern die Freundschaft und auch die ehemalige

Liebe auf. Aber damit wird auch Dein Mann sich abfinden müssen: Er muss zahlen, und Du wirst über früh oder lang gehen dürfen ins Ausland". So hatte es angefangen.Schließlich hatte sie ja auch nicht viele andere Alternativen gehabt als diese 2-Zimmer Wohnung im Keller ihrer Anwältin.

Aber jetzt, fünf Monate später, wollte Sabrina sie los werden. Und zwar schnell. Es war für alle das Beste. Das fand Lila auch. Das war auch für die Anwältin in ihrer Privatssphäre eine enorme Umstellung gewesen, dass sie dort unten wohnten . Aber sie hatte sie gefälligst noch mal zu unterstützen. Lila wollte auf keinen Fall eine weitere Baustelle aufmachen und sich womöglich mit ihrer Anwältin verkrachen. Nein. Davon hatte sie gerade genug. Aber sich hier so abservieren lassen, kam überhaupt nicht in Frage.

Lila ärgerte sich über ihre Anwältin: „ Wir werden in 4 Wochen ausgezogen sein. Aber nur falls, nur im allerschlimmsten Falle, dass ich keine neue Wohnung gefunden haben sollte, erwarte ich von Dir, dass Du uns als meine Anwältin zumindest den Lagerraum noch für ein paar Tage zur Verfügung stellst", sagte Lila. „ Du wirst doch eine allein erziehende Mutter und ihre zwei Kinder nicht vor die Tür setzen? " Sie merkte, dass Sabrina mit sich kämpfte und nicht so recht wusste, was sie antworten sollte. Aber diese Frau ließ keine Zweifel daran, dass sie es tun würde." Sieh zu, dass du was findest. Du findest bestimmt was, so kreativ wie Du bist," versuchte jetzt Sabrina zu beschwichtigen.

Tja. So waren Anwälte. Für alles musste sofort und pronto gezahlt werden. Und wenn es Streit gab, wurde geklagt.

Diese ganze Anwalts- und Ärzte-Mischpoke. Alles Geldsauger, die in der Regel die Situationen nur verschlimmerten. Die lebten schließlich davon, dass andere sich stritten. Gruseliges Volk, dachte Lila.

Sie war richtig in ein schwarzes Loch (und damit war nicht ihre Kellerwohnung gemeint) gefallen, als sie ankam: Es war nachmittags, 30 Grad im Schatten, die Vögel zwitscherten, und der kleine Vorort vor Potsdam wirkte wie im Dornröschenschlaf. Alles friedlich und ruhig. Zu friedlich. Totaler Stillstand.

Und dann kam sie runter. Oh mein Gott: Wie hatte sie es hier bloß fünf Monate aushalten können? Diese Dunkelheit, diese Spießigkeit, diese gruseligen Billigmöbel, das ganz Ambiente. Diese furchtbare Straße mit den spießigen Leuten. Nein, nein, nein!!! Lila wollte nicht hierher zurück. Alles in ihr sträubte sich.

Und als sie ihr kleines, weißes Notebook wieder ans Hausinternet angeschlossen hatte, kamen keine Blubbs, die bedeuteten, Mario war wieder online.

Mario war ein Betrüger.Den gab es gar nicht. Ihr Bio-Bauer Peter auf Radtour in den Alpen.Ihre Kinder mit Wolf auf der Segelyacht immer noch in Dänemark. Der hatte ihr knapp am Telefon mitgeteilt, dass sie noch unterwegs seien und er erst in vier Tagen mit den Kindern wieder in Deutschland sei. Zwei Tage später als vereinbart und damit noch ein Wochenende mehr, was er für sich beanspruchte. Wolf setzte sich wirklich total über alles hinweg, was sie wollte. Sie fühlte ganz stark, dass er sie nicht ernst nahm, aber das gegen an gehen machte sie traurig und krank. Schließlich war er der Vater ihrer Kinder. Und sie waren fast 30 Jahre den Weg miteinander gegangen und hatten sich davon fast 25 Jahre tief geliebt. Wie konnte sie sich mit diesem Mann sich bis aufs Blut streiten? Wie konnte sie ihm Böses wünschen? Wolf sah das komplett anders, das wusste sie, aber so war das wohl mit Männern. Wenn Du nicht ihr Freund warst, warst Du ihr Feind.

Das hatte Lila schon sehr oft erlebt nach Trennungen: Männer tickten da einfach anders als Frauen. Und sie wusste für sich, dass dieses unerbittliche Gestreite bis aufs Messer für sie nicht in Frage kam.

Sie wollte das nicht. Sie wollte Frieden.

Sie wollte Harmonie. Als Waage-Frau war sie regelrecht harmonie-süchtig. Und dafür hatte sie sich die letzten Jahre wirklich viel zu viel gestritten.

In 3 Tagen würde sie nun Leif und Isa von Bord abholen.Sie freute sich sehr auf ihre tollen Kinder, auch wenn diese 5 kinderfreien Wochen wirklich wunderschöne Wochen gewesen waren, die für ihre Entwick-lung auf dem Weg in die Freiheit sehr wichtig waren. Damit sie über-haupt noch irgend eine Art von gemeinsamen Urlaub unternehmen konnten, hatte Lila sich entschieden, ihre Kinder an der Ostsee abzu-holen und dort auf ihrem ehemaligen Schiff noch ein,zwei Tage zu verbringen, eine sehr gute Freundin gleich nebenan in Kiel zu besu-chen und dann langsam wieder gen Potsdam und neuer Wohnung zu fahren. In einer Woche würden die Schulferien zu Ende sein. Und der volle Alltag hätte sie wieder.

Es hatte alles seinen Sinn. Und sie musste da jetzt durch.

Wie hatte ihr Riana, ihre Hexen-Lehrmeisterin noch gesagt: „ Es wird in diesem Jahr nichts werden. So leid es mir tut. Du wirst Dich wappnen müssen, auch gegen Wolf. Aber verzage nicht. Es wird alles gut." Jetzt fiel ihr noch ein, dass Riana bei „ Mallorca" immer gesagt hatte. „ Das ist noch nicht raus, vielleicht wird es gar nicht Mallorca. Aber es wird alles gut." Tja, es sollte vermutlich wirklich nicht Mallorca werden, auch dafür musste sie Mario danken: Ohne ihren Mario-Liebeskummer wäre sie niemals nach Ibiza gefahren.

Alles hatte seinen Sinn. Und Lila hatte ohnehin den Hang, nicht lange in der Trübsinnigkeit zu verharren. Dafür war sie viel zu verliebt in das Leben.

Aber dieser Schritt hier ins Kellerloch ohne Mario, ohne Liebesglück, ohne Ibiza, der war schon eine Herausforderung.

Stattdessen wartete eine Rechnung der Hotelsuite auf sie, die sie für ihre „ beste Woche ihres Lebens" mit Mario gebucht hatte. Jetzt war es ein Gutschein im Wert von knapp 1200 €. Für 1 Jahr gültig. „ Wer weiß", dachte Lila bei sich, „ mit wem ich diese Suite teilen werde?"Arielle hatte sie Wochen zuvor zwar eindringlich gebeten, die Suite nicht auf ihre Kreditkarte zu buchen. „ Das macht ein Mann von Welt nicht, dass er die Frau vorher auslegen lässt. Ich würd das nicht tun, Lila", hatte sie sie angeschaut, aber Lila hatte in diesen Tagen ja überhaupt nichts hören und nichts sehen und nichts wissen wollen. Dabei hatte es im Nachhinein ja schon Hinweise darauf gegeben, dass es alles nicht ganz sauber war.

Sie hatte nach der Ankunft ihren Koffer einfach nur abgeladen im Keller, ihren Computer angeschlossen, sich schnell geduscht und umgezogen und war dann direkt zu Ippy gefahren.

„ Na, du Weltenbummlerin", sagte Ippy „ Wird Zeit, dass Du wieder da bist. Training wartet auch schon". Ippy hörte sich die Ibiza-Zeit an. Und Lila versprach ihr, das Geschriebene auszudrucken, damit sich Ippy das durchlesen konnte.

118 Seiten hatte Lila immerhin in den 15 Tagen auf Ibiza geschrieben. Prima Ergebnis, dachte sie so bei sich".

Abends traf Lila dann noch Patty in Berlin. Sie waren in einem Biergarten direkt am See mitten in Kreuzberg essen und danach auf ein „Schwimmschiff" gefahren mit Disco: Ein Schiff mit riesigem Swimming-Pool mitten auf der Havel inmitten von hunderten Menschen, cooler Musik und hippen Cocktails. Berlin war schon echt toll. Aber Lilas Ziel war klar: Sie würde nach Ibiza ziehen. Wann und wie, das wusste sie noch nicht. Doch DASS sie es tun würde, daran gab es nach diesen 15 Tagen keinen Zweifel mehr.

07. August 2012, Berlin:

Die Ferien waren vorbei, die Schule hatte begonnen. Und Lila hatte immer noch nichts, wo sie hin konnte für einen weiteren Übergang.

Lila hatte Ippy angerufen. „ Ippy, wir müssen unbedingt eine Session machen und auspendeln und auschaneln, wo ich jetzt hin ziehen soll. Es tut sich hier gar nichts, außer dass Sabrina den Druck erhöht. Ich muss in 3 Wochen hier raus sein und es ist nichts in Sicht auf weiter Spur. Und ich will auch nicht wieder in so ein Loch ziehen. Langsam bekomme sogar ich Panik, und das soll was heißen."

„ O.k.. Raimund ist eh heute Abend nicht da. Komm vorbei. Wir machen eine Nachtsession und schauen mal, wo ihr hin zieht. Vertraue... wird schon", sagte Ippy.

Die hatte gut reden. Als Jungfrau-Aszendent Waage schaltete Ippy sehr oft ihren kühlen Sachverstand ein und war emotionslos und sachlich. Doch eigentlich hatte Ippy Recht: In Lilas Leben war irgendwie alles nicht auf dem ganz normalen Wege erfolgt. Ihren Fernsehjob hatte sie damals nur bekommen, weil sie sich blind dort beworben hatte mit der ganz klaren Aussage, dass sie dort und nirgendwo anders arbeiten wolle. Sie war allein ein halbes Jahr durch Australien und Neuseeland gereist. Sie hatte mal eine Wohnung bekommen, weil ihr das Fenster dieser Wohnung außen so gut gefallen hatte und sie sich einfach durch das Haus geklingelt hatte, bis sie eine Dame antraf, die ihr die Nummer des Besitzers gab: Der hatte gerade von der von ihr ausgesuchten Wohnung die Kündigung des jetzigen Mieters erhalten und Lila konnte 4 Wochen später dort einziehen. Sie war mit einem Linienbus durch den Englischen Garten in München bei Schneeverwehungen bis vor die Tür ihres Zahnarztes gefahren worden, nur weil der Busfahrer sie so nett fand. Sie war auf einer 850er Yamaha mit 18 Jahren nach Frankreich gefahren. Sie hatte zwei Geburten hinter sich und Wolf überlebt. Himmel und Hölle, was sollte ihr schon passieren? Sie würden schon nicht unter der Brücke schlafen müssen. Außerdem gab es hier ja gar keine Brücke.

Und dennoch: Irgendwann wurde es selbst für Lila im Leben eng.

Und das war eindeutig eine dieser Lebensphasen, wo es – wie beim Fernsehen- um Sekunden und das richtige Timing ging.

Lila hatte genau genommen noch 3 Wochen. Das war nicht wirklich richtig viel. Das hatte sie auch in Sabrinas Blick gesehen. Da würde es keinen Tag Aufschub geben.

Lila hatte sich alle zur Verfügungs stehenden Ferienwohnungen angeschaut, was nicht wirklich viele waren, und eine war gruseliger als die andere gewesen. Sie hatte sogar eine Lehrerin aus Leifs Grundschule angefragt, deren Mann Jäger war und die in ihrem Garten eine Jägerhütte hatten mit alten Möbeln im dunklen Wald. „ Nein tut mir leid, wir wollen ausschließlich an Feriengäste vermieten", „Nein , tut mir leid, diese Wohnung bekommen Sie nur mit einem 2-Jahresvertrag", „ Nein, tut mir leid, für diese Wohnung bräuchten Sie einen Wohnberechtigungsschein", „ Nein, tut mir Leid", blablablablabla. Und selbst Freunde oder Bekannte wurden auf einmal komisch: „ Kannst Du Dir das überhaupt leisten. ich mein nur, die Wohnungen kosten bestimmt mehr als 600 € im Monat?", hatte sie ein Vater von einem Freund von Leif abschätzig gefragt, der in einer piefigen Hausgesellschaft, wo sie sich um eine 3 Zimmer-Wohnung bemüht hatte, Mitglied in der Eigentümergemeinschaft war. Tja, wie hieß das Sprichwort noch? Bei Geld hört die Freundschaft auf. Das hatte sie in der Zeit irgendwie gespürt. Es war ohnehin eine Phase, wo sie des öfteren schräg angeschaut worden war: Aus dem eigenen Haus ausgezogen.Mann weg. Und wohnte jetzt in einer Ferienwohnung? Sie hatte nicht wenige mitleidige Blicke erhalten, wenn Leute unten in den Keller kamen. Das war schon ein gewaltiger Unterschied zu ihrem Bauhaus am See. Und wenn nicht ihr mächtiger, potenter Defender dafür gesorgt hätte deutlich zu machen, dass sie sehr wohl ihren Lebensunterhalt auch auf hohem Niveau bestreiten konnte, dann wäre diese Zeit bestimmt noch viel ekliger geworden. Puuh, war das manchmal komisch gewesen. Aber Lila neigte nicht zu Depressionen. Und Lila neigte erst recht nicht dazu, sich von anderen sagen zu lassen, wie sie ihr Leben zu leben hatte. „ Es ist wie es ist", hatte sie sich oft in diesen Tagen gesagt. Und irgendwie hatte dieser Spruch ihr sogar geholfen.

Alle Wohnungen, die sie sich angeschaut hatte, waren sowieso nicht schön gewesen. Ein Anteil in ihr hatte sich wie verrückt gesträubt, wieder in so ein Loch zu ziehen. Es gab auch nicht wirklich große Auswahl. In Deutschland wurde ohne Möbel vermietet: Ihre Möbel waren alle eingelagert. Ihr ganzes Leben war eingemottet. Die „ leeren" Mietwohnungen hatten alle mindestens Jahresverträge und wollten meist eine Courtage. Bei Lila hatte sich der Strick um ihren Hals langsam bedrohlich zugezogen.

Sie hatte eine wildfremde Frau angerufen, die eine Bauhausvilla im Ort zum Verkauf anbot und ihr den Vorschlag gemacht, das Haus für sie zu verkaufen und während dessen dort zu leben. Diese Frau hatte Lila bestimmt 10 Mal zurückgerufen. Und immer wieder Nein gesagt." Nein, tut mir leid". Und trotzdem rief sie immer wieder an. Komische Geschichte. Lila wusste, sie hätte dieses Haus phänomenal gut verkauft für sie, aber der Ehemann dieser Berliner Dame hatte abgewunken. Mittlerweile war das Haus nicht verkauft, sondern vermietet. Lila hatte sie auf die Idee gebracht. So war das sooooo oft in ihrem Leben: Sie machte einen Vorschlag oder war Vorreiterin und andere setzten sich drauf, und letztlich hatte sie den Nachteil davon. Tja: Und so war bei Lila auch Anfang August immer mehr der Gedanke herangereift, dass Deutschland für sie als Lebensstandort einfach nicht mehr in Frage kam. Sie brauchte einen viel kreativeren, freien Platz als diesen hier. Aber erst einmal musste sie ihre kreative Fähigkeit komplett darauf verlagern, wo die Drei jetzt für eine weitere Weile wohnen würden. Alles sprach für einen Umzug auf die Balearen... bis auf die Zeit. Es war offensichtlich noch nicht an der Zeit zu gehen.

Also wünschte sich Lila erst einmal eine Bleibe vor Ort:

„Ich will, dass es schön ist, ich will, dass es originell ist. Und ich will, dass wir Drei irgendwie zur Ruhe kommen", hatte sie beim Universum bestellt.

Am 7. August abends um 21 Uhr war Lila aus ihrem Kellerloch zu Ippy um die Ecke gefahren. Es war ein fast herbstlich anmutender Abend. Nicht wirklich sommerlich und sehr windig. Die Kinder schliefen. Die Schule hatte gerade wieder angefangen. Und es war ein gruseliges Gefühl, nicht zu wissen, wo sie in 2 Wochen schlafen würden. Aber was hatte ihre Schwester Ilke aus Mallorca eine zeitlang immer gesagt, wenn Lila Angst hatte, das Haus nicht mehr halten zu können?" Lila, denk dran: Heute Nacht hast Du ganz sicher ein Dach über den Kopf. Und alles andere findet sich." Es stimmte. Heute Nacht würde sie ein Dach über dem Kopf haben. Und jetzt würde sie erst einmal zu Ippy gehen, sich einen schönen Abend machen und mal schauen, ob sich da nicht was auftat.

Ippy hatte überall Kerzen angemacht. Das große Bauhauswohnzimmer war riesig und puristisch eingerichtet, aber durch das Licht der Kerzen urgemütlich, der kanadische Salbei räucherte in einer Schale vor sich hin und machte die Stimmung geheimnisvoll. Ippys Kinder waren eigenartiger Weise auch schon oben im Bett. Diese kleinen Terrorbraten waren eigentlich nie müde. Aber als ob sie gewusst hätten, wie wichtig es war, waren alle schon in einen tiefen Kinderschlaf gefallen. „ Komm rein", umarmte Ippy Lila an der Tür.

Lila hatte kurz einen Blick auf das Nachbarhaus geworfen, auf IHR altes Haus: Es war schon ein schönes Haus. Gerade im Sommer, so nah am See. Wie es da stand: der weiße Kubus mit den dunkelbraunen, großen Holzfenstern, mit Efeu und Rosen berankt. Das hatte alles sie gepflanzt.... jede einzelne Pflanze. Es sah aus wie ein römisches Palais oder ein spanisches Chalet, dachte sie. Und die Fensterläden, die fest eingeplant gewesen waren, waren immer noch nicht dran und würden auch nie dran kommen. Aber Einglück war diese Zeit vorbei. Sie hoffte nur, dass die neuen Besitzer sie nicht sahen. Die hatten sie schon mehrfach eingeladen, sich das Haus doch mal innen anzuschauen. Darauf hatte Lila überhaupt keine Lust. Diese Verschandelungen wollte sie nicht sehen. Und das, was die neuen Besitzer draußen mit dem Haus veranstaltet hatten, ließ das Grauen im Inneren erahnen.

Lila huschte also schnell bei Ippy rein.

„Oh Ippy, wenn ich nicht bald was finde, wird es richtig eng. Eigentlich müsste ich spätestens nächste Woche wissen, wo wir hin ziehen."

Ippy kam mit einer Wein-und einer Bierflasche unterm Arm zur Ledercouch: „Eigentlich mach ich ja so was nicht, wenn wir arbeiten. Da stört Alkohol ja schon ganz schön. Aber irgend wie passt es heute dazu. Willst Du einen Wein? Ich habe einen tollen, eisgekühlten Riesling im Angebot. Und ich mach mir jetzt mein köstliches, bayrisches Weißbier auf." Ippy war herrlich rustikal und liebte wie Lila auch das Feiern, das Trinken und lustige Gesellschaften. Sie war zudem noch totaler Bayern-Fan. Was hatten sie und ihre (Ex-) Männer schon witzige Saufabende hinter sich.

Lila genoss den Schluck. Der Riesling war wirklich sagenhaft fruchtig und lecker.

„Na, dann legen wir mal los", meinte Ippy.

Sie machte die Hintergrundmusik, eine CD mit schamanischen Heilklängen, aus und setzte sich in die Ecke des weißen Ledersofas und schloss die Augen. „Ich verbinde mich jetzt mit oben und bitte mein Ego, still zu sein. Ich danke für die Schöpferkraft und lade jetzt alle, die zu diesem Abend gehören, herzlich in unseren Kreis ein. Ich lade die

Erzengel Michael, Raphael, Uriel ein, den Schöpfergeist von Lila und auch meinen. Ich lade Jesus und unsere Geistführer herzlich ein." Viele Sekunden hatten beide ihre Augen geschlossen. Jedes Mal, wenn diese Einladungen ausgesprochen wurden, bekam Lila kurz eine heftige Gänsehaut und hätte schwören können, dass sie merkte, wie es voller und voller wurde im Raum..

„ O.k.", sagte Ippy nach etwa einer Minute Schweigen. „ Wir können los legen". „ Was ist Deine Frage?"

Lila antwortete: „ Wo muss ich suchen, was ist der richtige Platz: Wo kann ich hin ziehen mit Isa und Leif? Und muss ich die Suche ausweiten? Auch nach Potsdam oder nach Spandau?"

Ippy hatte die Augen geschlossen und wartete auf eine Botschaft.

„ Du sollst Deine Suche ausweiten."

Lila: „ Sind die Wohnungen in der Siedlung was?"

„ Nein, das ist nichts für Dich."

„ Soll ich um Potsdam herum suchen?"

„ Ja, das fühlt sich gut an. Es wartet schon eine Wohnung auf Dich. Du kennst sie schon."

Ich kenn sie schon? Lilas Gedanken rasten: Um Potsdam? Ich kenn sie schon? Nicht in der Siedlung? Und, ob es nun ihre Eingebung war oder ob ihr die Gedanken geschickt wurden: Lila konnte sich später nicht mehr richtig erinnern, aber auf einmal schoss ihr dieser Reiterhof in den Kopf: Isa war dort vor Jahren geritten, ein wunderschönes, großes Gut auf einem lichten Hügel. Und dort gab es einige Ferienappartments.

„ Könnte es der Reiterhof sein?", fragte Lila.

„ Oh ja. Da geht die Sonne auf. Das ist ein guter Platz. Da werdet ihr Euer Glück finden".

Die Session dauerte diesmal über eine halbe Stunde.

Dann war es vorbei. Das ging immer relativ schnell. Lila spürte immer schon einige Sekunden vorher, dass es jetzt vorbei war. Und wenige Sekunden später öffnete Ippy in der Regel ihre Augen und meinte „ Das wars".

Sie saßen da, tranken Wein und Bier.

Und Lila war erstaunt, dass ihr der Reiterhof eingefallen war.

„ Da werde ich gleich morgen mal anrufen, Ippy. Ich danke Dir."

Und so war es dann auch.

Gleich am nächsten Morgen griff Lila um 10 Uhr zum Telefon. „ Haben Sie vielleicht eine mindestens 3-Zimmer-Wohnung möbliert zur über-gangsweisen Vermietung?Und wenn möglich, am besten ab kommen-der Woche?" Die Assistentin im Shop schien gar nicht erstaunt über diese Frage, verwies aber auf ihren Chef. „ Der ist gerade nicht da. Aber ich bestell ihm Ihre Nachricht. Und er wird Sie heute Nachmittag zurückrufen."

Und so war es dann: Als Lila Leif gerade zu seinem Fußballtraining fahren wollte, klingelte ihr Telefon.

„ Guten Tag, Schwarz mein Name, Gutsbesitzer vom Reiterhof". Lila war erstaunt: Sehr markante, starke Stimme. Das war ein Chef. Das hörte man nach den ersten zwei Worten.

„ Also Frau Springe: Wir haben in der Tat ein gerade fertig renoviertes 3-Zimmer-Appartment auch kurzfristig anmietbar. Ja, und alles andere müssten wir persönlich besprechen. Können Sie kommen? Jetzt?"

Das war einer von der schnellen Truppe. Das gefiel Lila. „ Ich bringe meinen Sohn zum Training und bin in 20 Minuten bei Ihnen", sagte sie. Als sie mit ihrem Defender auf den Hof fuhr, wusste sie, hier würden sie für eine Weile sehr glücklich werden.

Herr Schwarz war ein hübscher Mann: Vermutlich knapp über 60, braungebrannt, schlanke, sportliche Figur. Er war selbst einmal aktiver Polospieler gewesen. Und dieses drahtig-Sportliche umwehte ihn. Und er war der Gutsherr. Der ist bestimmt Löwe oder Widder, dachte sich Lila, als er sie mit seinen stechend blauen Augen anlächelte. „ Da sind Sie ja, Frau Springe. Woher kenne ich Sie?" Er erinnerte sich an Isa und ihre Reitstunden und war formvollendet in seiner Art. Sie war sich nicht sicher, aber eigentlich hätte sie schwören können, er flirtete mit ihr. „ Guter Start, dachte sich Lila. Sie gingen sofort in die Wohnung. Es war eine sehr individuell geschnittene 3 Zimmer Wohnung direkt unter dem Dach der Reithalle. Zwar hatte sie keinen Balkon, dafür einen phänomenalen Blick über die Pferdefelder. Und sie lag auf einer kleinen Anhöhe. „ Auf dem Champagnerhügel" hieß die Adresse. Na, das war allein postalisch doch einige Treppen weiter hoch, dachte sich Lila.Was hatte Ippy noch gesagt. „ Hier geht die Sonne auf". Lila schaute aus dem Fenster, das nach Osten zeigte. Hier ging wirklich die Sonne auf.

Über die Treppe zum oberen Flur gelangend ging es direkt in einen kleinen Raum mit einer Riesen-Fenster-Tür, die man beidseitig öffnen konnte. Das würde Isas Zimmer werden, dachte Lila bei sich.Das würde ihr gefallen, denn von hier aus blickte man über die gesamten Pferdekoppeln, selbst wenn man im Bett lag. Der Flur führte in ein bestimmt 50 Quadratmer großes Zimmer mit offener amerikanischer Küche . An der höchsten Stelle hatte dieser Raum bestimmt 5 Meter. Eine Eisentreppe führte dort nach oben auf ein Podest. „ Das ist unser Abstellraum", sagte Herr Schwarz. Nein, das ist Leifs Raum, dachte Lila bei sich. Eine richtig große Höhle für ihn und seine Jungs. Es gab unten noch ein Gäste-WC, oben ein Bad, allerdings ohne Fenster, und ein paar Treppen runter von dem großen Wohntrakt ging es in das Schlafzimmer, dass zum Ende hin immer flacher wurde und dort maximal 1.70 Meter hoch war. Diese Wohnung hatte was. Sie war wirklich originell. Zwar war das hier alles Marke Eigenbau, Laminat und viel Plastik, dafür standen hier ein wertvoller antiker Esstisch mit dazugehörigen Stühlen, eine alte Kommode, ein antiker Bauernschrank, ein englisches Ledersofa, ein antiker Sekretär. Wundervoll. Es war auf den ersten Blick ersichtlich, dass dieser Herr Schwarz auch mit Antiquitäten handelte.Lila wusste sofort: Das würde auch Leif und vor allem Isa, ihrer kleinen Pferdeflüsterin, gefallen.

Sie setzten sich an den Tisch. Die Verhandlung dauerte 5 Minuten. „ Sie mieten ab dem 15. August, also in 1 Woche. Wir machen bis zum 15. Januar fest. Sie zahlen mir 900 € komplett, dafür brauchen Sie sich um nichts mehr zu kümmern. Und wenn Sie mir die ersten 5 Monate bar bezahlen, will ich auch keine Kaution von Ihnen". Sie schlug ein. Damit war die Sache geritzt.

„Den Vertrag können Sie sich Ende der Woche abholen", meinte Herr Schwarz. Weg war er.

Es war wirklich so gewesen! Genau so! Lila musste jetzt noch lächeln, wenn sie daran dachte: Ippy und sie hatten das einfach ausgechanelt..

Und knapp 20 Stunden später hatte sie eine Wohnung gefunden, die individuell war, hübsch, originell und in der sie zur Ruhe kommen würden, so, wie sie es bestellt hatte: WAHNSINN!!!

Noch auf der Rückfahrt rief Lila Ippy an. „ Ippy: Juhuuuuuuu, wir ziehen nächste Woche auf den Reiterhof. Danke Dir noch tausend Mal. Wir gehen griechisch Essen. Bist natürlich eingeladen. Ohne Dich hätte ich das hier nicht gefunden."

8 Tage später zog Lila mit ihren Kindern an einem Wochenende bei 35 Grad im Schatten um.Die Kinder waren vor Freude gehüpft." Oh, ist das schön hier", hatten sie beide gerufen. Isa hatte sich sofort mit den Pferden, die überall über die Zäune lukten, angefreundet und war weg.Und Leif hüpfte im Gras herum und fühlte sich pudelwohl. Ja, es war schon wichtig, wie man sich bettete. Das war ihr in den vergangen Monaten noch klarer geworden. Aber es war auch wichtig, seinen Weg zu gehen. Und irgend was Schönes kam dann immer entlang des Weges. Das hatte Lila jetzt wieder gemerkt. Dran bleiben und nicht aufgeben. Das war wichtig. Dann passierte was im Leben. Das Leben war schön.

Lila hatte gleich damit begonnen zusammenzupacken, was zusammenzupacken war und es unten in der Kellerwohnung verstaut. Mein Gott, hatte sich in den 5 Monaten schon wieder viel Neues angelagert. Und apropo angelagert: Sie war auch in ihr Lager gefahren: Sie wollte unbedingt ihr riesiges braunes Chaiselongue-LederSofa dort auf dem Reiterhof haben und noch ein zwei andere Möbel und Teppiche. „ Richte Dich so ein, als ob Du dort bleibst", hatte Ippy noch ausgechanelt an dem Abend.

Es war fürchterlich anstrengend gewesen. Raus aus der Keller-Ferienwohnung. Rein in die neue Wohnung. Schleppen. Schrubben. Ohne Umzugsunternehmen. Bei Bullenhitze.Ihr war noch eine Sektflasche auf dem Supermarktparkplatz zerschmettert und sie musste kurz zwischendurch in die Notaufnahme und mit zwei Stichen direkt an der Nasenkuppe genäht werden. Ippy hatte zwar auch wieder mit angepackt und war quasi ihre einzige Hilfe. Das wars. Ja, so war es immer gewesen: Ippys Mann und auch ihr Wolf waren gerade in solchen Situationen irgendwie nie da gewesen. Bei Umzügen standen die Ehe-oder Exmänner und Freunde einfach nicht Schlange. Was hatte Lilas Mutter noch gesagt, als sie ihr mitgeteilt hatte, dass sie und Wolf heiraten würden? „ Lila, Dir ist klar: Wenn ihr Kinder kriegt oder ihr einen Garten habt: Das wird alles ganz allein an Dir hängen bleiben". Wie Recht sie gehabt hatte. Und bei Ippy war es nicht anders. Auch ihr Raimund war nie da, immer unterwegs. Und sie musste alles, wirklich alles, auch schwere Mineralwasserkisten oder Gartenmöbel, alleine schleppen und meistern. Trotzdem waren die ersten 10 Kisten am Nachmittag des 15. Augusts bereits in der Wohnung. Sie hatte einen von Isas Mitschülern noch deren Bruder und Vater organisieren können. Und die hatten mit einem großen Renault und ihrem Defender den Rest erledigt. Es war unglaublich anstrengend gewesen. Aber irgend wie hatte sie auch das geschafft.

Und als Lila, Isa und Leif abends am 18. August bei strahlendem Wetter , warmer Abendsonne im Wind draußen total verschwitzt und dreckig vor ihrem Appartment auf ihrer Bierbank saßen und ihre erste Brotzeit dort machten, wussten sie: Da wollten sie erst einmal bleiben.

Das war wirklich ein toller Platz. Die Reiter, die vorbeikamen, begrüßten sie alle herzlich." Das sieht ja einladend aus" winkten sie ihnen zu. Das Zischen des ersten eiskalten Bieres, das Lila öffnete, sollte ihr noch lange als das schönste Geräusch auf Erden in Erinnerung bleiben.

Isa war sofort verschwunden gewesen und ward bis in den Abend nicht mehr gesehen. Und Leif annektierte sofort den Abstellraum oben und machte sich daraus sein Zimmer.Und Lila, die eigentlich auf einer richtig tollen Sommerparty mitten in Berlin eingeladen gewesen war und deshalb ihre treue Kinderfrau Gertrud gebeten hatte zu kommen, saß nun mit eben Gertrud mit Windlicht, Bier, deftigen Schinkenkackern und Brot und Käse und freute sich des Lebens.. Es wurde ein wundervoller Abend und Gertrud freute sich für sie. „ Lila, du hast ganz schön was durchgemacht. Schön, dass ihr jetzt hier seid. Das ist ja wirklich ein paradiesischer Platz", hatte sie gesagt und darauf hatten sie angestoßen.

„ Auf diesen Umweg hätte ich auf keinen Fall verzichten wollen", dachte Lila. Es war ein wundervoller, ruhiger, schöner und edler Fleck Erde hier. Und bis zur Gerichtsverhandlung im November und zum Jahresende würden sie es sich hier erst einmal gemütlich machen...und für einen kurzen Zwischenstopp erst einmal ankommen. Eine kurze und schöne Pause einlegen, bis sich alles endgültig entscheiden sollte. Eine kurze Ruhepause, wo nichts zu entscheiden war, eine kurze Pause, wo auch sie mal ausspannen konnte.

18. Kapitel

Berlin, 08. Januar 12 Uhr, 2013:

So war es wirklich gewesen.

Und das war jetzt auch vorbei.

Das war jetzt alles schon wieder 5 Monate her.

Es war fast Mittag, ein total grauer Tag, Matschepampe draußen, wenn sie raus aus ihrem Fenster auf ihrem Pferdehof sah. Die Pferde standen alle mit ihrem Hinterteil gen Wind gerichtet und warteten den Nieselregen mit halb offenen Augen ab. Die Wiesen waren mittlerweile alle moddrig, die Pferde zottelig und mit Matsch beschmutzt. Ein schöner Anblick war das nicht. Obwohl sie diesen Ort hier sehr mochte. Isa schlief noch. Sie hatte das ganze Wochenende bei ihr im Bett geschlafen und war seit ein paar Tagen richtig anhänglich. Diese kleine Kröte, die voll in ihrer Pubertät war, brauchte die Mamanähe. Leif hatte bei Wolf geschlafen. Der war nun vor einem Monat von Hamburg und seiner Ex-Freundin und seiner Tochter weg gezogen und wohnte jetzt nur 6 Kilometer entfernt in Berlin an der Havel. Er rückte ihr eigentlich viel zu nahe heran. Hamburg war ihr lieber gewesen. Denn seit Wolf hier war, gab es diese vielen „ Unterbrechungen" ihrer kinderfreien Zeit. Isa wollte eigentlich nur noch bei ihr sein, und so hatte sie auch an ihren kinderfreien Wochenenden eigentlich immer ein Kind hier gehabt.

5 Monate waren nun vergangen, seitdem diese Mariogeschichte angefangen hatte. 5 Monate, in denen viel, aber gar nicht so viel passiert war. Seit dem Ibiza-Aufenthalt hatte Lila nicht mehr an ihrer Geschichte geschrieben. Knapp 120 Seiten waren zusammengekommen.Das

wars. Finito. Vorbei mit dem Schreiben. Und vorbei auch mit dem wilden Leben. Sie war noch einmal für einen fünftägigen workshop auf Ibiza gewesen, aber das war weder wild noch erotisch geworden. Wenn sie ganz ehrlich war, dann hatte sie damit auch ihre Gedanken an das traurige Ende mit Mario Anthony verdrängt. „ Zeit heilt alle Wunden", hieß doch ein Spruch. Und es stimmte. Mario war irgendwie ganz schön weit weg. Nur leider war nichts Neues, nichts so unvergleichlich Schönes wieder in ihr Leben getreten.

Lila war irgendwie in ihrem Alltag versunken und hatte auch keine Lust mehr zu schreiben. Mario war jetzt sooooo weit weg , schon gar nicht mehr richtig vorhanden, wäre da nicht die Sitzung im November gewesen bei Riana, in der sie gesagt hatte, sie solle ein Buch über ihren Supermario schreiben. Das könnte zum Erfolg werden. „ Die Mario Geschichte ist doch ganz wunderbar", hatte Riana gesagt. „ Das ist ohnehin toll, wie Du das verarbeitet hast. Eine andere Schülerin von mir, eine berühmte Schauspielerin übrigens, der ist etwas ähnliches passiert. Und die ist danach für ein ganzes Jahr in ein richtig dunkles Loch gefallen, hatte das Tief ihres Lebens. Das hast Du ganz anders verdaut. Wirklich toll zu sehen, was Du daraus gemacht hast." „ Schreibe!!! Das ist wichtig. Daraus wird sich die Wirklichkeit kreieren. Schreibe das Ende so, wie Du es haben willst und manifestiere es damit... es wird ein neuer Mario Anthony kommen. Vielleicht noch nicht jetzt, aber bestimmt in den kommenden 2 Jahren. Aber schreibe jetzt!!! Sonst vergisst Du Dich und Deine Vision". Riana hatte einen wunden Punkt getroffen. Lila wusste , dass sie das Buch beenden musste. Diese Schleife musste endlich geschlossen werden. Und auch ihre „ Vision": allein bei diesem Wort lief es ihrt eiskalt über den Rücken.Irgend einen Sinn musste diese Mario-Story ja für ihr Leben haben. Und wenn es der Start ihrer Schriftsteller-Karriere war, umso wichtiger. Außerdem war Schreiben ihr größtes Talent . Sie wollte damit Geld verdienen. Das war schon ein stückweit Berufung für sie zu schreiben. Und noch ein Drehbuch daraus machen und verfilmen? Die perfekte Kombination aus Bildern und Sprache, fand Lila.

Sie hatte die letzten Wochen wieder nach Jahren fürs Fernsehen gearbeitet und gemerkt, dass diese ganzen Hirarchien und Schwachköpfe, die da im Fernsehen wirkten, nichts mehr für sie waren. Sie hatte eine 45-minütige Reportage über Swinger in Deutschland gemacht. Eigentlich eine sehr witzige und tolle Arbeit, wären da nicht diese hirarchischen Strukturen im Fernsehalltag gewesen.

Sie hatte Gitta unterstützt, die sich hatte eine Schraube aus ihrem Fuß nehmen lassen und nicht laufen konnte." Lila, hättest Du Lust, mal wieder Fernsehen zu machen?. Wir teilen uns die Arbeit und das Geld. Gibt 6000 Euro für 10 Tage Arbeit. Was sagst Du? Und wir stehen groß im Abspann.Da könnten Aufträge folgen" Lila hatte sofort zugesagt. Nach über 8 Jahren mal wieder drehen, mal wieder einen Beitrag machen, ja darauf hatte sie Lust. Aber es war dann eher die anstrengende Nummer geworden. Die ganzen Verantwortlichen beim Fernsehsender wussten gar nicht, dass Lila mit von der Partie war. Gitta hatte sich oben als Alleinautorin eingetragen und sie schlicht und ergreifend unter den Tisch fallen lassen. Dafür hatte Lila dann nicht 5, also die Hälfte- wie vereinbart-,sondern knapp 8 Tage gearbeitet.Schon wieder hatte sie irgendwie den Kürzeren gezogen und war ganz leicht auf die hinteren Plätze gerutscht, wenn es um Anerkennung und Weiterkommen ging. Das war in 16 Jahren Fernsehen immer und immer wieder passiert. Da waren junge Aufschneider, so richtige Dampfplauderer, die überhaupt keine Ahnung hatten, wie Fernsehen funktioniert, an ihr vorbeigerauscht und sie machte immer die Arbeit. Und letztlich hatte sie für diese Arbeit keinen Cent bekommen: die Firma hatte Insolvenz angemeldet und beide, Gitta und sie waren leer ausgegangen.Und schon wieder war das ein Zeichen, dass das klassische Leben mit einer klassischen Karriere in Deutschland nicht das war, was für Lila offensichtlich in ihrem Lebensdrehbuch stand.

Arbeiten in strikten Hirarchien, immer das Gleiche, Machtgefüge und Langeweile, das war nichts für sie.

Dabei war das Thema wirklich toll gewesen: Swinger in Deutschland, „ Was hinter deutschen Vorhängen wirklich passiert", wie die Swinger Pärchen ihre Sexualität auslebten, das hatte Lila schon sehr beeindruckt. Sie wusste, das hatte auch was mit ihrer Entwicklung zu tun, mit dem Platz, den sie auf dieser Erde haben sollte oder besser haben wollte: „ Ich bin aber auch selbst schuld", hatte Lila sich gedacht.Immer in der zweiten Reihe, immer verkannt. Und schon wieder stand ihr Name nicht unter einer Arbeit, die sie getan hatte. In 16 Jahren Privatfernsehen war sie namentlich so gut wie nie genannt worden. Die Raffinierten hatten immer und immer wieder ihre Ideen geklaut und sie als ihre verkauft. Lila war einfach nie der Ellenbogentyp gewesen. Und das war „ karrieretechnisch" beim Privatfernsehen der Dolchstoß. „ Nie wieder zweite Reihe", hatte Lila sich damals geschworen, als sie weg ging vom Fernsehen. Tja: Und kaum arbeitete sie erneut fürs Fernsehen, schon wurde sie wieder übergangen. Selbst von einer engen Freundin. Wieder ein Zeichen, dass es jetzt für sie- beruflich, wohnlich und vielleicht auch in Beziehungen- woanders hin ging, dachte sich Lila.

Riana sah das ganz anders: „ Du bist jetzt aus der Phase der Suchenden raus. Kreier Dir Dein Leben und überlege Dir ganz genau, was Du arbeiten willst, wer Du sein willst und wie Du schreiben willst, wie Du Dein Malen und Deine Kreativität einbindest, wen du lieben willst und wer Dich lieben darf. Ach übrigens. Apropo Liebe: Da kommt bald ein neuer Mann auf Dich zu. Auch so ein Riesenschrank. So ein charismatischer Typ. Den übersieht man nicht. Und ihr werdet sofort voneinander angezogen sein. Aber erst einmal geht das auseinander. Ihr schreibt Euch. Und dann findet ihr zusammen. Das geht bis Herbst. Und sei authenthisch. Nur, wenn Du voll in Deiner eigenen Kraft bist, kannst Du Dir die Menschen anziehen, die zu Dir und zu Deiner Kraft gehören. Und sei nicht traurig, wenn das keine Liebe fürs Leben wird... Er wird Dich trotzdem dabei unterstützen, dass Du Deinen Weg findest und auf Deinem Weg bleibst. Und dazu gehört im übrigen auch Dein Pirat... oder sagen wir besser Abenteurer. Der kommt nämlich bald in Dein Leben. Und zwar in echt. Aber ganz anders als Du denkst. Das ist eher so der Typ mit der Teufelskarte daneben: Der Wolf, der früher alle Rotkäppchen gefressen hat und der jetzt aber das Rotkäppchen nicht mehr frisst, weil er jetzt satt ist und was anderes sucht. Der Pirat, der jetzt sesshaft geworden ist und nach neuen Rotkäppchen überhaupt keine Ausschau mehr hält. Und auf allen Weltmeeren ist er auch nicht mehr unterwegs. Es wirkt eher so, als ob er an einem Weltmeer beheimatet ist. Ach ja: Und auch er kommt, von dem Wohnort, in dem Du Dich befinden wirst, nicht , „ from across the sea"... Es wird also spannend."

Ja, der Pirat: Dass es ihn da draußen irgendwo gab, daran zweifelte Lila auch nach dem Supermario-Supergau nicht. . Und das dieser Typ etwas ganz Besonderes war, sowieso. Aber ihre Wünsche hatten sich auch geändert: Sie wollte gar keinen Piraten mehr, der ihr das Herz und das Geld klaut... Sie wollte einen Abenteurer, einen starken und kühnen Mann, dem aber Werte wichtig waren, der Geld und Erfolg hatte und das nicht klauen musste.

Aber wo? Wo war ihr Platz? Konnte sie sich überhaupt noch vertrauen? War es überhaupt wirklich ihr Wunsch, nach Mallorca oder jetzt lieber nach Ibiza zu ziehen? War sie überhaupt in der Lage, sich ihr Leben allein zu finanzieren? Lila war gerade in einem Tief. Sie zweifelte. Sie zweifelte an ihrer Idee, an sich selbst und an ihren Taten. Lila war 5 Monate nach Mario in einer richtigen Krise. Und wenn sie recht überlegte, war das schon seit Anfang Dezember so. War da nicht Wolf wieder nach Berlin und so in ihren Dunstkreis gezogen? Ach. Sie wollte das jetzt nicht an sich heran lassen. Fakt aber war: Seit Wochen waren es immer so um die 8 Grad draußen, alles grau in grau. Die Sonne hatte sich seit Tagen kaum gezeigt. Die Kinder krank oder nörgelig. Sie hatte Höchstgewicht. Nichts tat sich. Keine Bewegung, keine Angebote. Kein Typ. Kein Sex. Dafür Dauerblutungen seit 8 Wochen und Hormone und eine chronische Kieferhöhlenvereiterung. Sie war gerad keine Sex-, sondern eine dicke, alte Hormonbombe, ja, das dachte sie., Alles im Fluss, nur leider an der verkehrten Stelle", hatte Lila die vergangenen Wochen bei ihren Freundinnen geunkt. Aber diese Zeit hier war so grau wie der Himmel da draußen. Für ihre Stimmung waren diese Gedanken gerade gar nicht förderlich. Tja, dachte Lila sich. Bei mir muss man den Humor gerade selber mit bringen. Von mir kommt da nichts.

Auch ihre Bleibe hier auf dem tollen Pferdehof, einem richtig großen Gut mit weiß gestrichenen Zäunen und bestimmt 100 Pferden, die sie mit ihren Kindern nun seit 5 Monaten bewohnte, war in der Auflösung begriffen. Der Vermieter hatte schon angedeutet, dass er die Wohnung jetzt lieber an Langzeitmieter vermieten wolle. Auch hier war sie wieder nur „ Vorreiterin" gewesen und hatte letztlich den Nachteil davon: andere würden als Langzeitmieter diese schöne Wohnung haben, und sie? Ach, sie musste eh weiter, auch wenn die Lust bei diesen grauen, kühlen Tagen draußen gerade verschwunden war.

„ Theoretisch sind Sie in 1 Woche obdachlos", hatte er ihr gestern auf dem Hof gesagt und sie dabei mit seinen stechenden Augen angesehen, als ob er gleich in den Stierkampf gehen wolle. Sie hatte gerade ihren Defender aufbocken lassen, weil der schon wieder Öl leckte." Wir müssen uns eh über die Konditionen unterhalten. über die Stromkosten und so weiter".

„ So ein Blödmann", dachte Lila bei sich. Sie hatten einen Vertrag abgeschlossen, „ all inclusive" bis 15. Januar, danach eine 4-wöchige Kündigungsfrist bis maximal zum 15. August des Jahres.Sie brauchten sich nicht unterhalten. Und schon gar nicht über Stromkosten. Aber dass das hier nicht eine Langzeitbleibe sein würde, wurde einfach immer deutlicher. Alles Zeichen, jetzt entweder den Kopf einzuziehen und aufzugeben oder endlich loszulegen, komplett los zu lassen und los zu marschieren, ging es Lila durch den Kopf. Und auf was wartete sie eigentlich? Auf was? Auch dass das Auto schon wieder Öl leckte. Alles Zeichen: Dieser Defender war auch so ein Geld- und Energiefresser in ihrem Leben.Dabei entsprach er genau ihrem Beuteschema: Groß, stark und total authentisch." Na toll, jetzt mach ich mir schon um mein Beuteschema bei Autos Gedanken, weil hier gerade sonst nichts zum Beuten ist. „ Hier wiederholt sich einfach nur gerade wieder der ganze alte Mist", waren ihre Gedanken. Sie schien erneut, ein weiteres und weiteres und weiteres Mal diese Schleife zu drehen.

Kommt nicht in Frage, dachte sie bei sich. Das mach ich nicht mit. Aber irgendwie glaubte sie sich an diesem Tage selber nicht so Recht.

Abends hatte sie Einglück wieder ihren ersten Hexenclubabend in diesem Jahr. Sie freute sich wahnsinnig auf die Frauen. Die waren ihr in den zwei Jahren ihrer Treffen wirklich allesamt ans Herz gewachsen.Und die 14 tägigen Treffen waren oft richtige Auftankstationen.

Ippy hatte sie morgens ebenfalls mit einer mittelschweren Depression begrüßt. Weihnachten und Silverster, das bedeutete für alle immer die richtige Familiendröhnung. Und die sah man ihr an. Ihr orangefarbenes Sweatshirt konnte auch nicht ihre graue Stimmung vertuschen:„ Die Ferien sind einfach zu lang, mein Schwiegervater zu langweilig, mein Mann ein zu dickes Baby und die Kinder haben den Rest getan", saß sie mit Hängeschultern vor ihr. „ Lila, das kann es doch nicht gewesen sein. Tagein-tagaus dieser Berliner- Vorstadtmief.Ne, ich will nach Mallorca und zwar bald. Mit oder ohne dickes Baby (damit meinte sie ihren Mann). Das steht fest. Ich krieg hier grad die Krise".

Lila und Ippy hingen also in der gleichen Soße. Nichts ging voran. Alles immer nur Kampf, grauer Kampf in doofer, dicker sämiger Soße...mit dicken Babys, fiesen Gutsbesitzern, verknitterten Anwältinnen und und dem Moddersumpf als Heimatort. Lila hätte heulen können.Und das musste auch was mit ihrem Platz zu tun haben. So schön, wie es hier gerade auf dem Hof war, aber alles hatte seine Zeit. Und diese würde in wenigen Wochen oder zumindest Monaten vorbei sein. Das hatte Lila ganz sicher gespürt. Wenn sie sich eines gemerkt hatte aus dem

Kurs bei Martin Sage im September auf Ibiza, dann die Bemerkung, dass es für eine Frau lebenswichtig sei, wo sie wohne, der Ort, an dem sie lebe: „ Für einen Mann ist das nicht so entscheidend. Für eine Frau hat es was damit zu tun, ob sie ihr Glück findet oder nicht. Und ob sie in ihre volle Kraft kommt oder nicht",hatte er damals gesagt.Martin Sage war Autist. Genial auf der einen Art und Weise und unfähig auf der anderen Art und Weise.Aber diese Aussage war so weise und genial wie von Aristoteles oder Plato. Und Lila hatte sich einfach nur bestätigt gefühlt: Potsdam war ein schöner Platz gewesen, ihr Haus am See mit dem Rosengarten und dem mediterranen Innenhof ein Traum, aber eben nicht ihrer.

Tja, und der Reiterhof war auch schön und auch nicht ihr Platz! Was hatte Aufstellungspapst Hellinger mal gesagt? „ Umwege erhöhen die Ortskenntnis". Er hatte ja so Recht. Dieser Reiterhof und die Zeit hier war für die Drei wirklich eine Heilreise, eine richtige Kur, ein wundervoller Umweg nach all der Unruhe gewesen. Aber nun schien die Kur vorbei zu sein, die Zeit reif, endlich nach dem richtigen Ort Ausschau zu halten und wieder auf die Hauptstraße zu biegen, damit das interne Navi sie auf dem schnellsten Weg zu ihrem Ziel brachte.

Riana hatte sie zwar wirklich beruhigt, als Lila ihr an diesem Januarabend von den ganzen Widerständen erzählte, die sich die Tage hier wieder aufgetan hatten, von der möglichen Kündigung, dem leckenden Auto, den Blutungen, die nicht aufhörten. „ Du durchlebst gerade die komplette Wiederholung", sagte Riana. „ Das hast Du alles vor einem Jahr schon mal durch gemacht. Und zwar mit Bravour. Lass Dich bloß nicht einschüchtern. Du bist umgezogen und hattest seither eine tolle Zeit an einem tollen Ort. Du hast Deinen Ex- Mann, der total neben der

Kappe und außer Rand und Band war, wieder in die Spur gekriegt. Du hast zwei Umzüge, davon einen riesigen, in einem halben Jahr gewuppt, Deine Kinder gedeihen mit und unter Dir prächtig. Das wirst Du schaffen. Es ist eh das Jahr, wo Du Dich entscheiden musst, was Du willst: Zurück in alte Muster oder komplett Abschied nehmen und was ganz Neues kreieren. Ich hab Dir das schon vor paar Wochen gesagt: Kreiere Dir Dein Leben jetzt: Überlege, wo Du hin willst, was Du tun willst und schnapp es Dir aus dem Äther."

Als Riana das gesagt hatte, war Lila ganz ruhig geworden Es stimmte. Sie hatte wirklich alles gewuppt: Sie war erst vor 10 Monaten aus ihrem Haus ausgezogen, sie hatte 5 Monate in einem Kellerloch überlebt, sie war von Wolf zwei Mal beim Jugendamt gemeldet worden und auf Unterhalt verklagt worden. Und sie hatte vor Gericht zumindest im zweiten Anlauf gewonnen: Sie durfte los ziehen!!! Sie hatte sich mit Wolf wieder vertragen, und die beiden waren im Moment vom Status her „ glücklich geschieden".UND: sie hatte die Mario Anthony Geschichte verdaut und schrieb jetzt einen Roman darüber!!! War das etwa nichts? Ach und ihr fielen noch viel mehr Dinge ein, die sie in ihrem Leben gewuppt hatte:

Sie hatte eine mehr oder minder nicht stattfindende Affäre mit einem sexy Biobauern und seiner Bio-Christel, die auch ein heißer Feger war. Sie hatte noch ein kleines finanzielles Polster, von dem sie leben konnte. Und sie hatte Mut. Das hatte sie nun im vergangenen Jahr mehrfach bewiesen.Das waren gar keine schlechten Voraussetzungen für einen Neustart.

Und dennoch: Irgendwie lief alles nicht rund. Das einzige, was bei ihr richtig rund war, waren ihre Hüften. Oh nein!!!! Lila hätte direkt in dem Moment anfangen können zu weinen und nicht wieder aufzuhören. Das ging nun schon so viele Jahre so. Alles war anstrengend und schwer, nichts war im Fluss außer ihre Blutungen.

Aber so war es nun einmal. Und natürlich hatte es auch seinen Sinn, dass der Gutsbesitzer hier plötzlich mit so Fiesematenten um die Ecke kam und seine formvollendeten Manieren plötzlich offensichtlich zusammen mit den Schneeflocken im Matsch draußen abgegeben hatte.

Ja, der Reiterhof. Das war auch so eine Geschichte gewesen, die sie durch den Glauben, durch ihre Spiritualität und vor allem durch Sitzungen mit Ippy in Gang gebracht hatte:
Und letztlich hatte sich Lila auch diesen Platz irgendwie kreiert.
Jetzt war das auch vorbei.
Und Lila wusste, es war Zeit, die nächste Etappe anzuschieben.
Was hatte sie gerade noch für einen Spruch gelesen: „ Mut steht am Anfang des Handelns, Glück am Ende".
Sie musste jetzt wieder mutig sein.Denn sie wollte ja das Glück. Es stand an.

Reiterhof bei Potsdam, 25.Januar 2013:

Es war ein eiskalter Tag. Minus 15 Grad, die Pferdekoppeln alle weiß verschneit. Der Himmel nun seit bestimmt 5 Wochen grau. Seit 7 Wochen fror und schneite es in Deutschland. Lila packte ihre letzten Sachen zusammen. Morgen früh würde sie nach Ibiza fliegen, um sich eine Wohnung oder ein Haus anzumieten. Ja, die Planung war wirklich soweit gediegen. Sie würde im Sommer nach Ibiza ziehen. Und da

Herr Schwarz vom Gutshof so ein Trara um die Wohnung machte, würde sich der Umzug sogar vielleicht nach vorne verschieben. Er hatte ihr schon mit fristloser Kündigung gedroht. Sie musste tätig werden. Auch, wenn bei diesem eisekalten Wetter keinerlei Lust bestand umzuziehen. Umziehen ansich war ja schon anstrengend. Aber bei Frost war das richtig widerlich.

Sasa aus Ibiza hatte ihr dringend geraten, jetzt nach einer Wohnung zu suchen. „ Ab März findest Du hier auf der Insel nichts mehr. Und ab Juli/August vermieten die hier ihre Garagen sogar tageweise." Und so hatte Lila mitten in der Schulzeit einen Flug gebucht. Aber Wolf war ja nun in Berlin. Und sie hatte es so organisiert, dass er bei ihnen auf dem Reiterhof schlafen würde und auch die Nachbarn und ihre Kinderfrau Gertrud sich kümmerten. Lila hoffte inständigst, dass sie dort was zum Wohnen finden würde. Alles andere würde sich ergeben. Sasa hatte ihr ihr Appartment für die Woche angeboten. „ Ich bin allerdings nur noch 1 Tag da, wenn du kommst. Ich muss selber dringend nach München und mich da um meine Wohnung kümmern", sagte Sasa.

Lila freute sich auf Sasa und auf die Insel. Und es war gut, aus diesem dunklen, kalten Deutschland mal rauszukommen. Sie fühlte sich in diesen Tagen dick und alt. Und wer weiß, wie sie sich jetzt auf Ibiza fühlen würde. Ihr süßer Leif war die letzten Wochen traurig gewesen. Nun war sein Vater nur 6 Kilometer von ihm entfernt und nun sollte er wegziehen? Das lag Lila auch auf der Seele. Sie musste rüber und wollte schauen, ob Ibiza wirklich der Ort war, wo sie bald leben würde...

19. Kapitel

25. Januar 2013, Ibiza: 16 Uhr

Als sie auf Ibiza ankam, schien die Sonne. Es waren 25 Grad. Sie war gerade gelandet und ihr Handy hatte sich in einen örtlichen Anbieter eingeloggt, da bekam sie eine sms. „ Komme bitte runter an den Strand. Wir chillen dort", schrieb ihr Sasa.. Chillen am Strand im Winter. Das war Ibiza. Lila zog sich am Strand zuallererst mal ihre Stiefel aus und schlenderte barfuß am Meer entlang. Das Meer war kalt, winterlich frisch, dachte Lila so bei sich. Und da lagen Sasa und Kalotta auf den Liegestühlen oben ohne und sonnten sich. „ Hola guapa.. Hallo du Hübsche" riefen die beiden und Lila bestellte sich ein eiskaltes Bier. Was für ein Auftakt! Es war Ende Januar. Neben der Sonne, den Farben, den atemberaubenden Stränden fand Lila es auch unglaublich faszinierend, dass die Spanier die Biergläser im Kühlschrank vorkühlten . Ein eiskaltes Bier am Strand. Na, wenn das nicht eine tolle Begrüßung war. Abends war Party in einem Laden, in dem Ibizenkische Musiker im Winter immer live auftraten. „ Da können wir hin, wenn Du Lust hast", sagte Sasa. „ Das ist in der Regel sehr witzig und nett". Lila hatte Lust. Lila zog sich nicht einmal um. Sie tranken in Sasas Wohnung noch einen Wein, dann ging es los. Sasa hatte nicht geheizt. Und ihre Wohnung war richtig ungemütlich. Sowie die Sonne weg war, wurde es bitterlich kalt. Das war Lila ein Rätsel. Immerhin hatten selbst die Balearen im Winter nachts bis an die Null Grad. Zu kalt, um nicht zu heizen. Und es gab hier immer noch genügend Wohnungen und Häuser, die gar keine Heizung hatten. So waren die Spanier: Jedes Jahr wieder aufs Neue überrascht, dass es im Winter auch kalt werden konnte. Sie zog ihre Winterjacke wieder an und kuschelte sich in eine Fleecedecke ein. Und dann fuhren sie los.

Der Laden war gerammelt voll und lauschig warm. Ein riesengroßer Kamin spendete Wärme und eine unglaublich sinnliche Atmosphäre. Sasa, Kalotta und Lila bekamen ganz nah am Kamin einen Platz, obwohl es eigentlich überhaupt keine Plätze mehr gab. Lila setzte sich neben einen hübschen, circa Mitte 40igjährigen blonden schlanken Mann, den sie noch aus dem Vorjahr kannte. Sie hatte ihn mal mit Sasa auf dem Healing day getroffen, und wenn sie es recht in Erinnerung hatte, war zwischen Sasa und ihm mal was gelaufen. Er hieß Juut und kam aus den Niederlanden und sah gut aus. Volles blondes Haar, smartes Auftreten, circa anfang 40. Zwischen ihnen war fast überhaupt kein Platz mehr und sie setzte sich fast auf seinen Schoß, als sie sich auf die Bank quetschte, was er mit einem aufmunternden Lächeln erwiderte. Die Stimmung war ausgelassen, der Kamin unglaublich gemütlich. Die Leute lachten und redeten alle viel. Nach dem dritten Wein flüsterte Juut ihr ins Ohr, wie sinnlich er sie fände. „ You are so sensual... and beautiful... and I love your smell", Du bist ja so sinnlich, und hübsch... ich liebe Deinen Geruch"".. Er atmete ihren Geruch tief an ihrem Hals ein. Lila konnte seinen Atem an ihrer Haut spüren. Sasa saß neben ihm auf der anderen Seite und amüsierte sich königlich ,und es interessierte sie scheinbar überhaupt nicht, was Juut tat. Aber irgendwie war hier gar nichts verboten und alles erlaubt. Gegenüber saß ihr ein Mann, der aussah wie Wolf als Spanier mit jugendlichen Korkenzieherlocken. Er lächelte sie an. Und die Band spielte und spielte und spielte. Der Drummer war selbst Künstler, hatte an dem Abend Geburtstag und wurde 70 und war natürlich auch ein Freund von Sasa . Sasa kannte wirklich viele Menschen hier auf der Insel. Wenn man mit ihr unterwegs war, dann war man immer im Mittelpunkt des Geschehns, dachte Lila so bei sich. Der Raum war bestimmt nicht größer als 50 Quadratmeter und bis auf den letzten Millimeter gefüllt. Aber alle lachten und bewegten sich und tanzten oder schwangen zumindest ihre Hüften im Takt der Musik, weil die Enge nun einmal nicht mehr Platz hergab. Lila stand auch auf und tanzte, erst mit einem fremden Mann, dann mit einem anderen Fremden, schließlich mit dem spanischen Wolf, der ihr heiße spanische Sätze ins Ohr hauchte. Sie verstand kein Wort, wusste aber, dass es Komplimente waren. Was war das bloß mit ihr und der Insel? Lila war jetzt seit 5 Stunden da, und wenn sie sich vor 5 Stunden noch hässlich, dick und alt gefühlt hatte, so packte sie der Rausch und die Hitze Ibizas wieder aufs Neue. Toll auch, dass Lila hier auf die Männer eine sinnliche Ausstrahlung hatte. Ja, Ibiza war schon ihre Insel, das wurde ihr klar. Lila hatte richtig Lust auf Sex oder besser auf Sinnlichkeit. Und die Männer lagen ihr hier zu Füßen. So war das jedes Mal, wenn sie hier war. Immer hatte sie der Rausch dieser Insel einfach mitgerissen.

Ja, Ibiza war ein starker Platz. Mit starken Männern, die mit starken Frauen umgehen konnten. Hier war sie nie zu viel. Hier war sie nicht zu üppig. Hier fühlte sie sich schön und begehrt und irgendwie alterslos. Als sie sich wieder hin setzte, lächelte sie Juut mit seinem charmantesten Lächeln an, das er zu bieten hatte. Einglück war sie mit Sasa hier. Denn, auch wenn Juut so gar nicht ihr Typ war und ohnehin zu Sasa, wenn überhaupt, gehörte, so tat die Stimmung und der Wein doch ihr

Übriges. Lila hatte einfach Lust auf Sex. Auf Berührungen. Auf Küsse. Auf schöne, sinnliche Stunden. Juut streichelte ihr unbemerkt mit seiner Hand über ihre Knie, und als er ihr wieder etwas ins Ohr flüsterte, küsste er sie auf den Hals. Und auch wenn Lila wirklich nichts von ihm wollte, fühlte sich dieser Kuss sehr angenehm an. Sasa drückte sich gerade aus der Ecke heraus und wollte auch tanzen. „ Das ist ja ein niedlicher Typ", sagte Lila zu ihr. „ Ich weiß, ich weiß, „ lächelte Sasa. „ Das ist doch mein periodischer Lover... mal schauen, ob er es heute auch wird." Er wurde es. Es war eine rauschende Nacht. Und als Lila und Sasa gegen halb zwei dort aufbrachen, hatten sie oder besser Sasa Juut im Schlepptau. Als Sasa ins Bad ging, wendete er seinen Blick sofort auf Lila : „ Ich würde viel lieber die Nacht mit Dir verbringen", sah er sie an und schaute sie dabei sehr ernst an. Lila lächelte zurück, gab ihm einen sehr kurzen Kuss auf die Wange. „ Good night.. enjoy the night.., Gute Nacht, geieße die Nacht", flüsterte sie ihm ins Ohr. Als die beiden im Schlafzimmer verschwanden, drehte sich Lila in ihrem Bett um und schlief ein. Sie träumte von einer heißen Liebesnacht. Gut, dass es ein Traum war, dachte Lila bei sich. Sehr gut sogar.

Der nächste Tag war noch für Sasa gepachtet. In 2 Stunden würde ihr Flieger gehen und sie wollte noch mit ihrem Hund Minou kurz spazieren gehen und den Rest packen.

„ Was machst du heute Abend?", fragte Juut sie, als sie in Sasas Appartment waren und Sasa gerade mit dem Hund weg war. „ Ich schreibe und suche schon mal nach einer Wohnung", sagte sie. „ Wollen wir uns sehen?", fragte Juut. Und so, wie er das fragte, war klar, wie dieser Abend enden würde. Wenn sie ganz ehrlich gewesen wäre zu sich, dann hätte sie Juut gerne gesehen. Aber einglück kam Kalotta gerade ins Zimmer. Denn bei Kalotta sollte Sasas Hund für den Deutschland- aufenthalt bleiben.„ Hola Lila", lächelte sie sie an. „ Hast Du Lust, heute Abend auf einen Wein zu mir in die Casita zu kommen", fragte sie? Lila drehte sich zu Juut. „ Vielen Dank, Juut, aber ich bin schon bei Kalotta zu einem Wein eingeladen", lächelte sie ihn unverfroren an. Er lächelte zurück und verstand.

27. Juli, Ibiza:

Am Sonntag war Flohmarkt in der Cala Llenya, ein wundervoller Markt, der viele tolle alte Sachen hatte und wo es immer Live Musik und deut- sche Bratwurst gab.

Kalotta hatte schon angerufen, ob sie mit dort hin wolle. Sie müsse zwar mit Minou noch Gassi gehen. „ Aber das können wir verbinden. Dort ist ein Strand, und da können wir mit dem Hund auch hin."

Oh ja. Darauf hatte Lila Lust. Sie saß gerade auf dem wundervollen Balkon mit Blick aufs Meer bei Sasa und schrieb ihre Morgenseiten und legte sich ihre Tageskarten. Das machte sie nun schon seit circa 4 Wochen, dass sie sich jeden Tag eine Tageskarte zog und schaute, was der Tag bringen würde. Sie zog die Nummer 33, den „ Schlüssel": „Alles, was sie heute anfangen, nimmt einen guten Ausgang. Sie ha- ben den Schlüssel in der Hand. Überlegen sie gut, welche Türen Sie aufschließen wollen. Sie haben alle Möglichkeiten. Wählen Sie gut", stand dort über den Schlüssel als Tageskarte. Na, das hörte sich doch spannend an.

Sie holte Kalotta aus ihrer hübschen kleinen Casita ab. Als sie auf die Terrasse kam, erinnerte sie sich noch gut an die Geburtstagsparty im Juli, als sie Tom kennen- und für eine Nacht- lieben gelernt hatte. Das war auch eine schöne Nacht gewesen, dachte Lila.

„ Hola guapa" begrüßte Kalotta Lila. Dann fuhren sie los zur Cala Llenya. Die Insel hatte wieder ihr strahlendstes Lächeln aufgelegt. Kein Wölkchen am Himmel und schon gegen Mittag 20 Grad. Ibiza war im Winter wirklich noch schöner als im Hochsommer,fand Lila. Diese Temperaturen hier waren mild und einladend und nicht so fordernd wie der Sommer mit seiner sengenden Hitze. „ Ach übrigens. Da kommt gleich noch ein Freund von mir. Reno. Der hat auch einen kleinen Hund, Sangrita. Und die Hunde können miteinander spielen", sagte Kalotta. „ Der wohnt nämlich in der Bucht und kommt eben runter an den Strand".

„ Una Cana", bestellte Kalotta sich ein Bier. Oh ja. Ein herrlich kaltes Bier war jetzt eine gute Idee. Lila orderte auch eines.

Als sie den ersten Schluck nahm, sah sie ganz hinten in der Bucht einen großen Mann mit einem winzigen Hündchen in ihre Richtung schlendern. „ Da kommt Reno", erkannte ihn Kalotta. „ Ach übrigens: Das ist auch so ein großer einsneunzig Schrank mit behaarter Männerbrust und Tattoo. Du stehst doch so auf diese Piratentypen", sagte Kalotta". „ Aber der ist vergeben, glücklich liiert seit 4 Monaten".

Als er näher kam, schaute sich Lila ihn allein wegen Kalottas Bemerkung etwas näher an. Er war wirklich sehr groß. Und massig, wirklich ein richtiger Schrank. Und dieses winzige Hündchen daneben, das sah schon putzig aus. So ein Riese mit so einem kleinen Hündchen. Und dann noch einer Hündin. Und obwohl er so ein Riese und das Hündchen so ein Zwerg war, wirkten die beiden wie ein Liebespaar. Das war bestimmt ein netter Typ, der sich so eine zarte Hündin ausgesucht hatte, dachte Lila so bei sich. Er trug eine runde John Lennon-Sonnenbrille. Und als er die kurz vom Gesicht nahm und sie mit seinen großen, schwarzbraunen Augen ansah und sie anlächelte, da fand Lila ihn schon anziehend. Er hatte einen 3-Tagebaart, seine leicht angegrauten Haare raspelkurz, fast Glatze, geschnitten und sah unglaublich kernig aus. Lila fiel es wie Schuppen von den Augen. „ Reno, der Name.. na klar: Reno sah original aus wie der französische Hollywoodschauspieler Jean Reno zu seinen besten Zeiten. Und das war nun zu 100% Lilas Typ. Aber es gab ja keine Zufälle. Wenn der Reno der Mann für Lila hätte sein sollen, dann wäre er ja jetzt nicht bis über beide Ohren in eine andere Frau verliebt gewesen.

„ Wie kommst du zu so einem kleinen Hund?" lächelte ihn Lila an. „ Das war Liebe auf den ersten Blick", antwortete er auf schönem bayerisch. „ Diese kleine quirlige Nudel kam damals im Hundezwinger sofort auf mich zu. Und seitdem sind wir ein unzertrennliches Paar." Wenn Reno lächelte, war er noch hübscher, fand Lila. Sie wischte diese Gedanken gleich wieder weg. Das passte nicht. Und das war in Ordnung. Die Hunde tobten richtig miteinander und hatten Spaß. Und diese milde Sonne an diesem schönen Platz mit den netten Leuten hier, das hatte wirklich was. Lila schloss für einen Moment die Augen. Ja, hier wollte sie wirklich leben. Hier war ihr Platz. Das spürte sie ganz deutlich.

Als sie auf den Flohmarkt hoch gingen, war das Treiben in vollem Gange. Eine Liveband spielte Tango, und man hatte den Eindruck, dass die Leute, die dort durch die second-hand-Zeilen schlenderten, es sehr genossen, mal nicht mit Tausenden Touristen zusammen zu sein.

Nachdem sie durch die Stände geschaut und sich sogar eine Stola in den buntesten Farben gekauft hatte, setzten sich alle auf eine Bierbank und lauschten den Klängen der Live-Band. Reno setzte sich neben sie. „ Und Reno? Bist Du glücklich? Verheiratet? Hast Du Kinder?" fragte Lila ihn mit einem auffordernden Lächeln im Gesicht. Nach zwei Bieren mittags um drei war Lila in forscher Stimmung und flirtete ein wenig mit ihm. Und wie hatte einst eine Arbeitskollegin beim Fernsehen mal gesagt. „ Ich bin zwar verheiratet, aber nicht tot". Genau! Sie war ja nicht mal mehr verheiratet. Und Appetit holen konnte man sich draußen, gegessen wurde zuhause. Das war doch nun wirklich altbekannt. Und ein bisschen flirten mit ihm würde der Beziehung schon keinen Abbruch tun.

„ Verheiratet war ich mal. Ist schon lange her. Glücklich bin ich sehr. Kinder habe ich keine. Aber was nicht ist, kann ja noch werden", lächelte er zurück. „ Na, der Anthony Quinn hat ja noch mit 72 ein Kind bekommen", antwortete Lila. Sie wusste, er war 48. das hatte Kalotta ihr gesagt. „ Dann hast Du ja noch 2 Jahre Zeit", lächelte sie ihn forsch an. Reno lachte herzerfrischend. Wenn Reno lachte, dann bleckte er richtig seine Zähne. Wie Burt Lancaster. Ja, der Reno hatte was. Er sprach auch noch bayerisch. Und war auf seine bayerische Art sehr charmant. Und sehr verwegen. Das war bestimmt ein Schlitzohr, dachte sich Lila. Der wusste, wie er wirkte. Ein Halunke. Einer von den Wilden, die jetzt ein wenig zahmer geworden waren. Ein Wolf, der früher die Rotkäppchen aufgefressen hatte, aber nun nicht mehr ganz so starken Hunger hatte. Schade.

Aber Reno war ja vergeben. „ Kannst du bitte kurz auf meinen Hund aufpassen? Ich besorg uns noch mal ein Bier", sagte Reno zu ihr und

Kalotta. Und wie sie da so saß und die kleine Sangrita- Hündin streichelte, kam Juut auf einmal um die Ecke und setzte sich gegenüber
von ihr auf die Bierbank. „ Hey Lila... nice to see you.. how are you,
darling", „ Hey Lila, schön Dich zu sehen... wie geht es Dir?", fragte er
sie und sah sie lange und schmachtend an. Komisch, fand Lila: Während sie Juut paar Tage vorher am Kaminfeuer noch recht anspre-
chend gefunden hatte, wirkte er auf sie jetzt fad und blass. Neben so
einem Riesen-Schrank wie Reno verschwand er förmlich im Nichts.

Da kam Reno schon mit drei eisgekühlten Bierdosen zurück. Mein
Gott, diese Insel machte Lila ganz huschig. Überall diese tollen Männer. Die Sonne, das Meer, die Musik. Das Bier. Sie genoss es einfach,
dort zu sitzen und die Sonne und die Flohmarktatmosphäre zu genießen. Und zwang sich, Reno einfach Reno sein zu lassen.

„ Sagt a mal, wollt ihr mit zu mir kommen? Du brauchst doch eh noch
für die Minou Fressnäpfe, die bei mir zuhause stehen. Und ich koch
dann was für uns? fragte Reno Kalotta. Und lächelte dabei Lila an. „
Das ist doch eine gute Idee. Dann können die Hunde sich so richtig
austoben und wir haben auch unseren Spaß", freute sich Kalotta. Lila
hatte natürlich auch Lust. Aber wie sollte sie so nicht an Reno denken,
wenn er schon die ganze Zeit nah an ihrer Seite saß und jetzt auch
noch für sie kochte?

Er wohnte nur wenige Meter entfernt in einer richtigen Luxus-Villa. „ Ich
pass hier nur ein wenig auf", sagte er. Er schaute ihr lang und tief in die
Augen. Da war was zwischen ihnen. Lila hätte wetten können. Und
eine Anziehung zwischen Mann und Frau kann auch auf dieser Ebene,
wo absolut nichts passiert, schon sehr schön sein, dachte Lila so bei

sich. „ Spatzl, was magst du denn trinken", fragte er. Sofort hatte Reno eisgekühltes Bier da und gab es den beiden Frauen.

Er kochte Spaghetti mit Speck-Oliven-Rotwein-Tomatensauce. Auch das noch. Ein Mann, der gut kochen kann. Aber das war bei einem Stier-Sternzeichen auch kein Wunder. Das hatte Lila schon in Erfahrung gebracht. Er war Stier. Und seine Freundin Skorpion, Aszendent Widder. Ach du meinte Güte, hatte Lila innerlich gedacht bei sich, als sie diese Mischung hörte. Was hat er sich denn da ins Haus geholt? Aber starke Männer konnten starke Frauen ja händeln. Trotzdem: Irgendwie wirkte dieser große Mann mit seinen einsneunzig und dem breiten Kreuz und den großen Füßen wie ein sanfter Bär, der seine Streicheleinheiten und Zärtlichkeiten braucht, ehe er wieder zum Halunken wird.

Das Essen schmeckte vorzüglich, das Bier und schließlich der Wein auch. Und ehe sie sich versahen, war es schon kurz vor Mitternacht.

Lila war mittlerweile richtig angeschwipst und flirtete unverhohlen mit Reno.

„ Lila, lass das. Der Reno ist in guten Händen. Mach nichts kaputt, was heil ist", ermahnte sie Kalotta. Reno lächelte zurück, erwiderte ihre Blicke und sagte nichts dazu. Und als Kalotta kurz auf Toilette verschwand, sah er sie richtig fordernd an. Diesen Blick kannte Lila. Wenn Männer sie so anschauten, dann war das quasi schon die Aufforderung zum Vorspiel. Lila stand einfach auf und ging zu Reno rüber, der sich mittlerweile auf das Sofa neben den Tisch gesetzt hatte. Sie baggerte ihn an. Richtig forsch. „ Ich wollte nur mal sehen, wie Deine Augen von Nahem aussehen", sagte Lila und beugte sich rüber zu ihm. Sie sah ihm wirklich nur in die Augen, allerdings berührten sich dabei kurz ihre

Nasen, so dicht kam Lila an ihn heran. Er umfasste dabei für einen kurzen Moment ihre Hüften. Sie konnte ihn riechen. Er roch gut. Markant. Männlich.

„ Lila!", kam die ermahnende Stimme von Kalotta im Hintergrund. „ Jetzt ist aber gut." Reno lächelte Kalotta an wie ein Lausbub, der bei einem Streich erwischt worden war, und Lila setzte sich wieder auf ihren Stuhl.

„ Wenn ich nicht wirklich so sicher wäre. Wenn ich nicht wirklich so verliebt wäre, und wenn ich nicht wirklich so glücklich mit meiner Freundin wäre: Die Lila, die Lila, die könnt mich schon auch wirklich interessieren", sagte Reno und lächelte sie dabei an. Er hatte wirklich was. Diese Tiefe im Blick, dieses Halodri-Lächeln und die Mischung aus harter Kerl und sanfter Mann. Es war wirklich schade. Er hätte es sein können. In ihn hätte sie sich wirklich verlieben können. Er war dieser Typ Pirat, dieser Rotkäppchen- Aufesser, aber Nein, nein. nein. Er war es wohl doch nicht.

Lila lächelte zurück. „ Reno. Ich wünsch Dir alles Glück dieser Welt und hoffe, du hast es jetzt bereits gefunden. Aber: Falls sich irgendwas an Deiner Situation ändern sollte, falls irgendwas doch anders wird .. Pleeeeeaaaaaaaase call me". Er schaute ihr tief in die Augen. Und dieses Mal lächelte er nicht.

Kalotta war mittlerweile richtig betrunken und hatte ihren Job als „ Aufpasserin" nicht mehr richtig im Griff. Es war spät.

Und auch wenn Lila eigentlich nicht mehr fahren konnte, sie wollte an diesem Abend ganz sicher nicht hier übernachten. Drei Meter weiter auf dem Sofa neben diesem heißen Typen schlafen, das hätte sie in ihrer Verfassung wohl schwerlich ertragen. Das war keine gute Idee.

Als sie sich verabschiedeten, umarmten sich Lila und Reno und er drückte sie kurz und intensiv an sich.

Und so fuhr sie auf kleinen Schleichwegen ins wunderschöne Appartment am Meer. Doch an diesem Abend bekam sie das Wellenrauschen gar nicht mehr mit. Das Bier und der Wein waren die perfekte Einschlafhilfe. So also war die Wirkung des Schlüssels: Der Schlüssel in der Hand... ganz schöne Verantwortung, dachte Lila noch, bevor sie in einen tiefen Schlaf fiel, aus dem sie kein Schlüssel dieser Erde hätte herausbringen können.

28. Juli, Ibiza:

Lila schlief bis um 10 Uhr. Und hatte einen Schädel, als sie aufwachte. Schade, dachte sie so bei sich. Reno war wirklich ihr Typ. Und sie wohl auch seiner. Und er passte total auf die Beschreibung ihrer Hexe Riana: Der Schrank, der wichtig für ihr Leben werden würde, wenn auch nicht als ihr Lebenspartner...Aber es durfte und sollte nicht sein. Es war o.k. Und sowieso war Lila sich gar nicht sicher, ob SIE überhaupt jemals wieder und schon gar nicht jetzt eine richtige Beziehung wollte. Und schon überhaupt gar nicht mit einem Typen, der eine Luxus-Villa bewachte, einen Handwerker ohne Geld! Eigentlich liebte sie gerade ihre Freiheit und wollte nur ab und an mal einen Mann an ihrer Seite. Aber Reno gefiel ihr. Da gab es keine zwei Meinungen.

Sie schrieb ihre Morgenseiten draußen auf der Terrasse. Die Sonne lächelte sie an. Und befragte die Karten. „ War es das mit Reno und mir? Soll es nicht sein?"

Sie legte den Reiter, die Lilien und das Herz. Und wenn sie es recht verstand, bedeutete das, dass sich in Sex-und Liebesdingen ganz schnell was in Bewegung kommt und zwar etwas Positives in ihrem Sinne.

„ Aha", sinnierte Lila über den Sinn der Karten.

Da kam eine sms. „ Hola Chica, bist Du schon wach? Lust auf einen schönen Kaffee bei mir? Und spazieren gehen mit dem Hund?", schrieb Kalotta..

„ Ich komme", antwortete Lila. „ Und bringe Croissants mit." Das war gut. Bisschen spazieren gehen am Strand, da konnte sie wieder ihre Gedanken durchpusten.

„ Na, dann schauen wir doch mal, was der Tag mir so bringt."Der Reiter konnte natürlich auch ein anderer Mann sein, den sie kennenlernte. Nur hatte Lila die Frage ja ganz konkret um Reno gestellt.

Als sie bei Kalotta ankam, saß diese schon Bier trinkend auf der Terrasse mit einer Freundin.

Lila winkte ab. Sie hatte noch einen Schädel von gestern und wollte heute klar sein und schon gar nicht vor sieben Uhr abends Alkohol trinken.

„ Hallo meine Süße, schön, dass Du da bist", sagte Kalotta. „ Reno hat auch schon angerufen und will nachher mit uns und den Hunden spazieren gehen".

Oh nein, dachte Lila.In seiner Nähe kann ich für nichts garantieren.

Da bin ich ja mal gespannt, was die Karten mir damit sagen wollen. Aber ihn so schnell wieder treffen... Hiiiiiiilfe!

Lila freute und fürchtete sich zugleich.

Und wie alles auf Ibiza verschob sich ‚natürlich auch das Spazierengehen mit Reno.

Abends um sieben Uhr trafen sie sich dann und gingen danach wieder in die Villa. Kalotta hatte den ganzen Tag über Bier getrunken und lallte bereits, als sie ankamen. Lila ging in die Küche, um sich ein Glas Wasser einzuschenken, da kam Reno auch hinein. Er holte direkt über ihr aus dem Wandschrank ein Glas für sie heraus und küsste ihr dabei aufs Ohr. „ Reno, lass das.", sagte Lila mit wenig überzeugender Stimme. „ Heute musst Du aufpassen, ich kann das heute nicht", flüsterte er ihr ins Ohr.

Ganz kurz schloss Lila die Augen. Hmmm. Er roch gut. Auch das noch. Und jetzt? Lila war hin und her gerissen. Einerseits kannte sie seine Freundin noch nicht einmal. Was interessierte sie also diese Frau? Andererseits wollte sie absolut nichts zerstören, was gut war. Einglück war ja Kalotta dabei, dachte sich Lila. Aber Kalotta war am Wegdösen schon abends um acht. Die Biere in der Sonne ab mittags hatten ihre Wirkung getan. Kalotta schlief den glücklichen Schlaf einer Betrunkenen.

Es kam eine Reportage über Patty Smith im Fernsehen. Und während Kalotta döste und sie der Dokumentation lauschten, streichelten sich Lila und Reno über ihre Knie und sahen sich dabei in die Augen. Mehr nicht. Aber das reichte schon, um Lilas Herz fast zum Stillstand zu bringen. Am liebsten wäre sie sofort über ihn her gefallen. Aber eine Instanz in ihr verbot es.

„ Ich fahr jetzt mal", sagte Lila. Reno sagte nichts. Ihm ging es vermutlich genauso wie ihr.

Sie weckte Kalotta. „ Komm guapa, ab nach Hause". Kalotta umarmte Reno und torkelte leicht zum Auto. Und als Lila zu ihm ging, umarmte er sie richtig intensiv mit seinen großen Armen.Und dann gab sie sich doch einen Ruck: „ Wollen wir uns vielleicht noch einmal sehen, bevor ich wieder fahre?", fragte Lila. Er nickte. „ Ja", sagte Reno. „Sehr gerne." Diesmal lächelte er nicht. Und diesmal war eine besondere Tiefe in seinen Augen.

Am letzten Abend, bevor sie abflog, da wollten sie sich treffen. Mit ganz vielen anderen in dem Laden mit der Live-Musik. Damit alles im Rahmen bleibt, das verabredeten sie an der Tür.

In dieser Nacht träumte Lila. Viel und erotisch. Von Reno.Es waren heiße Träume. Er liebte sie von hinten auf dem Esstisch in der Villa.

Und als Lila am nächsten Morgen aufwachte, war sie fast ein wenig beschämt. Und auch ein wenig traurig. Aber sie brauchte ja keinem zu erzählen, was sie geträumt hatte. Die Gedanken sind frei, und das galt ja wohl erst recht für einen Traum.

31. Januar, Ibiza:

Was Reno wohl dachte, fragte sich Lila. Er war gllücklich liiert. Und wollte diesen Schlüssel zur größten Schatztruhe seines Lebens auch nicht mehr aus der Hand geben. Das hatte er ihr mehrfach gesagt. Und sie konnte das verstehen. Das wollte sie auch auf keinen Fall zerstören. Und dennoch: Es war eine Anziehungskraft zwischen ihnen. Seine Freundin hatte ihm 3 Mails an diesem Abend geschrieben, als sie nebeneinander saßen und sich – zumindest auf mentaler Ebene- näher gekommen waren. Frauen ahnten so was, die spürten, wenn Männer auf Abwegen waren.

Er war es nun mal einfach nicht! Punkt. Aus. Basta.

Da gab es kein Wenn und kein Aber. Und auch keine Tagträumereien.

Das brachte Lila nicht weiter.

Und wer weiß, wie Lila fühlen würde, wenn er zu haben wäre. Sie hatte keine Ahnung. Sie stand nicht auf Handwerker, auf Männer, die mit knapp 50 Jahren immer noch für andere „ dienten". Nur schade, dass der Mann, der Lila außer Mario nach 4 Jahren Trennung von Wolf das erste Mal ein wenig ihr Herz höher schlagen ließ, nicht für sie bestimmt war. Was hatte das Universum bloß mit ihr vor? Wie sah ihr Plan hier auf Erden aus? Welche Mission hatte sie zu erfüllen? Lila konnte es in diesen Tagen nicht sagen. Denn auch jetzt war es scheinbar nicht das Richtige, war ER scheinbar nicht der Richtige für sie. Und ER war vielleicht der Riesenschrank, den Riana ihr vorausgesagt hatte, nur dass Riana schon damals vorausgesagt hatte, dass ihr dieser Riesenschrank nur dienlich sei, um ihren Weg zu finden.

Am letzten Abend auf Ibiza wollte sie ihn abends zumindest noch einmal kurz sehen, mit allen anderen als Aufpasser drumherum. Komisch, was so Gefühle mit einem machten, dachte Lila. Allein nur das Nebeneinander sitzen neben sich 2 begehrenden Menschen hatte schon was Sinnliches. Sie wollte ihn zumindest noch einmal kurz „ einatmen", seinen Geruch riechen und vielleicht seine Hand kurz nehmen und ihn so zumindest ein wenig berühren.

„ Kommst du vorher zu mir und holst mich ab?", hatte Kalotta sie gefragt. Und Lila war schon um sieben Uhr abends mit einer Flasche Wein unter dem Arm zu ihr gefahren. Kalotta hatte den Kaminofen angemacht, schöne Musik spielte im Hintergrund. Sie unterhielten sich, und es wurde später und später. Um 22 Uhr meldete sich Reno. „ Du

Lila, der Reno ist kaputt. Er möchte heute Abend nicht mehr ausgehen. Er meinte, wir könnten doch kommen. Ich habe abgewinkt und er hat Dir ausrichten lassen, dass wenn Du möchtest, dann sollst Du doch eben auf einen Wein noch bei ihm vorbeifahren."

Kalotta sah Lila tief in die Augen. Aber es war nichts Verurteilendes in ihrem Blick. „ Ich weiß nicht", sagte Lila. Sie rang innerlich mit sich. Was sollte sie tun? Ihr Herz schrie regelrecht Ja., Aber ... Sie strich das Aber weg. Er wollte sie auch sehen. Es würde nur eine Nacht, wenn überhaupt werden. Sie würde ihm nicht gefährlich werden. Sie würde keine Ansprüche stellen. Es kam ihr eher auf die Berührung , auf den Sex mit diesem Mann an.

Sie umarmte Kalotta und versprach, dass sie sie morgen vor dem Abflug abends um 6 Uhr noch sehen würden. „ Einen schönen Abend", wünschte Kalotta und lächelte leicht.

Im Dunkeln nachts um elf Uhr bei kalten Graden machte sich Lila auf,um Reno zu besuchen.

Sie verfuhr sich nur ein Mal, und das auf einer ihr nahezu fremden Insel.

Und dann stand sie vor seiner Tür. Ihr Herz klopfte so laut, dass sie gar nichts anderes wahrnahm. Und für eine kurze Sekunde war sie drauf und dran, umzudrehen und in die Nacht zu entschwinden. Da bellte Sangrita innen.

Die Schiebetür ging auf und Reno stand vor ihr.

„ Hola guapa", lächelte er sie an.

Er hatte fast was Schüchternes im Blick. Er umarmte sie kurz.

„ Was darf ich Dir zu trinken bringen?", fragte er mit seiner tiefen, aber weichen Stimme und seinem bayerischen Akzent.

„ Ein Glas Weißwein", antwortete Lila.

Sie setzten sich aufs Sofa. Er sah sie lang und fordernd an und nahm ihr das Glas aus der Hand und stellte es auf den Tisch. Und dann küssten sie sich .Lang und tief und saftig. Sie hörte sich selbst nur noch flüstern, wie sehr sie sich nach ihm gesehnt habe, und er erwiderte „ Ich auch. Ich habe alle Nächte von Dir geträumt".. und dann versanken sie in den Rausch der Liebe. Er wusste, was er tat. Er war erfahren, sinnlich, stark und direkt. Er stöhnte und sah sie an. Er verwöhnte sie mit seinen Händen und seiner Zunge und wanderte von der Haarspitze bis zu den Zehen damit an ihrem Körper herunter. Es war wie ein Tanz. Wie ein leidenschaftlicher Tanz, den die beiden miteiander tanzten. Es war leicht und sinnlich und hocherotisch. „ Ich habe geträumt, dass Du mich dort auf dem Tisch von hinten nimmst", verriet ihm Lila. „ Na, wenn Du das geträumt hast, dann hat das wohl seinen Sinn," liebkoste er küssend ihre Brüste. Als Lila aufstand, nur noch mit ihrem Babydoll und ihren schwarzen Stiefeln bekleidet, und sich auf den Tisch legte, spürte sie seine großen Hände, die sich fordernd um ihre Hüften legten. Als er sie von hinten auf dem Esstisch nahm, schloss Lila die Augen und und war unendlich dankbar, dass das hier noch viiel schöner als ihr Traum war.

Es war wundervoller Sex. Heiß und zart, fordernd und zärtlich, wild und anschmiegsam. Er roch gut, er sah gut aus. Und er war so unendlich männlich. Und ausdauernd. Es war das erste Mal, dass Lila in ihrem Leben Ermüdungserscheinungen hatte. Sie konnte nicht mehr. Nach fast 4 Stunden Dauersex konnte sie nicht mehr.

„ Sieh es als Polterabend. Da lassen es viele noch einmal krachen, bevor sie in den treuen Hafen der Ehe einbiegen", flüsterte sie Reno

nach 4 Stunden Liebesrausch ins Ohr. Sie merkte, wie er sich ent-
spannte.

„ Bleib heute Nacht hier", sagte er ihr. Sie willigte ein. Als er seine rie-
sengroßen Arme morgens um halb vier fest um sie schlang, da hatte
Lila für einen kurzen Moment das Gefühl, sie habe den Himmel auf
Erden gefunden.

Es war viel zu schön um wahr zu sein. Aber dieses Mal, dieses eine
Mal, war es wirklich wahr.

Doch es durfte nur ein Moment sein. Diese kurze Begegnung war ihr
Geschenk. Und so konnte sie es nehmen.

Lila schlief glücklich ein und dankte dem Universum für diese wundervolle Nacht.

25. Januar, Ibiza/ Berlin:

Lila wachte sprachlos auf. Kein Wort kam aus diesem Mund. Hatte das
jetzt zu bedeuten, dass sie diese Nacht für sich behalten (musste) sollte? Oder dass sie diese Insel und vor allem dieser Mann sprachlos
machten?

Sie wusste es nicht.

Reno ging es wunderbar. Lila war schon um 9 Uhr in Sasas Appartment zurückgefahren, hatte Croissants eingekauft, hatte ihre Morgenseiten geschrieben und ihre Karten gelegt. Und war dann zu Kalotta
gefahren.

Sie war noch nicht ganz da, da fuhr Reno auf den Hof . „ Ich hab einen
Bärenhunger. Wollen wir nicht alle zusammen frühstücken?" Er kam
auf sie zu mit Riesenschritten und umarmte und drückte sie ganz fest

und gab ihr mit der größten Selbstverständlichkeit einen Kuss mitten auf den Mund.

Stiere waren toll. Für alle Genüsse zu haben. Gutes Essen, gutes Trinken, guter Sex..

„ Hey, Spatzl.. Red doch nit so viel. Hier kommt ja kein anderer zu Wort", zog er sie auf. Und bleckte dabei seine Zähne. Lila lächelte zurück. Aber

auch innerlich war ihr stumm zumute. In wenigen Stunden würde das hier alles vorbei sein. Sie hatte weder eine Bleibe noch eine neue Liebe gefunden. Lila hatte sich fest vorgenommen, wenn sie in Deutschland war, würde sie sich auf Hochtouren darum kümmern, ihren Umzug nach Ibiza voranzutreiben und für sich klar zu machen, was sie eigentlich wirklich in ihrem Leben wollte.

Der Tag hier auf Ibiza sollte einfach nur noch ein schöner Abschluss werden. Das wünschte sie sich. Und da gehörte natürlich auch Reno dazu. Der Tag wurde noch wundervoll. Sie gingen noch einmal an einem anderen Strand spazieren, der Cala Nova. War der schön im Winter. Lila hatte ihn im Sommer zur Hochsaison erlebt. Und selbst da war dieser Beach schon ein wirkliches Highlight. Aber jetzt, wo er da so friedlich vor sich hin lag, war er noch viel schöner.

Sie machten zu Dritt ein Foto. Reno natürlich in der Mitte.

Und das und ihre gesammelten Erfahrungen nahm Lila mit nach Deutschland.

01.Februar 23:30 Uhr, Berlin:

Als sie kurz vor Mitternacht landete, war es eisig kalt und verschneit. Wolf holte sie mit Isa und Leif zusammen ab. Alle lachten, denn Lila konnte immer noch kein Wort sagen. Aber das war auch gut so. Denn sonst hätte sie sich gleich wieder mit Wolf gestritten.

„ Sag mal, willst Du jetzt etwa auf Ibiza leben? Du bist ja die letzten Male nur noch dort gewesen und nicht auf Mallorca?, fragte sie Wolf. Sie flüsterte ihm zu, dass sie in der Tat lieber jetzt nach Ibiza wollen würde. „ Ich brauche Dir nicht zu sagen, dass das Gericht eindeutig nur Mallorca erlaubt hat. Alles andere ist wieder neu verhandelbar", grinste Wolf sie an. Er fühlte sich schon wieder wie die Made im Speck. Sie hasste das. Sie rollte mit den Augen und sprach so laut sie konnte. „ Ich geh nach Ibiza, ob Du willst oder nicht. Und wenn Dir das nicht passt, dann bleiben halt beide Kinder erst einmal bei Dir. Wir müssen eh reden. Lass uns einen Termin vereinbaren. Aber bitte nicht morgen und auch nicht übermorgen. Ich brauch dazu wieder meine Stimme." Sie sah, wie erschrocken Wolf sie anblickte. Damit hatte er nicht gerechnet.

Und jetzt würde er erst einmal ein paar Tage haben, um sich eine neue Strategie zu überlegen.

Als sie nach oben in die Wohnung kam, lag dort ein Brief vom Gutsbesitzer: Es war die fristlose Kündigung mit einer Option: Entweder sie verlängerte auf Mitte August oder sie musste mit den Kindern Ende Februar raus sein. In 4 Wochen, Mitten im Winter.

Dieser Mistkerl, dachte sich Lila. Aber sie hatte eh auf Ibiza nichts gefunden. Die Häuser, die eventuell zu haben waren, würden sowieso alle erst im Sommer frei werden. Vielleicht war das gar nicht so schlecht, noch so lange zu verlängern. Darüber würde sie sich später Gedanken machen.

Sie schmuste und knuddelte ihre Kinder. „ Schön, dass Du wieder da bist, Mama", sagte Leif. „ Kannst Du nicht ganz hier bleiben? Ich möchte wirklich nicht hier weg." Wir reden in ein paar Tagen, wenn ich wieder eine Stimme habe, ja mein Schatz? flüsterte Lila ihm ins Ohr. Eng umschlungen schliefen sie ein.

20. Kapitel

18. Februar, Berlin, 10 Uhr:

Es war – wie seit nunmehr 4 Monaten- wieder ein eisiger, grauer, kalter Morgen. Lila machte ihren Computer an und ging auf facebook.
Da blubbte es auf. Wie damals, als Mario ihr immer geschrieben hatte. Dieses Blubben von facebook, das machte sie ganz nervös. Es hatte für sie vor einem halben Jahr das Glück auf Erden bedeutet...
Sie sah nach. Es war Reno. Ihr blieb fast das Herz stehen. Sie las:

Reno:

- *Hola Guappa*
  Hoffe bei Dir alles geschmeidig
  Hier alles gut
  Beso

Sie setzte sich hin und antwortete:

Lila:

- *Hi starker Mann,*

Reno:

Was geht?

Lila:

- *ja, hier ist alles o.k... hat zwar heute Nacht sehr geschneit und ist seit Tagen grau in grau, aber „ winter wonderland".*
- *vermisse Ibiza.*
- *Wie sieht`s bei Dir aus? Alles Chic?*

Reno:

- *Alles geschmeidig*

Lila:

- *Na, das hätte ich anders auch nicht erwartet..*

Reno:

- *Leichte Verspannung und Verhärtung im Unterleib, sonst alles zart*

Lila dachte, sie liest nicht richtig: Leichte Verspannung und Verhärtung im Unterleib, sonst alles zart? Das gab es doch nicht. Er war heiß auf sie. Aber wie schön, wenn auch sie ihm in Erinnerung geblieben war als etwas, was er hätte gerne wiederholen wollen, wenn nicht seine Freundin da wäre.Vermutlich saß er gerade am Strand irgendwo in der Sonne und hatte Langeweile. Aber was war denn mit seiner Freundin?

Lila:

- *Verspannung im Unterleib?Da musst Du Dich pflegen lassen.*
- *Aber Du bist da ja in allerbesten Händen, nicht wahr?*

Reno:

- *Bin grad mal wieder Strohwitwer, aber ich weiß mir zu helfen*

Lila:

- *Gut, dass ich 1700 Kilometer weg bin, kann ich da nur sagen. Wie hilfst Du Dir denn?*

Reno:

- *2 gesunde Hände und anregendes Kopfkino*
- *z. Bsp. Heiße saftige geile Frau nur in schwarzen Stiefeln beugt sich über den Tisch und streckt mir ihre gierigen Lustspalten entgegen*

Lila verschlug es den Atem: Er konnte auch schreiben. Zwar ganz anders als Mario, aber ebenso intensiv. Und heiß. Lustspalten, was für ein erotisches, tolles Wort, dachte Lila. Das hatte sie noch nie gehört. Sie spürte richtig, wie sich auch in ihren Lenden was regte. Oh ja, sie konnte sich daran erinnern. Gerade an die Liebesszene auf dem Esstisch.

Lila:

- *Und wie gern sie das getan hat, dieses Weib. War eine tolle Nacht. Das Weib war richtig sprachlos danach. Ach: und schön zu hören, dass Deine Hände gesund sind..*

Sie musste das Chatten abbrechen. Sie hatte eine Riesen-Liste und Termine. Er wollte sich abends noch mal melden. Wow. Reno hatte sich gemeldet. Er war immer noch heiß auf sie. Und er konnte schreiben, heiß und sinnlich. Das war doch schon viiiel mehr, als sie sich hatte noch vor ein paar Tagen erträumen lassen.

Und auch, wenn er vom Schreiben und von ihren inneren Gefühlen nicht im Ansatz an das herankam, was sie für Mario Anthony empfunden hatte, so war sie doch glücklich, dass überhaupt ihr Herz wieder höher schlug, dass sie zurück war in der Arena des Lebens.

Und dass dafür ein Mann gesorgt hatte, der auf Ibiza lebte. Vielleicht war Reno ja doch dieser Schrank, der zwar nicht ihr Lebenspartner, aber trotzdem für ihr Leben wichtig war? Schließlich schwankte die Ibiza-Entscheidung oder besser, verschob sich von Tag zu Tag. Leif wollte nicht mehr mit. Und in einer schwachen Minuten vor ein paar Wochen hatte ihr großes Mutterherz nachgegeben und entschieden, dass es für einen 9-jährigen Jungen vielleicht auch mal ganz gut war, wenn er bei seinem Vater lebte. Und dass es für eine 14-jährige Tochter vielleicht auch mal ganz gut war, ihre Mutter mal ganz allein für sich zu haben. Und dass sie deshalb erst einmal- nur für den Anfang- mit Isa allein rüber ziehen würde. Leif würde dann hoffentlich nachkommen. Und damit zögerte sie den Umzug hinaus, jetzt schon seit Wochen: Sie hatte das Angebot angenommen und hatte jetzt bis Mitte August verlängert. Und dann wollte sie los: allein mit Isa, erst einmal. Das redete sie sich wenigstens ein. Und bis dahin würde sie dort ein Häuschen oder ein Appartment gefunden haben und es würde sich schon alles fügen. Was war es noch lange bis dort hin. Bis dort hin floss noch viel Wasser durch die Spree und durchs Mittelmeer. We`ll see, musste sie gerade an die Bermerkung denken, die Mario Anthony immer gemacht hatte, wenn es darum ging, ob sie süchtig nach seinem Geruch sein würde.

Ach ja: Mario Anthony: Der hatte sie eindeutig wach geküsst. Er hatte sie spüren lassen, dass sie eine immer noch sehr begehrenswerte

Frau war, und er hatte sie dazu animiert, sich zu trauen, auch sexuell neue und wildere Pfade einzuschlagen.

Juni/ Juli Berlin:

Die kommenden Wochen fiel Lila in ein tiefes, selbst gebuddeltes emotionales Loch. Das mit Reno war wieder eingeschlafen und hatte sich wieder erneut entfacht: Seit Mai war er von seiner Freundin getrennt, und als Lila Ende Mai nach Ibiza geflogen war, um dort erneut ein Haus zu suchen, hatten sie sich getroffen und auch miteinander geschlafen. Kalotta war ab diesem Moment richtig komisch geworden. Sie wollte permanent was mit ihnen zusammen machen und war, sowie sie etwas Alkohol intus hatte –was ab morgens um 10 meist der Fall war– richtig zickig und gemein zu Lila. Wenn Kalotta Lila nicht mehrfach mit Indianerehrenwort beteuert hätte, dass Reno nur ein Freund für sie sei, so hätte sie gedacht, dass Kalotta auch was von ihm wollte. Aber wollte SIE –Lila- überhaupt was von ihm? Gut: Der Sex mit ihm war phänomenal, er von der Optik schon ihr Typ, aber, wie sich über die Wochen immer mehr herausstellte: Lila brauchte auch intellektuell Futter, und da war sie sich nicht sicher, ob Reno ihr das geben konnte. Das Chatten mit ihm war schon deutlich platter und längst nicht so poetisch wie mit Mario. Und überhaupt: Wollte sie eine Beziehung? Wollte sie wieder Alltag mit einem Mann? Über die Wochen, die sie Reno kannte, war er auch schon das ein oder andere Mal sehr bequem, lag stundenlang vor dem Fernseher, trank Bier, und machte den Fernseher auch nicht aus, wenn sie sich liebten. Was hatte sie sich auch auf so eine

Baustelle eingelassen? Was hatte sie sich denn gedacht? Den Pretty-Woman-Effekt? Dass er trotz widrigster Umstände mit seiner dicken, teuren Limousine vor ihrer Wohnung stünde und sie rettete und bis an ihr Lebensende ein vollendeter Gentleman mit den besten Manieren und heißestem Sex war?

Sie war jetzt 49 Jahre alt und scheinbar immer noch kein bisschen weise. Erst kürzlich hatte ihr Wolf den Titelsong von „ La boume" mit Sophie Marceau auf Gitarre vorgespielt mit der Bemerkung, dass das jetzt wohl ihre Wahrnehmung der Realität war: „ Dreams are my reality", hatte er gespielt. Und sie hatte über seinen Humor lachen müssen. Vermutlich war sie wirklich eine Träumerin, die jeglichen Sinn für die Realität verloren hatte. Optimismus hin oder her. Vermutlich hatten die ganzen Miesmacher dieser Welt ja doch recht, sich ordentlich abzusichern, damit die Blessuren einem nicht den Garaus machten. Damit einem nicht ein Mario Anthony ein Herz raus riss, und wenn ihm das nicht gelang, dann halt ein anderer, damit man sich mit seinen Träumen ja nicht zu weit aus dem Fenster hing, damit man „ auf dem Teppich blieb".

Sie hatte die letzten Tage gar nichts mehr von Reno gehört, auch nicht mehr von Kalotta. Sie hatte immer noch nichts zum Wohnen auf der Insel. Leif, ihr Sohn, schien richtig glücklich zu sein mit der Entscheidung, bei seinem Vater zu bleiben. Und Isa schien auch zu schwanken und hatte sich gerade in einen Potsdamer Jüngling verliebt. Und Berlin zeigte sich von der schönsten Seite.

Ganz langsam begriff Lila, dass das alles hier offensichtlich eine Prüfungsphase war, um sie stark zu machen für ihren eigenen Weg, damit sie wusste, dass sie im Leben nichts so schnell umhauen würde. Ein

Jahr war es nun her, dass Mario Anthony in ihr Leben getreten war und damit ein neuer Lebensabschnitt für sie begonnen hatte. Und jetzt sollte sich schon wieder alles wenden? Jetzt sollte es noch einmal eine Korrektur geben auf ihrem Lebensweg: Das Navi NICHT auf ihren „one and only" eingestellt, ihr Lebensweg vielleicht der einer total freien Frau, völlig ungebunden oder völlig frei in der Bindung? Und wenn sie ganz tief in sich hineinspürte, dann wusste sie, dass sie noch überhaupt nicht bereit war, sich wieder ganz einzulassen und dass sie gar nicht mehr wusste, ob sie es überhaupt noch einmal wollte. Sie wollte endlich ganz sie selbst sein, total aufgehen in der Freiheit.... in der Freiheit zu leben und zu lieben, was, wann und wen auch immer... Und was gab es für verschiedene Lebensmodelle und verschiedene Typen von Männern, die ihr allesamt gefielen...Aber wer war sie denn überhaupt? Lila merkte, dass wirklich alles seinen Sinn hatte und dass auch diese Phase des monatelangem „ Mit beiden Beinen fest in der Luft-Status" offensichtlich ihren Sinn hatte... Da sollte noch was anderes kommen... doch was???

Ihre 53-jährige Freundin Susanne aus dem Hexenclub mit den Swingercluberfahrungen und ihren 500 Männern in den letzten Jahren überredete sie. „ Lila. Sei nicht so traurig. Komm doch mit in den Swinger-Club und lenke Dich ab. Auf Dich stehen die Typen doch. Du musst doch hier nicht sitzen und versauern." Lila hatte zwar Peter noch ein paar Mal zwischendurch getroffen. Aber irgendwie war auch hier die Luft raus. Peter war glücklich mit Maria. Und so sollte es auch bleiben. Was war bloß mit ihr los? Sie war ein Vollweib. Sie liebte Sex und wollte keine einengende Beziehung. Sie musste einfach bei sich bleiben und nicht immer so zweifeln. Was wollte sie eigentlich wirklich? Was? Lila hatte seit der Mario-Geschichte an ihrer Freiheit gerochen, auch an ihrer sexuellen Freiheit. Was hatte Mae West mal gesagt? „ Wenn ich mich zwischen 2 Sünden entscheiden muss, nehm ich immer die, die ich noch nicht kenne." Genau, dachte Lila sich. Das mach ich. Eine Swingercluberfahrung durfte in ihrem Repertoire eigentlich nicht fehlen. Und die kannte sie noch nicht. Also nichts wie rein in den Sünden-pfuhl...

„ O.k., Susanne. Ich komme mit. Ich schau mir mal einen Club von innen an. Aber ich möchte entscheiden.Wenn es mir nicht gefällt, möchte ich nichts machen, ja?".

„ Ja klar. Das ist ganz selbstverständlich. Es gibt sogar gar nicht so wenige, die, wenn überhaupt, nur mit ihrem Partner sexuell verkehren. Auch im Swinger-Club,"sagte Susanne.

O.k. Lila packte die Neugier. Und auf andere Gedanken kommen war gar nicht so schlecht. Das war eigentlich das Schlimmste in dieser Zeit, fand Lila: Dass sie ständig ihren Gedanken nachhing. Warum ging sie nicht einfach in Annahme und ließ mal die Zukunft auf sich zukommen? Sie wusste doch, dass sie geführt wurde und dass das hier alles dazu da war, ihren Weg zu gehen. Und wenn Reno auf ihrem Lebensweg einen Platz hatte, dann würde er ihn schon finden. Und wenn nicht, dann wartete noch was oder noch wer Besseres um die Ecke. Aber vielleicht gehörte da ja auch eine Swinger-Club-Erfahrung zu?

Sie setzte sich ins Auto, fuhr in den teuersten Erotikladen Berlins und kaufte sich für 300 Euro eine unglaublich sexy- Lack-Leder-Corsage. Dazu einen roten BH und einen String-Tanga. Und 12 Zentimeter hohe Pumps. So würde sie in den Club gehen. Aber würde es ihr gefallen?

Sie fuhren in ein Erotik-Loft. Lila hatte sich entgegen dem üblichen Procedere, sich direkt vor Ort im Swingerclub in scharfe Sachen zu werfen, schon zuhause so angezogen und lediglich ein Kleid dadrüber gezogen. Sie wollte bereits erotisch und verhüllt dort ankommen. Die Corsage nahm ihr fast die Luft zum Atmen, als sie ins Auto stieg. Der Mann von Susanne kam mit. Und der Geliebte von Susanne, den sie nun schon seit 5 Jahren hatte,auch. Komische Nummer alles, dachte sich Lila. Aber ihre Neugier war geweckt. Es war eine ganz unscheinbare Tür von draußen, aber als sie rein kamen, sah es sehr edel und sehr verrucht aus. Der Club versprach an diesem Abend Herrenüberschuss. Die Überschrift der ausgewiesenen Sex-Party war „Nudelsalat". Lila war für einen kurzen Moment dabei sich zu schämen. Aber nun war sie schon einmal da. Nudelsalat. Du meine Güte! Aber sie wollte nur mal schauen und konnte alles und nichts tun an ihrem Abend. Sie war die Chefin. Der Club war edel und dunkel und irgendwie toll. Der Hauptraum war ehemals ein Ballsaal gewesen. Er hatte bestimmt 10 Meter hohe Decken, Stuck an den Wänden. Die Wände waren blutrot angestrichen. Überall waren Spielwiesen in rotem Kunstleder. Überall lagen hunderte Kondome in Schälchen neben den Kunstledermatten. Und auf einer Riesen-Bildschirmleinwand lief ein Porno. Eine Frau verwöhnte gerade mit ihrer nassen Zunge einen Riesen-Schwanz. Dazu House-Musik.

Irgendwie war das hier abgefahren und irreal.

Am Thresen saßen ganz offensichtlich ein paar Damen, die hier„arbeiteten". Etwa 20 Männer waren schon da. Aber keiner gefiel Lila. Viele von ihnen warfen ihr ganz eindeutige Blicke zu. Die meisten hatten einen schlichten schwarzen Slip an... nicht sehr sexy, dachte

Lila. Auf den Matten tummelten sich schon ein paar Pärchen und er-
freuten sich am sinnlichen Tun. Viele saßen dort, nippten an ihrem
Wein oder ihrem Drink und schauten zu, wie die anderen Sex hatten.
Lila hatte noch nie jemand anderem live dabei zugesehen. Es war irgendwie ganz anders als sie gedacht hatte. Und das Stöhnen und die
Musik dazu, irgendwie skurril. Aber es- wie sagte man auf neudeutsch
so schön- „törnte" sie nicht wirklich an... zumindest nicht am Anfang.

Susanne verschwand sofort mit ihrem Geliebten hinten im Whirlpool.
Lila schaute sich um. Und der Ehemann machte sich auch auf und ging
in irgend ein Nebenzimmer. Lila blieb am Thresen. Ein gut aussehen-
des Paar circa Mitte 30 an der Bar kam rein und setzte sich neben sie
an die Bar: Er sah aus wie Xavier Bardem, der hübsche Schauspieler
aus eat,pray,love. Nur, dass er auch noch richtig groß war und schön
behaart. Sie war eine üppige Blonde mit großem Busen und sehr coo-
lem Ausdruck. Auch sie hatte eine Corsage an, aber keinen BH. Die
Brüste hingen ästhetisch über die Leder-Corsage, dadrüber hatte sie
eine Echtfellstola angezogen, dadrunter nur einen String-Tanga und
Strapse. Irgendwie erinnerte sie diese Blondine an Mae West. Der
Xavier-Bardem-Verschnitt trug einen Leder-string-Tanga. Und der sah
üppigst gefüllt aus.

Sie kamen ins Gespräch.

Die beiden erzählten: Sie hatten sich über einen Sex-Club kennen-und
lieben gelernt und waren seit 5 Monaten verheiratet. Es waren sehr
intelligente, nette und sehr sympathische Menschen. Und Lila dachte
für einen Moment, dass es das Beste war, was man als sinnlicher
Mensch machen konnte. Einem wurde doch immer gesagt, man solle
sich den Partner dort suchen, wo seine Hobbys und seine Leidenschaf-

ten lagen. Segler im Segelverein. Salsa-Tänzer im Salsa-Club. Und Sex-Fans halt in Swinger-Clubs oder entsprechenden Plattformen. Völlig logisch. Lila gefiel die Vorstellung. Überall lagen die Paare oder auch ganze Päckchen und vergnügten sich teilweise richtig laut und heftig miteinander. Und mittendrin in der Sexhöhle hatte sie schöne Gespräche mit schönen Menschen. Aber war das nicht eigentlich logisch? „Nichts ist so erotisch wie Erfolg", mit diesem Slogan hatte mal ein Aftershave vor Jahren geworben. Das stimmte. Die erfolgreichen Männer waren meist potent und erotisch. Und hier in diesem Swingerclub schwirrten mittlerweile einige von diesen Erfolgstypen rum. Es war jetzt richtig gut gefüllt, sehr viele Männer, sehr viele gut aussehende Männer, teilweise in Anzughose mit offenem Hemd. Sehr sexy, nichts da mit eklig und ungewaschen. Viele Männer hatten Stil und sahen verdammt gut aus. Es war schon irgendwie skuril. Da stöhnten und aalten sich die Paare überall um sie herum, und sie lag mit diesem schönen Paar auch auf einer Matte aus rotem Lederimitat, trank Weißweinschorle und unterhielt sich. Leider war er derjenige, der ihr gern beim Sex zusah und nicht umgekehrt. Und so war Lila klar, dass es mit diesem hübschen Ehemann nichts werden würde. Und dennoch: Es wurde nicht nur durch die Fülle der Menschen und der ansteigenden Temperatur immer heißer, und irgendwie bekam Lila in dieser Atmosphäre immer mehr Lust. Nur war keiner da, der ihr wirklich gefiel. Es war mittlerweile halb elf Uhr abends. Susanne und ihr Lover waren nicht zu sehen. Und auch der Ehemann schwirrte irgendwo rum.

Als das nette Pärchen sich gerade anfing zu streicheln und dabei verführerisch Lila in die Augen sah, setzte sich ein Mann auf ihre Matte. Er war nicht besonders groß, bestimmt nicht größer als sie. Er war schmal, bestimmt 10 Kilo weniger als sie. Er sah aus wie eine Mischung aus Don Johnson, Kevin Costner und Bruce Willis. Ein sehr hübscher Mann, gepflegt, braungebrannt, schätzungsweise Mitte 40. Mit einem sehr schönen, smarten Lächeln. „ Hallo, ich bin Kevin", lächelte er. Er hatte einen leichten Akzent, englisch oder auch niederländischer Einschlag, dachte Lila. „ Sorry, wir wollen unter uns sein", sagte die Blonde sehr ernst. Er nickte nur und redete weiter und lächelte Lila dabei an. Es interessierte ihn nicht. Er ließ sich nicht abwimmeln.Aber irgendwie wirkte er gar nicht aufdringlich. Das war ein Erfolgstyp auf der Pirsch. Und außerdem wollte Lila sich gerne mit ihm unterhalten und vielleicht mehr. Er war der erste Mann, der ihr an diesem Abend neben dem Xavier Bardem gefiel. Und wirklich: Nach wenigen Minuten hatte er auch die blonde Birgit ins Gespräch vertieft. Er war angeblich Engländer, der 10 Jahre in der Schweiz und Dubai gelebt hatte, aber auch in Berlin familiäre Wurzeln hatte. Er saß direkt vor Birgit, schaute aber immer zu Lila rüber, die mittlerweile im linken Arm vom Xavier Bardem-Double lag. „ Schönes Paar", kommentierte Kevin den Anblick. „Oh, wir sind kein Paar. Die beiden sind miteinander verheiratet. Ich kenne sie erst zwei Stunden ", lächelte Lila Kevin an. „ Oh, das trifft sich aber gut", sagte Kevin. „ Ich finde Dich nämlich viel hübscher als sie."

Lila schloss für einen kurzen Moment die Augen. Der war bestimmt Widder. So was Uncharmantes! So etwas sagte man doch nicht zu einer Frau. Aber insgeheim freute es Lila, dass er sie hübsch fand. Hübscher als Birgit. Er lächelte sie an. Und er gefiel ihr.

Lila musste auf Toilette. Auf dem Rückweg holte sie sich noch einen Wein und setzte sich diesmal auf Kevins Seite. Birgit war auch gerade was zu trinken holen. Und so saßen nach wenigen Minuten Kevin und

Lila eng beieinander. „ Lustig, ich bin schon ein paar Stunden hier und habe mich eigentlich hauptsächlich im Raucherraum unterhalten", begann er das Gespräch mit ihr. „ Bei mir ist es genauso. Aber das mag daran liegen, dass das hier heute mein erster Abend ist," schaute ihn Lila an.

Er lächelte sie an. Er war so gar nicht der Typ Pirat. Er war smart. Teuer. Wohlhabend. Das sah man an seiner Rolex am Arm. Sein ganzer Habitus strahlte Erfolg aus. Er war Investment-Banker, erzählte er ihr. Und er war trotzdem Lilas Typ. Wie sich die Falten um seine dunkelbraunen Augen warfen, das sah schon sexy aus. Er hatte ein richtiges Sonnyboy-Playboy-Lächeln, wie Don Johnson... oder Bruce Willis... oder Kevin Costner. Sie unterhielten sich angeregt. Und dann beugte sich Lila vor und gab ihm einen Hauch von Kuss auf seinen Mund. Alles Weitere passierte wie im Film. Nach wenigen Minuten lagen sie übereinander. Er zog ihr den Slip aus und legte sich direkt auf sie. Die Welt um sie herum war vergessen. Er küsste sehr sinnlich, er berührte sie sehr sinnlich. Alles an ihm war schön. Er roch gut. Er sah hübsch aus. Und auch wenn er Investmentbanker und bestimmt ein Berufs-Arschloch war, entfachte er in Lila die Leidenschaft. Und während um sie herum überall Stöhnen zu hören war, schloß Lila die Augen und spürte, wie er sanft, aber fordernd in sie eindrang. Und auch sie stöhnte. Er machte ihr unglaublich Lust. Er hatte die Augen geschlossen und genoss es. Kevin stöhnte dabei, leicht und voller Intensität.

Kevin und Lila schliefen 3 Stunden im Stück miteinander. Er hatte überhaupt keine Ermüdungserscheinungen und wollte auch keine Pause. Er konnte die ganze Zeit. „ Wir gehen jetzt", unterbrachen sie Birgit und ihr Mann kurz zwischendurch. Sie verabschiedeten sich herzlich. Und dann war sie wieder zu 100 Prozent bei ihm. Es war toller Sex. Und Lila versprach sich an diesem Abend, dass ihre zweite Lebenshälfte davon noch ganz, ganz viel haben wollte. Dass es so viele spannende, erfolgreiche und potente Männer auf der Welt gab, erfuhr Lila mit knapp 50 Jahren. Sie kannte so etwas aus ihrem vorherigen „normalen" Leben nicht. Und war überaus erstaunt. Und langsam wurde ihr klar, dass es vielleicht diesen „ one and only" gar nicht für sie geben musste, dass ein Traumleben für sie ein kreatives Leben war, wo mehrere Männer ihre Musen waren. Ja, ihr gefiel der Gedanke.

Kevin war 44 Jahre alt, 5 Jahre jünger als sie. Und sehr interessiert an ihr. Kevin war süß. Ein hübscher Mann. Ein schlauer Mann. Und ein beruflich sehr erfolgreicher Mann. Und während er in ihr hin-und herkreiste, unterhielten sie sich. Wie Warren Beatty, dachte Lila für einen kurzen Moment. Oder Napoleon. Die konnten auch mehrere Sachen gleichzeitig.

Kevin sollte für diesen Abend im Swinger-Club bis zum Ende ihr Herzbube bleiben. Er hatte nur Augen für sie, sie nur Augen für ihn.

Er war Fisch Aszendent Löwe. Eigenartige Mischung. Und schon gar nicht ihre. Aber Kevin war charmant und galant. Und die Stunden mit ihm genoss sie.„ Willst Du mich wieder sehen? Gibst Du mir Deine Telefonnummer?," fragte Kevin sie und schaute sie dabei fast unschuldig aus seinen dunkelbraunen Augen an. Lila gab ihm ihre Visitenkarte. Ja, sie wollte ihn wiedersehen. Auch diese Erfahrung in ihrem Leben würde sie später nicht mehr missen wollen. Und vielleicht das ein oder andere Mal wiederholen. Das Leben war schön. Und hatte immer was Neues. Und auch wenn sie sich eigentlich was ganz anderes gewünscht hatte. Es ging weiter. Und brachte immer was Spannendes, wenn man es zuließ. Und wenn man sich führen ließ, dann brachte es auch immer was Besseres.

7. Juli 2013:, Ibiza 8 Uhr :

Reno hatte sich gar nicht mehr gemeldet, Kalotta auch nicht. Kevin hatte sie zwar noch ein Mal getroffen, aber Kevin war reiner, leichter Zeitvertreib. Lila fasste am Morgen des 7. Juli einen Entschluss: Sie würde jetzt aufhören, in ihren Gefühlsduseleien zu versinken. Sie musste nach vorne schauen, durfte den Glauben nicht verlieren. Und schon gar nicht ihren Lebensoptimismus. Aber auf keinen Fall, auf gar keinen Fall, durfte sie das alles von irgend welchen Männern abhängig machen.

Bye Mario, Bye Reno... Bye Kevin.. Bye Zweifel.. Lila schloss für einen kurzen Moment die Augen.

Und als ob das Universum verstanden hatte, dass es ihr damit ernst war, kam nach mehr als 4 Wochen auf einmal ein Lebenszeichen.

7. Juli, Berlin,12 Uhr:

Es waren heiße 27 Grad zuhause auf ihrem Reiterhof.

Sie hatte im Halbschatten draußen gesessen. Und hatte plötzlich das Gefühl, sie müsse rein gehen und schauen, ob sie eine Nachricht bekommen habe. Sie öffnete ihren Computer und aktivierte ihr Internet.

„ Nachricht von Reno". Stand da.

Was?

Lila war wie von Sinnen.

Was? Das konnte fast nicht sein. Ihr Herz klopfte bis zum Himmel.

Sie öffnete ihren facebook.Account. Die Nachricht war von gestern:

Reno:

- *Hey Du*
- *Wann kommst Du wieder auf die Insel?*

Lila war eine Baustelle. Reno ganz eindeutig auch. Kevin auch. Und Ippy auch. Eigentlich, wenn sich Lila so durch ihren engen Freundeskreis chattete, waren alle Baustellen. Baustellen zogen halt Baustellen an. Aber viel lieber Baustelle als Stillstand, dachte Lila bei dem Gedanken. Stillstand war der Tod, der Tod von Spaß, Vergnügen, von Abenteuer und schönen Erlebnissen. Ihre Baustelle war sogar ein wenig aufgeräumt. Und aus Baustellen konnten ganz wunderbare Konstrukte entstehen. Bloß welche? Das war hier noch die Frage.

Vermutlich war Reno nicht der Richtige für sie... nicht nur vermutlich. Eigentlich WUSSTE Lila, dass er nicht der Richtige war für sie...aber wer war das schon? Und lieber den Spatz in der Hand als die Taube auf dem Dach oder besser: Lieber einen Reno im Bett als einen Sex-Piraten im Internet.

Sex mit ihm war einfach ein Fest. Und dieses Fest wollte sie schon noch einige Male feiern. Am besten jede Nacht. Und Sex in Verbindung mit Gefühlen war einfach himmlisch.

Sie war glücklich.

Lustig, sie hatte gerade einen Tag vorher einen Flug gebucht und wollte nun rüber, um eine Bleibe zu finden und ihre Isa in der Schule anzumelden... Die Zeit raste...Das schrieb sie ihm. Und Reno freute sich. Ende August würde sie rüber gehen, nach Ibiza, um dort zu leben. Erst einmal mit ihrer Tochter allein, irgendwo, egal. Sie würde gehen, daran gab es keinen Zweifel mehr. Und Reno als Zugpferd war eine weitere Unterstützung, diesen Plan jetzt zielstrebig umzusetzen.

21. Kapitel

18. Juli, 14 Uhr:

Als sie auf Ibiza aus dem Flieger stieg, lachte sie diese Insel wieder mit ihrem Strahlen an. Sie fühlte sich schon richtig zuhause hier. Alles funktionierte wie am Schnürchen. Sie würde jetzt das letzte Mal auf der Insel sein, bevor sie mit Isa und ihrem vollgepackten Defender ganz rüber ging, um dort zu wohnen.

Sie hatte wieder Sasas Appartment angemietet. Sasa war zwar nicht da. Die machte Künstlerferien in Deutschland und hatte ihr Appartment für die Hauptsaison an eine Vermietungsagentur gegeben. Aber diese Tage waren noch frei gewesen. Und Lila freute sich richtig darauf, wieder an diesem schönen Platz zu sein. Direkt am Meer. Das war Seele baumeln lassen. Und so es das Universum wollte, würden diese Tage vielleicht ein wenig schöner werden als das letzte Mal. Reno hatte sich schon angekündigt. Er würde sie morgen am Abend besuchen kommen, hatte er ihr geschrieben. Alles war gut. Das Schöne an Lilas Situation war, dass sie gar nichts mehr erwartete. „ Erwartungen sind Gift für eine Beziehung". das hatte Ippy schon immer gesagt. Und sie hatte Recht. Wenn sie zu viel erwartete, dann war alles dadrunter eher enttäuschend. Wenn sie nichts erwartete, konnte auch nichts verletzt werden. Trotzdem freute sie sich auf Reno. Den würde sie zwar erst morgen sehen, aber das machte nichts. Lila ging runter an den Strand und legte sich auf die Liege. Im Hintergrund war coole Chillout-Musik zu hören. Ein Kellner brachte frische Getränke an die Liegen. Der Strand war voller als vor einem Jahr. Aber das war auch kein Wunder. Viele

Deutsche hatten sicherlich keine Lust mehr auf dieses elendige Wetter im Sommer. Die vergangenen 3 Jahre war der komplette Juli verregnet gewesen. Da waren die Balearen natürlich ein angenehm nahes und sicheres Sommerziel. Auch so war das Ankommen auf dieser Insel schön. Sie hatte, bevor sie bei Sasa eingekehrt war, noch schnell im Supermarkt eingekauft. Und die frischen Biere und Mineralwasser und der Wein, die Oliven, die Chorizo und das Aioli lagen jetzt zum Kühlen im Kühlschrank. Sie würde sich nachher noch kurz ein Bier gönnen und dann schreiben, den ganzen Abend.

Das Wasser, die Geräusche, die Musik im Hintergrund: Es war herrlich. Lila liebte diesen Beach und fand ihn richtig schön. Dabei gab es noch viele hübschere Strände. Aber er hatte was Kuscheliges. Und hier hatte schließlich alles angefangen.

Gegen 6 Uhr ging sie wieder hoch ins Appartment. Sie duschte sich, nahm sich ein kleines Bier und setzte sich auf die Terrasse.

Hier würde sie ihren Computer hin stellen und beim Blick aufs Meer, da wo sie angefangen hatte zu schreiben, würde sie ihre Piraten Love-Sex-und Crime-Story beenden.

Sie ließ ihre Haare im Wind trocknen. Es wehte eine anständige Brise. Und bei knapp 30 Grad im Schatten war das sehr angenehm.

Lila setzte sich hin, klappte den Computer auf und schrieb und schrieb und schrieb und schrieb. In der ersten Nacht schlief sie alleine ein, glücklich, um 10 Seiten weiter. Und sie träumte von einem Mann mit langen weißblonden Haaren, der so aussah wie der auf der Telepathiereise vor 1 Jahr.

19. Juli, 8 Uhr :

Lila war topfit, als sie am Morgen aufstand. Die Sonne lachte sie an. Das war schon schön, wenn man auf der Ostseite den Sonnenaufgang mit bekam. Sie würde jetzt an den Strand gehen, eine halbe Stunde schwimmen und dann sich noch für eine halbe Stunde an den einsamen Strand legen. Es hatte fast was Heiliges, den Morgen am Strand zu sitzen und seine Morgenseiten zu schreiben und dabei ein wenig zu sinnieren. Der ganze Strand und die zwei von 4 Restaurants gehörten einem Toni, einem reichen Ibizenko, den Sasa natürlich auch kannte. Vor genau einem Jahr war sie nun hierher gekommen, um ihre Mario-Geschichte zu verarbeiten. Und jetzt lag sie hier und war ihrem Mario dankbar. Hatte er sie an den richtigen Platz gebracht? Auch, wenn Reno sich vermutlich nicht als ihr Lebenspartner herausstellen würde, Ibiza als Insel und auch dieser Fleck hier auf der Ostseite der Insel, das fühlte sich schon sehr nach richtigem Platz an. Sie zog sich aus und war gerade auf dem Weg ins Wasser, da kam ein riesiger Traktor auf den Strand gefahren. Auf ihm saß ein kerniger, dunkelhaariger Mann etwa Anfang, Mitte 50 mit einem strahlend weißen Hemd. Er fuhr um diese Uhrzeit immer die Algen, die das Meer an den Strand gespült hatte, ab. Das war bestimmt dieser Toni, dachte Lila bei sich. Der sah so überhaupt nicht nach Angestelltem aus. Das musste der Chef selbst sein. Und auch das war wieder einer von diesen hübschen Männern dieser Insel. Nur, dass ihm der gesamte Strand gehörte... Sie schwamm eine halbe Stunde, und als sie aus dem Wasser stieg, war der Trecker wieder weg und der Strand sauber.

Abends um acht waren sie und Reno verabredet.

Um fünf Minuten nach acht schwänzelte plötzlich ein kleiner Hund an ihren Beinen herum. Sangrita.. Und da stand er in der Tür. Der große Hüne. Total verschwitzt und klebrig. Und äußerst gut aussehend.

„ Hola guapa", lächelte er sie an. Sie lächelte zurück, streichelte aber erst den Hund. Sie brachte ihren Computer ins Zimmer. Und dann ging sie direkt auf ihn zu, sah ihn an und setzte sich auf ihn.

Sofort waren sie eng umgschlungen und küssten sich.

„ Oh, hab ich mich auf Dich gefreut". stöhnte Reno.

Ja, sie hatte sich auch gefreut. Sie gingen sofort rüber zum Bett und liebten sich wieder so stürmisch. Er hatte sich in Windeseile ausgezogen. Sie sich auch. Er legte sie sanft, aber bestimmend aufs Bett, legte sich über sie und drang sofort in sie ein. Kein langes Vorspiel. Aber das war klar. Auch Lila hatte so viel Lust und Sehnsucht in sich aufgestaut, dass sie ihn erst einmal in total-seiner vollen Größe- spüren wollte.

Es wurde eine sehr sinnliche und lange Nacht. Sie gingen raus auf die Terrasse und schauten in den Sternenhimmel. Sie küssten und sie liebten sich. Als sie einschliefen, versuchten sie sogar für einen kurzen Moment, sich eng aneinanderzukuscheln. Aber es war einfach zu heiß. Wie in einem Backofen. Immer wieder in der Nacht streichelte er ihr über den Rücken und küsste ihr auf den Hals. Und sowie sie ihn nur irgendwo mit ihrer Zunge oder ihren Fingern berührte, war das Feuer wieder entfacht. So sah Leidenschaft und Hingabe aus. So fühlte sich Passion und Feuer an. Es war toll.

Ibiza, 20.- 25. Juli:

Reno sollte die kommenden Tage kaum noch von ihrer Seite weichen.
Er war ihre Muse. Sie schrieb, er lag derweil nebenan und sah sich Dokus im Fernsehen an. Sie schrieb, er war kurz einkaufen. Sie schrieb, er döste.
Und auch, wenn er für ihren Geschmack ein wenig zu bequem war und auch morgens schon anfing Bier zu trinken: Seine Nähe war angenehm.
Sie lachten viel und oft. Und sie liebten sich oft.
Und bereits am zweiten Morgen wurde Lila von Sangrita allerherzlichst begrüßt.
Es waren 6 Nächte und 6 Tage, die Lila fast ununterbrochen mit Reno verbrachte. Morgens ging sie alleine an den Strand und sah zwei Mal den gut aussehenden Strandbesitzer auf dem Trecker.

Am letzten Tag hatte sie alles aufgeschrieben, alles aufgeschrieben, was sie nunmehr vor einem Jahr erlebt hatte. „ Der Sinn des Lebens ist, irgendwie die Zeit zwischen 2 Orgasmen zu überbrücken, hatte Katie Price einmal gesagt" schrieb sie. „Ich habe die Zeit zwischen 2 Männern, die mir die schönsten Orgasmen geschenkt haben, über-brückt. Indem ich ein Buch schrieb. Über Dich, Mario Anthony. Über Deinen Diebstahl an meinem Herzen. Und Deinem Geschenk. Du hast mich zur Göttin gemacht. Du warst es, die mir gezeigt hat, was ich will. Goodbye, mein Ire, den es gar nicht gibt".
Sie machte den Computer zu. Adios Mario, dachte sie und drehte sich um. Und Hola Reno? Er lag nackt auf dem Bett und sah sie an. Ernst. Und Sexy. Mit seinen großen, hübschen, schwarzbraunen Augen. „

Willst Du meine Muse und mein Sexgott sein?", lachte Lila ihn an, als sie ihr Kleidchen auszog. „ Ja, Spatzl.. Ich will... bis dass der Orgasmus uns scheidet", lächelte er zurück. Er hockte sich hin und schaute sie an. Er streichelte über ihre Brüste, ganz sanft. Es kitzelte. Und war sehr erregend. Er sah sie die ganze Zeit an. „ Ich möchte Dich verwöhnen und Dir alles geben, was Du willst. Du bist eine tolle Frau", sagte Reno. Dann küsste er sie. Jetzt hatte er die Augen geschlossen und stöhnte, als sie anfing, mit ihren Fingern an seinem Körper herunterzugleiten.

Sie liebten sich. Und dann noch weitere sechs Mal an diesem letzten Tag.

Was war das hier? Lila fragte ihn nicht. Sie wollte alles freiwillig und frei. Und war sich selbst nicht sicher, was sie wollte. Einerseits genoss sie die Nähe mit Reno und hatte wirklich Gefühle für ihn. Andererseits genoss sie ihre Freiheit und wollte leben genauso wie sie wollte. Sie wollte Sex. Ja, das wollte sie. Aber wollte sie Sex nur noch mit einem Mann? Nur noch mit dem „ one and only", wie Mario gesagt hatte...? Lila war sich eigentlich sicher, dass sie das NICHT wollte.

Sie wollte frei sein. Aber konnte man nicht auch frei sein in einer Beziehung? Freiheit in Bindung? Bindung in Freiheit? Freie Liebe für freie Bürger? Freie Bindung für freie Bürger? Was hatte Woody Allen mal gesagt: „ Sex zu zweit ist eine schöne Sache. Zu fünft: einfach phantastisch." Und mit dem richtigen Partner einfach das Paradies auf Erden.

Es war schön. Ihr Leben war schöööön.

Daaaaaaanke, Mario, dachte Lila kurz, als sie aufs Meer blickte.

Alles ist in Bewegung. Nichts muss, alles kann.

Liebe ist nichts für Feiglinge, fiel ihr wieder ein. Nein, ein Feigling war sie nicht.

„ Was sagst Du denn jetzt eigentlich dazu, dass ich bald ganz auf der Insel bin?", fragte ihn Lila.

Er sah sie an mit seinen tiefen dunkelbraunen Augen.

„ Ja. Das passt schon. Das passt schon." Er küsste sie auf den Mund.

Ja, dachte Lila innerlich. Es passt wirklich ganz gut. Alles andere wird sich zeigen.

Am Morgen des Abfluges liebten sie sich noch einmal. Dieses Mal war es leise, zärtlich und sehr innig.

Als sie sich verabschiedeten, umarmten sie sich lange und intensiv. „ Servus, meine Süße. Bleib sauber, ich will nichts hören", küsste er sie.

„ Und melde Dich, wenn Du angekommen bist, ja? Und komm bald wieder."

Ja, dachte Lila. Ich komm bald wieder. Und dann bin ich erst einmal da. Und werde hier leben. Und dann? Es igual, es ist egal, dachte sich Lila und hatte ein verzaubertes Lächeln auf ihrem Mund.

22. Kapitel

August/September 2013:

Dieses Mal war das zuhause in Berlin ankommen anders. Leif wurde immer stiller und ruhiger. Und auch ihr saß der Kloß im Hals. Sie mochte gar nicht daran denken, wie es sein würde, in 4 Wochen ohne ihren geliebten kleinen Maulwurf nach Ibiza zu ziehen.

Und so freute sie sich sehr, dass sich nach vielen Wochen Kevin wieder meldete. Als ob er gespürt hatte, dass sie wieder da war und dass sie jetzt ein paar Streicheleinheiten brauchte.

Es waren schöne, sinnliche Abende mit ihm. Ohne jegliche Erwartungshaltung.

Je mehr sich Lila um ihren Auszug aus der Reiterhofwohnung und ihren Umzug nach Ibiza kümmerte, desto weniger hörte sie von Reno. Er wünschte ihr schöne Wochenenden und einen schönen Wochenstart, doch heiße Chattereien gab es nicht mehr. Ganz unabhängig davon, dass sie dazu keine Zeit gehabt hätte, irgendwie war es wie ein langsames Auslaufen. Und irgendwie war es gar nicht schlimm. Die letzten Wochen in Berlin waren wild. Fast jeden Abend traf sie andere gute Freunde, fast jeden Abend war sie unterwegs. Und tagsüber packte sie ihr Zeugs zusammen und wählte aus, was jetzt schon in ihren Defender und mit auf die Insel sollte. Und sie hatte Sex mit Kevin. Und auch noch mit Peter und Maria. Und sie hatte keinerlei schlechtes Gewissen. Und sie hatte immer noch keine Bleibe auf Ibiza. Und so war sie dankbar, dass sie erst einmal zwei Zimmer für 800 Euro in einer baufälligen Finca anmieten konnte. Bei einem Männerhasser. Das hatte er ihr noch durchs Telefon gesagt: „Du bist hier herzlich willkommen mit Deiner

Tochter, aber Männer haben hier auf diesem Gelände Hausverbot. Bitte halte Dich daran".

Ibiza war schon auch ein Nest von Verrückten, dachte Lila so bei sich. Hier gab es wirklich viele, die richtig durchgeknallt waren. Aber Lila hatte keine Wahl. „ Lila", Du musst wirklich nicht gehen. Wenn dort doch nichts auf Dich wartet, du keinen Job und keine Bleibe hast und Du Deinen Leif jetzt schon fürchterlich vermisst, dann bleib doch einfach hier. Kein Mensch wird es Dir vorwerfen. Und ich würd mich riesig freuen", hatte ihr Ippy mehrere Male gesagt. Doch, dachte Lila sich. Ich würde es mir vorwerfen. Ich würde es mir nie verzeihen, dass ich kurz vorm Ende meine eigene Vision verraten habe. Und Lila wusste: Wenn sie jetzt nicht ging, würde sie niemals gehen.

Am Morgen des 24. August machte sich Lila auf, um nach Ibiza auszuwandern. Leif war jetzt in der Schule. Sie hatte ihm die Nacht vorher Tschüss gesagt. Und beide hatten ganz schrecklich geweint.
Und als sie sich morgens mit einem vollgepackten Defender und ihrer Tochter auf den Weg machte, um nach Ibiza zu ziehen, kullerten ihr die Tränen nur so herunter...
Ciao, Berlin, Ciao mein altes Leben.
Einglück ahnte da Lila noch nicht, dass es mit die schwersten 8 Monate ihres Lebens werden sollten.

Angekommen am Traumplatz auf ihrer Trauminsel, fiel sie in ein tiefes Loch.

Der Vermieter der Zimmer stellte sich als Psychopath heraus, der dringend Geld brauchte. Er war Mitte 60 und sah für ihren Geschmack Isa immer viel zu lange an.

Reno schrieb ihr noch eine sms: „ Schön, dass ihr jetzt da seid. Willkommen auf der Insel". Das wars. Kalotta, kein Sterbenswörtchen. Armanda und die ganze Clique, wie vom Erdboden verschwunden. Und wäre Lila in der Zeit nicht so sehr mit ihrer Sehnsucht nach ihrem Sohn beschäftigt gewesen, hätte es sie bestimmt noch mehr gewundert, dass keiner von ihren „ alten neuen Freunden" sie kontaktierte.

4 Wochen später fanden sie und Isa eine wunderschöne Finca oben am Hügel mit Blick aufs Meer und einem Pool, wo sie überwintern konnten. Bis April würde sie jetzt hier bleiben. Und dann vielleicht doch wieder zurück? Wenn Leif wirklich nicht kommen würde, dann würde sie zurück gehen. Das beschloss Lila an ihrem 50igsten Geburtstag. In ganz kleinem Kreis. Ja, sie würde zurück gehen: Ibiza hin oder her. Aber ihr Sohn war ihr wichtiger, die Sehnsucht so groß, dass sie selbst Ibiza in den Schatten stellte. Und ihr Sohn war sehr unglücklich. Genau wie sie.

Mario war jetzt ganz weit weg. Und Reno auch. Und auch von ihren „ Inselfreunden" hatte sie keinen mehr gesehen. „ Weißt Du eigentlich, dass Reno und Kalotta jetzt ein Paar sind? Die sind wohl schon seit Mitte August zusammen", erzählte ihr Sasa an diesem Abend. Lila fiel es wie Schuppen von den Augen: Deshalb hatte sich keiner von ihnen gemeldet. Deshalb diese Funkstille. Klar, alle ein Gruppenkörper, da hätte sie natürlich gestört. Aber eigentlich war ihr das egal. Sie war leer an diesem Abend gewesen, als ihr Sasa das berichtete. Leer, weil ihr ein Teil fehlte: ihr Sohn. Leer, weil sie überhaupt nicht mehr wusste, was sie fühlte und was sie über sich denken sollte. Leer, weil auch Reno sich als rechte Luftblase erwiesen hatte. Und leer, weil sie einfach an allem zweifelte. Was wollte ihr das Universum nun schon wieder sagen? Was? Sie verstand es nicht. Und zweifelte. Sie zweifelte an ihrem 50. Geburtstag, an all ihren Entscheidungen der letzten 5 Jahre. Waren ihre Träume nicht doch einfach nur Hirngespinste? Waren ihre Entscheidungen alles Fehler? War sie auf dem falschen Weg?

Es war kalt nachts auf Ibiza im Winter. Draußen und drinnen in ihrem Herzen genau so. Und die vielen, vielen Winterabende, die Isa und sie gemeinsam im großen Bett in einer fremden Finca einschliefen, fragte sie sich, ob sie jemals wieder lieben könnte, ob sie jemals wieder Sex haben würde und ob sie jemals ihren Platz finden würde und ob es ihn gab, ihn, ihren Lebenspartner. Diese kalten Winternächte war sie an ihrem emotionalen Tiefpunkt anbelangt. Und doch wusste sie ganz tief innen drinnen, dass genau dieser Weg sie dahin führen sollte, wo sie wirklich hin sollte.

23. Kapitel

Ibiza, 12. Juni 2014, 9:30 Uhr:

Genau 2 Jahre, nachdem sie Mario Anthony, den Sex-Piraten, kennengelernt hatte, ging Lila morgens an den Strand, wo Sasa lebte, dort, wo sie ihr Buch angefangen hatte zu schreiben... dort, wo der hübsche Treckerfahrer und Besitzer des teuren Restaurants morgens immer die Algen abfuhr... dort, wo sie entschieden hatte, nach Ibiza zu ziehen. Und dort, wo sie den Start ihres neues Lebens heute feiern wollte.

Mit einem Glas Sekt direkt am Strand. Sie hatte beschlossen, dass der Tag, an dem sie Mario Anthony kennengelernt hatte, ihr ganz persönlicher „ independence day" werden sollte, ihr Schritt in genau IHR Leben. Ihr Schritt in ihre totale Selbstbestimmung, in ein freies, künstlerisches, passioniertes Leben voller Leidenschaft. Sie hatte Sasa Bescheid gesagt. Ippy, ihre treue Seelenfreundin, war gerade da. Das 1. Mal, dass sie sie besuchte auf Ibiza. Leif war im Februar rüber gekommen nach Ibiza, eigentlich nur für 3 Monate, hatte sich aber hier gut eingelebt und wollte bleiben und würde jetzt hier bald zur Schule gehen. Mittlerweile hatte Lila ein kleines Künstlerhäuschen ganz nah am Strand gelegen gefunden. Und mittlerweile genoss Lila ihre Freiheit und ihr Single-Dasein. Sie hatte jetzt seit dem Wegzug aus Deutschland keinen Mann mehr kennengelernt. Sie hatte auch gar keine Lust gehabt darauf. Sie hatte Mario Anthony beiseite geschoben und ihre ganze Kraft reingelegt, damit ihr Sohn auch nach Spanien kam und sie nicht zurück musste...Und jetzt war er da und sie lebten hier.

Sie hatte den Hotelgutschein in Berlin, den sie damals für Mario Anthony gebucht hatte, eingelöst und Silvester mit ihrem Sohn dort verbracht. Schon wieder so etwas: Die Suite für ihre große Liebe gebucht, und wenn man es genau nahm, war ihr Sohn auf jeden Fall auch ihre große Liebe. Sie hatte Höhen und Tiefen durchlebt, hatte im Winter 7 Kilo zugenommen- reiner Kummerspeck- und die aber mittlerweile wieder runter.

Und auch, wenn sie immer noch nicht wusste, ob das hier alles Zukunft hatte und wie sie ihr Leben hier finanzieren sollte: Egal: Heute wurde das gefeiert, und zwar hier an diesem Strand.

Ippy war schon 5 Tage da. Sie hatten sich die Nächte mit Erzählem und vor allem damit verbracht, dass Lila ihr ihr Buch vorlas, ihre Mario-Anthony-Geschichte. Ippy war noch ganz beseelt davon, als sie morgens am Strand den Sekt aufmachte. Als Sasa mit ihrem Hund am Ende des Strandes auf sie zu kam, fuhr gerade der Trecker mit Toni vorbei.

Sie erhob ihr Sektglas und prostete ihm zu. Er lächelte mit einem charmanten Lächeln zurück und hob seine Hände zum Anstoßen.

„ Prost, ihr Lieben... auf eine freie, wilde Zukunft. Auf Ibiza. Auf Mario Anthony, ohne den ich heute nicht hier wäre, und danke für Eure Unterstützung."

Sasa und Ippy und Lila nahmen genussvoll einen Schluck: Die Sonne strahlte ihr schönstes Lächeln. Da fuhr der Trecker an ihnen vorbei. Er parkte nur wenige Meter weiter, und dann kam Toni auf die 3 zu. „ Hola Toni", sagte Sasa. „Kennt ihr Euch? Lila, darf ich vorstellen.... Das ist Toni.... Toni, darf ich vorstellen, das ist Lila."

Toni lächelte sie an, grüßte auch kurz Ippy und sah sie wieder an: „ Ich bin Toni... oder besser Antonio... oder ganz korrekt: Antonio Mari. Und Ja, wir kennen uns", sagte er zu Sasa.

„Nein, wir kennen uns noch nicht. Nur vom Sehen", erwiderte Lila auf spanisch und war stolz darauf, dass sie das irgendwie geschafft hatte. „ Möchtest Du mit uns anstoßen? Heut vor 2 Jahren habe ich entdeckt, was für mich Freiheit und Liebe bedeutet und mich entschieden, hier auf Ibiza zu leben", lächelte ihn Lila an. „Salut". Toni schaute ihr mit seinen markanten, dunkelbraunen Augen tief in die Augen. Toni war ein wirklich gutaussehender Spanier, groß gebaut, sehr tiefe, markante Stimme, schwarze Haare, schlank, behaarte Männerbrust (ein paar Haare ragten aus seinem schneeweißen Hemd heraus), und er war 57 Jahre alt.

Er entschuldigte sich wenige Minuten später. Er musste noch was erledigen.

Kaum hatte sich Toni umgedreht, lächelte Sasa Lila an und meinte: „Sag mal, das gibt es doch nicht: Der flirtet mit Dir. Das ist der schwerst zu bekommende Single hier auf der Insel. An dem haben sich die schönsten Frauen schon die Zähne ausgebissen."

„ Tja, und hast Du das mit bekommen? Er heißt Antonio Mari.... Mario Anthony... na, klingelt es bei Dir?", fragte sie Ippy.

Lila saß da.Und plötzlich ergab das Puzzle einen Sinn: Klar, dass es nicht Mario Anthony sein sollte.Das „ O" im Namen war einfach an die falsche Stelle gerückt... und den gab es ja gar nicht. Klar, dass es nicht Mallorca wurde, das sollte es ja gar nicht werden.Toni war auch 57 Jahre alt. Und er war zwar kein Witwer, aber wohl geschieden... und er hatte an jeder Hand 5 Frauen, da er ein riesiges Unternehmen leitete und viele Kellnerinnen und Angestellte Frauen waren.

Lila verstand langsam, was hier passierte: Puzzlestück für Puzzlestück wurde ihr Leben kreiert, und zwar so, wie sie es sich gewünscht hatte, bloß doch irgendwie ganz anders.

Nein, die Mario-Geschichte war kein Reinfall gewesen. Mario war jede Minute, jeden Cent wert gewesen, den sie in ihn investiert hatte. Rein „busynesstechnisch" hatte er sich gelohnt.Das hatte auch Eva, ihre große Mentorin und NLP-Ausbilderin und mittlerweile gute Freundin gesagt, als sie die Mario-Geschichte gehört hatte. Eva war selber hoch dotierte Trainerin und super bezahlter Coach. „ Für diese Coaching-Stunden hättest Du mindestens 2000 Euro hingelegt", grinste sie. „ Und Du hast dabei noch jede Menge andere schöne Sachen erlebt". Eva war cool. Eine von den Frauen, die tough waren und wild und tolerant und die die Menschen liebten.

Ja, Eva hatte Recht. Sie erhob kurz das Glas und trank einen Schluck auf Eva und auf all ihre guten Freundinnen, die ihr so beigestanden hatten.

Mario hatte ihr so wundervolle Stunden bereitet wie nie in ihrem Leben zuvor. Auch, wenn sie die teilweise mit anderen Männern erlebt hatte.

Irgendwie war Mario die Initialzündung gewesen

Das wurde ihr klar, als sie vom Strand mit Ippy zum Auto ging.

Da kam Toni heraus. Auf spanisch fragte er sie, ob er ihre Telefonnummer haben dürfte. „ Vielleicht darf ich Dich mal zu einer Paella einladen? Ich würde mich sehr freuen"...

Lila gab ihm ihre Visitenkarte und sagte. „ Gerne".

Und auch, wenn sie nicht wusste, ob Toni überhaupt ihr Herzbube sein würde. Sie wusste: Sie hatte alles richtig gemacht. Sie war über Mario Anthony an IHREN Kern gestoßen... Sie lebte jetzt ihr Leben, sie kannte jetzt IHRE Gefühle und sie war genau an dem Platz auf der Welt, an dem sie sein sollte.

24. Kapitel

Februar/ März/ April 2015:

Jetzt war ein weiterer Winter ins Land gegangen. Toni war nicht ihr Herzbube geworden. Irgendwie hatten sie sich - ganz unemotional- aus den Augen verloren. Und trotzdem: Lila war auf ihrem Weg. Sie war so schlank wie selten. Der zweite Winter war ein ganz anderer als der erste auf Ibiza gewesen. Ein feuriger Argentinier war Ende September aus dem Meer gestiegen, als ob er Poseidon und Neptun persönlich sei und hatte sich direkt vor sie auf sein Handtuch gesetzt. „ Hola... Soy Claudio...como estas?", hallo, ich bin Claudio, wie geht es Dir?", hatte er sie angeschaut, und diese Latin-Lover-Augen hatten Lila regelrecht verschlungen. Es war die pure pechschwarze Glut in seinen Augen, und er verspeiste sie mit seinen Blicken. Er war Anfang 40, hatte wun- derschöne Tattoos auf seinem Oberkörper, er hatte eine sehr sportli- che Figur, viele Haare leicht angegraut auf dem Kopf und eine edel behaarte Männerbrust. Das war ein Argentinier durch und durch und unglaublich sexy. Seine Augen funkelten. Er verabschiedete sich und gab ihr direkt einen Kuss auf den Mund.

„ Hope to see you soon", ich hoffe, ich sehe Dich bald wieder", sagte er mit seiner heiseren spanischen Stimme. Und als sie eine halbe Stunde später an ihren Defender kam, wartete er auf sie. Sie drückte ihm nur kurz ihre Visitenkarte in die Hand, und weg war sie. Als sie zuhause ankam, hatte sie bereits auf ihrem Handy eine sms: „ Una artista y sexy... me encanta", „ eine Künstlerin und auch noch sexy... ich liebe das". Und als sie 3 Minuten später ihren Computer aufschlug, war er auch auf facebook da. Sie verabredeten sich für den kommenden Morgen. Und 15 Stunden später fuhren sie an einen einsamen Strand und hatten wunderbaren Sex miteinander. Claudio sollte für viele Monate ihr „ hot Latin Lover" werden, sie für ihn sein „hot porn baby". Es war phänomenaler Sex. Und bei jedem Treffen wurde es schöner.

Sie lernte einen deutschen Urlauber -türkischer Abstammung- kennen und fuhr jeden Morgen während seiner einwöchigen Urlaubszeit für anderthalb Stunden in sein Hotel und hatte auch unglaublich guten Sex.

Sie aktivierte ihren Peter wieder in Berlin, sie begann eine leidenschaftliche Affäre mit ihrem 39-jährigen Berliner Freund Patrick, den sie sich nie getraut hatte anzunähern. Sie hatte einen 37-jährigen DJ für sinnliche Stunden.

Sie traf einen Musikproduzenten... für eine Nacht.

Am ersten Weihnachtsfeiertag wollte ihr ein knackiger schwarzer und sehr erotischer Yogalehrer ein Weihnachtsgeschenk vorbeibringen und wurde selbst das Weihnachtsgeschenk für eine Nacht. Und Silversternacht lag sie in den Armen eines großen, lockigen Mannes Ende 50, der ihr gesagt hatte, dass sie die schönsten Augen habe, die er in seinem Leben je gesehen habe.

Lila liebte dieses Leben. Sie genoss jede Minute, vor allem die sinnlichen. Und sie wusste: Sie war eher die Gespielin als die Partnerin. Sie war die indische Tempeltänzerin, die ihre körperliche Liebe der Göttlichkeit gab. Ja, sie wusste, Sexualität und Verführung waren ein großer und wichtiger Bestandteil für ihr Leben.

Im Frauenzyklus war sie jetzt eine Matrone: Sie hatte das junge Mädchen, die heranreifende Frau, die Mutter, die Amazone hinter sich. Sie hatte alles erlebt und durchlebt. Sie wusste, wie es war, Mutter zu sein, als Amazone auch mal das Schwert zu nehmen oder als junges Mädchen zur Frau zu werden. Sie hatte alles erlebt, mit allen Höhen und mit allen Tiefen. Jetzt war sie Matrone und hatte alles schon gehabt. Sie war optisch und körperlich noch in der Lage, alles zu erleben. Aber jetzt nahm sie sich nur noch, was sie wollte. Und sie wollte Sex... und Sinnlichkeit. Oft. Und viel. Und mit verschiedenen Gespielen. Sie war die Verführerin. Sie war die Gespielin. Und sie würde es hoffentlich noch viele, viele Jahre aus-leben.

Ja, Lila lebte ihr Leben... und ihre Lust.

Und sie war NICHT auf der Suche.... Sie war einfach nur noch in Annahme... und begriff: DAS war es!! Das war es... Alles, was sie sich vor Jahren gewünscht hatte, hatte auf Erwartungshaltung und Bedürfnissen beruht. Und das war einfach der falsche Weg.

Lila war glücklich. Und auch, wenn sie sich manchmal nach IHREM Seelenpartner, nach IHREM Mann sehnte, war sie frei, eine freie Frau, die leicht und tief zugleich war, die wild und sanft zugleich war, die ihre Zigeunerseele, ihre little witch, auslebte.

Ja, es gab auch diese Momente, wo sie sich einen Partner wünschte, einen, mit denen sie die wundervollen Momente teilen konnte. Sie wusste: Es gab ihn da draußen vermutlich noch... irgendwo... daran gab es auch nach so vielen Jahren und Erfahrungen keinen Zweifel. Und Ja: Dinge und Momente gemeinsam zu erleben, hatte noch einmal eine ganz andere Qualität. Sie hatte nie ihre eigenen Visionen vergessen.

Nie diesen Mann, diesen großen Piraten oder besser ausgedrückt, Abenteurer, der mit einem A. anfing, auch wenn es nicht Anthony oder Antonio war, der diese langen grau-blonden Haare wie bei ihrer ersten

Telepathiereise im Hexenclub hatte, der ein wilder und dennoch ehrlicher Mann war, der ihre Seele küsste und sie die seine. Aber nicht um jeden Preis: Auch da war sie sich nach ihrer langen Reise zu sich selbst sicher. Nein: Sie würde sich niemals aufgeben für einen Mann. Sie konnte lieben, sehr sogar, aber ihre Vision war größer als die Liebe zu einem Mann.

Ibiza war einfach der Ort, wo man sich für so etwas Großes wappnen konnte... Sie WUSSTE... Es oder besser ER würde irgendwann kommen. Und sie wusste: Der Schlüssel dazu war sie. Sie musste noch einmal in ihr inneres Kind, ihr inneres kleines Mädchen anschauen, damit sie ihre Zigeunerseele leben konnte in allen Facetten. Sie wusste, sie entschied, wie ihr Leben weiter gehen würde. SIE kreierte sich ihr Leben. Und dazu brauchte es auch noch einmal den Blick auf ihr inneres Kind, auf das kleine innere Mädchen, dass geliebt werden wollte.

So waren ihre Liebhaber und ihre intensiven und ehrlichen Erfahrungen in den Armen dieser wundervollen Männer eine sehr wertvolle Erfahrung. Es war Balsam für ihre weibliche Seele. Selten hatte Lila so eine Wertschätzung, so eine permanente Bewunderung auf Augenhöhe erfahren wie in den vergangenen Monaten. Je wilder sie wurde, desto mehr wurde sie geschätzt und verehrt. Je ehrlicher sie wurde, desto mehr hatte sie Begegnungen mit den „richtigen" Männern. Sie hatte sogar zwei Heiratsanträge bekommen von zwei Männern, die beide 10 Jahre jünger als sie waren. Wie wunderschön das Leben doch war, wie toll die Männer, die sie jetzt in ihr Leben zog.

Was hatte Kathleen Hepburn einmal gesagt?" Wenn Du hundert Männer, die Dir abends auf ihrer Lukulele Liebeslieder singen und Dich mit

Blumen beschenken und auf Händen tragen, gegen einen austauschen willst, der vor dem Fernseher auf dem Sofa sitzt und nicht einmal aufschaut, wenn Du ins Zimmer kommst, dann heirate."

Die Hepburn hatte ja soooooo Recht. Lila wurde wirklich umschwärmt. Die Männer liebten sie. Und vielleicht lag es ja auch daran, dass SIE die Männer liebte. Ja, sie liebte die Männer, Betonung auf Plural... Sie wollte nicht nur einen. Denn dann würde irgendwann mit dem „ one and only" wieder die Langeweile einkehren? Nein danke, das hatte Lila nun viel zu viele Jahre gelebt. Sie hatte sich versprochen: Falls dieser Traummann, IHR Traummann wirklich noch einmal um die Ecke kommen würde, dann nur noch in Freiheit, nur noch auf ehrlicher Augenhöhe in leidenschaftlicher Wertschätzung. Und vielleicht nur noch als „ Hauptmann", als der wichtigste von einigen vielen, mit denen sie alle Sex haben würde.

Ibiza war wild. Ibiza war besonders. Ibiza war eine ganz eigene Seele. Eine Seele, die Lila wirklich unter die Haut ging.Und Ibiza war schwierig. Und an einem Sonntagnachmittag im Februar beschloss Lila, nur noch in Annahme zu sein. Alles, wirklich alles, was ihr begegnen und passieren würde, würde sie akzeptieren. Ohne etwas zu erwarten. Erwartungen waren Gift. Und was das Leben die vergangenen Monate bereit gehalten hatte für sie, war einfach schön.

Finanziell hakte es zwar noch. Und wenn nicht ihre Schwester und ihre Mutter sie unterstützt hätten, dann wäre sie vielleicht gar nicht mehr auf Ibiza.

Aber als ob in diesem Winter der Schalter umgedreht worden war. Es fing langsam an zu fließen. Und Lila merkte, dass sie sich alles selber kreierte, dass sie in der Lage war, sich ihren Traum zu erfüllen und ihn zu leben. Und das immer besser. Die Bestellungen oben im Universum kamen an. Weil sie jetzt genau bestellte. Weil sie wusste, was sie wollte. Nur, dieses „ große Liebe und Zweisamkeit leben mit all den Vor- und Nachteilen" oder dieses „ wilde Zigeuner-Hexenseele ausleben und wild sein und ALLES oder besser: ALLE genießen", da war sie sich nicht sicher.

Lustigerweise meldete sich Deutschland immer mehr bei ihr: Sie bekam Aufforderungen, Angebote zu schreiben und wieder mehr in Deutschland zu arbeiten. Es machte Spaß, ab und an auch in ihr „ altes" Leben zurückzukehren, ihre Business-Ausbildungen zu leben.
Und so entschied sie sich, Ibiza und Deutschland miteinander zu verbinden. Ja, sie wollte workshops machen auf der Insel und ihr altes Business-Wissen wieder mit einbauen. Lustig: Nun hatte sie jahrelang dafür gearbeitet, ihre Hexenseite auszuleben, ihre freie wilde Seele, und plötzlich machten sich die Business-Tools wieder Platz. Aber warum eigentlich nicht? In Annahme sein... das ER-Leben, was dran ist. Und es gefiel ihr, dass ihr „Profi-Wissen" offensichtlich auch Teil ihres Lebensplanes war.
Was hatte das Leben mit ihr vor? Was? Welcher Mann? Würde überhaupt noch ein Mann, DER Mann, an ihrer Seite sein? Wollte sie überhaupt Zweisamkeit leben? Lila merkte, wie sich ihre Lebensplanschraube wieder einmal anzog und offensichtlich wieder neue Nuancierungen an der Zeit waren.

Es war ein Sonntagnachmittag im Februar. Die Sonne war schon warm, zumindest tagsüber.

Den ganzen Winter hatte Lila damit begonnen, Karten zu legen, nicht nur für sich selbst. Die Karten sagten immer die Wahrheit, und immer deutlicher verstand Lila ihre Botschaften.

Lila sonnte sich in ihrem Garten. Sie wollte sich die Tage mal ein workshop-Zentrum anschauen, in denen sie eventuell ihre workshops abhalten könnte.

Ihr hatten die Karten am Morgen gesagt, sie solle unbedingt noch bis Ende des Wochenendes neue fremde Menschen kennenlernen. Das würde für ihr Leben eine wichtige und fundamentale Änderung bringen. Und auch das Herz und die Lilien, die „ Sex-Karte", hatten da gelegen. Jetzt hatten sie schon Sonntagnachmittag und da war nicht mehr so viel Wochenende drin. Deshalb schrieb sie den oder die Betreiber an diesem Sonntag an. Auf der homepage war immer von „ wir begrüßen Sie..." und „ wir freuen uns auf Sie..." die Rede. Also ging Lila mal davon aus, dass es sich um ein Paar oder um mehrere Besitzer handelte. Wer weiß, vielleicht war ja jemand da.

O.k. Lila war bereit. Sie hatte nun schon so viele unerwartete Momente in ihrem Leben gehabt und war überaus dankbar dafür, dass ihr Leben prall und gefüllt war und nicht langweilig. Sie hatte daran gedacht, sich eventuell in den kommenden Tagen zu treffen und zu schauen, ob die Räumlichkeiten für die Art ihrer workshops in Frage kamen.

Lila glaubte an ihre Karten, und die hatten eindeutig bis Ende des Wochenendes gesagt. Und so fügte Lila noch anbei: „ Ach übrigens, ich bin da ganz flexibel und frei und könnte spontan auch heute."

Die Antwort kam prompt: „O.k... bin noch bei Freunden. Lass uns um 18 Uhr treffen, dann siehst Du die Räumlichkeiten noch im Hellen".

Gesagt, getan. Er/ oder sie schrieben noch: „ Kommst Du allein?", was Lila irritierend fand. Und dann noch: „ Ich freu mich", was sie erfreute.

O.k., dachte sich Lila, dann schauen wir mal, was dieser Abend an menschlichen wichtigen Begegnungen für mein Leben bringt.

Und so fuhr sie an diesem Februar-Sonntag-Abend los, um sich die Räumlichkeiten anzuschauen und war gespannt, welche Überraschung in den Karten für sie bereitstehen würde. Sie hatten einen Parkplatz ausgemacht, wo sie sich treffen wollten. Und da wartete sie nun. Um 3 nach 6 kam ein Defender um die Ecke und parkte auf dem Parkplatz, wo sie verabredet waren. Es stieg ein großer Mann aus... mit langen graublonden Haaren. Sie sah ihm in die Augen. Sie waren wunder-schön blau... offen... fast naiv, obwohl er bestimmt Mitte/Ende 50 war.

Was für eine Erscheinung, was für ein hübscher Mann. Er war groß und durchtrainiert. Er hatte einen 3-Tagebart und eine unglaublich charismatische Ausstrahlung.

„ Hi, ich bin der Arnold", sagte er, kam auf sie zu und küsste sie rechts und links auf die Wange. Lila stockte der Atem... Ungefähr 10 Jahre älter als sie.... graublonde lange Haare... sein Name begann mit A.

Und wenn sie es auch in diesem Moment noch nicht realisieren oder benennen konnte... und wenn sie nicht wusste, was da schicksalhaft passierte: Später würde sie wissen, es war Liebe auf den ersten Blick gewesen. Sie verliebte sich unsterblich in diesen Fremden, als sie ihm in die Augen schaute.

Sie war sich aber sicher, er hatte eine Frau oder gleich mehrere an einem Finger. Der Typ, der früher reihenweise die Rotkäppchen vernascht hatte und vielleicht auch heute noch. So ein Mann war nicht allein. Obwohl: Sie war ja auch solo und ein echter Männerfang mittlerweile. Ja. Lila konnte sich im Moment aussuchen, wen sie haben wollte. Die Männer standen bei ihr Schlange, egal, ob Anfang 20 oder Ende 60.

Arnold war sportlich gekleidet, trug eine schwarze Fleecejacke. Und seine weiß-blonden langen Haare sahen darauf richtig edel aus.

„ Folge mir unauffällig", sagte er, und sie scherzte zurück:" Na, ich kanns ja mal versuchen, aber nicht versprechen. Mit dem unauffällig hab ich`s nicht so". Er lachte und fuhr los. Sein Lachen hatte eine magische Ausstrahlung auf Lila.

Lustig: Auch er fuhr einen Defender, zwar das größere und auch ein älteres Modell als sie, aber ein wunderschönes Auto... in grün.

„ Willkommen an meinem Platz", half er ihr aus dem Auto.Er war wirklich aufmerksam und höflich. Das war ihr von Anfang an aufgefallen. Und dann immer dieses Lächeln, dieser offene Blick.

Sie unterhielten sich und lächelten sich an dabei, und Lila konnte gar nichts wiedergeben später von ihrem Gespräch. Ihr Herz klopfte so laut, dass sie fast nichts anderes verstand. Allerdings wartete sie darauf, dass seine Partnerin jetzt gleich um die Ecke biegen würde. Er war gerade 60 geworden... fast 10 Jahre älter als sie. Und er war Wassermann vom Sternzeichen: Das Sternzeichen der Abenteurer, der Rebellen. Ein Luftzeichen, wie sie. Ein Abenteurer, wie sie. Ein Weltenbummler, wie sie.

„ Schau, ich zeig Dir mal alle meine Appartments und die Seminarräume", sagte er.

Er zeigte ihr die Räumlichkeiten, die in der Tat wunderbar waren für ihre Trainings. Auch die Lage: Blick aufs Meer, ein Pool, mehrere Chill-Möglichkeiten. Ein schöner Ort für schöne workshops. Aber sie hatte nur noch Augen für ihn. „ Wo ist Deine Frau?", frage Lila. Er sah sie an und meinte. „ Das ist mein Reich... Ich hab zwar eine Frau in Deutschland, aber hier lebe ich allein, schon seit 13 Jahren". Er lächelte, manchmal fast schüchtern. Sie sah ihm in die Augen und meinte. „ Na, das ist ja noch besser", und dabei schaute sie ihm tief in die Augen. Und er schaute zurück... ganz ernst.

Als er ihr den Pool und die Sauna zeigte, standen sie ganz nah beieinander. Arnold schien auch irgendwie ihre Nähe zu suchen. Er lächelte sie mit seinen klaren hellblauen Augen an.

Sie ging nur einen Schritt auf ihn zu und berührte ihn ganz sanft am Oberarm. Wosch! Wow! Es war wie ein Blitzeinschlag. Er erwiderte sofort die Berührung und nahm sie fest in den Arm und küsste sie. Sie fielen regelrecht übereinander her. „ Ich habe mich überhaupt nicht getraut, Dich zu berühren", flüsterte er in ihr Ohr. Und dann war Lila nur noch im Rausch. Er nahm ihre Hand und führte sie direkt in sein Haus in sein Schlafzimmer.

Es waren die intensivsten Berührungen, die Lila jemals hatte. Sie war wirklich wie auf Droge. Es gab keine Pause, es war einfach nur intensiv... Stund über Stund. „ Mein Gott, bist Du sexy", sah er sie an, während er an ihren Brustwarzen spielte. Wenn er sie berührte, hatte sie eine Gänsehaut. Sie hatte permanent Gänsehaut! Oh my god! Es war wundervoller Sex. Jede Bewegung, jede Berührung passte perfekt. Er war fordernd und zärtlich, es war spielerisch. Und so intensiv. Er war erfahren und wusste genau, was er tat. Und er genoss sie. Er führte sie in dieser Nacht 5 Mal bis zum Höhepunkt.

Lila war wie im Rausch. Und merkte, wie sich langsam eine tiefe Traurigkeit in ihr breit machte, wie sich langsam ihre Kehle zuschnürte. Das erste Mal in all ihrer Zeit als sinnliche Frau hatte sie das Gefühl, dass sie zu früh mit ihm ins Bett gegangen war. Wenn er nur Sex wollte, dann würde sie das schmerzen. Er streichelte sie, während sie das dachte, und wieder machte er ihr eine Gänsehaut. Es war so schön, dass es weh tat. Ja, leider tat es jetzt schon weh. Dieses Mal war es nicht zu schön, um wahr zu sein. Dieses Mal war es zu schön, dass es weh tat, weil es wahr war.
Bis um 2 Uhr morgens war sie bei ihm. Oh mein Gott! Sie musste los. Die Kinder hatten morgen Schule, und sie musste zumindest noch 3 Stunden schlafen.
Sie bedankte sich noch per sms. Er schrieb sofort zurück. „ Das Bett riecht noch nach Dir. Ich mag das. Es war wundervoll". Bis um 3 Uhr in der Früh schrieben sie sich noch... und auch das war sinnlich und sehr nah.

Am nächsten Tag waren sie zum Wandern verabredet. Das hatten sie in der ersten halben Stunde, die sie noch nicht übereinander hergefallen waren, abgemacht. Ein Freund hatte angerufen und beide hatten spontan zugesagt. Da hatte wohl noch keiner von beiden damit gerechnet, dass sie schon wenige Minuten später im Liebesrausch vereint sein würden. Wandern am Meer. Egal was, sie hätte zugesagt. Sie wäre auch mit ihm von einem Helicopter aus gesprungen, obwohl sie Höhenangst hatte.

Sie hatten sich am selben Parkplatz wie gestern verabredet. Er wartete schon im Auto auf sie. Auch er hatte nur 3 Stunden geschlafen, wie er ihr erzählte.„ Hallo, wie hast Du geschlafen?", lächelte sie ihn an. „ Gut danke, zu kurz". Das war alles. Er war freundlich, lächelte, aber war auf Distanz. Das sollte den ganzen Tag noch so bleiben. Er sagte nur kurz. „ Falls jemand fragt, wir kennen uns schon ganz lange." Lila wusste nicht, wie sie das verstehen sollte. Aber eigentlich war die Botschaft klar: Es sollte keiner von ihr wissen. Die Frau in Deutschland war also aktuell. Und wer weiß, wer noch. Aber was sollte sie schon erwarten? Das war hier ja alles wirklich „ blitz"-schnell gegangen und hatte auch so eingeschlagen, jedenfalls bei ihr.

Nach 4 anstrengenden Stunden Wanderung fuhren sie gemeinsam in seinem Wagen zurück. Er fragte- unverbindlich- ob sie Fleisch möge. Er würde sie dann mal in ein Restaurant einladen wollen. Und er sagte, dass er die kommenden Wochen viel zu tun hätte. Keine Berührung, kein Verlangen in seinem Blick, keine Bemerkung über die vergangene Nacht.

Als Lila an diesem Nachmittag zuhause ihre Haustür aufschloss, kullerten ihr die Tränen über ihre Wangen: Sie war verliebt, unsterblich, aber leider unglücklich. Und es riss ihr fast das Herz aus der Brust, dass er scheinbar nicht so empfand. Nun hatte sie einen so erfahrenen Weg als Gespielin, als Matrone, als Sexgöttin hinter sich.
Und dann kam ein Arnold um die Ecke und schon war alles vergessen?

Hätte Arnold sie in der Liebesnacht gefragt, ob sie ihn hätte heiraten wollen, Lila hätte ohne mit der Wimper zu zucken JA gesagt...
Und nun musste sie mit ihrem Gefühlsrausch alleine zurecht kommen.

Und so war es dann auch:
8 intensivste Stunden mit diesem Mann brachten 8 intensivste Liebekummer-Wochen für Lila. Sie konnte kaum schlafen, wachte jede Nacht um 4 Uhr in der früh auf. Und wenn sie aufstand, dann hatte sie ein Gefühl in ihrer Magengegend, als ob sie jemand getreten hatte. Es schmerzte richtig. Ihr Körper tat weh! Weil sie Liebeskummer hatte. Einmal sah sie ihn kurz in seinem Defender auf der Straße. Er fuhr ihr entgegen und winkte. Das war`s.
Jeden Tag legte sie sich die Karten. Immer und immer wieder fragte sie , was das hier gewesen sei. Und die Karten sagten immer das Gleiche: Ja, im Moment Rückzug und kein Interesse, aber dieser Mann sei eine Herzbegegnung, und auch sie sei eine Herzbegegnung für ihn gewesen, etwas ganz Großes. Und sie sagten auch, dass es der Mann sei, der mit A. anfängt, IHR Mann. Auch Ippy, mit der sie chanelte, behauptete das: „Oh ja, ihr beiden habt richtiges Potenzial. Das wird eine ganz wundervolle große Beziehung auf Augenhöhe... sehr frei, sehr ehrlich... aber er hat all seine Themen noch nicht gelöst. Du kannst ihn dabei übrigens ganz wunderbar unterstützen .Und Du bist gerad nicht auf Augenhöhe. Das wird noch 5 oder 6 Wochen dauern, bis ihr Euch wieder seht. Aber dann wird es was ganz Wundervolles... übrigens auch beruflich: Da schwingt ihr auch richtig gut miteinander."

Lila war am Ende. Sie wollte ja ihren Karten glauben und tief im Vertrauen sein und alles nur geschehen lassen. Und trotzdem waren diese Gefühle so unglaublich schmerzhaft. Nach diesem absoluten Rauschzustand war nun absolute Stille. Rückzug.... Rückwärtsgang... Bloß nicht!

Sie- die Sexgöttin- wurde nicht gewollt. Es gab so viele, die anklopften... und er?

Er schickte noch ein Video- ein Rundvideo- an alle, die bei der Wanderung dabei gewesen waren, ohne Zusatz, ohne ein persönliches Wort. Das war`s. Arnold meldete sich nicht mehr... Er hatte den Rückwärtsgang eingeschaltet.

Lila weinte viel in diesen Tagen. Und sie wusste, es hatte irgendwie alles und doch gar nichts mit Arnold zu tun. Er hatte sie einfach nur angetriggert. Und jetzt war es dran, ihr inneres Mädchen anzuschauen, ihre kleine, wunde Seele, die jetzt geheilt werden sollte. Was sollte es ihr sagen? Was war noch nicht ausgeheilt? Was musste sie tun, um ihr kleines inneres Mädchen glücklich zu machen? Lila arbeitete viel an sich in diesen Tagen. Und langsam wirkte es ... langsam wuchs Lila ganz in sich zusammen.... Sie lebte ihre Träume nun schon lange. Doch nun begann es zu wirken.

Sie musste nach Deutschland in der Zwischenzeit, arbeiten, und ließ sich von Peter, dieses Mal ohne Maria, von Patrick und noch einem riesigen Wikinger-Norweger, J.J. genannt, den sie kennenlernte, trösten. Das half ihr über das Gröbste hinweg. Und auch ihr argentinischer Latin-Lover gab jetzt richtig Gas.

Und dennoch: Manchmal in diesen Tagen fragte sie sich, ob ihre Reaktion überhaupt normal war? Es waren schließlich nur 8 Stunden gewesen, die sie mit diesem Mann verbracht hatte. Und es war alles viel zu schnell gegangen. Was konnte sie da erwarten? Wer schnellen Sex hatte, der durfte nicht damit rechnen, dass man diesen Mann später mal heiratete. Ach, verdammt. Sie wollte doch sowieso nie wieder heiraten.

Sie wusste das. Sie WUSSTE das! Und dennoch: Ihr Herz erreichte das nicht. Sie war traurig... und unendlich unsicher. Ihr Herz hatte Purzelbäume geschlagen. Und nun wurde sie ausgebremst. Sie war wieder- wie bei Mario Anthony- ihrem Gefühl gefolgt... und nun wieder- ja, wie sollte man es nennen?- richtig auf die Nase gefallen?- nicht auf die gewünschte Reaktion gestoßen?

Normalerweise, das war die Erfahrung von Lila, blieb sie bei den Männern hängen. Alle, wirklich alle, erinnerten sich an sie, und viele wollten nach einer unverbindlichen Nacht mehr von ihr. Sie war ein Männermagnet und in den vergangenen Monaten ein Vamp gewesen. Und nun kam einer des Weges, der in ihr mehr als nur Lust entfachte, und der wollte sie nicht. Lila war unglücklich. So, so sehr unglücklich. Sie hatte so starken Liebeskummer, dass sie vergaß zu essen. Sie vergaß zu essen! Deshalb war ein angenehmer Nebeneffekt dieser „Trauerwochen", dass Lila noch mal zwei Kilo abnahm und nun mittlerweile über 10 kg weg hatte.

Eine Freundin von ihr kannte Arnold. „ Der weiß genau, wie er auf Frauen wirkt. Und hat wirklich viele", sagte Sandra. „ Und Du bist eigentlich gar nicht sein Beuteschema. Die sind meist mindestens 10 Jahre jünger als Du... und auch schlanker." Na toll! Das hatte Lila hören wollen. Der rotkäppchenfressende Vernascher, in deren Beuteschema sie noch nicht einmal passte.

Sie lenkte sich ab und ging auf facebook. „ Er meldet sich nicht mehr? Sie wollen ihn zurück?" Ein Beziehungscoach gab Auskunft.

Lila schaute sich das an: Und an diesem Abend beschloss sie etwas: Ja, sie würde versuchen, Arnold strategisch in „ihr Boot"oder besser Bett oder noch besser Leben zurückzuholen... Sie würde all ihre „ Profi-Tools" auch bei ihm anwenden. Schließlich war sie eine Matrone und nahm sich, was sie wollte.

Sie hatte sich ja schließlich nicht das erste Mal das Leben kreiiert, was sie wollte.

Und wenn nicht, dann eben nicht. Dann würde sie bis zur Magersucht an Liebeskummer verhungern. Sie glaubte schließlich fest daran, dass alles seinen Sinn hatte, dass alles zum rechten Zeitpunkt passierte, dass es keine Zufälle gab und dass sie bereits auf ihrem göttlichen Weg war. Sie musste nicht zweifeln. Sie brauchte keine Angst haben. Einfach nur geschehen lassen. In Annahme sein. Das hatte sie sich doch erst vor ein paar Wochen versprochen.

Und so begann Lila das Spiel der strategischen Wiedereroberung. „ Hi Arnold... hab gerade viel zu tun... melde mich, wenn ich wieder mehr Zeit habe... Sonnige Grüße"... blablabla.... Sie schrieb die Formulierungen fast ab. Aber das machte ihr als Journalistin und Hexe natürlich Spaß. Mal schauen, ob er reagieren würde.

Er reagierte EXAKT so ,wie der Coach vorausgesagt hatte! Exakt. Und so begann Lila, sich „ihren" Arnold zurückzuholen. Nach 2 Wochen eine unverbindliche sms. Nach 5 Wochen wieder ein kurzes, unverbindliches Lebenszeichen, und nach knapp 8 Wochen dann der Vorschlag, sich geschäftlich zu treffen wegen anstehenden workshops. Er reagierte.

8 Wochen Schmerz für 8 Stunden Liebesrausch. Aber sie hatte ein langfristiges Ziel.

Und Lila fing an zu verstehen: Sie wusste, sie konnte absolut ihrer Intuition vertrauen. Und sie wusste, dass die Nacht mit Arnold ein „ Liebes-Gongschlag allererster Güte" gewesen war. Sie brauchte doch gar nicht hadern. Sie musste einfach nur vertrauen! Ihre Karten hatten das gesagt... und ihr Herz auch. Ihre Seelen und ihre Herzen waren doch schon längst miteinander verbunden. Sie würde seinem Verstand Zeit geben, bis er die Botschaft von seinem Herzen verstand. Und wenn es wirklich so sein sollte, dass er nicht so empfand wie sie, dann war es eben so!!! Meine Güte noch mal! Lila war doch nun wirklich erfahren und wusste, was sie wollte. Sie wollte ihn: JA! Doch eines wollte sie nicht: Einen Mann, der sie NICHT wollte! Das hieß also ganz klar: Sie wollte ihn mit Haut und Haar, aber nicht um jeden Preis. Sie wollte begehrt werden, dass ihm ganz schwindelig wurde, wenn er nur an sie dachte. Ja, sie wollte die Venus sein, die Verführerin, die sich entspannt zurücklehnt und empfängt.

Und so war es wieder an der Zeit, dass Lila ihren Geist „ umswitchte"...Sie wurde strategisch... wie damals bei Mario Anthony... Sie würde jetzt das strategische Spiel der Wieder-Annhäherung spielen. Und wollte gewinnen. Und darin war sie gut!

Sie gewann! Ganze 8 Wochen sollte es dauern, bis sie sich wieder sahen. Es war eine geschäftliche Besprechung, die Lila eingetütet hatte. Und sie fuhr wieder in seine Workshop-Anlage.

Er war höflich, sehr freundlich, aber kein einziges Zeichen der Annäherung oder des Interesses. Er hatte ihr zwar geschrieben, dass er auch große Lust habe, beruflich mit ihr etwas Besonderes auf die Beine zu stellen und dass er glaube, dass „ sowieso großes Potenzial in allem" liege, aber wer weiß, was er damit meinte.

Lila hatte sich etxtra ein feuerrotes Kleid angezogen. Dadrunter ein Ferrari-rotes Dessous- Spitzen-Teil, sogar mit Strapsen. Man wusste ja nie, wie dieser Tag endet. Und sie hatte sich natürlich vorsorglich auch mit ihrer Liebesseife eingerieben.

Diese 2 Mal, die sie dieses Kleid getragen hatte, waren die Männer stumm erstarrt. Das würde hoffentlich auch auf Arnold wirken.

Als sie ihn wieder sah -nach 8 Wochen- lächelte er sie an. Und es war wieder um sie geschehen. Was war das für ein hübscher Mann. Was für eine charismatische Ausstrahlung. Was war er ihr Typ! Er gab ihr nur einen Kuss rechts und einen links.

„ Schön, dass Du da bist. Komm rein. Möchtest Du einen Kaffee?"

Sie sah gut aus an diesem Tag. Und sie hatte sich auch mental gewappnet: Die freie, frische Business-Frau, die ihn kurz geschäftlich traf. Es war Strategie. Sie besprachen alles miteinander. Es fühlte sich gut an. Sie lachte und er lächelte zurück. Ständig kamen Leute rein, der Gärtner, ein anderer Handwerker, noch ein anderer. Er war busy und auf dem Sprung nach Deutschland.

Sie schauten zusammen im internet nach und waren ganz nah nebeneinander. Er musste sie eigentlich riechen können. Aber von ihm kam einfach nichts.

Sie gab sich einen Ruck. Schließlich würde sie gleich gehen: „Und, Arnold, wie geht es Dir sonst so?" Er sah sie an, mit seinen hübschen blauen Augen, und lächelte. „ Ja, wie geht es mir sonst so?", erwiderte er. „ Ich habe mir viele Gedanken gemacht... über Dich... über uns... und hab viel an Dich gedacht", sagte er und schaute dabei fast verlegen weg. „ Wenn das hier mit uns irgendwie weitergehen sollte, dann kann das ganz gefährlich für mich werden. Da waren von Anfang an, als wir übereinander hergefallen sind, schon Gefühle dabei. Vielleicht waren wir deshalb auch so lange nicht in Kontakt. Vielleicht war es die Angst mich zu verlieben."

Lila war nicht sicher, ob sie das eben gehört oder geträumt hatte. IHR Arnold, der keinerlei Reaktionen zeigte, sprach von Gefühlen? Der Groschen oder besser der Cent fiel langsam... ganz langsam. Sie begriff: Er fühlte auch, nur als Mann ganz anders als sie als gefühlsduselige Frau. Und sie verstand, dass er eine autarke Frau kennengelernt hatte... und eine bedürftige damals verlassen. Dass er Angst hatte... vor was auch immer.

„ Aber das ist doch schön", warf Lila ein, stand auf und küsste ihn auf den Mund. Er reagierte verhalten und man sah, dass er jetzt in Eile war und keine Zeit mehr hatte. „ Wir sehen uns, wenn ich aus Deutschland wieder zurück bin", sagte er. „ Ganz in Ruhe".

Als Lila vom Hof fuhr, war sie glücklich.

Und dann erinnerte sie sich an ihr Versprechen: Sie hatte sich geschworen, sich treu zu bleiben und ihren Weg zu gehen.

Sie würde ihm alle Zeit der Welt geben, die er brauchte, um diese Herzverbindung zu leben. Es hatte sich wirklich alles bewahrheitet... und alles wiederholt:

Schon wieder war sie bereit gewesen, ihr Herz ganz zu öffnen und zu fliegen. Dieses Mal sogar noch höher als bei Mario. Und auch dieses Mal wieder ohne Netz und Sicherheitsgurte. Sie wusste, sie würde ihr Leben leben. Und ziemlich sicher auch mit diesem Mann. Und sie wusste, dass sie diese Art von Herzbegegnung niemals erlebt hätte ohne die gesamte Mario-Vorgeschichte. Und sie wusste, wenn eine wie auch immer geartete Liebesbeziehung daraus sich entwickeln würde, dann so etwas, was sie sich nicht nur gewünscht, sondern bestellt hatte: Eine freie, reife, liebevolle und wertschätzende Beziehung. Und dafür war sie jetzt bereit. Und wie sollte er das auch anders verarbeiten als so? Auch Arnold hatte seine eigene Liebesgeschichte hinter sich. Auch er hatte keine leichte Zeit die vergangenen Jahre gehabt, das hatte er ihr schon erzählt. Und auch er hatte sich vielleicht noch niemals getraut, sein Herz so weit aufzumachen für so eine große, freie Sache.

Lila verstand: Es kam immer alles genau so, wie sie es sich gewünscht und jahrelang manifestiert hatte, bloß alles ganz anders, als sie es gedacht hatte.

Sie dankte dem Universum. Und sie dankte Mario Anthony:

„Ich danke Dir von Herzen, Mario Anthony. Du hast mein Herz nicht gebrochen, Du hast es geöffnet. Für die ganz großen Gefühle.

Du hast mich nach Ibiza gebracht und dafür gesorgt, dass ich mich in diese Insel und in MICH verliebe... Du hast mir gezeigt, wie sinnlich ich bin und wie sehr ich Sex liebe. Du hast mich wachgeküsst.

Du als Sex-Pirat hast mich auf die Pirateninsel gebracht. Und du hast aus mir die ganze Lila gemacht, die sich jetzt nimmt, was sie will. Du hast dafür gesorgt, dass ich mein Leben nicht verträume, sondern meine Träume jetzt lebe. Ich danke Dir dafür".

Sie ging am nächsten Morgen zu ihrem Felsenstrand, dort, wo sie immer ihre Morgenseiten schrieb, setzte sich an die Klippen direkt ans Meer, schloß die Augen und hörte das Meeresrauschen und bedankte sich beim Universum für alles.

Und wenn sie einer gefragt hätte, was die Moral von der Geschichte ist, dann hätte sie frei und laut gesagt: „ Lebe genau Dein Leben, folge immer Deiner Intuition und nur im äußersten Notfall Deinem Verstand, lasse Dich ein und öffne Dein Herz, voll und ganz und ohne Netz und Sicherheitsgurte... und Du wirst das größte Geschenk finden, was das Leben für Dich bereit hält: Die Liebe zu Dir selbst."Ja, das hätte sie geantwortet.

Und sie beschloss, sich Arnold in ihr Leben zu bestellen. Sie beschloss, dass es sehr wohl der Mann an ihrer Seite und sie die Frau an seiner Seite sein sollten. Und sie bestellte, dass es die größte Liebe auf Erden sei, die ein Mann und eine Frau als Menschen erleben können. Sie schloss die Augen und sah sich Arm in Arm mit ihrem Arnold auf einem Boot auf dem Meer, an dem sie gerade saß. „ So soll es sein", schloss sie ihr Bild ab.

Und auch, wenn es nicht so kommen sollte: Lila wusste an diesem Tag, dann würde ein anderer Mann kommen, der all das erfüllt. Sie hatte die Macht! Schon immer !!! Und sie hatte sich das alles hier kreiert! Sie hatte bereits jetzt ein schönes Leben. Mit oder ohne Arnold.

Und just in diesem Moment war Lila der glücklichste Mensch auf der Welt. Mal wieder, wie so oft in den vergangenen 3 Jahren, in den schwierigsten, wichtigsten und mit Abstand besten Jahren, die sie je erlebt hatte.

„ Auf das pralle Leben und die Marios, Anthonys, Antonios, Tonis, Arnolds und den Rest der Männer dieser Welt. Auf die Liebe und auf Ibiza. Und auf mein wundervolles Leben."

ENDE

Zeitfracht Medien GmbH
Ferdinand-Jühlke-Straße 7
99095 Erfurt, Deutschland
produktsicherheit@kolibri360.de